Mirja Kutzer / Peter Walter †

Maria in Geschichte und Gegenwart

Mirja Kutzer / Peter Walter †

Maria in Geschichte und Gegenwart

Befreiende Perspektiven auf die Mutter Jesu

Herausgegeben von Michael Hauber

FREIBURG · BASEL · WIEN

© Verlag Herder GmbH, Freiburg im Breisgau 2022
Alle Rechte vorbehalten
www.herder.de
Umschlaggestaltung: Verlag Herder
Umschlagmotiv: Glasfenster Mariä Empfängnis in der Verkündigungsbasilika in Nazaret, Foto © Franz Josef Rupprecht
Satz: Barbara Herrmann, Freiburg
Herstellung: CPI books GmbH, Leck
Printed in Germany
ISBN Print 978-3-451-33734-5
ISBN E-Book (PDF) 978-3-451-83734-0

Inhalt

Vorwort des Herausgebers 11
Einleitung *(Peter Walter †)* 16

I. Maria im Neuen Testament *(Peter Walter †)* 21
1. Einleitung 21
   a. Die Problematik der neutestamentlichen, auf Maria bezogenen Texte 21
   b. Gal 4,4 22
2. Maria in den synoptischen Evangelien 22
   a. Maria im Markusevangelium 22
   b. Maria im Matthäusevangelium 28
   ba. Die Parallelen zu Mk 28
   bb. Die jungfräuliche Empfängnis Jesu 29
   c. Maria im lukanischen Doppelwerk 35
   ca. Kurze Hinführung zur Theologie des Lukas 35
   cb. Maria in der Geburtsgeschichte 36
   cc. Maria im öffentlichen Wirken Jesu 43
   cd. Maria in der Jerusalemer Urgemeinde (Apg 1,14) 44
3. Maria im Corpus Ioanneum 45
   a. Die Mutter Jesu im Johannesevangelium 46
   aa. Die Mutter Jesu bei der Hochzeit zu Kana 46
   ab. Die Mutter Jesu unter dem Kreuz 51
   ac. Mögliche weitere „mariologische" Aussagen im Johannesevangelium 55
   b. Die Frau in der Johannes-Offenbarung 59
4. Zusammenfassung und theologische Wertung des neutestamentlichen Befundes 61
   a. Maria, die erste Jüngerin Jesu, Symbol der Kirche 61

Inhalt

b. Die Aussagen über die jungfräuliche Empfängnis:
Jesus Christus, der Sohn Gottes von Anfang an 63
ba. Zwei Erklärungsmodelle: Präexistenz und jungfräuliche
Empfängnis 63
bb. Die historische Fragestellung 65
bc. Religionsgeschichtliche Parallelen? 67
bd. Die jungfräuliche Empfängnis – ein „Zeichen" der
Gottessohnschaft Jesu? 70
be. Der dogmatische Status der Aussage von der
jungfräulichen Empfängnis Jesu 73

II. Maria in der kirchlichen Überlieferung (Peter Walter †) . . . 76

1. Das Problem der Tradition 76

2. Maria in der Alten Kirche 77
   a. Die traditionelle christologische Perspektive 77
   aa. Ignatius von Antiochien († 2. Jh.): Verbindung von
       Empfängnis- und Präexistenz-Christologie 77
   ab. Justin der Märtyrer († 165): Verteidigung der
       jungfräulichen Empfängnis Jesu 79
   ac. Irenäus von Lyon († um 200): Beginn mariologischer
       Reflexion 80
   ad. Tertullian († um 222): Zusammenfassung der
       altkirchlichen westlichen Mariologie 84
   ae. Maria im Glaubensbekenntnis 86
   b. Die neue Perspektive der asketischen Bewegung in der
      Kirche des östlichen Reichsteils 87
   ba. Clemens von Alexandrien († vor 215): Jesu wunderbare
       Geburt 87
   bb. Origenes († 253/54): Maria als Vorbild der
       Jungfräulichkeit 87
   bc. Spärliche Rezeption 88
   bd. Breite Rezeption ab dem späten 4. Jahrhundert 89
   be. Auf dem Weg zu einer eigenständigen Marienverehrung 91
   bf. Die Entwicklung in der Kirche des westlichen
       Reichsteils 92

Inhalt

c. Lehramtliche Festlegungen ... 95
ca. Lehramt und Theologie in den ersten Jahrhunderten .. 95
cb. Maria als „Gottesgebärerin" ... 95
cc. Entstehung einer liturgischen Marienverehrung ... 96
cd. Die immerwährende Jungfräulichkeit Mariens ... 97
3. Die Epoche eigenständiger Marienfrömmigkeit und Mariologie ... 99
a. Vorbemerkungen ... 99
b. Die Anrufung Mariens bzw. Maria als „Mittlerin" ... 100
ba. Die Anrufung Mariens im privaten Gebet ... 100
bb. Maria in der Legende ... 101
bc. Maria im liturgischen Hymnus ... 102
bd. Maria in der Predigt ... 104
be. Marias mütterliche Gewalt zur Abwendung dgöttlichen Zornes ... 105
bf. Maria im lateinischen Mittelalter ... 105
c. Die Freiheit Mariens von der Erbsünde *(immaculata conceptio)* ... 112
ca. Die frömmigkeits- und theologiegeschichtliche Entwicklung ... 113
cb. Die theologische Argumentation im Zusammenhang der Dogmatisierung von 1854 ... 120
cc. Die Aussage des Dogmas aus heutiger Perspektive ... 129
d. Die leibliche Aufnahme Mariens in den Himmel *(assumptio)* ... 130
da. Die frömmigkeits- und theologiegeschichtliche Entwicklung ... 131
db. Die Dogmatisierung von 1950 ... 140
dc. Die Aussage des Dogmas aus heutiger Perspektive ... 144

7

Inhalt

III. Annäherungen an die Mutter Jesu seit dem Zweiten
   Vatikanischen Konzil *(Mirja Kutzer)* 148
   Zur Einführung: Maria in den Krisen 148
   1. Abschied von den Privilegien – mariologische Weichenstellungen auf dem Zweiten Vatikanischen Konzil 157
   2. Abbrüche und Neuaufbrüche – die Situation nach dem
      Konzil 164
   3. Maria – die Frauen – das kirchliche (Lehr-)Amt 169
      a. Die Jungfrau und das hierarchische Geschlechtermodell 170
      b. Die Mutter und das Komplementaritätsmodell 174
      c. Die Braut – Verteidigung der Zweigeschlechtlichkeit .. 181
   4. Was bitte ist denn weiblich? – Die Anfänge feministischer
      Theologie 186
   5. Menschlich, geschichtlich, konkret – Mariologie der
      Befreiung 192
   6. A Queering of Mary – schräg zu den Kategorien 197
      a. Postcolonial Studies: Maria als hybrides Symbol 200
      b. Queer Theology: Marias komplexe Familienbande ... 201
      c. Jenseits Marias Hymen: Der Blick aufs reale Leben ... 204
   7. Ewige Archetypen, poetische Bilder – Mariensymbole ... 206
   8. Trennend und verbindend – Maria im ökumenischen und
      interreligiösen Gespräch 215
      a. Maria und die Ökumene 216
      b. Maria im christlich-jüdischen Gespräch 220
      c. Maria im Koran 222
   9. Am Ende: Maria – Gottes wahre Geschichte 226
      a. Kontextualisierung I: Rückgewinnung der biblischen
         Maria 227
      b. Kontextualisierung II: Die Wirkungen Marias im Heute 231
   Epilog *(Mirja Kutzer)* 235

Anhang

IV. Heutige mariologische Entwürfe *(Peter Walter †)* 241
1. Maria in der lateinamerikanischen Theologie der
   Befreiung 241
   1.1 Maria in Geschichte und Frömmigkeit Lateinamerikas . 241
      a. Kolonialzeit 241
      b. Gegenwart 246
   1.2 Die Mariologie Leonardo Boffs 252

Schlussbemerkungen 255

Anmerkungen 256

Literatur 274

Personenregister 289

Sachregister 292

.

Vorwort des Herausgebers

Die ungemein große Lebensfreude und die frohe Gelassenheit, welche in den Gottesdiensten, dem Brauchtum und der religiösen Erfahrung des Hochfestes Mariä Himmelfahrt zum Ausdruck kommen, haben mich stets berührt. Mit ein wenig Humor kann ich sagen: Mit Mariä Himmelfahrt hatte ich schon fast von Geburt an zu tun, feiert doch die Gemeinde meiner Taufkirche Niedermünster in Regensburg an diesem Hochfest das Patrozinium. Die Jungfräulichkeit Mariens oder ihre Aufnahme in den Himmel zu glauben, empfand ich nie als Gegenstand einer größeren Anfechtung meines Glaubens. Im Gegensatz zu anderen Glaubenden meinte ich nie, Maria ignorieren noch sie in den Mittelpunkt meiner Frömmigkeit stellen zu müssen. Maria war und ist präsent, aber nicht dominant, sondern hinweisend – und zwar auf Jesus.

Daher war für mich am Ende meiner Studienzeit das, was ich für die Dogmatikprüfung bei Peter Walter mit einer (nicht autorisierten) Mitschrift seiner Mariologievorlesung nun auch theologisch lernte, absolut bestätigend und erhellend. Fern vom süßlichen Kitsch vergangener Zeiten vermochte Peter Walter in dieser Vorlesung beides zu geben: geistige Anregung auf sprachlich klarem und dennoch höchstem intellektuellen Niveau sowie Nahrung für eine natürliche katholische Spiritualität. In seiner Mariologie, dem ersten Teil des vorliegenden Buches, brüskiert er nirgends einen religiösen Stil, vielmehr zeichnet er die Geschichte dessen nach, was Lehramt und Christ*innen von Maria glaubten oder glauben zu müssen meinten. Am Anfang stehen dabei die wenigen Sätze über die Mutter Jesu, dann überlagern, ja bisweilen überwuchern immer mehr Überzeugungen diese Aussagen, zuerst noch mit Bezug zur Heiligen Schrift, später auch ohne ausdrückliche biblische Grundlage. Dadurch stellt Peter Walter ein Musterbeispiel dafür vor, wie Lehrsätze der Kirche sich entwickeln. Er schafft dabei behutsam eine Basis dafür, dass man Maria als erste Jüngerin Jesu für so exemplarisch halten kann, dass sie nicht etwa das Frauenbild in

Vorwort des Herausgebers

der katholischen Lehre zementiert, sondern es aufbricht. Für diese seine Methode gibt es ein bzw. zwei Vorbilder, die er auch gern anführte: Der griechische Kirchenvater Johannes Chrysostomos und sein humanistischer Herausgeber Erasmus von Rotterdam sprechen von der *synkatábasis* oder *condescensio*, der erbarmenden Herablassung Gottes. Gott ist sich nicht zu schade ist, ein Mensch zu werden, den Staub Galiläas an den Füßen zu haben, geboren zu werden, wie jede*r von uns. Und so wie Gott sich nicht zu schade ist, uns anzuleiten, indem er einer von uns wird, geboren von einer Frau, so soll auch der Lehrer seine Schüler*innen bei der Hand nehmen, sie leiten ohne falsche Ansprüche auf Macht und ohne autoritatives Gehabe. Mit seiner Mariologie hat Peter Walter gleichsam im Sinne einer akademischen *condescensio* gehandelt.

Dass dieses Vorwort in der vorliegenden Form nicht vom Verfasser, sondern von einem stammt, der sich dankbar und hoffentlich nicht anmaßend als sein Schüler bezeichnet, beruht auf einem traurigen Umstand. Peter Walter ist am 21. August 2019 verstorben. Noch im Winter 2019/2020 bat mich der Lektor des Verlages Herder, Clemens Carl, das Skript für den Druck zu bearbeiten. Ich wusste, dass der Verstorbene durchaus vorhatte, dieses nach seiner Pensionierung 2016 zu überarbeiten und dann zu veröffentlichen. Zur Vervollständigung – es fehlten die Ausführungen zum II. Vatikanum und zur nachkonziliaren Entwicklung der Lehre von Maria – und Revision kam es nicht mehr, aber man musste mich nicht von der Qualität des dort Dargelegten überzeugen. Ich kannte die Vorlesung ja aus meiner eigenen Studien- und dann Mitarbeiterzeit gut. Das war auch der Grund, warum Clemens Carl sich an mich wandte: Über meine offizielle Dienstzeit hinaus hat Peter Walter bis zum Schluss mit mir theologisch diskutiert und auch noch gemeinsam publiziert. Auch wenn ich selber nicht einmal ansatzweise die Literatur, die Peter Walter für seine Vorlesung durchgearbeitet hat, überblicken kann, so war ich mit seinen Grundintentionen und Überzeugungen vertraut. Diese noch einmal gleichsam zum Klingen zu bringen, indem der vom Verstorbenen einst vorgetragene Text auch nachlesbar wird, ist Grund, Anliegen und Rechtfertigung genug für das Projekt.

Vorwort des Herausgebers

Ein derartiges *Opus postumum* zu veröffentlichen ist dennoch ein Wagnis. Die Vorlesung lag ja nicht in einer Buchvorform, sondern als Computermanuskript vor, gehorcht rhetorisch nicht nur wegen der Publikumsansprache anderen Baugesetzen als eine schriftliche Abhandlung und ist am Ende auch nicht vollständig (der Abschluss der Vorlesungszeit zeigt sich hier). Außerdem ist eine intensive Diskussion der Forschungsliteratur nur in Grundzügen vorhanden. Gerade diese Unvollständigkeit hatte Peter Walter als Grund angeführt, das Skript nicht zu veröffentlichen. Er hätte mit Sicherheit die längeren Zitate seiner Grundlagenwerke paraphrasiert und erheblich differenzierter weitere Meinungen abgewogen. Ausdrücklich wollte er gerade die Position der feministischen Theologie noch gebührend berücksichtigen.

So wurde gemeinsam mit Monika Rappenecker, der Nachlassverwalterin, die Idee geboren, den Ausführungen Peter Walters einen zweiten Teil folgen zu lassen, der die Linien der Mariologie auf und nach dem Konzil nachzeichnet – mit einer Schwerpunktsetzung auf feministischen Zugängen. Diesen zweiten Teil des vorliegenden Bandes hat Mirja Kutzer übernommen. Ihre Ausführungen setzen die Auseinandersetzung Peter Walters mit der biblischen und nachbiblischen Tradition, die ja ihrerseits gegenwartsbezogen ist und eine Mariologie „nach dem Konzil" darstellt, voraus. Sie erweitert diese um die Darlegung der Anliegen und Methoden wichtiger Strömungen der Mariologie nach dem Konzil. Dabei stellt sie diese in den Kontext der Fragen der Gegenwart: Nicht zuletzt im Kontext der Missbrauchskrise ist noch einmal offenkundig geworden, wie Maria instrumentalisiert wurde – zur Fixierung bestimmter Frauenbilder, für den Missbrauch von Macht, zur Vertröstung und zum Ausharren im Leiden, wo das Einfordern von Recht und Gerechtigkeit angezeigt wäre. Diese Mechanismen, die Mariologien nach dem Konzil vielfach offengelegt haben, schaffen die Basis für zeitgenössische Annäherungen an die Mutter Jesu. So ist zentrales Thema in diesem zweiten Teil des Bandes, wie die biblische Rede von Maria wissenschaftlich verantwortet ins Heute übersetzt werden kann, so dass sie die befreiende Wirkung entfaltet, die Jesus den Menschen mit dem Reich Gottes zugesagt hat.

Vorwort des Herausgebers

Mein Dank für den zweiten Buchteil und für die weit über das zu erhoffende Maß vorzügliche Zusammenarbeit gilt daher Mirja Kutzer. Mirjam Lachnitt und Johannes Thüne vom Lehrstuhl für Systematische Theologie in Kassel sei dafür gedankt, dass sie die Erstellung des wissenschaftlichen Apparates unterstützten. Ich danke Monika Rappenecker für die überaus angenehme Zusammenarbeit, die Diskussion über die Textgestalt, die Mitarbeit am Fahnenlesen und die verlässlichen Absprachen sowie für die offizielle Druckerlaubnis. Dem Lektor des Verlages Herder, Clemens Carl, möchte ich für die Idee, seine beharrliche Ausdauer, am Projekt zu bleiben, und für seine Geduld hier ebenso ein herzliches Vergelt's Gott sagen.

Damit die Leser*innen den Beitrag des Herausgebers einordnen können, möchte ich an dieser Stelle noch kurz Rechenschaft geben über das, was für die Drucklegung des Textes von Peter Walter vorbereitet wurde. Dazu überließ mir Monika Rappenecker das Skript Peter Walters in verschiedenen Versionen. Hier wurde die jüngste Fassung aus dem Jahre 2016 dann zu Grunde gelegt. Aus ihr wurden die Anreden an das Publikum entfernt sowie die Literaturangaben, die Peter Walter in Klammern setzte, in Endnoten überführt. Außerdem fügte ich Endnoten zu den im Text vorkommenden Personen nach dem Lexikon für Theologie und Kirche (LThK) ein – dies war stets ein wichtiger Arbeitsschritt des Autors. Der im Skript etwas unübersichtlich gegliederte Bibeltext Lk 1,26–38 wurde zur besseren Übersicht in eine Tabelle überführt. Zu einer Textänderung kam es dabei nicht. Der ein oder andere lateinische Fachbegriff wurde übersetzt, die griechischen und hebräischen Begriffe wurden in Transkription stehen gelassen – eine Entscheidung, die Peter Walter, der die alten Sprachen meisterlich beherrschte, wohl nicht so getroffen hätte; der Eingriff in die Textgestalt durch mich erschien mir zu groß. Ebenso wenig wurde bei Bibelzitaten die alte durch die neue Einheitsübersetzung der Bibel ersetzt. Argument und Zitat sind zu eng verzahnt. Von den LThK-Artikeln abgesehen wurde so gut wie keine (neuere) Literatur nachgetragen; das Quellenverzeichnis indes stammt von mir und dient der vertiefenden Orientierung.

Vorwort des Herausgebers

Die Lesenden mögen sich nicht wundern, wenn Peter Walter über größere Strecken nur wenige Gewährsleute nennt (auch das war für ihn ein Grund, die Mariologie nicht unbearbeitet zu veröffentlichen) und nur in Ausnahmefällen verschiedene Forschungsmeinungen diskutiert. Auch das gehört zum Genus der Vorlesung: Diese will Studierende und Interessierte in kurzer Zeit sachgemäß, aber elementar informieren. Ebenso enthält das Skript längere wörtliche Zitate, was in geisteswissenschaftlichen Publikationen auch eher ungewöhnlich ist. An der vorliegenden Textgestalt konnte und wollte ich daher nichts ändern. Sie hat ihre eigene Würde, auch ihren eigenen rhetorischen Glanz und besticht vor allem durch die Brillanz des dort exemplarisch Vorgedachten. Letzteres ist der Grund, warum eine Veröffentlichung eines Skripttorsos überhaupt opportun ist. Die Verflechtung der frömmigkeits- und theologiegeschichtlich wichtigen Mariologie mit Einleitung in die Theorie der Dogmen- und Theologieentwicklung im Allgemeinen ist Peter Walter auf herausragende Weise gelungen. Er zeigt Größe und Grenze von Lehramtstexten, Dogmatik und Dogmatiker*innen auf und führt dabei zur Herzmitte christlichen Glaubens, der Fleischwerdung Gottes, hin. Hier werden an Theologie Interessierte, Studierende, Glaubende im besten Sinne des Wortes satt und bekommen dennoch Appetit auf mehr.

Peter Walters Stimme als Lehrer, Christ und Mensch fehlt. Hier darf ich das von ihm Gedachte, das sich mit den Ausführungen von Mirja Kutzer auf äußerst anregende Weise zu einem stimmigen Ganzen verbindet, zum eigenen Nachdenken vorlegen. Ich hoffe, es ist in seinem Sinne, und glaube, dass er trotz totaler Wandlung seiner menschlichen Existenz im Tod an der Freude theologischer Erkenntnis, wenn auch unter ganz anderen Umständen, teilhat.

Regensburg, am 15.8.2022,
dem Hochfest der Aufnahme Mariens in den Himmel
Michael Hauber

Einleitung

Vor nicht allzu langer Zeit konnte man den Eindruck haben, dass sich Marienfrömmigkeit und theologische Mariologie nach einem Jahrhundert der Hochblüte, dem sog. „Marianischen Jahrhundert" zwischen 1854 und 1950, erschöpft hätten. Die Attraktivität der Marienfeste und entsprechenden Wallfahrten ging zurück, die Theologen wurden nicht müde, den relativen Charakter der marianischen Dogmen im Gesamt der „Hierarchie der Wahrheiten" zu betonen. In der Tat, gibt es nicht wichtigere theologische Themen als die Mariologie? Wenn man die Frage von einer abstrakten theologischen Systematik her stellt, ist sie sicher mit einem eindeutigen Ja zu beantworten. Dann hat Maria höchstens noch einen Platz innerhalb der Christologie, aber eine weitergehende Bedeutung kommt ihr nicht zu. Stellt man diese Frage aber vor dem Hintergrund der Theologie- und Frömmigkeitsgeschichte, vor allem im Hinblick auf die gelebte Volksreligiosität, dann wird die Antwort anders ausfallen müssen. Und dies gilt nicht nur in historischer Hinsicht. So hat etwa die Gestalt Mariens gerade in theologischen Richtungen, die sich als kritisch empfinden, etwa in der Theologie der Befreiung und in der feministischen Theologie, eine vorher nicht geahnte, neue Aktualität gewonnen. In diesen theologischen Bemühungen wird das kritische Potential der biblischen Aussagen über Maria, etwa des Magnifikat (Lk 1,46–55), aber auch traditioneller dogmatischer Aussagen, wie der Jungfrauschaft Mariens, aufzudecken versucht. Dass dies selber in oft vergröbernder und unkritischer Weise geschieht, sollte nicht davon abhalten, diese Versuche ernst zu nehmen. Sie gehen jedenfalls mit Recht davon aus, dass in der Mariologie und noch mehr in der Marienfrömmigkeit zentrale Impulse und Aussagen des christlichen Glaubens zum Tragen kommen. Dies gilt sowohl im Hinblick auf das Gottesbild wie im Hinblick auf das Bild vom Menschen und seiner Rolle im Heilsgeschehen. Dies gilt aber auch im Hinblick auf die Stellung der Frau in der Religion wie in der Gesellschaft.

Einleitung

Aber auch aus spezifisch innertheologischen Gründen erweist sich die Mariologie als ein hochinteressantes theologisches Fach. Der Streit zwischen dem Paderborner Theologen Drewermann und seinem Erzbischof Degenhardt, der ja auch um ein mariologisch wie christologisch so zentrales Thema wie die „Jungfrauengeburt" geht, hat die Frage aufgeworfen, was denn eine theologische Aussage sei. Bei beiden Kontrahenten scheint aber eher eine Reduktion vorzuliegen, sei es, dass die theologische Aussage auf eine symbolische Bedeutung reduziert wird, sei es, dass die theologische Aussage mit einer historischen Aussage in eins gesetzt wird. Am Beispiel der Mariologie wird hier also über das Verhältnis von Exegese bzw. Historie und Dogmatik nachzudenken sein. Aber auch die Frage nach dem inneren Zusammenhang der Glaubensgeheimnisse und ihrer gegenseitigen Durchdringung bzw. Explikation wird durch die Mariologie gestellt. Aussagen wie die von der „Unbefleckten Empfängnis" wie von der „Aufnahme Mariens in den Himmel" können in der Engführung auf eine historische Mariengestalt meines Erachtens weder begründet noch adäquat verstanden werden. Sie verlangen geradezu nach einer Integration in das Gesamt des christlichen Glaubens, von dem her sie dann auch so etwas wie eine innere Stimmigkeit erlangen.

Aus diesen hier nur angedeuteten Fragestellungen ergibt sich, dass diese Abhandlung nur dann dem Problemhorizont gegenwärtiger Mariologie entsprechen kann, wenn sie nicht einfach von bestimmten dogmatischen Aussagen über Maria ausgeht, um diese dann zu begründen und zu erklären, sondern wenn sie – sozusagen unbefangen – nach dem biblischen wie dem dogmen- und theologiegeschichtlichen Befund fragt, um dann die gegenwärtigen systematisch-theologischen Bemühungen zu würdigen. Ich möchte hier also nicht deduktiv, sondern gleichsam induktiv vorgehen. Dabei wird, so hoffe ich, deutlich werden, dass die mariologischen Aussagen der Schrift wie die der kirchlichen Tradition nicht auf einer Ebene liegen, sondern dass man ihrer Vielfalt nur gerecht wird, wenn man diese Vielfalt anerkennt und in durchaus vielfältiger Weise zu interpretieren versucht. Die schlichte Aussage, dass Maria von Nazaret die Mutter Jesu von Nazaret war, liegt auf einer ande-

Einleitung

ren Ebene als die Aussage von der „Jungfrauengeburt". Die seit dem 2. Jahrhundert geläufige typologische Gegenüberstellung von Eva und Maria, die der neueren feministischen Theologie so große Schwierigkeiten macht, hat ihre theologischen Voraussetzungen, aber auch ihre anthropologischen und soziologischen Implikationen. Man kann solche Sprache heute nur dann noch sprechen, wenn man sich dieser Voraussetzungen und Implikationen bewusst ist. Darin ist der Kritik der feministischen Theologie uneingeschränkt zuzustimmen. Die Beispiele ließen sich ohne weiteres vermehren. Doch ich will hier abbrechen.

Aus dem bisher Gesagten ergibt sich die grobe Gliederung des Folgenden von selbst. Ich habe vor, bei der vorliegenden Abhandlung drei Schritte zu gehen:
In einem ersten Schritt soll der Befund des Neuen Testamentes erhoben werden. Dieser Schritt wird für alles Folgende vor allem deshalb von Bedeutung sein, weil bereits hier deutlich werden wird, dass eine einseitig historische Fragestellung bzw. historisierende Darstellung der Mariengestalt bereits an den Texten des Neuen Testamentes scheitern muss. Im zweiten Schritt wird dann nach der dogmen- und theologiegeschichtlichen Entfaltung der neutestamentlichen Ansätze gefragt werden, aber auch nach den nicht unbedingt aus der Schrift sich ergebenden Motiven, die dabei leitend gewesen sind. Gerade in diesem Bereich steht die theologische Forschung, wie ich meine, noch ganz an den Anfängen. Vieles, was hier in der unmittelbaren Vergangenheit geschrieben wurde, ist methodisch noch zu unkritisch, etwa wenn religionsgeschichtliche Parallelen und Analogien in ein kausales Verhältnis zueinander gebracht werden. Aber hier ist meines Erachtens eine Fragestellung eröffnet, der weiter intensiv nachgegangen werden sollte. Gerade hier könnte deutlich werden, dass die Mariologie innerhalb des christlichen Glaubens eine Funktion hat, auf die nicht verzichtet werden kann. Dies gilt vielleicht noch mehr für die gelebte Glaubenspraxis und Frömmigkeit als für die eigentlich theologische Reflexion. Dieser theologischen Reflexion möchte ich mich dann explizit im dritten Schritt[1] dieser Abhandlung zuwenden. Dabei wird

Einleitung

es vor allem um gegenwärtige Versuche gehen, die Bedeutung Mariens zu bedenken. Hier werden sowohl theologische Versuche innerhalb des klassischen theologischen Denkhorizontes darzustellen sein (ich denke etwa an Karl Rahner, Hans Urs von Balthasar[2] und Joseph Ratzinger), es sind aber auch die Anstöße und Anregungen der feministischen Theologie und der Theologie der Befreiung aufzunehmen, die die Gestalt Mariens in vielfältiger Weise symbolisch deuten. Gerade im Hinblick auf die letzteren Versuche, aber auch im Hinblick auf die Versuche im Rahmen der klassischen Theologie wird nach den Kriterien solcher theologischer Argumentation zu fragen sein. Ebenso wenig wie die Inhalte der hier vorzustellenden Mariologie möchte ich die dabei in Anwendung zu bringenden Kriterien apriorisch aufstellen, sondern hoffe, dass das eine wie das andere im Verlauf der konkreten theologischen Arbeit deutlich wird. Der Aufbau der Abhandlung selber macht deutlich, dass an dem grundlegenden Zeugnis der Zuwendung Gottes zu uns Menschen, gemeint ist die Heilige Schrift, vorbei christliche Theologie nicht betrieben werden kann. Aber da stellt sich schon die Frage, wie dieses Zeugnis zu lesen und zu verstehen ist. Damit wären wir bereits beim ersten Schritt und mitten in der gegenwärtigen Kontroverse um die rechte Auslegung der Heiligen Schrift, die für breitere Kreise durch den Konflikt zwischen dem Paderborner Erzbischof und seinem Theologen sichtbar geworden ist. (Interessant ist, dass dieser Konflikt sich nicht primär an der von Drewermann praktizierten psychologischen Schriftauslegung entzündet hat, sondern an bestimmten Thesen, die letzterer aufgrund der von ihm bislang gescholtenen historischen Kritik aufstellen zu müssen meinte.)

Doch bevor ich zu diesem ersten Schritt komme, möchte ich hier zunächst einige Literatur vorstellen. Es handelt sich dabei um grundlegende Werke allgemeiner Art. Auf wichtigere Spezialliteratur werde ich dann jeweils vor Ort eingehen. Hier ist das von Wolfgang Beinert und Heinrich Petri herausgegebene, in zweiter, wesentlicher erweiterter Auflage vorliegende „Handbuch der Marienkunde"[3] zu nennen. In diesem Werk finden sich relativ kurze und einigermaßen zuverlässige Informationen über die Mariologie und

19

Einleitung

die Marienfrömmigkeit einschließlich der bildenden Kunst, der Musik und der Literatur. Noch breiter angelegt ist das von Remigius Bäumer und Leo Scheffczyk herausgegebene sechsbändige „Marienlexikon"[4]. Einen Überblick über die dogmengeschichtliche Entwicklung gibt der im Rahmen des Handbuchs der Dogmengeschichte erschienene Faszikel „Mariologie" von Georg Söll[5]. In den zuletzt genannten Werken lässt sich allerdings kaum etwas erfahren über die gegenwärtigen Neuansätze in der feministischen Theologie bzw. in der Theologie der Befreiung, wohl aber in dem zuerst genannten Handbuch.

Am Ende dieser Einleitung möchte ich noch einmal darauf hinweisen, dass ich hier nicht mehr bieten kann als eine erste Einführung. Dabei geht es mir darum, exemplarisch vorzuführen, wie man heutzutage mit der nicht ganz einfachen Thematik der Mariologie theologisch verantwortet und redlich umgehen kann. Dass dabei nicht immer klare Antworten herauskommen, wird nur diejenigen wundern, die die Komplexität der Sachverhalte nicht kennen. Ich bin mir bewusst, dass es sich bei der Mariologie auch um ein insofern delikates theologisches Thema handelt, als es, sei es positiv, sei es negativ, mit der persönlichen Frömmigkeit verbunden ist. Wenn ich zu einem im recht verstandenen Sinn kritischen Umgang damit führen möchte, so soll dies niemanden verletzen. Ich werde keiner bestimmten Marienfrömmigkeit das Wort reden, aber ich hoffe, dass meine theologischen Überlegungen nicht geistlich fruchtlos bleiben.

I. Maria im Neuen Testament

1. Einleitung

Die Überschrift dieses ersten Kapitels entspricht dem Titel jenes Buches, dem ich für meine Darstellung sehr viel verdanke: Maria im Neuen Testament. Eine Gemeinschaftsstudie von protestantischen und römisch-katholischen Gelehrten.[1] Diese 1978 in den USA erschienene Studie stellt das Ergebnis eines intensiven Dialoges zwischen lutherischen und römisch-katholischen Gelehrten über die Frage nach dem neutestamentlichen Zeugnis von Maria dar. Die deutsche Übersetzung erschien 1981 im Verlag des Katholischen Bibelwerks in Stuttgart. Dieses Buch ist nicht nur aufgrund seiner ökumenischen Entstehungsgeschichte wichtig, sondern auch aufgrund seiner sorgfältigen exegetischen Argumentation. Allen, die daran interessiert sind, sei es als Lektüre wärmstens empfohlen.

a. Die Problematik der neutestamentlichen, auf Maria bezogenen Texte

Zu Beginn dieser Ausführungen über Maria im Neuen Testament muss festgehalten werden: Noch weniger als im Falle ihres Sohnes Jesus von Nazaret kann aus dem Neuen Testament eine Biographie der Maria aus Nazaret rekonstruiert werden. Dazu reicht das vorhandene historische Material in keiner Weise aus. Ja, wir müssen wohl feststellen, dass wir über Maria kaum historisch brauchbare Zeugnisse besitzen. Wenn ich bereits auf die Schlussfolgerungen dieses Kapitels vorgreifen darf, so ist bei einer sachgerechten exegetischen Interpretation der entsprechenden Aussagen deutlich, dass das Neue Testament mit wenigen Ausnahmen durchweg theologische Aussagen über Maria und ihr Verhältnis zu Jesus überliefert.

Von Maria ist im Neuen Testament nur in den Evangelien die Rede, möglicherweise auch in der Offenbarung des Johannes (Kap. 12). In den ältesten neutestamentlichen Schriften, den Paulusbriefen, aber auch in den späteren neutestamentlichen Briefen findet sie keine Erwähnung. Wenigstens auf eine Stelle aus dem Corpus Paulinum möchte ich hier kurz eingehen.

b. Gal 4,4

Im vierten Kapitel des Briefes an die Galater schreibt Paulus in den Versen 4–5: „Als aber die Zeit erfüllt war, sandte Gott seinen Sohn, geboren von einer Frau und dem Gesetz unterstellt, damit er die freikaufe, die unter dem Gesetz stehen und damit wir die Sohnschaft erlangen." Hier ist zwar von der Frau, die Jesus geboren hat, also von Maria, die Rede, aber in einer spezifischen Weise. Der Ausdruck „geboren von einer Frau" ist eine im hebräischen Sprachgebrauch häufig begegnende feste Wendung zur Bezeichnung eines Menschen *(yalud 'iššah)*. Sie findet sich etwa im alttestamentlichen Buch Ijob 14,1. Im Neuen Testament wird Johannes der Täufer als „der Größte unter allen von einer Frau Geborenen" bezeichnet (Mt 11,11; Lk 7,28). Der Jude Paulus bringt mit dieser Kurzformel ebenso wie mit der danebenstehenden Formulierung „dem Gesetz unterstellt" das volle Menschsein Jesu zum Ausdruck. Er spricht gleichsam nur funktional von Jesu Mutter; das kommt auch dadurch zum Ausdruck, dass er an ihrem Namen nicht interessiert ist. Aus der fehlenden Erwähnung eines Vaters in dieser Formel darauf zu schließen, dass Paulus die jungfräuliche Empfängnis Jesu lehren wollte, wie man es immer wieder lesen kann, geht an der Aussageintention des Textes eindeutig vorbei.[2]

2. Maria in den synoptischen Evangelien

a. Maria im Markusevangelium

Im ältesten Evangelium des Neuen Testamentes ist an zwei Stellen von Maria die Rede. Beide Male steht sie im Zusammenhang mit den Brüdern und Schwestern Jesu.

Die erste Stelle ist Markus 3,20f. 31–35: „Jesus ging in ein Haus, und wieder kamen so viele Menschen zusammen, dass er und die

Jünger nicht einmal mehr essen konnten. Als seine Angehörigen davon hörten, machten sie sich auf den Weg, um ihn mit Gewalt zurückzuholen; denn sie sagten: er ist von Sinnen. [In den Versen 22–30 folgt dann die Auseinandersetzung Jesu mit den Schriftgelehrten, die ihn für einen Besessenen halten.] Da kamen seine Mutter und seine Brüder; sie blieben vor dem Haus stehen und ließen ihn herausrufen. Es saßen viele Leute um ihn herum, und man sagte zu ihm: Deine Mutter und Deine Brüder stehen draußen und fragen nach Dir. Er erwiderte: Wer ist meine Mutter, und wer sind meine Brüder? Und er blickte auf die Menschen, die im Kreis um ihn herumsaßen, und sagte: Das hier sind meine Mutter und meine Brüder. Wer den Willen Gottes erfüllt, der ist für mich Bruder und Schwester und Mutter."

Diese Perikope bietet, gerade was die Verse 20f. angeht, einige exegetische Probleme, auf die ich hier nicht eingehen kann. Wie auch immer man diese Verse deutet, klar ist die in der ganzen Perikope sichtbar werdende Distanz Jesu zu seiner natürlichen Familie. Für die Zugehörigkeit zum Reich Gottes, dessen Repräsentant zu sein Jesus nach dem Markusevangelium ja beansprucht, ist nicht die natürliche Verwandtschaft mit Jesus entscheidend, sondern die Erfüllung des Willens Gottes. Diejenigen, die Gottes Willen tun, werden von Jesus als Mutter, Brüder und Schwestern, sozusagen als seine eschatologische Familie bezeichnet. Der markinische Jesus schließt nicht aus, dass seine natürlichen Verwandten zur eschatologischen Familie Gottes gehören, aber er macht deutlich, dass das Verhältnis natürlicher Verwandtschaft zu ihm in keinerlei Kausalverhältnis im Hinblick auf die Zugehörigkeit zur eschatologischen Familie Gottes steht. Entscheidendes Kriterium ist allein das Erfüllen des göttlichen Willens.

Die Mutter Jesu wird in dieser Perikope nicht mit Namen genannt. Schließt man sich der von zahlreichen Exegeten vertretenen Meinung an, das Jesuswort in Vers 35 sei ursprünglich unabhängig vom jetzigen Kontext in Umlauf gewesen und dieser selbst sei erst später, möglicherweise erst von Markus, geschaffen worden,[3] dann stellt sich die Frage, ob in Vers 35 überhaupt von Maria die Rede ist, oder ob Jesus hier nicht ganz allgemein von einer Mutter, Brüdern

Maria im Neuen Testament

und Schwestern spricht. Jedenfalls sollte man vorsichtig sein, wenn man diese Perikope historisch für bare Münze nimmt und von einer Distanzierung Jesu im Hinblick auf seine Mutter und seine Familie sprechen zu können glaubt. Die in vielen Köpfen herumgeisternde Vorstellung, das Markusevangelium als ältestes Evangelium biete historisch zuverlässige Angaben über das Leben Jesu, während die übrigen Evangelien solche durch ihre theologischen Interpretationen überlagerten, wird von der kritischen Beschäftigung gerade mit unserer Perikope sehr in Frage gestellt. Auch das Markusevangelium ist ein hoch-theologischer Text. Es wäre zu untersuchen, inwieweit die hier besprochene Perikope der bei Markus allgemein anzutreffenden Tendenz entspricht, das Unverständnis der Menschen gegenüber der Sendung Jesu herauszustellen.

Die traditionelle katholische Mariologie hat sich mit diesem Text übrigens schwergetan. In lehramtlichen Texten begegnet er meines Wissens erstmals in der Kirchenkonstitution des Zweiten Vatikanischen Konzils *Lumen Gentium* 58. Man hat das durch den Text aufgeworfene Problem also mehr oder weniger durch Verschweigen zu lösen versucht. Meines Erachtens wird die ganze Frage durch die Entdeckung des theologischen Charakters dieser Aussage entschärft. Nach der Theologie des Markusevangeliums ist auch die Familie Jesu nicht davon ausgenommen, seine Sendung misszuverstehen. Daraus kann man zwar bestimmte Schlüsse über das tatsächliche Verhältnis Jesu zu seiner Familie ziehen, aber historisch zwingend sind sie nicht.

Auch im zweiten der hier zu behandelnden Texte wird Maria im Zusammenhang der Brüder und Schwestern Jesu genannt. Im Gegensatz zu Mk 3 haben wir in Mk 6,1–6a aber eine wohl in ihrem Kern historische Information vor uns:

„Von dort brach Jesus auf und kam in seine Heimatstadt; seine Jünger begleiteten ihn. Am Sabbat lehrte er in der Synagoge. Und die vielen Menschen, die ihm zuhörten, staunten und sagten: Woher hat er das alles? Was ist das für eine Weisheit, die ihm gegeben ist! Und was sind das für Wunder, die durch ihn geschehen? Ist das nicht der Zimmermann, der Sohn der Maria und der Bruder des

Jakobus, Joses, Judas und Simon? Leben nicht seine Schwestern hier unter uns? Und sie nahmen Anstoß an ihm und lehnten ihn ab. Da sagte Jesus zu ihnen: Nirgends hat ein Prophet so wenig Ansehen wie in seiner Heimat, bei seinen Verwandten und in seiner Familie. Und er konnte dort kein Wunder tun; nur einigen Kranken legte er die Hände auf und heilte sie. Und er wunderte sich über ihren Unglauben."

Auch diese Perikope scheint um das Jesuswort im ersten Teil von Vers 4 (nirgends hat ein Prophet so wenig Ansehen wie in seiner Heimat) herumkomponiert zu sein, wobei der Hinweis auf die fehlende Anerkennung bei den Angehörigen ein markinischer Zusatz zu sein scheint, der der Tendenz von Mk 3 entspricht. Uns interessiert hier freilich nur die Aussage über Maria und die Brüder und Schwestern Jesu. Schauen wir zunächst auf das, was der Text über Jesus und sein Verhältnis zu Maria sagt. In Vers 3a heißt es: „Ist das nicht der Zimmermann, der Sohn der Maria"? Es fällt auf, dass ein Vater nicht genannt wird. Dies ist umso auffälliger, als an den synoptischen und johanneischen Parallelstellen ausdrücklich auch bzw. nur der Vater genannt wird: „Ist das nicht der Sohn des Zimmermanns? Heißt nicht seine Mutter Maria?" (Mt 13,55); „Ist das nicht der Sohn Josefs?" (Lk 4,22); „Ist das nicht Jesus, der Sohn Josefs, dessen Vater und Mutter wir kennen?" (Joh 6,42) Dass Markus nicht den Vater Jesu, den er nicht erwähnt, sondern diesen selber als Zimmermann bezeichnet, ist für uns zweitrangig. „Auf jeden Fall soll die bescheidene Herkunft Jesu im Gegensatz zu seinem augenblicklichen Ansehen als Lehrer und Wundertäter betont werden".[4]

Von größerer Bedeutung ist die Frage, warum der Vater Jesu bei Markus nicht erwähnt wird, bzw. warum er als „Sohn der Maria" bezeichnet wird, eine Bezeichnung, die nur an dieser Stelle im Neuen Testament begegnet. Die Exegeten haben sich viel mit dieser Frage beschäftigt. Manche haben darin ein *argumentum e silentio* für die sonst bei Markus nicht begegnende Aussage von der jungfräulichen Empfängnis Jesu sehen wollen. Gegen diese Annahme sprechen freilich viele Gründe: Zum einen fragt man sich, warum Markus, der die jungfräuliche Empfängnis Jesu sonst nicht erwähnt,

Maria im Neuen Testament

dies ausgerechnet durch eine Formulierung zum Ausdruck bringen wollte, an der Matthäus und Lukas, die ausdrücklich von einer solchen Empfängnis sprechen, nichts Anstößiges fanden. Auch würde sich die Distanzierung zwischen Jesus und seiner Mutter, die ja nach dem Verständnis des Markusevangeliums eindeutig vorliegt, wohl kaum mit einem Wissen um dieses besondere Verhältnis zwischen Jesus und seiner Mutter vertragen. Matthäus und Lukas, die Letzteres voraussetzen, sprechen denn auch nicht von einer solchen Distanz zwischen Jesus und seiner Familie, wie sie bei Markus anklingt. Die einfachste und zugleich befriedigendste Erklärung dafür, dass Josef hier nicht genannt wird, scheint wohl die zu sein, dass er zu diesem Zeitpunkt bereits verstorben war und die Einwohner von Nazaret, die Jesus kritisieren, nur seine Verwandten nennen, die noch unmittelbar unter ihnen leben. Söhne von Witwen werden in der damaligen Zeit im Allgemeinen mit dem Namen der Mutter bezeichnet. Das schließt freilich nicht aus, dass auch der Name des Vaters immer wieder begegnet, wie es ja bei Jesus im Neuen Testament durchweg der Fall ist.

Exkurs: Die Brüder und Schwestern Jesu

Eine weitere Frage, die sich in diesem Zusammenhang stellt, ist die nach dem verwandtschaftlichen Verhältnis zwischen Jesus und den hier genannten Brüdern und Schwestern, bzw. nach dem verwandtschaftlichen Verhältnis dieser Männer und Frauen zu Maria. Diese Frage wurde traditionellerweise im Zusammenhang mit der Lehre von der *virginitas post partum* (Jungfräulichkeit nach der Geburt) behandelt, aber da ich hier nicht systematisch-deduktiv vorgehen will, sondern exegetisch-induktiv, soll bereits an dieser Stelle das Nötige zu der Frage der Brüder und Schwestern Jesu gesagt werden.

Das griechische Wort *adelphós,* das hier verwendet wird, bezeichnet normalerweise zwei Menschen, die Söhne derselben Mutter sind. Freilich begegnet dieses Wort im Neuen Testament auch in übertragenen Bedeutungen: Glaubensbruder, Nachbar, sowie in der Bedeutung: Stiefbruder. Im griechischen Alten Testament wird *adelphós* bisweilen auf Angehörige und Verwandte im weitesten

Sinne ausgedehnt. Dies entspricht dem hebräischen bzw. aramäischen Sprachgebrauch, nach dem das Wort *'aḥ* sowohl den leiblichen Bruder wie einen Angehörigen im weiteren Sinn bezeichnen kann. (Allerdings kennt das Griechische durchaus eigene Wörter für Vetter und Base: *anepsiós* und *anepsiá*). Katholische Exegeten haben sehr viel Mühe darauf verwandt, diesen weiteren Sprachgebrauch als den bei der Nennung von Brüdern und Schwestern Jesu geltenden nachzuweisen. Stellvertretend für viele sei Josef Blinzler genannt.[5]

Lorenz Oberlinner ist in einer umfangreichen Studie zu dem Ergebnis gekommen, dass es sich bei den genannten Brüdern und Schwestern Jesu wohl um leibliche Geschwister Jesu handelt,[6] Rudolf Pesch ist ihm in seinem Markus-Kommentar gefolgt.[7] Auch die Studie „Maria im Neuen Testament" tendiert in diese Richtung.[8] In der protestantischen Exegese wird diese Meinung „beinahe ausschließlich vertreten"[9].

Die Theorie, dass es sich bei den im Neuen Testament genannten Brüdern und Schwestern Jesu nicht um leibliche Geschwister aus der Ehe Marias und Josefs handele, wurde in der Alten Kirche erstmals in dem apokryphen „Protevangelium Jacobi" (8,3; 9,1f.; 17,1f.; 18,1) vertreten. Diese Schrift, in der in reicher Phantasie die Jugend Mariens dargestellt wird, ist um die Mitte, spätestens aber Ende des 2. Jahrhunderts entstanden und behauptet, vom „Herrenbruder" Jakobus verfasst zu sein. (Bei *adelphós tou kyríou* handelt es sich um einen biblisch gut bezeugten Titel: vgl. Gal 1,19 [Jakobus], 1 Kor 9,5 [namentlich nicht Genannte].)

„Der Erzähler will vor allem das wunderbare Leben Mariens verherrlichen und sie selbst als das reine Bild asketischer Vollkommenheit schildern. So hören wir denn von ihrem wunderbaren Ursprung – das Motiv der kinderlosen Eltern, denen im Alter dennoch ein Kind verheißen und geschenkt wird, wiederholt sich noch einmal – und von ihrer heiligen Kindheit und Aufzucht im Tempel, bis sie dem greisen Witwer Josef übergeben wird, der natürlich gar nicht daran denkt, ‚die Jungfrau des Herrn' zu seinem wirklichen Weibe zu machen. Dementsprechend wird die wunderbare Fortdauer ihrer Jungfräulichkeit, sogar nach der Geburt Christi, in phantastischer Weise herausgestrichen: Salome, die Mariens leibliche Unversehrtheit bezweifelt, wird die prüfende Hand wie vom Feuer verzehrt und nur durch ein Wunder des Christkinds zurückgegeben. Dass die heilige Mutter zeitlebens Jungfrau bleibt, versteht sich von selbst. Die Brüder Jesu, von denen die älteren Evangelien übereinstimmend berichtet hatten, werden kurzerhand zu Stiefbrüdern aus Josefs erster Ehe gemacht"[10].

Diese Theorie, die sich freilich einem apokryphen Text verdankt, erlangte im Anschluss an Klemens von Alexandrien, Origenes und besonders an Epiphanius von Salamis[11] in der Ostkirche eine weite Verbreitung. (Im Rahmen der Lehre von der Jungfräulichkeit Mariens werden wir noch näher darauf eingehen.)

Im Westen, wo noch Tertullian die Brüder Jesu als leibliche Geschwister des Herrn ansah, die aus der späteren Ehe Mariens mit Josef hervorgegangen waren,[12] wurde von Hieronymus gegen Helvidius, der sich Tertullian anschloss[13], eine neue Theorie aufgestellt, nach der es sich bei den Brüdern Jesu um dessen Vettern gehandelt habe[14]. Diese Theorie kann sich, wie wir gesehen haben, zumindest mit einigem Recht auf den biblischen Sprachgebrauch berufen. Zudem hat sie den Vorteil, nicht von einer apokryphen Quelle abhängig zu sein.[15]

Wir werden später noch auf diese Frage zurückzukommen haben. Hier ging es zunächst einmal um die Präsentation des biblischen Befundes bzw. um eine kurze Darstellung der sich darauf beziehenden Diskussion.

b. Maria im Matthäusevangelium

ba. Die Parallelen zu Mk

Ich möchte hier nicht auf die zweimalige Erwähnung Marias während des öffentlichen Wirkens Jesu eingehen, die das Matthäusevangelium seiner markinischen Vorlage entnommen hat, wobei auffällt, dass Matthäus das Verhältnis Jesu zu seiner Mutter weniger schroff darstellt als Markus. Die Entschärfung ist wohl damit zu begründen, dass Maria nach der Überzeugung des Matthäus von der heilsgeschichtlichen Sendung Jesu weiß und entsprechend handelt. Al-

Maria in den synoptischen Evangelien

lerdings verschärft Matthäus das Problem der jungfräulichen Empfängnis Jesu, von der er im ersten Kapitel erzählt, dadurch, dass er Jesus in 13,55 als „de[n] Sohn des Zimmermanns" bezeichnet, während Markus, wie wir gesehen haben, vom „Sohn der Maria" (Mk 6,3) spricht. Nach diesen kurzen Bemerkungen komme ich zum ersten Kapitel des Matthäusevangeliums und der darin gegebenen Darstellung der jungfräulichen Empfängnis Jesu.

bb. Die jungfräuliche Empfängnis Jesu

Das Matthäus-Evangelium beginnt in Kap. 1 mit einem „Stammbaum", durch den die Verbindung Jesu mit David und Abraham, zwei entscheidenden Gestalten der alttestamentlichen Heilsgeschichte, hergestellt werden soll. Dieser Stammbaum ist überschrieben mit folgendem Titel: „Urkunde der Abstammung Jesu Christi, des Sohnes Davids, des Sohnes Abrahams" (Mt 1,1). Er endet, bevor er in Vers 17 noch einmal zahlensymbolisch reflektiert wird, in Vers 16 mit folgender Wendung: „Jakob zeugte Josef, den Mann Marias, aus der Jesus gezeugt wurde, der Christus heißt". So lautet die textgeschichtlich am besten bezeugte Fassung dieses Textes, die von den besten Majuskel- und den meisten Minuskelhandschriften geboten wird. Neben Textfassungen, die die Jungfräulichkeit Mariens betonen, also von der in den Versen 18ff. erzählten jungfräulichen Empfängnis Jesu beeinflusst sind, findet sich auch in einem einzigen Kodex, dem sog. Syrosinaiticus, eine Textfassung, die dem geradezu widerspricht: „Josef, mit dem die Jungfrau Maria verlobt war, zeugte Jesus, der Christus heißt". Diese nur in einem Textzeugen begegnende Fassung ist nicht leicht zu erklären, zumal der Syrosinaiticus die jungfräuliche Empfängnis Jesu aus Maria, die in den folgenden Versen erzählt wird, kennt und bejaht. Das eigentliche Problem des von Matthäus gebotenen Stammbaums Jesu ergibt sich aber dadurch, dass Jesus, wenn er nicht von Josef gezeugt ist, gar nicht in der natürlichen Generationenfolge, von der zuvor die Rede war, steht. Dieses Problem möchte Matthäus mit der folgenden Schilderung zur Seite räumen. In ihr geht es darum, dass Josef, der explizit als „Sohn Davids" in Vers 20 angesprochen wird,

Maria zu sich nimmt und ihr Kind durch den Namen Jesus als den verheißenen Messias bezeichnet.

„Mit Christi Geburt aber war es so: Als seine Mutter Maria mit Josef verlobt war, bevor sie zusammengekommen waren, zeigte es sich, dass sie ein Kind trug, aus Heiligem Geist. Josef aber, ihr Mann, der gerecht und nicht willens war, sie bloßzustellen, beschloß, sie heimlich zu entlassen. Als er aber dies erwog, siehe, da erschien ihm im Traum ein Engel des Herrn, der sprach: Josef, Sohn Davids, fürchte Dich nicht, Maria, Deine Frau, heimzuführen. Das in ihr Gezeugte nämlich ist aus Heiligem Geist. Sie wird einen Sohn gebären und Du sollst seinen Namen Jesus heißen, denn er wird sein Volk von den Sünden retten. Dies alles aber ist geschehen, damit das Wort vom Herrn durch den Propheten erfüllt werde, der sagt: Siehe, die Jungfrau wird ein Kind tragen und einen Sohn gebären und sie werden seinen Namen Immanuel heißen, das ist übersetzt: Mit uns ist Gott. Josef aber erhob sich vom Schlaf und tat, wie ihm der Engel des Herrn befohlen hatte, und führte seine Frau heim. Und er erkannte sie nicht, bis sie einen Sohn gebar. Und er nannte seinen Namen Jesus" (Mt 1,18–25).

In dieser, im Gegensatz zur lukanischen Fassung recht schmucklos erzählten Geschichte steht Josef, der Gerechte, im Mittelpunkt. Wahrscheinlich hat der Matthäus-Evangelist eine solche Geschichte vorgefunden und sie dann redaktionell überarbeitet. Selbst wenn er die ganze Erzählung literarisch gestaltet haben sollte, so hat er wohl doch die Auffassung von der jungfräulichen Empfängnis Jesu in der Tradition bereits vorgefunden. Darin sind sich die Exegeten mehr oder weniger einig.

Zum Verständnis der Geschichte ist eine Kenntnis der damaligen jüdischen Hochzeitsbräuche notwendig. Man unterschied zwei Stufen: das Verlöbnis *(erusin)* und die Heimholung *(nissuin)*. Das Verlöbnis „war der Beginn der Eheschließung und schuf rechtliche Verhältnisse zwischen den Partnern. Darum kann Maria auch bereits Josefs Frau genannt werden (20). Das normale Alter für das Verlöbnis lag bei Mädchen zwischen 12 und 13 Jahren, beim Mann zwischen 18 und 24. Allerdings lebte die Frau noch im Haus der Eltern … nach einem Jahr erfolgte die Heimholung … verging sich die Frau in dieser Zeit geschlechtlich, galt sie als Ehebrecherin"[16]. Maria muss Josef, da sie schwanger ist, und offensichtlich nicht von ihm, als eine solche Ehebrecherin erscheinen. Matthäus nimmt seiner Geschichte jegliche Spannung, da er zugleich mit der Formulierung des Verdachtes des Josef sagt, dass das Kind „aus Heiligem Geist" gezeugt ist (Mt 2,18). Dadurch bringt die einige Verse später zitierte Botschaft des Engels für den Leser bzw. Hörer der Geschichte in diesem Sinn nichts Neues. Der Engel sagt nur noch einmal, was der Leser bereits weiß, dass nämlich das Kind aus Heiligem Geist gezeugt ist (Mt 2,20). Die Engelsbotschaft hat im Verlauf der Geschichte also weniger die Funktion, über den geistgewirkten Ursprung des Kindes im Schoß Mariens aufzuklären; denn dieser ist bei der ganzen Erzählung bereits vorausgesetzt. Ihr kommt vielmehr die Aufgabe zu, deutlich zu machen, dass Jesus in der Tat „Sohn Davids" genannt werden kann, da der Davidide Josef der Mann seiner Mutter ist und dem Kind den Namen gegeben, es also als legitim anerkannt hat. Die Namengebung durch Josef ist aber nicht nur im Sinne der Legitimation des Kindes der Skopus der Geschichte, sondern auch, um die heilsgeschichtliche Rolle dieses Kindes zum Ausdruck zu bringen. Denn der Name Jesus, hebräisch Jeschua (abgekürzt aus Jehoschua: Jahwe ist Heil) soll die Aufgabe des Messias beschreiben, die dann von dem Engel noch einmal ausdrücklich als Errettung des Volkes aus den Sünden bezeichnet wird.

Das Wort des Engels geht dann unmerklich in eines der für das Matthäusevangelium typischen Reflexionszitate über. In der Einleitung zu dem zitierten alttestamentlichen Wort wird gesagt, dass es um die Erfüllung eines durch einen Propheten verheißenen Gotteswortes geht. Auch diese Einführungsformel finden wir im Matthäusevangelium häufig (vgl. etwa Mt 2,15. 17, um zwei weitere Beispiele aus den sog. Kindheitsgeschichten zu nennen).

Das Zitat selber stammt aus dem Propheten Jesaja (Jes 7,14). Matthäus zitiert nicht nach dem hebräischen Text, sondern nach der Fassung der Septuaginta. Nur in dieser wird die junge Frau, von der hier die Rede ist, ausdrücklich als Jungfrau *(parthénos)* bezeichnet. Der masoretische Text liest *almah*, was so viel wie „junge Frau" bedeutet und von den griechischen Übersetzungen des Aquila und des Theodotion[17] mit *neânis* wiedergegeben wird. Jesaja selber spricht also nicht von einer jungfräulichen Empfängnis, sondern von einer jungen Frau, deren Identität kaum zu bestimmen ist, und die ein Kind gebären wird, das für eine bestimmte Gruppe von Menschen die Heilszusage Gottes repräsentiert. In der rabbinischen Exegese wurde die Stelle jedenfalls nicht auf den Messias hin gedeutet.[18] Die christliche Überlieferung hat, angestoßen durch Matthäus, in der im Text der Septuaginta genannten Jungfrau einen Hinweis auf die Jungfrau Maria erblickt. Dass diese Deutung nicht ganz so willkürlich ist, wie es angesichts des masoretischen Textes auf den ersten Blick aussieht, hat der Tübinger Alttestamentler Hartmut Gese zu zeigen versucht, der deutlich macht, dass die Verheißung Jes 7,14 sich in der unmittelbar folgenden Zeit nicht erfüllt hat. Somit steckt in diesem Gotteswort durchaus ein überschießender Sinn, den die Christen für Jesus Christus beanspruchen konnten.[19]

Für Matthäus ist an diesem Text nicht nur der Hinweis auf die *parthénos* wichtig, sondern, und dies vielleicht noch mehr, der Name des Kindes: Immanuel (Gott mit uns). Auch wenn es sich genau besehen gar nicht um die Verheißung des Jesus-Namens handelt, so beschreibt der Name Immanuel doch die Rolle und Funktion, die Jesus zukommt. In ihm erfüllt sich nach christlicher Überzeugung in der Tat die alttestamentliche Verheißung, in ihm ist Gott mit den Menschen. Von großer theologischer Bedeutung ist, dass am Ende des Matthäusevangeliums, in 28,20, nach Art einer Inklusion dieses Wort noch einmal aufgenommen wird: „Ich bin mit Euch alle Tage bis ans Ende der Welt". „Die Gegenwart des erhöhten Herrn bei seiner Gemeinde erweist ihn als Imanuel, Gott mit uns"[20]. Dieser Zusammenhang ist bei einer adäquaten theologischen Würdigung des Themas Jungfrauengeburt durchaus zu beachten. Hierbei geht es nicht um eine isolierte Aussage über Jesus, sondern um eine Aussage, die nur im Gesamt des Christus-Glaubens richtig verstanden werden kann.

Die in Mt 1,18 und 20 begegnende Aussage, dass das Kind „aus heiligem Geist gezeugt" sei, hat nach Meinung der Exegeten, die an der Studie „Maria im Neuen Testament" mitgearbeitet haben, seinen ursprünglichen Ort in der theologischen Reflexion der Auferstehung Jesu. Jesus wurde durch die Auferstehung, wie das frühchristliche Traditionszeugnis Röm 1,3f. deutlich macht, „dem Geist der Heiligkeit nach eingesetzt als Sohn Gottes in Macht seit der Auferstehung von den Toten". In der Apostelgeschichte wird im Zusammenhang der als Inthronisation verstandenen Auferweckung Jesu ausdrücklich auf Psalm 2 verwiesen, der ja bei der alttestamentlichen Königsinthronisation seinen Ort hatte: „Gott hat die Verheißung, die an die Väter ergangen ist, an uns, ihren Kindern, erfüllt, indem er Jesus auferweckt hat, wie es schon im 2. Psalm heißt: Mein Sohn bist Du, heute habe ich Dich gezeugt" (Apg 13,32f.). Nun sind aber diese Aussagen, wie gerade Paulus in Röm 1 deutlich macht, nicht so zu verstehen, als sei Jesus durch die Auferweckung von den Toten zu etwas geworden, was er vorher nicht war, nämlich zum Sohn Gottes. Nach der im Neuen Testament allgemein greifbaren Überzeugung hat die Auferweckung Jesu nur deutlich gemacht, was er von Anfang an ist. Literarisch kommt dies in allen vier [sic! M. H.] Evangelien dadurch zum Ausdruck, dass sie das öffentliche Wirken Jesu mit der Taufe durch Johannes beginnen lassen, bei der der Vater ihn als seinen Sohn offenbart, und bei der der Heilige Geist auf ihn herabkommt und ihn so zum Messias, zum Gesalbten Gottes, macht.

„Im Alten Testament war die Zeugung des Königs als Gottes Sohn, auf die sich der Psalm bezieht, eine symbolische Handlung, die durch den Akt der Krönung und Adoption vollzogen wurde. Als man den Psalm auf die Auferstehung und/oder Taufe bezog, sah man die Zeugung ebenfalls in einem bildhaften Sinn, wenngleich die Christen, die den Psalm zitierten, Jesus in einer Weise als Gottes Sohn verstanden, die weit über den alttestamentlichen Rahmen hinausging ... Der Geist Gottes ruhte auf einzigartige Weise in und auf Jesus. Als jedoch die Christen weiter zurück, bis zu den Anfängen des Lebens Jesu reflektierten, mag sich eine Tendenz bemerkbar gemacht haben, die Zeugung in einem mehr wörtlichen Sinn zu verstehen (obwohl eine Zeugung durch göttliche Kraft oder durch den Heiligen Geist immer *analog* zur menschlichen Zeugung bleibt). Deshalb erkennen viele Gelehrte in der himmlischen Botschaft von Mt 1,20: ‚Das Kind, das sie erwartet, ist vom (oder aus dem) Heiligen Geist' eine christologische Terminologie, die anfangs für die Auferstehung und den Beginn des öffentlichen Wirkens Jesu angewandt wurde und nun auf die Empfängnis Jesu übertragen wird. Wie den anderen Evangelisten ist es auch Matthäus klar, dass Jesus nicht erst durch die Auferstehung Gottes Sohn *wurde*, Jesus *war* Gottes Sohn schon während seines öffentlichen Wirkens (3,17; 14,33; 16,16). Aber Matthäus sagt unmissverständlicher als Markus, dass Jesus nicht *bei der Taufe* Gottes Sohn *wurde*, Jesus *war* Gottes Sohn von seiner Empfängnis an. In dieser Hinsicht geht die Botschaft des Engels auf eine vormatthäische Tradition zurück (und diese Annahme wird noch dadurch bestärkt, dass der Engel bei Lukas zwar andere Worte gebraucht, aber die gleiche christologische Botschaft überbringt – Lukas 1,35)"[21].

Wir haben den Text Mt 1,18–25 in sich sowie hinsichtlich seiner Stellung im Gesamt des Matthäusevangeliums betrachtet und dabei gesehen, dass es Matthäus darauf ankommt, Jesus vom Beginn seiner irdischen Existenz an als Sohn Davids und als Sohn Gottes zu erweisen. Matthäus konnte dabei höchstwahrscheinlich auf eine ältere Tradition zurückgreifen, die von der jungfräulichen Empfängnis Jesu aus dem Heiligen Geist berichtet. Ob dieser Bericht bereits traditionell mit dem Zitat Jes 7,14 verbunden war, oder ob erst Matthäus diese Verbindung hergestellt hat, darüber sind sich die Exegeten uneinig. Die messianische Interpretation des Jesaja-Wortes, auch seine Deutung im Sinne einer jungfräulichen Empfängnis, sind christlichen Ursprungs. Die immer wieder vertretene Hypothese, die Vorstellung der Jungfrauengeburt sei christlicherseits als Erfüllung der alttestamentlichen Verheißung Jes 7,14 konstruiert worden, ist vor diesem Hintergrund nicht haltbar.

Auf die Frage nach der Historizität des hier Berichteten möchte ich erst eingehen, wenn ich auch die lukanische Fassung der jungfräulichen Empfängnis Jesu dargestellt habe.

c. Maria im lukanischen Doppelwerk

ca. Kurze Hinführung zur Theologie des Lukas

Aus der Hand des Evangelisten Lukas besitzen wir nicht nur das nach ihm benannte Evangelium, sondern auch eine Schilderung der Anfänge der Kirche, die Apostelgeschichte. In beiden begegnet die Gestalt Mariens, hauptsächlich in den beiden ersten Kapiteln des Evangeliums. Bei Lukas finden wir mehr über Maria als in jeder anderen Schrift des Neuen Testaments. Diese Tatsache hat in der Auslegungsgeschichte immer wieder zu der Vermutung geführt, dass Lukas eine besondere Beziehung zu Maria gehabt habe. Es sei in diesem Zusammenhang auch daran erinnert, dass Lukas in der Legende gelegentlich als Maler bezeichnet wird und manche ehrwürdige Marienikonen ihm legendarisch zugeschrieben werden. Das hängt sicher damit zusammen, dass Lukas das detaillierteste Bild von Maria „gemalt" hat, das wir besitzen. Es stellt sich dabei allerdings die Frage, ob es ein realistisches Porträt ist, oder ob es sich um eine der Verehrung dienende Ikone handelt.

Hinter dem lukanischen Doppelwerk steht eine theologische Absicht: Lukas versteht die Geschichte, die er möglichst getreu wiedergeben will (vgl. Lk 1,1–4), als Heilsgeschichte. Diese Heilsgeschichte geht von Israel aus, ihr Mittelpunkt ist die Geschichte Jesu von Nazaret, sie mündet ein in die Zeit der Kirche. Zugleich ordnet Lukas, was sonst kein Evangelist versucht, das Jesusereignis in den Rahmen der umfassenden Zeitgeschichte ein (vgl. die Angaben über den Zeitpunkt der Geburt Jesu in 2,1 sowie über das Auftreten Johannes des Täufers in 3,1). Für Lukas geht es ganz entscheidend darum, in seinem Geschichtswerk das Eingreifen Gottes, genauer des Geistes Gottes, an bestimmten Orten und zu einem bestimmten Zeitpunkt der Geschichte zu dokumentieren. Gott hat an seinem Volk in der Vergangenheit immer wieder gehandelt, in Jesus Christus, seinem Sohn, hat er sich ihm endgültig zugewandt, die frühe Kirche ist Zeichen dafür, dass das gnädige Handeln Gottes an seinem Volk weitergeht. Welche Rolle spielt in diesem Zusammenhang Maria? Wir wollen bei der Beantwortung dieser Frage der Chronologie des lukanischen Doppelwerkes folgen und zunächst die Stellung Mariens in den sog. Kindheitsgeschichten betrachten, dann werden wir uns dem Bild zuwenden, das Lukas von Maria während des irdischen Wirkens Jesu zeichnet, abschließend werden wir dann die Szene betrachten, die Maria, die Apostel und die Brüder Jesu sowie die Frauen vereint im Abendmahlssaal zeigt, während sie um die Herabkunft des Heiligen Geistes beten.

cb. Maria in der Geburtsgeschichte

Es muss hier offen bleiben, ob Lukas die beiden ersten Kapitel seines Evangeliums, die eine gewisse literarische Einheit bilden, zusammen mit dem übrigen Evangelium verfasst hat, oder ob er diese beiden Kapitel dem fertigen Evangelium erst später vorangestellt hat. Jedenfalls ist deutlich, dass Lukas in den beiden Anfangskapiteln die Ankündigung der Geburt, die Geburt und das Heranwachsen des Vorläufers Johannes und Jesu Christi in kunstvoller Weise in Parallele zueinander gesetzt hat, wobei zugleich deutlich wird, dass die Geburt Jesu Christi die des Johannes überbietet.

Schauen wir uns den Aufbau dieser beiden Kapitel einmal etwas näher an. Zunächst wird die Geburt des Täufers Johannes angekündigt (Lk 1,5–25). Adressat dieser Ankündigung ist der Vater des Kindes, Zacharias. Dann folgt die Ankündigung der Geburt Jesu an die Mutter, Maria (1,26–38). Durch die Schilderung des Besuchs Marias bei ihrer Base Elisabet werden die beiden Geschichten miteinander verknüpft (1,39–56). Bei dieser Gelegenheit wird auch der erste der vier mehr oder weniger langen Hymnen vorgetragen, die diesen beiden Kapiteln des Lukasevangeliums ihr feierliches Gepräge geben. Der erste Hymnus ist das von Maria gesprochene *Magnificat* (1,46–55).

Nach der Querverbindung zwischen den beiden Erzählsträngen, die die Schilderung des Besuchs Marias bei Elisabet darstellt, werden dann die einzelnen Stränge jeweils für sich weiterverfolgt. Zunächst wird die Geburt des Johannes berichtet (1,57–58), daran schließt sich die Erzählung von der Beschneidung des Kindes an (1,59–79), in die Lukas den größten Hymnus einbaut, das von Zacharias vorgetragene *Benedictus* (1,67–79). Mit einem kurzen Hinweis auf das Heranwachsen des Johannes wird dieser Erzählstrang vorläufig abgeschlossen (1,80). Der parallele Erzählstrang über Jesus wird weitergeführt mit dem Bericht über seine Geburt (2,1–20), in deren Schilderung Lukas den kürzesten Hymnus einschaltet, das *Gloria in excelsis* (2,13–14). Daran schließen sich die Beschneidung (2,21) sowie die Reinigung Marias im Tempel und die Lobpreisung des Kindes durch Simeon und Hanna an (2,22–38). Bei der letztgenannten Gelegenheit siedelt Lukas den vierten Hymnus an, das von Simeon gesprochene *Nunc dimittis* (2,29–32). Dann wird kurz über die Rückkehr der Familie nach Nazaret berichtet (2,39). Darauf folgt die Geschichte über die Auffindung des zwölfjährigen Jesus im Tempel, für die es in der Johannes-Geschichte keine Parallele gibt (2,41–51). Diese Geschichte wird eingerahmt durch den zweimaligen Hinweis auf das Heranwachsen des Kindes (2,40.52).

Obwohl die beiden Erzählstränge, wie gesagt, parallel aufgebaut sind, wird doch deutlich, dass Jesus dem Johannes überlegen ist. Ausdrücklich kommt dies bei der Begegnung zwischen Maria und Elisabet zur Sprache. Elisabet ruft, vom Heiligen Geist erfüllt, mit lauter Stimme: „Gesegnet bist Du mehr als alle anderen Frauen, und gesegnet ist die Frucht Deines Leibes. Wer bin ich, dass die Mutter meines Herrn zu mir kommt? In dem Augenblick, als ich Deinen Gruß hörte, hüpfte das Kind vor Freude in meinem Leib. Selig ist die, die geglaubt hat, dass sich erfüllt, was der Herr ihr sagen ließ" (1,42–45). An dieser Stelle wird zugleich deutlich, dass auch Maria eindeutig der bevorzugte Platz in dieser Erzählung zukommt.

Anders als die äußerst knappe Schilderung des Matthäus ist also bei Lukas der Bericht von der Empfängnis und der Geburt bzw. vom Heranwachsen Jesu in eine kunstvolle literarische Komposition eingefügt, deren kunstvoller Charakter durch die vier genannten Hymnen, die alle in den Gebetsschatz der Kirche übergegangen sind, noch unterstrichen wird.

Schauen wir uns nun die Aussagen über Maria etwas näher an. Dabei sollten wir allerdings nicht aus dem Auge verlieren, dass es Lukas nicht primär um mariologische, sondern hauptsächlich um christologische Aussagen geht. Die Aussagen über Maria sind streng in diesem Kontext zu interpretieren. Wenn wir als erstes die Ankündigung der Geburt Jesu betrachten, so fällt jedem unbefangenen Betrachter unmittelbar auf, dass sie in ihrer formalen Struktur der Ankündigung der Geburt des Vorläufers Johannes entspricht. Ja, nicht nur dies, beide Erzählungen sind nach einem Schema aufgebaut, dem *Schema der sog. Geburtsankündigung*, das bereits im Alten Testament vielfach begegnet. Zu nennen wären etwa die Verkündigung von Isaaks Geburt an Abraham (Gen 17), von Simsons Geburt an seine Eltern (Ri 13); Parallelen finden sich allerdings auch in den Berufungserscheinungen vor Mose (Ex 3) und Gideon (Ri 6). In allen diesen Verkündigungsgeschichten geht es darum, dass die Leser vorbereitet werden auf das Wirken einer Person, die in der Heilsgeschichte eine bedeutende Rolle spielen wird.

Dieses sog. Verkündigungsschema ist folgendermaßen aufgebaut: Zunächst wird die Erscheinung eines Engels oder gar des Herrn selbst berichtet. Darauf folgt eine Reaktion von Furcht von Seiten der Person, der der Engel bzw. der Herr selber begegnet. Dann wird als nächstes die Geburt eines Sohnes verheißen, der mit seinem Namen oder einem Titel benannt wird. Es wird gesagt, dass die Frau empfangen hat bzw. empfangen wird und einen Sohn gebären wird. Manchmal wird der Name des Kindes etymologisch hergeleitet. Auch die künftigen Taten dieses Kindes werden genannt. (Bei den Berufungserzählungen von Mose und Gideon, bei denen es nicht um eine Geburtsankündigung im engeren Sinn geht, findet sich begreiflicherweise nur dieses Element aus unserem Schema.) Es folgt dann ein Einwand der Person, an welche die Verkündigung gerichtet ist, und, zur Ausräumung dieses Einwandes, die Verheißung eines Zeichens. Wenn wir diese Elemente betrachten, dann stellen wir fest, dass in Lukas 1–2 sogar noch eine dritte Erzählung vorkommt, die diesem Schema folgt, nämlich die Verkündigung an die Hirten (Lk 2,9–12). Auch ihnen erscheint ein Engel, vor dem die Hirten sich zunächst fürchten, der ihnen die Geburt des Kindes verkündet, dessen künftige Taten beschreibt und ihnen ein entsprechendes Zeichen nennt, an dem sie die – hier allerdings gar nicht in Frage gestellte – Zuverlässigkeit der Ankündigung überprüfen können. Wenn wir uns dieses Schema vor Augen halten, dann werden wir doch sagen müssen, dass es sich bei der Erzählung von der Verkündigung der Geburt Jesu an

Maria um ein nach diesem Schema gestaltetes literarisches Stück handelt, also keineswegs um einen historischen Bericht. Damit ist freilich die Frage nach der Historizität des so Berichteten noch nicht beantwortet. Es kann ja durchaus etwas, was historisch ist, in einer nach bestimmten literarischen Vorbildern gestalteten Erzählung wiedergegeben werden. Wir werden auf diese Frage noch zurückkommen.

Nachdem ich das Schema vorgestellt habe, nach dem die Erzählung von der Verkündigung an Maria gestaltet ist, wenden wir uns dem Text zu und analysieren ihn entsprechend der einzelnen Schritte des Verkündigungsschemas:

Im sechsten Monat [der Schwangerschaft Elisabets] wurde der Engel Gabriel von Gott in eine Stadt in Galiläa namens Nazaret zu einer Jungfrau gesandt. Sie war mit einem Mann namens Josef verlobt, der aus dem Haus David stammte. Der Name der Jungfrau war Maria.	
Der Engel trat bei ihr ein und sagte: Sei gegrüßt, Du Begnadete, der Herr ist mit Dir.	*Erscheinung des Engels*
Sie erschrak über die Anrede und überlegte, was dieser Gruß zu bedeuten habe. Da sagte der Engel zu ihr: Fürchte Dich nicht, Maria;	*Reaktion von Furcht und Beschwichtigung*
denn Du hast bei Gott Gnade gefunden. Du wirst ein Kind empfangen, einen Sohn wirst Du gebären: dem sollst Du den Namen Jesus geben.	*Verheißung von Empfängnis und Geburt, Namensnennung*
Er wird groß sein und Sohn des Höchsten genannt werden. Gott, der Herr, wird ihm den Thron seines Vaters David geben. Er wird über das Haus Jakob in Ewigkeit herrschen, und seine Herrschaft wird kein Ende haben.	*Die künftigen Taten des Kindes*
Maria sagte zu dem Engel: Wie soll das geschehen, da ich keinen Mann erkenne?	*Einwand*
Der Engel antwortete ihr: Der Heilige Geist wird über Dich kommen, und die Kraft des Höchsten wird Dich überschatten. Deshalb wird auch das Kind heilig und Sohn Gottes genannt werden. Auch Elisabet, Deine Verwandte, hat noch in ihrem Alter einen Sohn empfangen; obwohl sie als unfruchtbar galt, ist sie jetzt schon im sechsten Monat. Denn für Gott ist nichts unmöglich. Da sagte Maria: Ich bin die Magd des Herrn; mir geschehe, wie Du es gesagt hast. Danach verließ sie der Engel (Lk 1,26–38).	*Zeichen für den Empfänger der Verheißung*

Maria im Neuen Testament

In einer Beziehung geht diese Geburtsverheißung über ihre alt- und neutestamentlichen Parallelen hinaus: Das Kind, dessen Geburt verheißen wird, stammt nicht aus der natürlichen Begegnung seiner Eltern, sondern seine Empfängnis wird unmittelbar auf das schöpferische Wirken des Heiligen Geistes zurückgeführt. Ich spreche hier bewusst vom schöpferischen Wirken Gottes; denn die Perikope bietet keinerlei Anlass für eine Interpretation im Sinne einer „heiligen Hochzeit" *(hieròs gámos)*, das heißt einer Vermählung zwischen einem Gott und einer sterblichen Frau.

„Lukas hat nicht im Sinn, Gott oder den Heiligen Geist als männlichen Ersatzpartner zu betrachten ... Gott ist kein sexueller Partner bei der Zeugung Jesu, sondern eine schöpferische Kraft. Der wunderbare Aspekt dieser schöpferischen Kraft, aus der ein Kind von einer Jungfrau gezeugt wird, bedeutet keine Abwertung menschlicher Zeugung, die im hebräischen Denken (Gen 1,28; 8,17) als Teilhabe an Gottes schöpferischem Wirken verstanden wird, das fortzuführen eine Forderung darstellt. Die These einer späteren Theologie, daß Jesus jungfräulich empfangen werden mußte, weil die Übertragung der Erbsünde mit der sexuellen Natur der menschlichen Fortpflanzung verknüpft sei, spiegelt sich bei Lukas keineswegs wider (genausowenig wie bei Matthäus). Schließlich ein letzter Gedanke: Wenn wir die jungfräuliche Empfängnis als Zeugung des Sohnes Gottes interpretieren, dann im Bewußtsein, daß Lukas nicht von der Inkarnation eines präexistenten göttlichen Wesens spricht. Die Idee einer Präexistenz findet sich in anderen neutestamentlichen Schriften ..., aber es geht da um eine andere Christologie, als sie in der jungfräulichen Empfängnis einbeschloßen ist. (Es ist erwähnenswert, daß sowohl die Christologie einer Präexistenz als auch die Empfängnis-Christologie stillschweigend die These verwerfen, daß Jesus ein Mensch war, der während seiner Lebenszeit oder bei der Taufe von Gott als sein Sohn adoptiert wurde.) Erst in der Zeit nach Lukas (und nach Matthäus) finden wir eine fortschreitende Verbindung der beiden Christologien bezeugt: Das präexistente göttliche Wort wird Fleisch (johanneische Vorstellung) im Schoß der Jungfrau Maria (lukanische und matthäische Vorstellung)"[22].

Für die ökumenische Arbeitsgruppe, die die Studie „Maria im Neuen Testament" erarbeitet hat, ist es wahrscheinlich, dass Lukas in Kapitel 1, Vers 35 die Vorstellung von der geistgewirkten Gottessohnschaft Jesu, die er sonst mit der Auferstehung (vgl. Apg 13,32f.) bzw. mit der Taufe Jesu (vgl. Lk 3,22) verbindet, nun auf die Empfängnis Jesu übertragen hat (Lk 1,35: „Der Heilige Geist wird über Dich kommen, und die Kraft des Höchsten wird Dich überschatten. Deshalb wird auch das Kind heilig und Sohn Gottes genannt werden."). In diesem Zusammenhang ist es nicht ohne Bedeutung, dass auch das Wort von der Überschattung *(episkiázein)* bei Lukas in einer anderen christologisch hochbedeutsamen Perikope vorkommt, nämlich in der von der Verklärung Jesu (Lk 9,34). Die genannte Arbeitsgruppe kommt deshalb zu dem Schluss, „daß die lukanische Verkündigungsbotschaft eine Reflexion der christologischen Sprache und der Formeln der nachösterlichen Kirche ist. Oder anders ausgedrückt: die Worte des Engels schildern lebendig und eindrucksvoll, was die Kirche über Jesus nach der Auferstehung und was sie über Jesus während seines öffentlichen Wirkens von der Taufe an ausgesagt hat. Nun aber wird diese Christologie zurückbezogen bis zu dem Augenblick, da Jesus im Schoß seiner Mutter empfangen wurde ... Das heißt jedoch, daß Lk 1,32–33.35 kaum die expliziten Worte einer göttlichen Offenbarung an Maria vor Jesu Geburt wiedergeben, und von daher sollte man auch nicht annehmen, daß Maria ein explizites Wissen von Jesus als ‚dem Sohn Gottes' während seiner Lebenszeit hatte"[23]. Ausdrücklich wird hinzugefügt, dass damit „nicht die Möglichkeit einer Offenbarung an Maria bei der Empfängnis ihres Sohnes" geleugnet wird, es soll nur festgestellt werden, dass es sich bei der lukanischen Verkündigungsszene um einen Text handelt, der „in Worte aus der nachösterlichen Sprache gekleidet"[24] ist. Die Frage, ob es sich bei der Aussage von der jungfräulichen, geistgewirkten Empfängnis Jesu um ein Theologumenon, das heißt „eine dramatische Darstellung der Glaubenserkenntnis, daß Jesus Gottes Sohn durch den Heiligen Geist sei"[25], oder um eine historische, das heißt letztlich auf Maria als Zeugin zurückgehende Information handelt, ist mit den Mitteln der historischen Kritik nicht zu beantworten. Jedenfalls tendiert die

Maria im Neuen Testament

Studie dahin, eine vorevangelische Tradition der jungfräulichen Empfängnis Jesu für wahrscheinlich zu halten.[26]

Handelt es sich bei der von Lukas tradierten Aussage über die jungfräuliche Empfängnis Jesu letztlich um eine christologische Aussage, so ist in der Perikope von der Verheißung der Geburt Jesu durchaus auch eine mariologische Aussage impliziert. Maria wird in Vers 38 als die erste Jüngerin dargestellt, die dem Wort Gottes glaubt: „Ich bin die Magd des Herrn; mir geschehe, wie Du es gesagt hast." Dies wird durch das Wort der Elisabet an Maria unterstrichen: „Selig ist die, die geglaubt hat, dass sich erfüllt, was der Herr ihr sagen ließ" (Lk 1,45). Dies wird noch unterstrichen durch die zweimal wiederkehrende Aussage, dass Maria alles, was geschehen war, in ihrem Herzen bewahrt habe (Lk 2,19.51). Aber gerade diese beiden zuletzt genannten Aussagen darüber, dass Maria nicht alles, was sie gehört hat, sofort begriff, stehen in einer gewissen Spannung zu der Aussage, dass ihr bei der Verkündigung der Geburt Jesu bereits die Zukunft dieses Kindes enthüllt worden ist. Hierher gehört auch das Unverständnis, das die Eltern Jesu dem Auftreten des Zwölfjährigen im Tempel entgegenbringen.

Noch vieles wäre hier über die Gestalt Mariens in den beiden ersten Kapiteln des Lukasevangeliums zu sagen, aber ich muss mich hier auf die wesentlichen Momente beschränken. So hat z. B. die französische mariologische Exegese (René Laurentin und Max Thurian[27] seien als Vertreter genannt) anhand verschiedener Aussagen der Verkündigungsperikope herauszuarbeiten versucht, dass Maria hier als „Tochter Zion" bzw. als die von Gott überschattete Bundeslade dargestellt werde. Diese Sicht, die im deutschen Sprachbereich von Joseph Ratzinger[28] übernommen wurde, stellt exegetisch wohl aber eine methodisch kaum überzeugende Überinterpretation des Textes dar.[29] Mit wesentlich mehr Anhalt am Text selber hat die Theologie der Befreiung im Magnificat einen Schlüssel für die lukanische Mariologie gefunden. Nach dieser Interpretation, die von der Exegese durchaus gestützt wird, ist Maria eine der sog. Anawim, der Armen im Volk Israel. Damit sind ursprünglich die wirtschaftlich Armen gemeint; später aber hat dieser Begriff „einen weiteren Sinn angenommen und bezeichnet jene, die nicht auf ihre eigene Kraft bauen können: die Unterdrückten, die Armen, die Niedrigen, die Kranken, die Witwen und Waisen. Den Gegensatz zu den Anawim bilden nicht einfach die Reichen, sondern die Stolzen und Selbstgenügsamen, die auf ihre eigene Kraft vertrauen und Gottes Hilfe nicht bedürfen"[30]. Man sollte sich allerdings deutlich machen, dass Maria nicht die einzige ist, die von Lukas in diesem Sinn gedeutet wird. Hierher gehören auch Zacharias und Elisabet, die Hirten, Simeon und Hanna. Sie alle sind von gleicher Gottesfurcht und von gleichem Gottvertrauen erfüllt.

Mit diesen Bemerkungen verlasse ich endgültig die Kindheitsgeschichten in der lukanischen Fassung und wende mich der Darstellung Mariens im öffentlichen Wirken Jesu zu.

cc. Maria im öffentlichen Wirken Jesu

Dass von Maria – wohlgemerkt ohne Namensnennung – außerhalb der Kindheitsgeschichten bei Lukas nur an weiteren zwei Stellen die Rede ist, verwundert angesichts des großen Interesses, das der Evangelist der Gestalt Mariens in den ersten beiden Kapiteln entgegenbringt. Wir haben damit im Evangelium selbst genauso viele Erwähnungen der Mutter Jesu wie in den übrigen Evangelien. Dabei fällt allerdings eines auf: Lukas ist bemüht, die Erwähnung Mariens mit ihrer Heraushebung bei der Geburt Jesu zu harmonisieren. So fehlt etwa bei der Schilderung der Ablehnung Jesu in Nazaret Lk 4,16–30 jeder Hinweis auf Maria sowie die Brüder und Schwestern Jesu. Diese Stelle, an der Markus und Matthäus die Mutter Jesu erwähnen, ist bei Lukas ganz anders gestaltet, jedenfalls so, dass jeder Verdacht einer Distanzierung der Familie von Jesus von vornehinein ausgeschlossen ist.

Die Perikope Mk 3,20–35, die bereits Matthäus entschärft hatte, ist bei Lukas vollends so gestaltet, dass auch hier keine Distanzierung zwischen Jesus und seiner natürlichen Familie erkennbar ist. Im Gegenteil, Jesus bezeichnet seine Mutter und seine Brüder gleichsam als Prototypen der wahren Jünger (vgl. Lk 8,19–21). Dies gilt auch für jene Szene, die sich allein bei Lukas findet, in der Jesu Mutter seliggepriesen wird, und er diese Seligpreisung auf alle Menschen ausdehnt, die Gottes Wort hören und es befolgen: „Eine Frau aus der Menge rief ihm zu: Selig die Frau, deren Leib Dich getragen und deren Brust Dich genährt hat. Er aber erwiderte: Selig sind vielmehr die, die das Wort Gottes hören und es befolgen" (Lk 11,27f.). Lukas hat diese Perikope wohl aus der Logienquelle übernommen, ihre Aussage ist mehr oder weniger mit der des von Markus überlieferten Logions Mk 3,35 identisch. Man kann aus der Entgegnung Jesu Lk 11,28 einen gewissen Gegensatz herauslesen (Selig sind *vielmehr* die …), aber man sollte diesen Gegensatz nicht übertreiben. „In dem Gesamtbild, das Lukas von Maria zeichnet, betont 11,28, daß Jesu Mutter des Lobes würdig ist, doch nicht einfach nur, weil sie einem Kind das Leben geschenkt hat. Ihre Preiswürdigkeit beruht auf der Tatsache, daß sie das Wort gehört, geglaubt, ihm gehorcht, es bewahrt und erwogen hat und das auch weiterhin tut"[31].

Ich sprach bereits davon, dass bei Lukas deutlich die Tendenz erkennbar ist, das Bild, das er von Maria während des irdischen Wirkens Jesu gibt, mit ihrem Bild in den Kindheitsgeschichten zu harmonisieren. Dazu gehört auch, dass Lukas, zwar ohne von Maria zu reden, bei der Einleitung des von ihm mitgeteilten Stammbaums Jesu darauf hinweist, dass Jesus von den Menschen für Josefs Sohn gehalten wurde (vgl. Lk 3,23).

cd. Maria in der Jerusalemer Urgemeinde (Apg 1,14)

In einem der für die literarische Gestalt der Apostelgeschichte typischen Summarien ist auch von Maria die Rede. Es heißt dort nach der Schilderung der Himmelfahrt: „Dann kehrten sie vom Ölberg, der nur einen Sabbatweg von Jerusalem entfernt ist, nach Jerusalem zurück. Als sie in die Stadt kamen, gingen sie in das Obergemach hinauf, wo sie nun ständig blieben: Petrus und Johannes, Jakobus und Andreas, Philippus und Thomas, Bartholomäus und Matthäus, Jakobus, der Sohn des Alphäus, und Simon, der Zelot, sowie Judas, der Sohn des Jakobus. Sie alle verharrten dort einmütig im Gebet, zusammen mit den Frauen und mit Maria, der Mutter Jesu, und mit seinen Brüdern" (Apg 1,12–14).

Die Summarien der Apostelgeschichte haben mehr eine literarische und theologische als eine historische Bedeutung. Dieses Wissen muss bei der Beantwortung der Frage berücksichtigt werden, ob Lukas hier eine historische Erinnerung mitteilt oder nicht. Wie auch immer man die Historizität des hier Berichteten beurteilen mag, es ist deutlich, dass Lukas jenes Bild von Maria als der gehorsamen Jüngerin ihres Sohnes, das er in seinem Evangelium gezeichnet hat, nun an den Anfang der Apostelgeschichte stellt. Maria wird hier zusammen mit anderen Jüngern und Jüngerinnen Jesu erwähnt, die die Kontinuitätsbrücke zwischen der nachösterlichen Gemeinde und der Nachfolgeschar des irdischen Jesus bilden. Diese Kontinuität ist, wie die bei der Wahl des Matthias genannten Kriterien (vgl. Apg 1,15–26) deutlich machen, für Lukas ein ganz entscheidendes Kriterium des Apostelamtes. Das zweite Kriterium, Zeuge der Auferstehung zu sein, erfüllt Maria nach der Schilderung des Lukas allerdings nicht, obwohl, wie wir gesehen haben, durchaus literarische Anklänge an die christologische Formulierung des Osterglaubens vorhanden sind. Wenn wir so wollen, ist Maria für Lukas bereits bei der Empfängnis Jesu Zeugin seiner Auferstehung bzw. des Glaubens an die durch die Auferstehung offenbar werdende Gottessohnschaft. Auch wenn die Darstellung, die Lukas von Maria als Jüngerin ihres Sohnes gibt, von den anderen Synoptikern nicht ohne weiteres gedeckt wird, so wird man sie dennoch nicht als vollkommen aus der Luft gegriffen bezeichnen dürfen. Auch Lukas ist im Übrigen sehr zurückhaltend; denn er berichtet von Maria in der Apostelgeschichte weiter nichts. Jedenfalls dürfte die Meinung des französischen Exegeten Maurice Goguel, Maria habe nie zur Kirche gehört,[32] allzu skeptische Schlussfolgerungen aus dem neutestamentlichen Befund ziehen.

3. Maria im Corpus Ioanneum

Auch in diesem Unterabschnitt möchte ich zwei Schriften des Neuen Testamentes zusammenfassen, das Johannesevangelium und die Offenbarung des Johannes. Zwar gehören diese beiden Schriften nicht so unmittelbar zusammen wie das Lukasevangelium und die Apostelgeschichte, die von ein und demselben Menschen verfasst worden sind, aber es dürfte doch so sein, dass die Johannes-Offenbarung ein Mitglied der sog. johanneischen Schule zum Verfasser hat, dass also beide Schriften in ein und demselben Umfeld entstanden sind. Für die Deutung der einschlägigen Texte, die ich hier vorlege, ist dies freilich nicht von Belang.

a. Die Mutter Jesu im Johannesevangelium

Mit Bedacht habe ich in diesem Zwischentitel den Namen Maria weggelassen und stattdessen von der Mutter Jesu gesprochen; denn ihr Name begegnet im ganzen Evangelium des Johannes an keiner einzigen Stelle. Diese Tatsache ist insofern auffallend, als Johannes sich sonst nicht scheut, Menschen bei ihrem Namen zu nennen. Freilich wird auch der „Jünger, den Jesus liebte" nicht mit Namen genannt. Direkte Aussagen über die Mutter Jesu begegnen im Johannesevangelium nur an zwei Stellen, im zweiten und im 19. Kapitel, das heißt, ziemlich am Anfang und ziemlich am Ende des Evangeliums. Es gibt freilich auch Aussagen mit indirekt mariologischer Bedeutung, die hier wenigstens zum Teil kurz gestreift werden sollen. Beginnen wir mit den expliziten Erwähnungen der Mutter Jesu.

aa. Die Mutter Jesu bei der Hochzeit zu Kana

„Am dritten Tag fand in Kana in Galiläa eine Hochzeit statt, und die Mutter Jesu war dabei. Auch Jesus und seine Jünger waren zur Hochzeit eingeladen. Als der Wein ausging, sagte die Mutter Jesu zu ihm: Sie haben keinen Wein mehr. Jesus erwiderte ihr: Was willst du von mir, Frau? Meine Stunde ist noch nicht gekommen. Seine Mutter sagte zu den Dienern: Was er euch sagt, das tut! Es standen dort sechs steinerne Wasserkrüge, wie es der Reinigungsvorschrift der Juden entsprach; jeder fasste ungefähr 100 Liter. Jesus sagte zu den Dienern: Füllt die Krüge mit Wasser! Und sie füllten sie bis zum Rand. Er sagte zu ihnen: Schöpft jetzt und bringt es dem, der für das Festmahl verantwortlich ist. Sie brachten es ihm. Er kostete das Wasser, das zu Wein geworden war. Er wusste nicht, woher der Wein kam; die Diener aber, die das Wasser geschöpft hatten, wussten es. Da ließ er den Bräutigam rufen und sagte zu ihm: Jeder setzt zuerst den guten Wein vor und erst, wenn die Gäste zuviel getrunken haben, den weniger guten. Du jedoch hast den guten Wein bis jetzt zurückgehalten. So tat Jesus sein erstes Zeichen, in Kana in Galiläa, und offenbarte seine Herrlichkeit, und seine Jünger glaubten an ihn" (Joh 2,1–11).

Die vorjohanneische Tradition

Namhafte Exegeten, darunter auch Raymond Brown, nehmen an, dass der Johannesevangelist bei der Gestaltung dieser Perikope auf eine ihm vorliegende Geschichte zurückgegriffen hat, die von einem Wunder berichtet, das Jesus auf Bitten seiner Mutter gewirkt hat. Sie nehmen auch an, dass der nicht ganz leicht verständliche Dialog zwischen Jesus und seiner Mutter auf den Evangelisten zurückgeht, und begründen dies vor allem mit dem typisch johanneischen Motiv der „Stunde". Die vorjohanneische Geschichte vom Weinwunder gehört nach dieser Hypothese in der Bereich jener staunenswerten Taten, die Jesus vor seinem öffentlichen Auftreten noch im Kreis der Familie vollbracht haben soll. Die apokryphen Evangelien, vor allem das „Kindheitsevangelium des Thomas" sind voll von solchen Wundern, die sich von den in den Evangelien überlieferten Wundern gerade durch ihre Großartigkeit unterscheiden. In diesen Zusammenhang würden die 600 Liter in Wein verwandelten Wassers sehr gut passen. In den kanonischen Evangelien finden sich nur zwei dieser staunenswerten Vorkommnisse aus der Zeit vor dem öffentlichen Auftreten Jesu, nämlich die Perikope über den zwölfjährigen Jesus im Tempel (Lk 2,41–51) und die Perikope von der Hochzeit zu Kana. Wenn man bedenkt, dass das Markusevangelium, das zwischen der Mutter Jesu und seiner Familie auf der einen Seite und der eschatologischen Familie Jesu auf der anderen Seite einen scharfen Trennungsstrich zieht, und die vorjohanneische Tradition der Hochzeit zu Kana, nach der Jesus auf Geheiß seiner Mutter ein großes Wunder tut, zur gleichen Zeit entstanden sind, dann wird deutlich, „welch unterschiedliche Ansichten über Maria und die Familie Jesu zur gleichen Zeit im Umlauf waren"[33].

Die kanonische Gestalt

Aber verlassen wir nun den Bereich der Hypothesen über die vorjohanneische Tradition dieser Perikope und wenden wir uns dem Text in seiner vorliegenden kanonischen Gestalt zu. Freilich werden wir bei seiner Deutung ohne Hypothesen auch nicht auskommen.

Unter den Exegeten besteht Konsens darüber, „daß die Kana-Szene nach dem Willen des Evangelisten in erster Linie eine christologische Botschaft verkünden soll, und nicht eine mariologische ... Diese Geschichte bezieht sich in gewisser Weise auf die ‚Stunde' Jesu. Das Wasser, das für die jüdischen Reinigungsriten gebraucht werden sollte, ist in Wein verwandelt worden, und zwar in einen Wein, der besser ist als jeder bisher angebotene – ein Wein, der in seiner Qualität und vielleicht auch in seiner Überfülle den Jüngern vor dem Hintergrund einer Hochzeitsszene die *Herrlichkeit* Jesu offenbart ... Die Herrlichkeit, die in Kana durch das erste Zeichen Jesu offenbar wird, ist ‚die Herrlichkeit des einzigen Sohnes vom Vater' (1,14).

Obwohl das beherrschende Motiv in Kana christologischer Art ist, spielt die Mutter Jesu doch bei den Ereignissen, die zu diesem Zeichen führen, eine wichtige Rolle ... Die Tatsache, daß die Mutter Jesu schon im ersten Vers, der den Hintergrund für die Szene vorbereitet, erwähnt wird und daß sie die Frage nach dem Wein stellt, lenkt eindeutig die Aufmerksamkeit des Lesers auf sie und ihre Erwartungen"[34].

Wenn die Mutter Jesu feststellt, dass auf der Hochzeit der Wein ausgegangen ist, dann will sie ihn nach der Aussageabsicht des uns vorliegenden Textes wohl nicht über eine schwirige Situation unterrichten oder gar auffordern, das Hochzeitsfest zu verlassen – beide Deutungen wurden von Exegeten vertreten –, sondern sie will ihn doch wohl dazu bewegen, diesem Missstand abzuhelfen. Dies setzt voraus, dass sie ihm dies zutraut, mit anderen Worten: dass sie an ihn glaubt.

Jesus gebraucht gegenüber seiner Mutter die in diesem Zusammenhang wohl ungewöhnliche Anrede „Frau", die er auch in der

Kreuzesszene wieder gebraucht wird. Mit dieser Anrede spricht der johanneische Jesus nicht nur seine Mutter an, sondern auch die Samariterin am Jakobsbrunnen (4,21) und Maria Magdalena bei der Begegnung am leeren Grab (20,13). Man hat in dieser Anrede eine Distanzierung zwischen Jesus und seiner Mutter erkennen wollen. Gegen diese Deutung spricht, dass Jesus genau die gleiche Anrede am Kreuz wieder aufnimmt, in einer Aussage, die seine Fürsorge für die Mutter deutlich erkennen lässt. Eine andere Deutung sieht in dem Wort „Frau" bereits die den Kirchenvätern so wichtige Eva-Maria-Typologie grundgelegt. Maria würde demnach durch die Anrede „Frau" mit der Frau in Gen 3 in Parallele gesetzt. Es dürfte jedoch kaum plausibel zu machen sein, warum diese Parallelisierung nur auf Maria zutreffen soll und nicht auch auf die anderen weiblichen Gestalten im Johannesevangelium, die hier als „Frau" angesprochen werden. Möglicherweise will die objektivierte Anrede „Frau" deutlich machen, dass es hier nicht in erster Linie um die Mutter-Sohn-Beziehung geht, sondern um die Beziehung der glaubenden Frau zu dem, der diesen Glauben fordert. Damit würde Maria hier wie im Lukasevangelium als die exemplarische Jüngerin Jesu vor Augen gestellt. Diese Deutung lässt sich wohl auch mit dem Wort der Mutter an die Diener: „Was er euch sagt, das tut" (2,5), untermauern. Die schroffe Ablehnung, die Jesus in seiner unmittelbaren Antwort an die Mutter zunächst ausspricht, muss dem nicht widersprechen. Ein solches retardierendes Moment findet sich auch in anderen johanneischen Berichten über Wunder Jesu, so auch in dem Bericht über das zweite Zeichen Jesu, das Johannes ebenfalls in Kana in Galiläa ansiedelt, der Heilung des Sohnes eines königlichen Beamten (4,43–54). Durch diese Beobachtung wird die Rückfrage Jesu an seine Mutter: „Was willst du von mir?" zumindest entschärft. Johannes verwendet hier übrigens einen typischen Semitismus: „Was soll das mir und dir?", der im Alten Testament zwei Nuancen hat: Zum einen bringt die beleidigte Partei mit dieser Wendung zum Ausdruck, dass sie sich von der anderen Partei ungerechtfertigterweise belästigt fühlt; zum anderen wird diese Wendung benutzt, um sich von dem Vorhaben eines anderen zu distanzieren. Je nachdem bedeutet diese Wendung also entweder: Was habe ich dir getan, dass du mir solches antust? oder: Was habe ich mit deiner Angelegenheit zu tun?

Entscheidend für die Deutung unserer Perikope ist die Begründung, die Jesus im Folgenden für seine ablehnende Antwort gibt: „Meine Stunde ist noch nicht gekommen" (2,4). „Die Stunde" *(he hóra)* ist ein zentrales Motiv des Johannesevangeliums, das diesem zur Bezeichnung der Passion und der Verherrlichung Jesu dient. Während des öffentlichen Wirkens Jesu ist mehrfach davon die Rede, dass seine „Stunde" noch nicht gekommen sei (vgl. 7,30; 8,20), erst mit Beginn der Passionserzählung wird gesagt, dass nun die „Stunde" gekommen ist (vgl. 12,23). Es ist die Stunde seines Ganges aus dieser Welt zum Vater (vgl. 13,1). Gerade wenn wir diese zuletzt genannte Stelle in unsere Interpretation miteinbeziehen, dann wird deutlich, dass mit dem Hinweis auf die „Stunde" in Joh 2,4 eine Loslösung Jesu von der irdischen Mutter und eine Hinordnung auf den himmlischen Vater ausgesagt werden soll. So kommt die Aussage von Joh 2,4 jenen Aussagen der synoptischen Tradition recht nahe, nach denen Jesus sich mehr oder weniger scharf von den Ansprüchen seiner Familie distanziert und deutlich macht, dass es ihm allein um den Willen seines Vaters zu tun ist. Auch in diesem Zug hätten wir also eine Parallele zu der Perikope vom zwölfjährigen Jesus im Tempel, in der Jesus seine Eltern fragt: „Warum habt ihr mich gesucht? Wusstet ihr nicht, dass ich in dem sein muss, was meinem Vater gehört?" Es geht wohl also auch an dieser Stelle um den Vorrang Gottes vor der leiblichen Familie, wobei auch hier deutlich wird, dass Maria aufgrund ihres Glaubens, der in der folgenden Wendung: „Was er euch sagt, das tut" zum Ausdruck kommt, zu den Jüngerinnen Jesu gehört. Für Maria und die Jünger, die bei diesem Wunder zugegen sind, offenbart Jesus durch dieses Zeichen bereits jene Herrlichkeit, in die er durch seine Passion eingehen wird. So steht also, um es noch einmal zu sagen, in unserer Perikope die christologische Aussage im Mittelpunkt. Die Aussage über die Mutter Jesu, die in die eschatologische Familie der Jünger Jesu eingereiht wird, ist der christologischen Aussage untergeordnet.

Im Anschluss an den Kommentar von Ulrich Wilckens[35] möchte ich diese christologische Aussage noch verdeutlichen. Wilckens arbeitet als christologische Aussage der Kana-Perikope Folgendes heraus: 1. Dass Jesus das für die rituelle „Reinigung der Juden" (2,6) bestimmte Wasser in Wein verwandelt, macht deutlich, dass diese „durch eine Reinigung anderer Art ersetzt wird"[36]. Er sieht eine Verbindung zwischen der Kana-Perikope, der Fußwaschung, die Jesus am Abend vor seinem Sterben vollzieht, und dessen Verherrlichung am Kreuz. Das Zeichen von Kana verweist auf die Reinigung von den Sünden. 2. „Im AT und Judentum wird die Heilsfülle der zukünftigen Endzeit im Bilde einer unendlichen Fülle von Wein symbolisiert (vgl. Jes 25,6 sowie Am 9,13; Joel 4,18; aeth. Hen 10,19; syrBar 29,5; im übertragenen Sinn, von Gen 14,18 her, Philo LegAll III 82)"[37]. Das Wunder von Kana ist „Zeichen' der Rettung des Lebens durch Jesus, dessen Herrlichkeit sich darin erweist, daß er durch die Hingabe seines Lebens den Seinen am ewigen Leben teilgibt"[38]. 3. stellt Wilckens, freilich auf gewundenen Pfaden eine Verbindung zur Taufe her. Überzeugender erscheint mir 4., zum einen vom Rahmen des Hochzeitsmahles her und zum anderen von dem im Mittelpunkt des Wunders stehenden Wein her, Bezüge zur Eucharistie zu sehen.[39]

ab. Die Mutter Jesu unter dem Kreuz

Der johanneische Bericht über Jesu Kreuzigung besteht aus einer Reihe kurzer Episoden, die alle eine tiefe, das Kreuzesgeschehen ausdeutende symbolische Bedeutung haben. Nachdem berichtet worden ist, dass die Soldaten Jesu Kleider unter sich verteilt und über sein Gewand das Los geworfen haben, und unmittelbar vor dem Bericht seines Sterbens findet sich die Szene, die wir nun näher betrachten wollen:

„Bei dem Kreuz Jesu standen seine Mutter und die Schwester seiner Mutter, Maria, die Frau des Klopas, und Maria von Magdala. Als Jesus seine Mutter sah und bei ihr den Jünger, den er liebte, sagte er zu seiner Mutter: Frau, siehe dein Sohn! Dann sagte er zu dem Jünger: Siehe, deine Mutter! Und von jener Stunde an nahm sie der Jünger zu sich" (Joh 19,25–27).

Diese Schilderung steht in einer gewissen Spannung mit der Erzählung von der Kreuzigung Jesu, die die synoptischen Evangelien überliefern. Dort ist von drei Frauen die Rede – auch unter ihnen befindet sich Maria Magdalena –, die von weitem der Kreuzigung zuschauen. Von den Jüngern, die geflohen sind, ist keiner bei der Kreuzigung zugegen. Johannes platziert die Frauen nun in die unmittelbare Nähe des Kreuzes und gesellt ihnen als vierte die Mutter Jesu hinzu. Dazu kommt der Jünger, den Jesus liebte. Diese beiden Gestalten, die, worauf bereits hingewiesen wurde, im ganzen Evangelium nicht mit ihrem Namen benannt werden, spricht der sterbende Jesus nun an.

Die Frage nach der Historizität

Bevor wir nach der theologischen Deutung dieser Szene fragen, mag noch die Frage nach ihrer Historizität gestellt werden. Diese ist nicht einfach zu beantworten. An Indizien, die gegen die Historizität dieser Szene sprechen, wären zu nennen: Nirgendwo sonst im Neuen Testament wird von der Anwesenheit der Mutter Jesu während der Passion in Jerusalem oder gar unter dem Kreuz berichtet. Die Anwesenheit des Jüngers, den Jesus liebte, unter dem Kreuz steht im Widerspruch zu der auch von Johannes erwähnten Tatsache, dass alle Jünger Jesu geflohen sind (vgl. Mk 14,50; Mt 26,56; Joh 16,32). Die Stellung der Frauen direkt unter dem Kreuz und nicht, was doch wohl historisch wahrscheinlich sein dürfte, in weiter Ferne, wie die Synoptiker berichten, ist notwendig, damit Jesus seine Mutter und den Jünger anreden kann. Sprechen diese Beobachtungen gegen die Historizität des hier Berichteten und für eine literarische Schöpfung des Johannesevangelisten, so kann, auch dies muss redlicherweise gesagt werden, allerdings nicht mit letzter Sicherheit ausgeschlossen werden, dass dieser über eine Tradition verfügte, die den Synoptikern nicht zugänglich war.

Theologische Interpretation

Es geht sicher an der Intention des Johannesevangeliums vorbei, wenn wir in dieser Szene rein eine biographische Notiz über den Lebensabend der Mutter Jesu erblicken. Dagegen spricht, dass auch die anderen Szenen rund um das Kreuzesgeschehen durchweg eine symbolische Bedeutung haben. Gerade wenn man annimmt, dass hier nicht eine historische Szene aufgezeichnet ist, sondern eine vom Johannesevangelisten selber gestaltete Episode vorliegt, dann spricht dies für eine symbolische Deutung der Gestalt Mariens, wie sie auch in der Kana-Perikope zu erkennen war. Unter dem Kreuz führt Johannes die beiden Gestalten, die er nie mit ihrem Namen nennt, zusammen. Hier wie in der Perikope von der Hochzeit zu Kana wird die Mutter Jesu „Frau" genannt, wobei im jetzigen Kontext diese Anrede weniger distanzierend klingt als dort. Die Mutter, die in der Kana-Perikope im Zeichen die Herrlichkeit des Sohnes schaute, wird nun, unter dem Kreuz, Zeugin dieses Geschehens. Der „Jünger, den Jesus liebte" ist zum ersten Mal, ganz unvorbereitet, beim Abschiedsmahl Jesu mit seinen Jüngern anwesend. Er wird nicht mit Namen genannt, sondern durch die Bezeichnung „der Jünger, den Jesus liebte" charakterisiert, die man nicht durch den missverständlichen, weil eine falsche Vertraulichkeit und einen Unterschied zu den übrigen Jüngern suggerierenden Ausdruck „Lieblingsjünger" abkürzen sollte. Wilckens vermutet, dass „der Jünger, den Jesus liebte" für die Jünger der nachösterlichen Kirche steht[40]. In seiner Gestalt sind diese unter dem Kreuz symbolisch anwesend.

Beide Gestalten, sowohl die Mutter wie der Jünger, werden nicht mit Namen genannt, sondern allein durch ihre Beziehung zu Jesus „definiert". Seine Liebe ist es, die beide konstituiert und miteinander verbindet. Die Mutter Jesu, die bereits in Kana an seine Herrlichkeit glaubte, und „der Jünger, den Jesus liebte" als Repräsentant der nachösterlichen Jünger werden im Augenblick der Verherrlichung Jesu miteinander verbunden. Dieser Szene kommt nach dem Johannesevangelium eine entscheidende Bedeutung zu; denn unmittelbar darauf heißt es: „Danach, im Wissen, daß nunmehr alles vollendet war, sagt Jesus, damit die Schrift erfüllt werde: ‚Mich dürstet'" (19,28 Übersetzung Wilckens).

Jesus stirbt nicht allein am Kreuz, sondern lässt an dessen Fuß eine kleine Jüngergemeinschaft zurück. Auch hier klingt das uns bereits bekannte Thema an, dass die leibliche Familie durch die Jüngerfamilie ersetzt wird. Interessanterweise nennt der Auferstandene seine Jünger „Brüder" (20,17). Die Szene unter dem Kreuz hat „einen tiefen ekklesiologischen Sinn: Hier konkretisiert sich etwas von dem, was Jesus in seinem Abschiedsgebet im Blick auf die Situation seiner Jünger nach seinem ‚Weggang zum Vater' erbeten hat"[41].

Weitere Deutungen

Das ist aber bei weitem nicht die einzige Deutung, die dieser Szene zuteilgeworden ist. Ich möchte noch einige weitere nennen. Da gibt es etwa die Deutung, die Rudolf Bultmann in seinem Kommentar zum Johannesevangelium vertreten hat, nach der die Mutter Jesu das Juden-Christentum und der Jünger, den Jesus liebte, das Heiden-Christentum repräsentieren. Letzteres, das aus Ersterem hervorgegangen ist, soll seinen Ursprung ehren, und das Juden-Christentum soll sich mit dem Heiden-Christentum verbinden. Diese Deutung, die einige Zeit als sehr plausibel galt, musste der exegetischen Erkenntnis weichen, dass das Johannesevangelium selber aus dem Bereich des Juden-Christentums stammt, dass also der Jünger, den Jesus liebte, gar nicht das Heiden-Christentum repräsentieren kann. Man hat Bultmanns Deutung insofern zu modifizieren versucht, als man nun Maria als Symbol für Israel gesehen hat, das als Ursprung dem Juden-Christentum anvertraut wird und gleichsam in diesem aufgehoben ist.

Eine andere Deutung stellt etwas in den Mittelpunkt, was bei Johannes so gar nicht ausgesagt ist, nämlich die Sorge der Mutter um ihren Sohn. Diese Sorge habe Jesus am Kreuz von seiner Person auf die durch den Jünger, den er liebte, repräsentierte Kirche übertragen. Demnach ist hier also von der geistigen Mutterschaft Mariens gegenüber der Kirche die Rede, eine Deutung, die in der katholischen Mariologie immer wieder begegnet. Bei dieser Interpretation ergibt sich jedoch das Problem, „daß dann die Mutter Jesu ... als ein Individuum (als Maria) angesprochen wäre, während der Lieblingsjünger als allgemeines Symbol für jeden Christen betrachtet werden müßte. Ein gewöhnliches Symbol-Schema würde beide als Individuen oder beide als Allgemeinbegriffe behandeln"[42]. Dieser genannten Schwierigkeit entgeht jedoch jene Deutung, die sich bis in die Zeit der Kirchenväter (Origenes) zurückverfolgen lässt, nach der die Mutter Jesu in dieser Szene Symbol für die Kirche ist, der Jesus im Augenblick seines Heimgangs zum Vater die Christen anvertraut.

Was auch immer Johannes dieser Szene an symbolischer Bedeutung beigemessen haben mag, die zuletzt genannte hat sich in der Alten Kirche durchgesetzt, erst später wurde die Gestalt der Mutter Jesu unter dem Kreuz wieder rein mit Maria identifiziert. Davon wird im nächsten Kapitel dieser Einführung, wenn wir die Geschichte der Marienverehrung und der marianischen Dogmen betrachten, noch die Rede sein. Welche Deutung der Johannesevangelist auch immer im Sinn gehabt haben mag, „seine eigene symbolische Deutung Marias war der Anfang eines Prozesses, der sich ständig weiter fortsetzte und immer noch andauert"[43].

ac. Mögliche weitere „mariologische" Aussagen im Johannesevangelium

Nachdem wir die zentralen Aussagen über die Mutter Jesu im Vierten Evangelium betrachtet haben, möchte ich nun kurz auf einige weitere Stellen eingehen, die möglicherweise mariologisch einschlägig sind. In den beiden Perikopen, die wir betrachtet haben, der von der Hochzeit zu Kana wie der von dem Abschied Jesu von seiner Mutter und dem Lieblingsjünger am Kreuz, war von der jungfräulichen Empfängnis Jesu nicht die Rede. Dieses Thema begegnet uns allerdings auch sonst an keiner Stelle im Johannesevangelium. Johannes, für den der präexistente Logos in Jesus von Nazaret Fleisch geworden ist, reflektiert an keiner Stelle darüber, wie diese theologische Aussage konkret zu verstehen ist. Dies verbindet einen der jüngsten Texte des neutestamentlichen Kanons mit den ältesten, den Paulusbriefen, in denen ebenfalls zwar von der Sendung des Sohnes Gottes in die Welt die Rede ist, aber nicht über den konkreten Vollzug nachgedacht wird. Die bereits zitierte Aussage Gal 4,4 ist aber doch wohl so zu interpretieren, dass der Sohn Gottes als Mensch geboren wurde wie jeder andere Mensch auch.

Nun findet sich aber im Johannesprolog eine rätselhafte Aussage über die Zeugung bzw. Geburt von Menschen nicht auf natürliche Weise, sondern aus Gott: „Allen aber, die ihn [den menschgewordenen Logos] aufnahmen, gab er Macht, Kinder Gottes zu werden, allen, die an seinen Namen glauben, die nicht aus dem Blut, nicht aus dem Willen des Fleisches, nicht aus dem Willen des Mannes, sondern aus Gott geboren sind" (Joh 1,12f.).

„Alle griechischen Handschriften des Evangeliums enthalten den Plural in Vers 13, der sich auf das Gezeugt-sein (oder Geboren-werden) der gläubigen Christen bezieht. In einer alten lateinischen Handschrift steht jedoch der Singular ‚Er, der gezeugt wurde', und diese Lesart wird von Tertullian, Ambrosius und Augustinus (und in den lateinischen Übersetzungen von Irenäus und Origenes) unterstützt. Eine Anzahl heutiger Exegeten, vor allem französischsprechende Katholiken, sind der Ansicht, daß der Singular die ursprüngliche Form sei. Wenn die Stelle so gelesen würde, dann bekäme der Vers einen möglichen Bezug auf die jungfräuliche Empfängnis Jesu"[44].

Die Verfasser der Studie „Maria im Neuen Testament" sind jedoch „mit der überwältigenden Mehrheit der Textkritiker und Übersetzer der Meinung, daß der Plural die ursprüngliche Lesart ist. Es ist nicht nur ein fragliches Vorgehen, einer Lesart, die in keiner einzigen der griechischen Handschriften bezeugt ist, den Vorrang zu geben, auch der Kontext spricht für die Erklärung, daß es hier um die Natur der Gläubigen im Gegensatz zu ‚den Seinen geht, die ihn nicht aufnahmen' geht"[45]. Die Aussage von Joh 1,12f. ist vom Gespräch Jesu mit Nikodemus in Joh 3 her zu verstehen. Hier steht das Von-neuem-geboren-Werden im Mittelpunkt der Unterhaltung. Jesus macht deutlich, dass Geboren-Werden aus dem Fleisch und Geboren-Werden aus dem Geist nicht in dem Sinne zu verstehen sind, als ginge es bei Ersterem um eine natürliche Zeugung und bei Letzterem um eine Zeugung aus Gottes Geist. Vielmehr geht es darum, ob ein Mensch sich vom Geist Gottes leiten lässt oder ob er sich dem Fleisch unterwirft. Wenn wir dies auf die von uns untersuchte Passage im Johannesprolog übertragen, dann müssen wir feststellen, dass „der Gegensatz zwischen dem Aus-dem-Fleisch-gezeugt-Sein und dem Aus-Gott-gezeugt-Sein nichts mit der Abwesenheit eines männlichen Elternteils zu tun [hat], er bezieht sich auf zwei Sphären, nämlich auf die von unten bzw. von der Erde und auf die von oben oder vom Himmel"[46].

Die nächste Stelle, mit der wir uns beschäftigen wollen, ist Joh 6,42: „Ist das nicht Jesus, der Sohn Josefs, dessen Vater und Mutter wir kennen? Wie kann er jetzt sagen: Ich bin vom Himmel herabgekommen?" Diese Stelle findet sich in dem Streitgespräch, das sich an die Schilderung der Brotvermehrung in Joh 6 und an die Brotrede Jesu im gleichen Kapitel anschließt. Die Zuhörer Jesu werden unwillig, als er sagt: „Ich bin das Brot, das vom Himmel herabgekommen ist" (6,41). Daran schließen sich die bereits zitierten Fragen an, die in Parallele zu sehen sind zu den bereits betrachteten Fragen über die Identität Jesu in der synoptischen Tradition (vgl. Mk 6,1–6). Aber wir sollten vorsichtig sein, beide Aussagen einfachhin in einen Topf zu werfen. Bei den Synoptikern geht es darum, dass Menschen in Jesu Heimat seine besondere religiöse Qualität und Autorität mit dem Hinweis auf seine niedrige Herkunft in Frage stellen. Bei Johannes schwingt das zwar auch mit, aber es fragt sich doch, ob bei ihm nicht noch eine andere Aussagerichtung mit im Spiel ist. Wenn wir auf das gesamte Gespräch Jesu mit seinen Gegnern in Joh 6 schauen, dann stellen wir fest, dass der Einwurf bzw. die Frage in Vers 42 von Johannes in einer bestimmten Weise verwendet wird. Es handelt sich hier nämlich um ein Beispiel, an dem wir die im Johannesevangelium häufig begegnende Technik des produktiven Missverständnisses konstatieren können. Wie in der Unterredung mit Nikodemus redet auch hier Jesus auf einer Ebene, während sein Dialogpartner auf einer anderen Ebene denkt bzw. redet. Bei Nikodemus ging es um die Frage der Neugeburt, die dieser so interpretierte, als müsse ein Mensch in den Schoß seiner Mutter zurückkehren, während Jesus die Taufe meinte. An der jetzigen Stelle geht es darum, dass die Gegner Jesu von seiner „natürlichen" Geburt sprechen, während er selber sein Ursprungsverhältnis zum himmlischen Vater zur Aussage bringen will. Man kann Vers 42 nun so deuten, wie man es – zumindest in der älteren katholischen Tradition – mit der synoptischen Parallele getan hat, dass hier nämlich die allgemeine Überzeugung der Nichtchristen zum Ausdruck kommt, Jesus sei der Sohn Josefs und Marias. Diese Deutung ist zwar möglich und bei Lukas auch legitim, da dieser Evangelist, wie wir gesehen haben, ausdrücklich zwischen der Aussage von der jungfräulichen Empfängnis Jesu in den beiden ersten Kapiteln und der Aussage über die Vaterschaft Josefs vermittelt (vgl. Lk 3,23). Bei Johannes aber ist an keiner Stelle ersichtlich, dass er von einer jungfräulichen Empfängnis Jesu ausgeht. Aber auch umgekehrt kann aus unserem Vers nicht herausgelesen werden, dass Johannes die Auffassung von der jungfräulichen Empfängnis Jesu, von der er nichts berichtet, explizit abgelehnt habe. Kommen wir noch einmal auf die johanneische literarische Technik des Missverständnisses zurück. An all den Stellen, an denen Johannes dieses Motiv einsetzt, ist der Einwand, der gegen Jesu Aussagen vorgebracht wird, auf der Ebene, auf der die Dialogpartner Jesu denken, in sich stimmig und vernünftig. So etwa, wenn Nikodemus fragt, wie denn ein erwachsener Mensch wieder in den Schoß seiner Mutter zurückkehren soll, oder wenn die Frau am Jakobsbrunnen fragt, wie Jesus bei der Tiefe des Brunnens an das lebendige Wasser ohne Schöpfgefäß herankommen will (Joh 4,11; vgl. weitere Beispiele Joh 2,20; 8,57). Wenn man diese Parallelen zur Interpretation von Joh 6,42 heranzieht, dann erscheint es plausibel, dass für Johannes Jesus auf der „natürlichen Ebene" durchaus Sohn Josefs und Marias sein kann, und dass die andere Aussage, er sei der ins Fleisch gekommene präexistente Logos dadurch in keiner Weise tangiert wird. Diese Interpretation stimmt mit dem zu Beginn dieses Unterabschnittes genannten Befund überein, dass Johannes wie Paulus zwar die Gottessohnschaft Jesu bezeugen, aber nicht die Vorstellung von seiner jungfräulichen Empfängnis bemühen, um diese Gottessohnschaft theologisch plausibel zu machen. Sie haben, ob sie die Tradition von der jungfräulichen Empfängnis Jesu nun kannten oder nicht, jedenfalls theologisch davon keinen Gebrauch gemacht. Das zeigt, dass es bei einer christologisch so zentralen Frage wie der Gottessohnschaft Jesu im Neuen Testament durchaus unterschiedliche Ansätze gibt, diese Aussage mit dem Problem – wenn es denn eines ist – der, ganz allgemein gesagt, Entstehung des Menschen Jesus zu vermitteln. Vom historischen Befund wie von der gegenwärtigen Problematik her tun wir gut daran, diese beiden neutestamentlich bezeugten Ansätze nicht einfachhin zu vermischen und so zu tun, als sei die Menschwerdung des präexistenten Sohnes Gottes, von der Johannes und Paulus sprechen, nur über eine jungfräuliche Empfängnis vermittelt zu denken, von der in den beiden Eingangskapiteln bei Matthäus und Lukas die Rede ist. Dies gilt umso mehr, als die zuletzt genannten Eingangskapitel in keiner Weise eine Präexistenz des Sohnes Gottes voraussetzen, sondern eher dafür sprechen, dass Jesus als Gottes Sohn in der jungfräulichen Empfängnis Mariens aus Heiligem Geist von Gott geschaffen wurde. Ich werde noch auf diese Frage zurückzukommen haben.

Auf weitere mariologisch interessante Aussagen im Johannesevangelium möchte ich nun nicht mehr eingehen; die hauptsächlichen wurden genannt. Für weiteres verweise ich auf die Studie „Maria im Neuen Testament". Allerdings möchte ich noch einen kurzen Blick auf die Offenbarung des Johannes werfen.

b. Die Frau in der Johannes-Offenbarung

Ich kann hier nicht auf die literarische Eigenart dieses wohl rätselhaftesten Buches des Neuen Testamentes eingehen. Nur so viel sei gesagt, dass wir es hier mit einer symbolträchtigen Sprache zu tun haben, in der Christen am Ende des 1. Jahrhunderts in äußerst bedrängter Lage diese Situation unter die Heilszusage Gottes in Jesus Christus stellen. Eines dieser Symbole ist die Frau in Kapitel 12, die nicht nur in der Auslegungsgeschichte häufig mit Maria identifiziert wurde, sondern deren Zeichnung durch den Autor der Apokalypse Vorbild war für zahllose Darstellungen Mariens in der Kunst. Zu denken ist etwa an das spätmittelalterliche Motiv der Madonna auf der Mondsichel bzw. an die barocken Darstellungen der Immaculata, die im Sonnenglanz strahlt und einen Kranz von zwölf Sternen auf ihrem Haupt trägt sowie auf der Mondsichel steht. Es bleibt allerdings zu fragen, ob diese mariologische Interpretation von Offb 12, die seit Epiphanius (4. Jahrhundert) in der Auslegung des ersten Jahrtausends sporadisch und dann seit dem 12. Jahrhundert (Bernhard von Clairvaux[47]) fast allgemein vertreten wurde, die ursprüngliche Aussage des Textes ist. Ich möchte, da die heutige Exegese diese Frage durchweg negativ beantwortet,[48] nicht ausführlicher auf diesen Text eingehen, sondern nur einiges wenige dazu ausführen. Die neuere Exegese stimmt mit den ältesten Auslegern darin überein, in der apokalyptischen Frau ein Symbol für das Volk Gottes zu sehen. „Die Frau ist Gottes Volk, insofern es bei Gott seinen Ursprung hat. Deshalb kommt es vom Himmel auf die Erde herab, bringt dort den Messias hervor, der vor den Anschlägen des Drachen bewahrt wird und in den Himmel entrückt und inthronisiert wird (V. 5). Durch das gerafft erzählte Christusereignis entsteht das neue und wahre Israel, das seinerseits weitere Nachkommen gebiert: die Christen (V. 17). Während die in der Frau repräsentierte Kirche gegen die Anschläge Satans ebenso immun ist wie der Messias selbst, müssen sich die Christen ihnen gegenüber bewähren. Die Kirche als das wahre Volk Gottes ist dennoch keine abstrakte Größe, die auch ohne Christen bestehen könnte. Aber sie hat anders als die einzelnen Christen die Zusicherung Gottes, daß sie bis zur Parusie Bestand hat"[49]. Der Verfasser der Johannes-Apokalypse wollte mit dieser Szene wohl die Botschaft vom Gekommensein des Messias und seinem endgültigen Sieg mit der alltäglichen Erfahrung der Christen von ihrer Verfolgung vermitteln und ihnen dadurch Hoffnung auf die eschatologische Überwindung aller Gegner des Evangeliums machen.

Natürlich kann nicht ausgeschlossen werden, dass Christen am Ende des 1. Jahrhunderts, wenn von der Mutter des Messias die Rede war, auch an Maria, die Mutter Jesu von Nazaret, gedacht haben. Aber es ist doch interessant, dass in der ältesten Auslegungsgeschichte die Verknüpfung der apokalyptischen Frau mit Maria, der Mutter Jesu, keine Rolle spielt. In der patristischen und mittelalterlichen Exegese wird die apokalyptische Frau durchweg auf die Kirche hin gedeutet, einige wenige Ausnahmen bestätigen nur diese Regel. Auch in den gleichzeitigen Zeugnissen der bildenden Kunst, etwa in der Buchmalerei, zeigt sich der gleiche Befund. Erst seit dem 12. Jahrhundert ändert sich dieser. Wir haben zunächst eine Übergangsphase, in der sowohl in der Schriftauslegung wie in der bildenden Kunst die apokalyptische Frau mit der Kirche wie mit Maria identifiziert wird, während seit dem Spätmittelalter und vor allem seit der Barockzeit die mariologische Deutung, vor allem in der bildenden Kunst, überwiegt.[50]

Ob der Autor der Johannes-Apokalypse nun explizit an Maria gedacht hat oder nicht, als er sein 12. Kapitel verfasste, Tatsache ist, „daß dieses Symbol der Frau, die die Mutter des Messias ist, sich von selbst für eine marianische Interpretation anbieten mußte, nachdem einmal in der späteren Christengemeinde ein marianisches Interesse erwacht war. Und als schließlich die Offenbarung in denselben Kanon der Schrift eingefügt wurde wie das Evangelium nach Lukas und das Vierte Evangelium, kamen die verschiedenen Symbole von der Jungfrau, der Frau unter dem Kreuz und der Frau, die den Messias gebiert, zusammen, um gemeinsam das Bild Marias umso heller erstrahlen zu lassen"[51]. Freilich hat sich dieser Prozess, wie ich zu zeigen versucht habe, nicht innerhalb weniger Jahre vollzogen, sondern Jahrhunderte gebraucht.

Bevor ich mich nun der nachneutestamentlichen marianischen Theologie und Verehrung der Gottesmutter zuwende, möchte ich versuchen, den neutestamentlichen Befund zusammenzufassen und theologisch zu bewerten.

4. Zusammenfassung und theologische Wertung des neutestamentlichen Befundes

a. Maria, die erste Jüngerin Jesu, Symbol der Kirche

Zunächst ist festzuhalten, dass alle Texte, die wir betrachtet haben, eine primär christologische Aussagespitze haben: Sie zielen auf die Gottessohnschaft Jesu ab oder sie nennen die Bedingung der wahren Familienzugehörigkeit zu Jesus. In sekundärer Weise geht es freilich in diesen Texten auch um Maria. Damit ist zunächst einmal das schlichte und historisch nicht bestreitbare Faktum gemeint, dass Maria die Mutter Jesu von Nazaret ist. Damit sind aber die Aussageintentionen unserer Texte keineswegs erschöpft. Zusammen mit den Brüdern und Schwestern Jesu erscheint Maria im Markusevangelium als eine Art Kontrastfigur: die natürliche Familie Jesu steht im Kontrast zu seiner eschatologischen Familie. In den beiden ersten Kapiteln des Matthäus- und des Lukas-Evangeliums wird die Empfängnis Jesu als eine von Gottes Geist gewirkte Schöpfertat vorgestellt: Die Jungfrau Maria empfängt ihr Kind ohne Zutun eines Mannes aus Heiligem Geist. Während Matthäus sich auf diesen Aspekt beschränkt – Maria steht ja bei ihm eher im Hintergrund –, zeichnet Lukas die Gestalt Mariens als die einer hervorragenden Jüngerin Jesu. Sie gehört zu den Anawim, die nicht auf sich selbst bauen, sondern offen sind für Gottes Wort und bereit, ihm zu folgen. Nach Lukas gehört die natürliche Familie Jesu zu den hervorragenden Mitgliedern der eschatologischen Familie. Dies kommt auch in dem Summarium zu Beginn der Apostelgeschichte zum Ausdruck, in dem Lukas Maria und die Brüder Jesu zusammen mit den Elfen und den Frauen zu den Kontinuitätsträgern zählt, die die Brücke bilden zwischen der Zeit des irdischen Jesus und der Zeit der Kirche. Ein ähnliches Bild wie das hier im Blick auf das Lukasevangelium und die Apostelgeschichte gezeichnete ergibt sich auch im Blick auf das Johannesevangelium. Nach der hier vorgelegten Interpretation der Kana-Perikope gehört die Mutter Jesu zugleich zu seinen hervorragenden Jüngern. Mit dem Jünger, den Jesus liebte, zusammen bildet sie unter dem Kreuz die eschatologische Gemeinde Jesu. Gerade in dieser zuletzt genannten Perikope hat die Gestalt Mariens, wenn unsere Interpretation hinsichtlich der Historizität dieser Stelle stimmt, ausschließlich symbolische Bedeutung. In dieser Richtung ist wohl auch die apokalyptische Frau im 12. Kapitel der Johannes-Apokalypse zu interpretieren. Die Mutter Jesu in Joh 19 steht wie die Frau in Offenbarung 12 für die Kirche.

Wir können also feststellen: Abgesehen von den sog. Kindheitserzählungen, in denen das gleichsam natürliche Mutter-Sohn-Verhältnis Jesu zu Maria im Vordergrund steht, geht es in den sonstigen Erwähnungen der Mutter Jesu in den Evangelien hauptsächlich um ihre Zugehörigkeit zum Jüngerkreis, das heißt, es geht um ihren Glauben. Maria wird entweder negativ wie bei Markus oder positiv wie bei Lukas und Johannes als Jüngerin Jesu bezeichnet, ja sie kann sogar wie in Joh 19 – allerdings auch hier zusammen mit einem anderen Jünger – die Gemeinschaft der Glaubenden symbolisch repräsentieren. Hier kann die patristische Theologie mit Recht ansetzen, die Maria als *typus ecclesiae* interpretiert hat, eine Sicht, die das Zweite Vatikanische Konzil im 8. Kapitel der Kirchenkonstitution *Lumen gentium* erneuert hat.

b. Die Aussagen über die jungfräuliche Empfängnis: Jesus Christus, der Sohn Gottes von Anfang an

Nach diesen mehr grundsätzlichen Ausführungen gilt es nun, die Aussagen über die jungfräuliche Empfängnis Jesu, wie sie sich bei Matthäus und Lukas finden, theologisch zu reflektieren. Dass es dabei um ein sehr schwieriges und hochsensibles Thema geht, brauche ich nicht eigens zu betonen. Zunächst gilt es festzuhalten: Auch die Aussagen über die jungfräuliche Empfängnis Jesu, so wie sie sich bei Matthäus und Lukas finden, sind christologische Aussagen. Es geht um das Bekenntnis zu Jesus Christus als dem Sohn Gottes. Sohn Gottes ist Jesus nicht erst vom Zeitpunkt seiner Auferweckung ab oder von irgendeinem Zeitpunkt seines Lebens an, sei es der Taufe oder der Verklärung, Sohn Gottes, das wollen uns diese Texte sagen, ist er vom Beginn seines irdischen Daseins an. Das ist die zentrale Glaubenswahrheit, um die es geht. Diese Glaubenswahrheit von der Gottessohnschaft Jesu Christi vom Beginn seines irdischen Daseins an wird im Neuen Testament in zwei unterschiedlichen Vorstellungsweisen zum Ausdruck gebracht.

ba. Zwei Erklärungsmodelle: Präexistenz und jungfräuliche Empfängnis

Da ist zum einen die Vorstellung von der Präexistenz des Gottessohnes beim Vater, der dann in die Welt gesandt wird, wie wir sie bei Paulus, aber auch schon vor Paulus in von ihm verwandten Traditionsstücken, sowie bei Johannes finden. Die Vertreter der Präexistenzchristologie scheinen auf die irdische Abkunft Jesu keinen besonderen Wert zu legen, außer dass sie die Realität des menschlichen Daseins Jesu Christi betonen (vgl. Gal 4,4). Von einer geistgewirkten Empfängnis im Schoß der Jungfrau Maria scheinen sie nichts zu wissen, jedenfalls sprechen sie davon nicht.

Das andere Vorstellungs- bzw. Darstellungsmodell der Gottessohnschaft Jesu Christi von Anfang an ist das Modell der jungfräulichen Empfängnis. Nach diesem Modell ist Jesus Christus Sohn Gottes vom Beginn seines irdischen Daseins an, weil er ohne Zutun eines menschlichen Vaters allein durch das Wirken des Heiligen Geistes im Schoß der Jungfrau Maria geschaffen worden ist. Nach der ursprünglichen Konzeption dieses Modells ist nicht der präexistente Sohn Gottes im Schoß der Jungfrau Maria in menschliches Dasein eingetreten, sondern wurde Jesus als der Sohn Gottes im Schoß der Jungfrau Maria durch Gottes Schöpferkraft erst geschaffen. Die Spannung zu der späteren christologischen bzw. trinitätstheologischen Aussage, der Sohn Gottes sei von Ewigkeit gezeugt und nicht geschaffen, ist evident. Allerdings sollte man sich davor hüten, zwei unterschiedliche Aussagen ohne eine entsprechende hermeneutische Vermittlung miteinander in Zusammenhang zu bringen. Im Neuen Testament selber wurden die beiden Denkmodelle, mit denen eine Adoptionschristologie ausgeschlossen werden sollte, nicht miteinander vermittelt, sondern sie stehen unvermittelt nebeneinander. Eine Vermischung dieser beiden Modelle geschah erst in sehr früher nachneutestamentlicher Zeit, wohl zuerst bei Ignatius von Antiochien zu Beginn (oder in der Mitte) des 2. Jahrhunderts.

Ab diesem Zeitpunkt begegnet immer wieder die Vorstellung, dass das präexistente Wort Gottes bzw. der präexistente Sohn im Schoß der Jungfrau Maria Fleisch angenommen hat. Wir sehen also, dass es im Neuen Testament durchaus unterschiedliche Weisen gegeben hat, das eine christologische Bekenntnis: Jesus ist Gottes Sohn von Anfang seiner irdischen Existenz an, zu denken und zum Ausdruck zu bringen.[52] Ich bin der Auffassung, dass diese Feststellung uns etwas gelassener an die Frage der jungfräulichen Empfängnis Jesu herangehen lassen kann. Man kann durchaus eine orthodoxe Christologie betreiben, ohne sich an dieser Frage festzubeißen. Ein gutes Beispiel dafür ist die Christologie von Walter Kasper, in der nur gleichsam en passant von der jungfräulichen Empfängnis Jesu die Rede ist, ohne dass dieses Thema biblisch, historisch und theologisch weiter vertieft wird.[53] Ich will damit nicht behaupten, dass Kasper die jungfräuliche Empfängnis Jesu in Zweifel zieht – er spricht sich an dieser Stelle wie auch später in der Auseinandersetzung mit einigen Tübinger Kollegen dezidiert für die Faktizität aus –, aber diese Lehre ist kein tragender Baustein in seinem christologischen Entwurf. In ganz anderer Weise gilt dies auch für die Christologie von Wolfhart Pannenberg, der die traditionelle Lehre von der Jungfrauengeburt aus zwei Gründen dezidiert ablehnt: einmal, weil diese theologische Aussage neutestamentlich nur auf sehr schwachen Füßen steht, zum anderen, weil diese Aussage sich seines Erachtens nicht mit der Präexistenz-Christologie spannungsfrei vermitteln lässt.[54] Hier finden wir also eine ausführliche Beschäftigung mit dem Problem, allerdings mit negativem Ausgang.

bb. Die historische Fragestellung

Wir haben festgestellt, dass es bei der Aussage über die jungfräuliche Empfängnis Jesu um das Bekenntnis zur Gottessohnschaft Jesu Christi vom Beginn seines irdischen Daseins an geht. Zu fragen ist, welche Bedeutung für diese Bekenntnisaussage dem historischen Faktum einer jungfräulichen Empfängnis zukommt. Wir haben bei unserer Analyse der Texte gesehen, dass die Historizität dieses Faktums mit den Mitteln der modernen historischen Kritik weder zu beweisen noch letztendlich zu bestreiten ist. Historisch sauber kann man nur sagen, dass die Texte für die Beantwortung dieser Frage von ihrem literarischen Genus her ungeeignet sind. Wenn das für die einzigen Zeugnisse, die wir haben, zutrifft, dann stellt sich die Frage, ob man mit solch einer Fragestellung überhaupt an die Texte herangehen darf oder ob man sie damit nicht in eine falsche Richtung biegt. Von daher stellt sich mir auch die Frage, ob das Vorgehen der katholischen Exegeten und Theologen zielführend ist, die historisch und exegetisch sauber das besondere *genus litterarium*[55] der beiden Einleitungskapitel des Matthäus- und des Lukas-Evangeliums herausarbeiten und dabei den weitgehend legendarischen Charakter des hier Geschilderten betonen, dann aber einzig und allein für die Geschichte der jungfräulichen Empfängnis Jesu für eine Faktizität plädieren, die allerdings, wie sie zugeben, von den kanonisch vorliegenden Texten her nicht belegt werden kann. Es stellt sich die Frage, ob diese Texte überhaupt Faktisches berichten wollen, oder ob sie einen bestimmten theologischen Inhalt in einer bestimmten literarischen Form transportieren wollen. Es gibt durchaus katholische Exegeten wie den amerikanischen Jesuiten Joseph Fitzmyer, der immerhin über Jahre Mitglied der Päpstlichen Bibelkommission war, die Ersteres bestreiten. Für Fitzmyer ist es im Hinblick auf die lukanische Verkündigungsgeschichte durchaus nicht ersichtlich, dass Lukas tatsächlich von einer jungfräulichen Empfängnis Jesu berichten will. Für Raymond Brown dagegen ist der literarische Charakter der kanonischen Verkündigungserzählungen evident, aber er argumentiert für die historische Faktizität von einer den kanonischen Evangelien vorangehenden Tradition her, die sich als hinter den matthäischen und lukanischen Verkündigungserzählungen stehend erweisen lässt. Als Inhalt dieser Tradition lässt sich nach ihm festmachen, dass Maria, die mit Josef verlobt war, bevor sie endgültig von ihm heimgeführt worden ist, schwanger wurde, und dies nicht durch ihren Verlobten Josef. Nach Brown bleibt nur die Alternative, entweder stimmt die im Neuen Testament gegebene Begründung, dass das Kind in ihrem Schoß vom Heiligen Geist geschaffen wurde, oder es handelt sich, wie die frühe jüdische Polemik gegen die Jungfrauengeburt geltend gemacht hat, um die Frucht eines Ehebruchs.[56] M. E. ist diese Argumentation nicht zwingend. Denn hier werden Fakten rekonstruiert, die sich, wie Brown selbst immer wieder sagt, aus den Texten so nicht einfachhin rekonstruieren lassen. Und hier werden andere Überzeugungen wie etwa die von der Heiligkeit Mariens in eine historische Argumentation als Prämissen eingebracht, wie das m. E. historisch seriös nicht möglich ist. Gerade dieses Argumentieren eines der angesehensten katholischen Exegeten unserer Zeit macht m. E. die Grenzen dieser ganzen Argumentationsweise deutlich. Ich plädiere deshalb dafür, die Texte so zu nehmen, wie sie sind, nämlich als Zeugnisse für die Gottessohnschaft Jesu von Beginn seiner irdischen Existenz an, und die historische Fragestellung, die von diesen Texten – und andere haben wir nicht – nicht beantwortet werden kann, auszuklammern.

bc. Religionsgeschichtliche Parallelen?

An dieser Stelle soll wenigstens kurz eingegangen werden auf die Frage nach religionsgeschichtlichen Parallelen, von denen man in der Hochzeit der religionsgeschichtlichen Deutung des Neuen Testaments die Vorstellung einer jungfräulichen Empfängnis Jesu ableiten zu können glaubte. Es sind vor allem ägyptische Vorstellungen, auf die in der Forschung hingewiesen wurde. Ich nenne das nach wie vor grundlegende Werk von Eduard Norden, „Die Geburt des Kindes".[57] Sodann das Werk des Begründers der formgeschichtlichen Forschung Martin Dibelius, „Jungfrauensohn und Krippenkind".[58] Aus jüngerer Zeit sei noch der Aufsatz der Tübinger Ägyptologin Emma Brunner-Traut, „Die Geburtsgeschichte der Evangelien im Lichte ägyptischer Forschungen", genannt.[59] Eugen Drewermann hat von diesen Veröffentlichungen den Gedanken eines ägyptischen Ursprungs der neutestamentlich vertretenen Vorstellung einer jungfräulichen Empfängnis Jesu übernommen und ihm eine große Breitenwirkung verschafft. In der Tat gibt es manche Berührungspunkte zwischen der altägyptischen Vorstellung von der Zeugung des Königs durch den Sonnengott aus einer irdischen Mutter und der geistgewirkten Empfängnis Jesu aus der Jungfrau Maria. „Pharao gilt als Sohn des Sonnengottes und einer irdischen Mutter. Seine Doppelnatur wird mythisch umschrieben durch eine Geburtsgeschichte, die ritualisiert erscheint und Wiederholbarkeit voraussetzt. Amun beschließt die Erschaffung eines Thronfolgers und nähert sich der Königin, einer jungen Frau, deren Gemahl noch nicht mannbar ist. Amun wohnt der Königin in Gestalt des regierenden Königs bei und beauftragt den Schöpfergott Chnum, das der Königin verheißene Kind zu schaffen. Die weiteren Einzelheiten des Rituals brauchen uns hier nicht zu interessieren … In der Deutung solcher Aussagen ist es umstritten, ob an eine unmittelbare Zeugung oder eher an die geistige Übertragung von Kräften und Eigenschaften zu denken ist … Neben der Vorstellung von der Zeugung des Königs aus den Göttern steht eine andere, ältere, nach der der höchste Gott im Pharao selbst gegenwärtig ist und wie in einem Kultbild oder in einem heiligen Tier wohnt. In der späteren

Zeit, in der die Osiris-Religion an Boden gewinnt, kommt es zu einem gewissen Ausgleich beider Vorstellungen, insofern der König als Sohn des Osiris gesehen wird, der mit seiner Thronbesteigung das Erbe seines zum Osiris gewordenen Vaters antritt. Es darf nicht vergessen werden, daß alle diese, teilweise verwirrenden Spekulationen politisch-theologischer Art sind. Die Gottnatur ist der mythische Ausdruck für die Legitimität des Throninhabers, dessen Amt es ist, die göttliche Ordnung auf Erden zu verwalten und zu erneuern"[60]. Es ist sehr schwierig, aus den evidenten Parallelen und Analogien zwischen diesen Vorstellungen und der neutestamentlichen Vorstellung auf eine Abhängigkeit zu schließen. Wenn wir die strengen Kriterien historischer Kritik anlegen, dann erscheint eine solche Abhängigkeit kaum plausibler als die Behauptung der Selbständigkeit der neutestamentlichen Tradition. Was wir sagen können, ist, dass die neutestamentlichen Empfängnis-Geschichten auf alttestamentliche literarische Vorbilder verweisen. Dass die ägyptische Königsideologie im Alten Testament Spuren hinterlassen hat, macht Ps 2,7 deutlich („Mein Sohn bist Du, heute habe ich Dich gezeugt"). Aber diese Vorstellung wurde alttestamentlich an keiner Stelle mit der Ankündigung der Geburt eines Kindes verknüpft. Mehr können wir, wenn wir auf dem Boden wissenschaftlicher Kritik bleiben wollen, nicht behaupten. Es kann nicht ausgeschlossen werden, dass die ägyptische Königsideologie von der gottgewirkten Empfängnis des Thronfolgers einen Einfluss auf entsprechende neutestamentliche Vorstellungen von der gottgewirkten Empfängnis Jesu gehabt hat, aber ein solcher Einfluss ist historisch doch eher unwahrscheinlich. Dagegen spricht auch, dass in den uns vorliegenden neutestamentlichen Texten die Sexualsphäre, die in den ägyptischen Vorbildern eine große Rolle spielt, vollständig ausgeblendet ist. Nach den ägyptischen Vorstellungen ist für die Zeugung des Thronfolgers der Geschlechtsverkehr des königlichen Paares nicht nur nicht ausgeschlossen, sondern sogar vorausgesetzt. Er ist der Anlass, bei dem einer oder mehrere Götter schöpferisch tätig werden. Im Neuen Testament ist von einem solchen Geschlechtsverkehr der Mutter Jesu mit Josef oder sonst einem Mann keine Rede, ja, er wird von Matthäus ausdrücklich ausgeschlossen (vgl. 1,25).

Zusammenfassung und theologische Wertung des ntl. Befundes

Auch andere religionsgeschichtliche und mythologische Parallelen, die immer wieder genannt werden, scheiden als historische Ursprünge der neutestamentlichen Empfängnisgeschichten aus. Zum einen, weil nicht gesagt werden kann, wann solche Vorstellungen genau entstanden sind und ob sie überhaupt vorchristlichen Ursprungs sind, so die Überlieferung von der Empfängnis des Buddha, Krishnas bzw. des Sohnes von Zoroaster. Die Vorstellung von der gottgewirkten Empfängnis Platons oder des Apollonius von Thyana scheint den palästinensischen Christen zu Anfang des 1. Jahrhunderts wohl kaum bekannt gewesen zu sein. Der langen Rede kurzer Sinn: Man sollte sehr vorsichtig sein bei der Behauptung religionsgeschichtlicher bzw. mythologischer Abhängigkeiten. Die im Neuen Testament überlieferte Vorstellung von der jungfräulichen Empfängnis Jesu aus Gottes Geist im Schoß der Jungfrau Maria scheint, soweit wir sehen können, analogielos zu sein. Diese Feststellung bezieht sich weniger auf den behaupteten göttlichen Ursprung des Kindes, für den es ja in der Tat zahlreiche Parallelen gibt, sie bezieht sich einzig und allein auf die Konkretisierung dieses Geschehens, das nach den uns vorliegenden neutestamentlichen Zeugnissen vollkommen ungeschlechtlich gedacht werden muss. Dass daraus keine Missachtung der menschlichen Geschlechtlichkeit abgeleitet werden kann, wurde bereits gesagt. Tatsache ist allerdings auch, und darauf wird noch einzugehen sein, dass im weiteren Verlauf der Christentumsgeschichte das neutestamentliche Zeugnis von der jungfräulichen Empfängnis Jesu Christi und die Lehre von der Jungfräulichkeit Mariens immer wieder dazu herhalten mussten, eine Abwertung des Sexuellen, auch der Sexualität in der Ehe zu begründen. Diese Abwertung, das wird zu zeigen sein, hat ihren Ursprung aber nicht in den neutestamentlichen Texten von der jungfräulichen Zeugung Jesu von Nazaret, sondern in anderen sexualfeindlichen Vorstellungen, die Erstere allerdings zu ihren Zwecken umfunktioniert haben.

bd. Die jungfräuliche Empfängnis – ein „Zeichen" der Gottessohnschaft Jesu?

Nach diesem Ausflug in die Religionsgeschichte bzw. die Mythologie komme ich zu unserer theologischen Fragestellung zurück. Was die historische Faktizität der jungfräulichen Empfängnis Jesu angeht, hat man immer wieder auf den Zeichencharakter dieses Geschehens hingewiesen und dabei in den neutestamentlichen Geschichten vom leeren Grab eine Parallele sehen wollen. In der Tat spricht manches für diesen Vergleich. Das leere Grab, um dessen Existenz in den letzten Jahrzehnten ja auch immer wieder historisch und exegetisch gestritten worden ist, stellt nach den zahlreichen neutestamentlichen Zeugnissen ein Zeichen dar für die Auferstehung Jesu. Es ist aber gleichsam ein negatives Zeichen, das nicht mehr aussagt, als dass der Leichnam Jesu nicht mehr an dem Ort ist, an dem man ihn beigesetzt hat. Als solches Zeichen ist es in sich vieldeutig, und die von Matthäus überlieferte Behauptung der Juden, die Jünger hätten den Leichnam Jesu gestohlen, ist eine der möglichen Deutungen. Gewissheit über den Verbleib des verstorbenen und beigesetzten Jesus, wenn diese Sprache einmal gestattet sei, haben die Jüngerinnen und Jünger Jesu erst durch die Erscheinungen des Auferstandenen erhalten. Das leere Grab hatte im damaligen anthropologischen Kontext sicherlich die Funktion, die Aussage von der leiblichen Auferstehung Jesu überhaupt zu ermöglichen. Insofern kommt ihm, auch wenn man heute aus anthropologischen Gründen durchaus anderer Meinung sein kann, im Kontext der damaligen Zeit eine wichtige Zeichenfunktion zu. Kann man nun die Zeichenfunktion eines solchen Ortes, der wohl auch Ziel kultischer Begehungen war, mit der Intimsphäre einer Frau vergleichen, die, wie der Begriff schon deutlich macht, rein privaten und keinen öffentlichen Charakter hat. Das zeigt selbst das „Protevangelium Jacobi", das bei aller Detailfreudigkeit doch davor zurückschreckt, die Jungfräulichkeit Mariens durch die Untersuchung einer Hebamme nachweisen zu wollen.

Theologisch ist zu fragen, ob nicht doch ein Unterschied zwischen dem leeren Grab und der Jungfräulichkeit Mariens im Hinblick auf die Zeichenfunktion besteht. Interessant ist, dass alle vier Evangelien Berichte vom leeren Grab überliefern, auch das Johannesevangelium, nach dem die Auferstehung Jesu Christi sich ja gleichsam am Kreuz selber vollzieht und das leere Grab eigentlich keine Funktion mehr hat. Johannes scheint die Grabesgeschichten vor allem aus Pietät gegenüber der Überlieferung in sein Evangelium aufgenommen und sie dabei nach seinem theologischen Konzept umgestaltet zu haben. Bei der Vorstellung von der jungfräulichen Empfängnis Jesu lässt sich dies nicht in gleicher Weise sagen. Wir finden sie nur in zwei Evangelien, während die übrigen neutestamentlichen Schriften ohne sie auskommen. Und doch ist es die übereinstimmende Botschaft des gesamten Neuen Testamentes, dass Jesus vom Beginn seines irdischen Daseins an der Sohn Gottes ist. Diese Glaubensaussage wurde theologisch, wie wir gesehen haben, unterschiedlich begründet, zum einen mit der Präexistenz-Vorstellung, zum anderen mit der Vorstellung von der Zeugung Jesu aus Heiligem Geist im Schoß der Jungfrau Maria. Ich meine, wir sollten im Hinblick auf die Präexistenz-Vorstellung wie im Hinblick auf die Vorstellung von der jungfräulichen Empfängnis nicht von einem Zeichen reden, sondern von einer vorstellungsmäßigen Vermittlung einer Glaubensaussage, nämlich der Glaubensaussage von der Gottessohnschaft Jesu. Dies ist im Hinblick auf Erstere sicher unmittelbar einleuchtend, widerspricht aber im Hinblick auf Letztere einem weithin selbstverständlichen christlichen Denkmodell. Es bleibt dann allerdings zu fragen, welches das Zeichen für die zu glaubende Aussage von der Gottessohnschaft Jesu sein soll. Dann bleibt nur wieder die Intimität Mariens übrig, die meines Erachtens ein solches öffentliches Zeichen nicht sein kann. Ein solches Zeichen könnte nur die lebenslange, öffentlich bekannte Jungfräulichkeit Mariens sein, wie sie denn auch die Kirche konsequenterweise seit der Mitte des 3. Jahrhunderts gelehrt hat. Aber diese Lehre steht, wie wir gesehen haben, ihrerseits in einer kaum aufzuhebenden Spannung zu den neutestamentlich gut bezeugten Aussagen von den Brüdern und Schwestern Jesu.

Wie wir gesehen haben, ist es nach dem Neuen Testament nicht zwingend, die Glaubensaussage von der Gottessohnschaft Jesu mit der Aussage von der jungfräulichen Empfängnis Jesu zu begründen. Das ist jedenfalls meine Meinung. Andere Theologen sehen das anders. Nach der Auffassung des ehemaligen Münchner Dogmatikers Gerhard Ludwig Müller ist die Aussage von der jungfräulichen Empfängnis Jesu geradezu ein „innerlich notwendiges Element des Christusbekenntnisses"[61]. Nur wenn Jesus von Nazaret sein irdisches Dasein nicht einer elterlichen Zeugung verdankt, kann nach Müller die traditionelle christliche Lehre von der hypostatischen Union aufrechterhalten werden. Kurz zusammengefasst formuliert er dies so: „Da der Logos die unmittelbare Subsistenz der ... angenommenen Menschheit [Jesu] ist, kann die menschliche Natur nicht noch einmal durch eine kreatürliche Subsistenz (‚Person-Sein'), wie sie durch die geschlechtliche Zeugung (im schöpfungstheologischen Sinn) vermittelt wird, getragen sein"[62]. Das neutestamentliche Zeugnis spielt solchen theologischen Überlegungen gegenüber, wie ich den Eindruck habe, nur eine untergeordnete Rolle. Für Müller ist es einzig und allein wichtig, dass das neutestamentliche Zeugnis einer solchen Argumentation nicht widerspricht. Und das tut es in der Tat nicht. Ich kann mich dennoch des Eindrucks nicht erwehren, dass hier unterschiedliche theologische Aussagen in einen Begründungszusammenhang gebracht werden, der gerade den geschichtlichen Ort dieser Aussagen nicht ernst genug nimmt, sondern sie auf einer meta-historischen Ebene miteinander vermittelt. Mit diesen kurzen Bemerkungen will ich freilich den bedenkenswerten theologischen Versuch Müllers nicht abwerten, den ich hier im Einzelnen allerdings nicht nachzeichnen kann. Ich frage mich allerdings, ob sein Verständnis von hypostatischer Union wie sein Umgang mit dem Zeugnis der Schrift auf dem Stand der heutigen Diskussion sind. Beidem würde etwa Wolfhart Pannenberg entschieden widersprechen. Aber der ist, so könnte man einwenden, ein evangelischer Theologe, der an das Dogma der Kirche nicht in gleicher Weise gebunden ist wie ein katholischer Theologe. Damit würde man aber das Problem doch allzu sehr vereinfachen. Denn auch Pannenberg versucht dem altkirchlichen Dogma von der Gottessohnschaft Jesu gerecht zu werden. Dies führt uns zu einer weiteren Überlegung.

be. Der dogmatische Status der Aussage von der jungfräulichen
    Empfängnis Jesu

Ist die Aussage von der geistgewirkten Empfängnis Jesu aus der Jungfrau Maria nicht Dogma der Kirche? Und ist damit diese Aussage nicht jedem Christen, der sich an dieses Dogma halten will, unabhängig von jeder theologischen Begründung, zu glauben aufgegeben? In der Tat findet sich eine entsprechende Formulierung bereits in den ältesten Glaubensbekenntnissen, sie findet sich in dem sog. Apostolischen Glaubensbekenntnis wie im Nizäno-konstantinopolitanischen Glaubensbekenntnis. Aber wer sich nur ein wenig mit der hermeneutischen Problematik der Auslegung der Glaubensbekenntnisse wie anderer dogmatisch verbindlicher lehramtlicher Aussagen der Kirche beschäftigt hat, weiß, dass es hierbei um sehr schwierige interpretatorische Fragen geht. Ich brauche hier nur an das nicht ganz so brisante Thema des Hades-Abstiegs Jesu, wie er ja ebenfalls im Glaubensbekenntnis gelehrt wird, zu erinnern. Die im Glaubensbekenntnis vorliegende Formulierung und die damit zum Ausdruck gebrachte Vorstellung ist das eine, die Frage, wie diese Vorstellung, wenn sie sich nicht mehr von selbst versteht, in einen anderen Kontext übersetzt werden kann, bzw. muss, ist das andere. Es stellt sich nun die Frage, ob es sich bei der Aussage von der geistgewirkten Empfängnis Jesu in der Jungfrau Maria um eine vorstellungsmäßige Vermittlung der Glaubensaussage von der Gottessohnschaft handelt, die möglicherweise auch anders zum Ausdruck gebracht werden kann, oder ob es bei dieser Aussage der geistgewirkten Empfängnis in sich um eine Glaubensaussage geht, die so genommen werden muss, wie sie sich sprachlich präsentiert. Meine ganzen hier vorgetragenen Überlegungen zielten nun darauf ab, beides zumindest einmal hypothetisch auseinanderzuhalten. Ich möchte niemand, dem der Glaube an die jungfräuliche Empfängnis Jesu kein Problem darstellt, von diesem Glauben abbringen. Aber ich möchte auch jenen Zeitgenossen, die damit Probleme haben, zu einem verantwortlichen Umgang mit diesen Problemen verhelfen. Solche Probleme können ja nicht einfach als übermütige Glaubenszweifel desavouiert werden. Sie sind ernst zu nehmen nicht nur als Fragen, sondern auch als mögliche Anstöße, „das bleibend Denkwürdige" (H. Schlier) einer dogmatischen Aussage der Kirche neu zu bedenken. Allerdings möchte ich mich selber vor einem allzu großen Optimismus warnen; denn auch die von mir hier immer wieder als Alternative genannte neutestamentliche Präexistenz-Christologie ist ja keineswegs vor kritischen Anfragen gefeit.[63] Aber nun deshalb, weil auch dieses andere Vorstellungsmodell Probleme birgt, einfachhin alles beim Alten lassen zu wollen, scheint mir keine glaubwürdige Lösung für die Dilemmata zu sein, in die der christliche Glaube angesichts eines veränderten denkerischen Umfelds gelangt ist. Freilich sind das Probleme, die nicht innerhalb einer Mariologie, sondern innerhalb der Christologie diskutiert werden müssen. Diese christologische Diskussion kann hier nicht geleistet werden. Sie müsste deutlich machen, dass die Alternative nicht einfach lauten kann: Entweder ist Jesus von Nazaret der durch das Wirken des Heiligen Geistes im Schoß der Jungfrau Maria menschgewordene Sohn Gottes oder er ist nur ein von Gott gleichsam adoptierter normaler Mensch. Es wäre theologisch aufzuzeigen, wie die sich in der Auferstehung des Gekreuzigten offenbarende Gottessohnschaft als Konstitutivum des gesamten menschlichen Daseins Jesu zu denken ist. Dafür verweise ich auf das 10. Kapitel im zweiten Band der „Systematischen Theologie" von Wolfhart Pannenberg.[64] Dies jedenfalls scheint mir die entscheidende theologische Frage zu sein. Damit werden die etwa eineinhalb Jahrtausende, in denen die Lehre von der jungfräulichen Empfängnis Jesu problemloser Inhalt des kirchlichen Glaubens war, nicht einfach irrelevant. Wir können vielmehr konstatieren, dass es in dieser Epoche die Lehre von der geistgewirkten, jungfräulichen Empfängnis Jesu war, die wesentlich dazu beigetragen hat, den Glauben an die Gottessohnschaft Jesu zu stützen. Schon allein deswegen kann das traditionelle Verständnis der jungfräulichen Empfängnis Jesu nicht leichtfertig über Bord geworfen werden, aus welchen weltanschaulichen Gründen auch immer. Der Grund, warum ich selber diese Lehre hier problematisiert habe, liegt für mich v. a. im neutestamentlichen Zeugnis selber. Nun könnte man mir vorwerfen, dass ich das Zeugnis der kirchlichen Tradition außer Acht gelassen habe. In der Tat habe ich bislang kaum von dieser Tradition gesprochen. Aber nicht, weil ich sie bislang nicht in meine Überlegungen einbezogen hätte, sondern weil die Art und Weise, wie diese Tradition traditionellerweise gerade in dieser Frage zur Interpretation des neutestamentlichen Zeugnisses herangezogen wird, nicht zufriedenstellt. Es ist m. E. einfach methodisch nicht zulässig, von einer Mariologie her, die sich gegenüber dem neutestamentlichen Ursprungszeugnis, aber auch gegenüber der altkirchlichen mariologischen Tradition mehr oder weniger abgekoppelt hat, irgendwelche biblischen Grundlagen zu „rekonstruieren". In Bezug auf die hier diskutierte Frage scheint es mir daher problematisch, von der einzigartigen Stellung Mariens in der Heilsgeschichte her, wie sie sich vor allem in den letzten Jahrhunderten herausgebildet hat, darauf zu schließen, dass Maria mehr als eine normale Mutter ihres Sohnes Jesus gewesen sein muss. Gleichwohl wird sie mit Recht *theotókos* genannt. Dies hat aber seinen Grund in der Gottheit des von ihr Geborenen, nicht in der Art und Weise seiner Empfängnis.[65] Wie wir gesehen haben, begründet das Neue Testament die besondere Beziehung zwischen Jesus und Maria nicht mit der besonderen Art und Weise des Zustandekommens ihrer Mutterschaft – dies gilt m. E. auch für die sog. Kindheitserzählungen. Das Verhältnis Mariens zu ihrem Sohn wird wie das Verhältnis aller Glaubenden zu Jesus Christus durch ihren Glauben definiert. Das ist m. E. unzweifelhaft die Aussage aller neutestamentlichen Passagen zu Maria. Wie sie und warum sie im Verlaufe der Frömmigkeits- und Theologiegeschichte einen besonderen Rang eingenommen hat, das ist im zweiten Kapitel dieser Abhandlung zu verdeutlichen. Ich möchte daher eindringlich bitten, dieses zweite Kapitel, aber auch das sich daran anschließende Kapitel über neuere mariologische Versuche abzuwarten, bevor man sich ein Urteil über das hier Vorgetragene bildet. Es geht mir keineswegs darum, Maria Bedeutungslosigkeit zuzusprechen im Gesamt des christlichen Glaubens, es geht mir vielmehr darum, im Blick auf die theologische und frömmigkeitsgeschichtliche Entwicklung wie besonders im Blick auf das neutestamentliche Ursprungszeugnis ihre Bedeutung so zum Ausdruck zu bringen, dass sie vor allem von dem zuletzt genannten, in der theologischen Wertung aber an erster Stelle stehenden neutestamentlichen Zeugnis her Bestand haben kann.

II. Maria in der kirchlichen Überlieferung

1. Das Problem der Tradition

Bei kaum einem anderen Lehrstück des christlichen Glaubens lässt sich der Einfluss der Überlieferung so deutlich erkennen wie bei den marianischen Aussagen. Eine eigenständige Mariologie hat sich überhaupt erst im Verlauf der Geschichte des christlichen Glaubens herausgebildet. Das Neue Testament zeigt sich, mit wenigen Ausnahmen, an der Person Mariens uninteressiert, auch eine besondere heilsgeschichtliche Funktion – Maria als jungfräuliche Mutter Jesu – steht im Vergleich mit dem neutestamentlichen Zeugnis als Ganzem eher am Rande. Aus diesen bescheidenen Anfängen hat sich im Verlauf der Geschichte eine blühende Marienfrömmigkeit und eine dieser kaum nachstehende theologische Mariologie entwickelt. In diesem zweiten Kapitel soll dieser Entwicklung nachgegangen werden. Wir werden nicht nur ihre einzelnen Stufen betrachten, sondern vor allem auch nach den Beweggründen, die die Entwicklung vorangetrieben haben, fragen. Dabei werden wir sehen, dass spätere, das heißt jüngere Stadien der Überlieferung frühere, das heißt ältere Stadien dieser gleichen Überlieferung als normativ erachtet haben. Dies gilt vor allem für die vorläufig letzten lehramtlichen Äußerungen über Maria auf katholischer Seite, nämlich die beiden Dogmen von 1854 bzw. 1950. Hierbei musste, da die Heilige Schrift für die entsprechenden dogmatischen Aussagen keine genügend tragfähige Basis bietet, die Überlieferung für die Begründung dieser Aussagen mit herangezogen werden. Im Zusammenhang damit wurde die theologische Reflexion auf das Problem der Tradition wie auf das Problem der Dogmenentwicklung weitergeführt. Wir werden darauf zurückkommen.

In diesem Kapitel wird es also neben der inhaltlichen Darstellung der mariologischen Entwicklung und ihrer Leitmotive auch darum gehen, die theologische Reflexion auf die normative Kraft der Überlieferung mit zu bedenken. Hierbei soll wie im vorangehenden Kapitel nicht deduktiv, sondern induktiv vorgegangen werden. Wir gehen also nicht von den dogmatischen Formulierungen aus und versuchen diese mit Anhaltspunkten in der Überlieferung zu „beweisen", sondern stellen die lehramtlichen Formulierungen mitten in das Überlieferungsgeschehen hinein. Dadurch wird die geschichtliche Bedingtheit dieser Aussagen deutlicher, als wenn man sie als geschichtsunabhängige, gleichsam vom Himmel gefallene dogmatische Aussagen betrachtet. Es wird zugleich auch deutlich, dass die Gestalt Mariens in unterschiedlichen Epochen unterschiedlich betrachtet worden ist. Welche Schlüsse daraus für die gegenwärtige Gestalt marianischer Frömmigkeit und Theologie gezogen werden können, dies soll dem dritten Kapitel unseres Überblicks[1] vorbehalten bleiben.

2. Maria in der Alten Kirche

a. Die traditionelle christologische Perspektive

Was wir für das Neue Testament festgestellt haben, gilt auch für die Frühzeit der Kirche: ein eigentlich mariologisches Interesse ist ihr fremd. Von Maria ist selten die Rede, und wenn dies geschieht, dann ausschließlich in christologischem Zusammenhang.

aa. Ignatius von Antiochien († 2. Jh.): Verbindung von Empfängnis- und Präexistenz-Christologie

Unter den apostolischen Vätern ist es einzig Ignatius von Antiochien,[2] der von Maria spricht. In seinen Briefen, die aus den zwanziger Jahren oder auch aus einer späteren Zeit des 2. Jahrhunderts stammen, ist an mehreren Stellen, freilich recht formelhaft, von Maria die Rede. Ignatius kämpft hauptsächlich gegen zwei Irrlehren: den „Judaismus", der in Jesus Christus nur einen Menschen sah, sowie den „Doketismus", der das wahre Menschsein Jesu Christi bestritt. Gegen diese beiden häretischen Extreme hält Ignatius an der christlichen Botschaft fest und verteidigt sie: Jesus Christus ist wahrer Gott, und er ist voll und ganz Mensch geworden. In diesem Zusammenhang gebraucht er auch Formeln wie „aus Maria sowohl wie aus Gott"[3], um den göttlichen wie den ganz menschlichen Ursprung Jesu zu betonen. Jesus stammt dem Fleische nach aus dem Geschlecht Davids, und es ist – anders als in den Evangelien – Maria, die ihm die Davidsohnschaft vermittelt[4]. Jesus ist, wie Ignatius in einer an Röm 1,3 erinnernden Formulierung sagt: „nach Gottes Heilsplan aus Davids Samen und doch aus Heiligem Geiste"[5]. Das gleiche, von Paulus zitierte frühchristliche Traditionsstück steht auch im Hintergrund einer anderen Aussage des Ignatius, nämlich im ersten Vers seines Briefes an die Smyrnäer: Hier preist Ignatius Jesus Christus für den Glauben der Gemeinde von Smyrna, die „vollkommen überzeugt [ist] von unserem Herrn, der wirklich aus dem Geschlecht Davids stammt nach dem Fleische, Sohn Gottes nach Gottes Willen und Macht, wirklich geboren aus einer Jungfrau ..."[6] Hier ist ausdrücklich von der Jungfräulichkeit der Mutter Jesu die Rede. Die Jungfrauschaft Mariens bildet zusammen mit ihrer Niederkunft und dem Tod des Herrn, wie Ignatius in einer rätselhaften Formulierung sagt, „drei laut rufende Geheimnisse, die in Gottes Stille vollbracht wurden" und die dem Fürsten dieser Welt verborgen geblieben sind.[7] Ignatius verwendet hier einige Motive, die auch sonst in der patristischen Literatur begegnen. Da ist zum einen das bei den Vätern sehr beliebte Motiv von der Täuschung des Teufels, der von Gott in Jesus Christus überlistet wurde. Die Motive von der verborgenen Herabkunft des Erlösers wie auch das des eschatologischen Schreies *(kraugé)* und der göttlichen Stille *(sigé)* stammen aus dem Bereich der Gnosis. Ignatius geht also ohne Zweifel von der jungfräulichen Empfängnis Jesu im Schoß Mariens aus, wobei es für ihn der präexistente Gott ist, der in Maria Fleisch annimmt. Bei Ignatius finden also die beiden im Neuen Testament noch getrennt vorliegenden Vorstellungen einer Präexistenz- und einer Empfängnis-Christologie zusammen. Das Hauptaugenmerk des Ignatius liegt dabei nicht auf der jungfräulichen Empfängnis, sondern auf der Realität des vollen Menschseins Jesu Christi. Letztere wird entschieden verteidigt, die jungfräuliche Empfängnis dagegen wird mehr oder weniger selbstverständlich und problemlos vorausgesetzt. Sie ist für ihn „ein Stück anerkannter kirchlicher Tradition, auf die er mit festen, formelhaften Wendungen verweist"[8]. Dass die Jungfrauengeburt für Ignatius, wie von Campenhausen schreibt, „recht eigentlich das Heilszeichen des Christus-Glaubens" ist, kann ich aus den zitierten Äußerungen des Ignatius nicht herauslesen. Er hat diese Aussage aus der Überlieferung übernommen und tradiert sie weiter, sie steht für ihn in einer Reihe mit anderen Aussagen über das Leben und das Sterben Jesu. Eine Generation später, um die Mitte des 2. Jahrhunderts, haben sich die Akzente etwas verschoben.

ab. Justin der Märtyrer († 165): Verteidigung der jungfräulichen Empfängnis Jesu

Justin der Märtyrer[9] sieht sich gezwungen, die Lehre von der jungfräulichen Empfängnis Jesu zu verteidigen. Dies geschieht in zwei Richtungen: zum einen gegenüber jüdischen Bestreitungen, zum anderen gegenüber den Heiden. Justin kennt noch Christen, die Jesus für den Sohn Josefs und Mariens halten. „In seinem Dialog mit dem Juden Tryphon staffelt er das theologische Gewicht bewußt zwischen dem grundlegenden Glauben, daß Jesus der Christus sei, welcher jedem Christen feststehen muß, und den weiteren Aussagen über Christi Präexistenz und seine jungfräuliche Geburt. Justin weiß, daß es Judenchristen gibt, die sich wohl zum Messias Jesus bekennen, gleichzeitig aber seine natürliche Geburt behaupten, und obschon er diese Meinung mißbilligt, begnügt er sich doch mit der Feststellung, daß die meisten Christen, die mit ihm einig gingen, in diesem Punkte ebenso dächten wie er"[10]. Die jungfräuliche Empfängnis Jesu, deren theologische Bedeutung von Justin nicht eigentlich reflektiert wird, steht für ihn aus dem Zeugnis der Schrift fest. Dabei denkt er wohl nicht an die Evangelien, die für ihn noch keine kanonische Bedeutung haben, sondern an die Weissagung Jes 7,14, deren messianische und christologische Deutung er gegen seinen jüdischen Gesprächspartner Tryphon verteidigt[11]. Jedoch zieht Justin nicht nur diese Stelle als typologischen Hinweis des Alten Testamentes auf Jesus Christus heran, sondern auch andere Stellen, deren Beweiskraft heute kaum mehr einsichtig ist. So etwa deutet er Gen 49,11, den Segen Jakobs über Juda, den Stammvater Jesu, der sein Gewand im Blut der Traube waschen soll, typologisch auf die Jungfrauengeburt. So wie das Blut der Traube von Gott stammt, so stammt auch das Blut Jesu Christi von Gott.

„Für die Heiden bringt Justin in seiner Apologie zunächst die gleichen Beweise. Doch dann nimmt er die heidnischen Mythen in seinen Dienst: sie kennen die Zeus entsprungenen Göttersöhne und Perseus, der von der Jungfrau Danae geboren wurde. Natürlich darf sich Justin diesen Beweis nicht zu leicht machen: die Juden haben schon die christliche Kunde von der Jungfrauengeburt als Anleihe beim Heidentum abgetan. Deshalb korrigiert Justin die Parallelen: sie sind – wie so vieles im Heidentum – teuflische Nachäffung und Verzerrung des wahren Gotteswerkes. Kein Gott kam zu Maria aus Liebeslust, wie einst ‚Zeus zu den Weibern'. Sie hat vielmehr ohne jede Beiwohnung empfangen. Hätte jemand ihr beigewohnt, dann wäre sie keine Jungfrau mehr. Es kam vielmehr die Kraft Gottes über die Jungfrau, beschattete sie und bewirkte, daß sie, obgleich sie Jungfrau war, schwanger wurde. Die Empfängnis des Gottessohnes im Schoße der Jungfrau ist wunderbares Werk Gottes durch seinen Geist, so wunderbar wie Evas Erschaffung aus Adams Rippe und die aller Lebewesen im Anfang der Dinge durch Gottes Wort allein"[12].

Die jungfräuliche Empfängnis Jesu ist für Justin wichtig als „ein besonders in die Augen springendes Stück erfüllter Weissagung"[13]. Deshalb räumt er dieser Aussage einen so breiten Raum ein, während bei anderen zeitgenössischen Autoren von ihr wie von Maria überhaupt nicht die Rede ist. „Andere urchristliche Schriften – wie der Hirt des Hermas und der Barnabas-Brief – lassen sich nicht als Zeuge dafür anführen, obwohl auch sie rechte Christusbotschaft verkünden wollten"[14].

ac. Irenäus von Lyon († um 200): Beginn mariologischer Reflexion

Eine eigentlich mariologische Reflexion begegnet uns zum ersten Mal am Ende des 2. Jahrhunderts bei Irenäus von Lyon.[15] Für ihn ist die jungfräuliche Empfängnis Jesu ein Stück apostolischer Überlieferung. Er beruft sich dafür auf die entsprechenden Passagen der Evangelien wie auf die alttestamentlichen Verheißungen, die ihm fast noch wichtiger sind. „Der Heilige Geist bezeichnete durch die Worte der Propheten einerseits die reale Geburt, die aus der Jungfrau geschah, und andererseits Christi Wesenheit, die aus Gott stammte"[16]. Es ist vor allem die reale Geburt, die für Irenäus wichtig ist im Kampf gegen den Doketismus. An ihr hängt die Davidsohnschaft Jesu und damit die Verbundenheit mit Adams Geschlecht. Zugleich ist Jesus Christus aufgrund seines Ursprungs aus Gottes Geist Gottes Sohn. An der Vereinigung beider Seiten hängt die Erlösung der Menschen: Darum wurde der Logos Mensch und der Gottessohn Menschensohn, damit der Mensch, der sich dem Logos verband, die Kindschaft empfange und Gottes Sohn würde. Oder wie sonst sollte der Mensch sich Gott verbinden, wenn sich Gott nicht dem Menschen verbunden hätte?[17] Das Ziel der Menschwerdung Gottes ist die Vergöttlichung des Menschen. Für Irenäus steht also die Inkarnation des Gottessohnes im Vordergrund seiner Theologie. Die Geburt Jesu Christi aus der Jungfrau Maria bzw. die Jungfrau selber ist das Zeichen dafür.[18] Obwohl kein Theologe vor ihm dies so entfaltet hat, steht Irenäus mit diesem Gedanken noch ganz in der Linie der Tradition. Die jungfräuliche Empfängnis Jesu bzw. die Jungfräulichkeit Mariens wird christologisch reflektiert.

Über die bisherige Tradition geht Irenäus hinaus, wenn „er die Jungfrauengeburt ... als solche ins Auge faßt und die sachliche Notwendigkeit des Vorgangs näher zu begründen sucht. Das geschieht im Rahmen seiner berühmten Rekapitulationstheorie, derzufolge Christus die durch den Sündenfall verdorbene Menschheit in seiner Person erneuert und, einem großen Heilsplan folgend, die einst im Paradies begonnene und durch Adam verfehlte Entwicklung von neuem aufnimmt und nunmehr zum Ziel führt. Christus stellt die paradiesische Gemeinschaft des Menschen mit Gott in einem neuen Stadium der Heilsgeschichte reicher und vollkommener wieder her. Die Ausgestaltung dieses Gedankens erfolgt mit den Mitteln der typisch-antitypischen Korrespondenz-Vorstellung. Das heißt: die Gegebenheiten und Geschehnisse der Urgeschichte müssen sich in der Geschichte Christi noch einmal wiederholen, um so in ihrer alten, verhängnisvollen Konsequenz überwunden und zu einem heilvollen Abschluß gebracht zu werden. Diese Denkweise und der ihr entsprechende Schematismus sind nicht von Irenäus erfunden; aber er hat sie zur reichsten Entfaltung gebracht. Dahinter steht letzten Endes der uralte mythologische Gedanke von einer Wiederkehr der ersten Dinge am Ende der Tage, die geheimnisvolle Entsprechung von Urzeit und Endzeit .... Paulus besonders hatte die Vorstellung eines ‚geistlichen' Adam, der dem ersten, fleischlichen gegenübersteht, mit Nachdruck auf Christus übertragen und so die Universalität und die Überlegenheit des neuen christlichen Heiles zur Darstellung gebracht. Jetzt gewinnt diese Korrespondenz eine noch weitergreifende Bedeutung: sie wird zum Mittel, das Alte und das Neue ‚Testament' in einen festen Zusammenhang zu bringen und gegen die Markioniten und andere gnostische Ketzer die Zusammengehörigkeit der christlichen Erlösung mit der Schöpfung zu erweisen"[19].

Von der Jungfrauengeburt redet Irenäus in diesem Zusammenhang, wenn es um die Erschaffung des ersten und des zweiten Adam geht: „Und wie der ersterschaffene Mensch, eben Adam, aus der unkultivierten und noch jungfräulichen Erde – ‚Gott hatte es nämlich noch nicht regnen lassen, und der Mensch hatte die Erde noch nicht bearbeitet' (Gen 2,5) – sein Wesen hatte und von der Hand Gottes, das heißt vom Logos Gottes, gebildet wurde – denn ‚alles ist durch ihn gemacht worden' (Joh 1,3), und der Herr nahm Lehm von der Erde und bildete den Menschen (vgl. Gen 2,7) –, so rekapitulierte das Wort selbst den Adam in sich und wurde aus Maria, die noch Jungfrau war, richtigerweise in einer Art geboren, in der Adam rekapituliert wurde. Wenn also der erste Adam einen Menschen zum Vater gehabt hätte und aus dem Samen eines Mannes geboren wäre, dann würden sie [sc. die Häretiker] aus gutem Grund sagen, auch der zweite Adam sei aus Josef gezeugt. Wenn der erste aber von der Erde genommen und vom Logos gebildet wurde, dann mußte eben der Logos selbst genauso wie Adam geboren sein, wenn er dessen Rekapitulation in sich bewirken wollte. Warum hat Gott nun nicht wieder Lehm genommen, sondern hat das Geschöpf aus Maria entstehen lassen? Damit nicht ein anderes

Geschöpf entstünde und es kein anderes Geschöpf wäre, das gerettet würde, sondern damit ein und dasselbe Geschöpf unter Fortbestand der Gleichheit rekapituliert würde".[20]

Die jungfräuliche Empfängnis Jesu ist für Irenäus somit nicht nur ein Zeichen für die Inkarnation des Gottessohnes im menschlichen Fleisch, sie hat nach dieser Deutung auch ihren festen Ort in Gottes Welterlösungsplan. „Sie ist dadurch in sich selbst theologisch sinnvoll geworden. Irenäus hat diesen typologischen Beweis in seinem Werke mehrfach gebracht, und jahrhundertelang sind ihm zahlreiche Theologen darin gefolgt"[21].

Aber auch bei dieser Betrachtung steht die Gestalt Mariens noch ganz im Hintergrund. Sie tritt erst in den Vordergrund, d. h. ihre Gestalt wird eigens theologisch reflektiert, wenn nicht nur Adam und Christus in eine Parallele zueinander gesetzt werden, sondern auch Maria und Eva. Paulus hatte sich noch auf die Adam-Christus-Parallele beschränkt, Irenäus setzt nun, wie es bereits Justin der Märtyrer anfanghaft getan hatte, Maria und Eva in eine ebensolche heilsgeschichtliche Parallele. Dem Ungehorsam Evas wird der Gehorsam Mariens gegenübergestellt. „Der Vergleich läßt sich noch weiter ausgestalten. Auch Eva war zur Zeit des Sündenfalles noch Jungfrau wie Maria, und auch sie hatte schon den ihr für die Zukunft bestimmten Ehemann, und so wie die eine für sich und das ganze Menschengeschlecht den Tod wirkte, so wurde die andere die Ursache für ihr und aller Menschen Heil ... Überall besteht also die genaueste spiegelbildliche Entsprechung [von Campenhausen verweist auf Irenäus, haer. III 22,4. P. W.] ... Es versteht sich, daß Irenäus bei solchen Ausführungen Maria nicht um ihrer selbst willen ins Auge faßt und ihr nicht etwa eine aktive Teilnahme beim Erlösungswerk zuweisen möchte. Der ganze Gedankengang ist christologisch orientiert; es ist allein Mariens Erstgeborener, der die Schuld des Stammvaters beglichen hat. Trotzdem gewinnt die Geschichte der Jungfrauengeburt und gewinnt die Mutter Jesu aufgrund des Korrespondenzgedankens doch ein gewisses selbständiges Interesse, das sie bisher nicht besessen hatten – mögen die konkreten Einzelheiten dieser Typologie auch noch ganz dem Neuen Testament, vorzüglich dem Lukas-Evangelium entnommen sein"[22].

Für die theologische Bewertung dieser Eva-Maria-Typologie, die im Anschluss an Irenäus vielfach aufgegriffen worden ist, ist es von Bedeutung, dass diese Typologie nicht auf die Gegenüberstellung von Eva und Maria beschränkt bleiben muss. Bei den Kirchenvätern lassen sich viele Beispiele dafür finden, dass jede Frau, die für das Heil des Gottesvolkes eine Bedeutung hat, als neue Eva verstanden werden kann: so die Frauen, die am Ostermorgen das leere Grab entdecken, so Elisabet und Maria, so Sarah und andere Beispiele mehr. Es zeigt sich also, dass es bei der Eva-Maria-Typologie nicht ausschließlich um eine mariologische Aussage geht. Es geht vielmehr um eine Aussage über die Heilsbedeutung des weiblichen Geschlechtes als solchen. Vielleicht vermag diese Überlegung auch die Vertreterinnen und Vertreter einer feministischen Theologie etwas mit der Eva-Maria-Typologie zu versöhnen, die sie so vehement ablehnen, weil hier die Frau als Urheberin alles Bösen erscheint, das dann von einer Jungfrau wiedergutgemacht werden muss. Ohne Zweifel hat man diese Typologie häufig so interpretiert und das weibliche Geschlecht für den Sündenfall der Menschheit allein verantwortlich gemacht. Dass dann auch die Wende durch eine Frau gekommen ist, hat demgegenüber nicht sehr viel zu bedeuten, da diese Frau in ihrer Einzigartigkeit total aus dem Rahmen ihres Geschlechtes fällt.

ad. Tertullian († um 222): Zusammenfassung der altkirchlichen westlichen Mariologie

Bei Tertullian[23] zu Beginn des 3. Jahrhunderts begegnen die bislang vorgetragenen Gedanken noch einmal zusammengefasst. Der Glaube an die jungfräuliche Empfängnis des Gottessohnes gehört für ihn zur festen, nicht zu bezweifelnden kirchlichen Lehre. „Christus hat einen neuen Anfang in der Geschichte der Menschheit gesetzt, und dieser novitas seines geschichtlichen Wesens entspricht der neue, einzigartige Vorgang einer jungfräulichen Geburt ... Hätte der Gottessohn neben dem himmlischen Vater noch einen irdischen besessen, so hätte er ja zwei Väter gehabt. Das ist eine jener rhetorisch pointierten Wendungen, wie sie Tertullian liebt und wie sie gerade für die Jungfrauengeburt in ähnlicher Weise noch oft geprägt worden sind. Ihre schlagende Formulierung täuscht eine logische Notwendigkeit vor, die darüber hinaus nicht begründet wird"[24]. Tertullian beruft sich auf die Korrespondenz von Eva und Maria ebenso wie auf den Schriftbeweis Jes 7,14. Gegen ähnliche Aussagen der heidnischen Mythologie polemisiert er heftig. Tertullian geht es aber nicht nur um die Verteidigung der Jungfrauengeburt als solcher und die Herausarbeitung ihres theologischen Gehaltes, er spricht von ihr vor allem, wenn er gegen die Gnosis die wahre Menschheit Jesu Christi verteidigt. Dabei geht er „in seinem Haß gegen den doketischen Spiritualismus und die gnostischen Verflüchtigungen der Realität allerdings weiter als all seine Vorgänger und Nachfolger. Er betont nicht nur die ‚Torheit' der realen Geburt eines Gottes und die Jungfrauengeburt als höchste Steigerung dieser Torheit, sondern streift in seinem krassen Realismus mitunter die Grenze des eben noch Erträglichen. Gerade die unästhetischen Züge einer wirklichen, menschlichen Geburt und Aufzucht werden von ihm mit allen medizinischen Einzelheiten abstoßend deutlich beschrieben, um gerade so die Ernsthaftigkeit, die paradoxe Wahrheit eines wirklich Mensch gewordenen Gottes unüberhörbar klar zu verkündigen – nicht anders wie das entsprechende erbärmliche Leiden des Erlösers am Kreuz"[25]. Trotz der drastischen Beschreibung des Geburtsvorgangs kann Tertullian Maria „Jungfrau" nennen; denn sie ist „Jungfrau, was den Mann betrifft, nicht Jungfrau, was die Geburt betrifft"[26]. Damit wendet Tertullian sich ausdrücklich gegen die gnostische Behauptung einer *virginitas in partu*. „An irgendeiner, über den biblischen Text hinausgehenden Verherrlichung der menschlichen Person und Heiligkeit Mariens ist Tertullian in keiner Weise interessiert. Es fehlt bei ihm jeder Anflug einer asketischen Beleuchtung der ‚Jungfrau' und der späteren Ehe Mariens, die ja auch von Irenäus als eine wirkliche, physisch vollzogene Ehe gedacht war. Die biblische Überlieferung, wonach Josef nur bis zur Geburt des erstgeborenen Jesus sich der ehelichen Gemeinschaft enthalten und daß Jesus Brüder besessen habe, steht für ihn noch unbestreitbar fest"[27]. Da Tertullian ausschließlich aus christologischen Gründen an der jungfräulichen Empfängnis interessiert ist, macht ihm der spätere Vollzug der Ehe zwischen Maria und Josef keine Probleme. Dies gilt übrigens nicht nur für Irenäus und Tertullian, sondern, was den lateinischen Westen angeht, bis ins 4. Jahrhundert. Der erste Zeuge für die Aussage des *semper virgo* ist um die Mitte dieses Jahrhunderts Hilarius von Poitiers[28]. Aber auch das eigentlich mariologische Desinteresse ist nicht nur auf Tertullian beschränkt. Es gilt in gleicher Weise für die Väter der nordafrikanischen Tradition, in der Tertullian steht, wie Cyprian, Laktanz und Arnobius; es gilt aber auch für die römischen Zeitgenossen Hippolyt und Novatian[29].

ae. Maria im Glaubensbekenntnis

Parallel zu den theologischen Bemühungen des Irenäus vollzog sich um die gleiche Zeit, also am Ende des 2. Jahrhunderts, auch die feste Umschreibung der kirchlichen Überlieferung in der sog. „Glaubensregel". „Das Bekenntnis zu ‚Jesus Christus, geboren aus der Jungfrau Maria', gehört dabei sicher zu den unbestrittenen Grundformeln. ‚Ich glaube an Jesus Christus, der geboren wurde vom Heiligen Geist aus der Jungfrau Maria', bekannte der Täufling in Rom im frühen dritten Jahrhundert vor seiner Taufe"[30]. In dem römischen Taufbekenntnis, aus dem später das Apostolische Glaubensbekenntnis geworden ist, heißt es ursprünglich: „Vom Heiligen Geist und der Jungfrau Maria"[31]. Die theologische Interpretation dieser Aussage ist nicht ganz leicht. Es wird diskutiert, ob in der römischen Theologie zur damaligen Zeit bereits die Präexistenz des Logos gedacht worden ist, oder ob man die Formel im Sinne der Empfängnis-Christologie, wie sie in den neutestamentlichen Kindheitsgeschichten vorliegt, zu interpretieren hat. In der endgültigen Fassung des Apostolischen Glaubensbekenntnisses jedenfalls geht es um die Fleischwerdung des „eingeborenen Sohnes", „der empfangen ist vom Heiligen Geist und geboren aus der Jungfrau Maria"[32].

b. Die neue Perspektive der asketischen Bewegung in der Kirche des östlichen Reichsteils

Wenn wir auf die vornizänischen Theologen des Ostens schauen, ergibt sich insofern kein anderes Bild, als auch bei ihnen die mariologische Reflexion nicht im Zentrum der Theologie steht. Allerdings lässt sich eine gewisse Akzentverlagerung feststellen. Auch im Osten gehört die Aussage „geboren aus der Jungfrau Maria" zum selbstverständlichen Bekenntnisstand der Kirche.

ba. Clemens von Alexandrien († vor 215): Jesu wunderbare Geburt

Anders als Tertullian verbindet Clemens von Alexandrien[33] mit diesem Bekenntnis die Überzeugung von einer wunderbaren Geburt Jesu, die Mariens Jungfräulichkeit unverletzt ließ. In dieser Einschätzung wie in der Deutung der Brüder Jesu als Stiefbrüder aus Josefs erster Ehe scheint sich der Einfluss der bereits erwähnten apokryphen Schrift „Protevangelium Jacobi" aus der zweiten Hälfte des 2. Jahrhunderts bemerkbar zu machen. Da bei Clemens von Alexandrien ansonsten keine ehefeindlichen Tendenzen erkennbar sind, scheint seine Sicht der bleibenden Jungfräulichkeit Mariens nicht asketischen Erwägungen zu entspringen, sondern eher auf ästhetische Rücksichten zurückzugehen, wie Hans von Campenhausen bemerkt: „Sobald man die spätere Ehe Mariens unter der Voraussetzung der jungfräulichen Erstgeburt zu durchdenken beginnt, stellt sich von selbst ein gewisser Widerstand ein, dem die dogmatische Konstruktion dann Rechnung tragen kann"[34].

bb. Origenes († 253/54): Maria als Vorbild der Jungfräulichkeit

Bei Origenes[35] liegt die Sache, seinem asketischen Lebensideal entsprechend, schon etwas anders. Auch Origenes bietet keine ausgebaute Mariologie. Im Rahmen seines umfangreichen Schrifttums kommt das Thema Maria eher am Rande vor. Er beschäftigt sich in traditioneller Apologetik hauptsächlich mit der jungfräulichen Empfängnis. Gegen Kelsos, der Jesus im Gefolge jüdischer Polemik als Frucht eines Ehebruchs Mariens mit dem römischen Soldaten Panthera erklärt hat, beharrt Origenes auf der Empfängnis Jesu vom Heiligen Geist. Als Argumente führt er neben dem Schriftbeweis (Jes 7,14) und der griechischen Mythologie auch die Naturkunde an; denn auch im Tierreich gibt es Weibchen, die sich ohne geschlechtliche Verbindung mit Männchen fortpflanzen. Schließlich weist er auf die menschliche Erfahrung hin, nach der aus ehebrecherischen Verbindungen nur ein schädliches Glied der menschlichen Gesellschaft hervorgehen könne und nicht ein Lehrer der Tugenden, wie es Jesus doch gewesen sei. Die Geburt Jesu hat für Origenes keinerlei wunderbaren Charakter, sondern ist als eine natürliche Geburt vorzustellen. Allerdings legt Origenes im Geiste seines asketischen Lebensideals großen Wert auf die dauernde Jungfräulichkeit Mariens. Auch nach der Geburt Jesu hat sie die Ehe mit Josef nicht vollzogen, die in der Schrift genannten Brüder und Schwestern Jesu können für ihn nur Stiefbrüder und Stiefschwestern gewesen sein. Origenes begründet diese Auffassung mit einem Argument, das wohl auch schon bei Clemens im Hintergrund gestanden hat, welches dann in Zukunft eine immer größere Plausibilität gewann: „Maria kann, nachdem der Heilige Geist über sie gekommen war und die Kraft aus der Höhe sie überschattet hatte, unmöglich die Lagergenossin eines Mannes geworden sein"[36]. In diesem Zusammenhang wird Maria dann auch, freilich nur an einer einzigen Stelle im Riesenwerk des Origenes, als Vorbild der Asketinnen gepriesen: „Ich meine also, daß Jesus der Erstling der heiligen Reinheit für die Männer, Maria aber für die Frauen geworden ist; denn es würde nicht wohlklingen, wenn man statt ihrer irgendeine andere als Erstling der Jungfräulichkeit herausstellen wollte"[37].

bc. Spärliche Rezeption

Den von Origenes eingeschlagenen Weg, der sich als sehr zukunftsträchtig erweisen sollte, hat das bereits vorgestellte Protevangelium Jacobi eröffnet. In dieser apokryphen Schrift aus dem Ende des 2. Jahrhunderts war Maria von Geburt an als Ideal asketischer Jungfräulichkeit vor Augen gestellt worden. In ähnlicher Weise war dies in dem, ebenfalls noch im 2. Jahrhundert entstandenen pseudojustinischen Traktat über die Auferstehung der Fall. Der Autor dieser Schrift, den man eine Zeitlang mit Melito von Sardes identifizieren zu können glaubte, hat sich bei seiner Beurteilung der jungfräulichen Empfängnis von seinem asketischen Radikalismus bestimmen lassen und geradezu die Notwendigkeit dieser Empfängnis behauptet: „Unser Herr Jesus Christus wurde nur aus folgendem Grunde aus einer Jungfrau geboren: er sollte die Erzeugung, die aus gesetzloser Begierde hervorgeht, zunichtemachen und dem Herrscher dieser Welt den Beweis liefern, daß Gott den Menschen auch ohne den geschlechtlichen Verkehr von Menschen zu bilden vermöchte"[38]. Hier wird also vorausgesetzt, dass selbst die geschlechtliche Vereinigung von Eheleuten zur Erzeugung von Kindern etwas Gemeines und Ruchloses, letztlich dem Gesetz Gottes Entgegenstehendes sei.

In dieser radikalen geschlechtsfeindlichen Begründung der jungfräulichen Empfängnis Jesu, aber auch in einer weniger radikalen, asketischen Deutung der Gestalt Mariens als ganzer, wie sie Origenes vorgelegt hat, ist, wie gesagt, ein Weg eröffnet worden, den später die kirchliche Mariologie dankbar gegangen ist. Aber im Blick auf die gesamte patristische Literatur des 2. und 3. Jahrhunderts handelt es sich, wie wir hinzufügen müssen, noch um vereinzelte Ausnahmen von der allgemeinen Regel, Maria und ihre jungfräuliche Empfängnis Jesu rein christologisch zu interpretieren. Im Grunde ist Origenes der erste, der Maria explizit als asketisches Ideal vorstellt. Aber er bleibt damit lange auch der einzige. Selbst ein so überschwenglicher Verehrer der Jungfräulichkeit wie Methodius von Olympus[39] († um 310) macht in seiner dem platonischen Symposion nachempfundenen Schrift „Gastmahl oder über die Jungfräulichkeit" von der nach späterem Empfinden hierfür doch wohl naheliegenden Gestalt Mariens kaum Gebrauch.

bd. Breite Rezeption ab dem späten 4. Jahrhundert

Erst im 4. Jahrhundert ändert sich dies. Jetzt wird „groß und unbedenklich ... die Vorbildlichkeit Mariens und damit die ethisch-asketische Deutung ihrer Jungfrauschaft ... herausgestellt"[40]. Gregor von Nazianz[41] († um 390), einer der drei Kappadokier, „beginnt damit, im Stile der neuen Heiligenverehrung auch und gerade auf Maria, die ‚Gottesmutter', die rühmenden Prädikationen zu häufen, welche ihre Reinheit und Heiligkeit hervorheben"[42]. Sein Freund Basilius[43] († 379) ist persönlich von der Jungfräulichkeit Mariens auch bei der Geburt wie von der bleibenden Jungfräulichkeit der Gottesmutter überzeugt, aber er räumt ein, dass die Meinung, Maria habe nach der Geburt Jesu mit Josef in einer normalen Ehe gelebt, nicht gegen den Glauben verstoße. Freilich fügt er hinzu: „Wir als Christusfreunde können es nicht hören, daß Maria einmal aufgehört hat, Jungfrau zu sein"[44]. Der dritte im Bunde, Gregor von Nyssa[45] († 394), der Bruder des Basilius, geht schon einen Schritt weiter. Er bezieht die Weissagung Jes 7,14 nicht nur auf die Empfängnis, sondern auch auf die Geburt aus einer Jungfrau. Als Erster deutet er auch die Geschichte vom brennenden, aber nicht verbrennenden Dornbusch (Ex 3,2) auf die wunderbare Geburt Jesu aus Maria: „Wie hier der Dornbusch das Feuer umfaßt und nicht verbrennt, so gebiert dort die Jungfrau das Feuer und wird nicht versehrt"[46]. Auch die Eva-Maria-Typologie wird in diesem Zusammenhang als Argument angeführt. Den Schmerzen Evas korrespondiert die Freude Mariens, was auf einen unterschiedlichen Geburtsvorgang schließen lässt. Diese Aussagen sind letztlich christologisch motiviert, aber sie verlassen den Boden der Schrift und bewegen sich im Raum einer „Postulatstheologie", die gerade im Bereich der Mariologie weite Verbreitung gefunden hat. Von Jesus Christus, der ja Gott ist, kann man gar nicht erhaben genug denken und reden. Von der Frau, die ihn jungfräulich empfangen und geboren hat, gilt dies in gleicher Weise. Dieses Denkmodell ersetzt nach und nach das Schriftargument und ist kaum in der Lage, eindeutigen Übertreibungen kritische Maßstäbe entgegenzuhalten. Wir werden noch dem später aufgekommenen mariologischen Motto begegnen: *De Maria numquam satis*[47].

be. Auf dem Weg zu einer eigenständigen Marienverehrung

Bei Epiphanius von Salamis scheint die Entwicklung im Blick auf die Lehre von der „immerwährenden Jungfräulichkeit" abgeschlossen. Er berichtet von einer Sekte von Leuten, die Maria die Ehre dauernder Jungfräulichkeit absprechen. Da Epiphanius im Aufspüren von sektiererischen Bewegungen nicht zimperlich war, ist es durchaus möglich, dass er diese Sekte, wie Hans von Campenhausen vermutet, selber konstruiert hat. Dadurch gerät eine Auffassung, die Basilius noch für mit dem christlichen Glauben vereinbar gehalten hatte, ins kirchliche Abseits. Andererseits kann Epiphanius die von ihm vertretene Position geradezu als Position der Mitte präsentieren, wenn er eine übersteigerte Marienverehrung ablehnt, wie sie von den sog. Kollyridianerinnen vollzogen wird, die Maria in heidnischer Weise Kuchen opfern. „Diese ‚Nachricht' lässt uns für einen Augenblick ahnen, welch einem Druck von unten die junge Reichskirche schon im 4. Jahrhundert ausgesetzt war, wenn sie trotz des Lobes und der asketischen Idealisierung, die die Mariengestalt inzwischen erfahren hatte, immer noch an der alten, grundsätzlich menschlichen Bewertung ihrer Person festhielt und einer direkten Marienverehrung nicht Raum gab. Tatsächlich kennt das 4. Jahrhundert noch keine Marienkirchen, keine Marienbilder, kein einziges Marienfest und keine liturgische Anrufung Marias im Gottesdienst. Maria befindet sich insofern gegenüber manchem Märtyrer-Heiligen noch in starkem Rückstand. Eine veränderte Einstellung macht sich zuerst in den Randgebieten der östlichen Kirche, außerhalb des griechischen Sprachbereiches bemerkbar"[48]. Im Bereich des koptischen Christentums erscheint Maria „als Ur- und Vorbild asketischer Lebensführung schlechthin. Schon der Apostel Paulus soll sich an ihr orientiert haben, und ihr musterhafter Wandel gilt allgemein als ‚eine große Hilfe'"[49]. Zur gleichen Zeit malt der syrische Lehrer und Dichter Ephräm[50] († 373), der mit den großen griechischen Theologen seiner Zeit kaum in Kontakt gestanden hat, in rhetorisch und poetisch überschwänglicher Weise sein eigenes Bild von Maria der Jungfrau, der Mutter und Braut Jesu Christi. Maria hat nach Ephräm bei der jungfräulichen Empfängnis Jesu Christi durch den Heiligen Geist zugleich ihre Taufe und die Gabe vollkommener Reinheit empfangen. Dennoch ist auch für Ephräm nicht Maria das unmittelbare Vorbild der Asketen, sondern allein Jesus Christus, der am liebsten im Körper asketischer Menschen wohnt, wie er auch in eine Jungfrau einst herabgestiegen ist.

bf. Die Entwicklung in der Kirche des westlichen Reichsteils

Übernahme des asketischen Ideals

Nachdem wir die Entwicklung bei den orientalischen Vätern des 4. Jahrhunderts betrachtet haben, gilt es nun, in den Westen zurückzukehren. Ganz allgemein kann man sagen, dass die lateinische Kirche in der zweiten Hälfte des 4. Jahrhunderts begonnen hat, „ihren Entwicklungsrückstand gegenüber dem Osten mit großen Schritten aufzuholen"[51]. Auch die Mariologie erfährt hier einen neuen Auftrieb, als zu dieser Zeit „die neue mönchische Begeisterung für das Virginitätsideal aus dem Osten in den Westen übergreift ... Gerade weil die Askese bis dahin im Abendland eine zwar selbstverständliche, aber dennoch nur begrenzte Rolle gespielt hatte, stieß der fremde Enthusiasmus und Radikalismus der neuen Frömmigkeit zunächst auf starke Widerstände und löste Reaktionen aus. Anders als im Osten gewinnt dabei gerade die Frage nach Maria und Mariens Jungfräulichkeit sehr bald besondere Bedeutung. Helvidius, Jovinian und später noch Bonosus suchten nämlich der Überschätzung des asketischen Ideals u. a. auch dadurch zu begegnen, dass sie im Sinne der älteren abendländischen Tradition auf Mariens spätere, natürliche Ehe mit Josef abhoben. Dagegen haben dann Ambrosius, Hieronymus und viele andere die neue Lehre von der *aeiparthenía* gestellt und leidenschaftlich verfochten. Schriftworte verfangen dagegen nicht mehr. Wer sie gegen die ewige Jungfräulichkeit ins Feld führt, beweist damit, wie Hieronymus ironisch sagt, nur dies, dass er wohl lesen, trotzdem aber das nicht begreifen kann, ‚was für eine fromme Überzeugung feststeht'"[52].

Die Jungfräulichkeit Mariens während der Geburt

Im Zusammenhang mit dieser Fragestellung wird dann auch die Lehre von der Jungfräulichkeit Mariens während der Geburt formuliert. Es ist wohl Zeno von Verona[53] († 371/2), der in um das Jahr 370 entstandenen Predigten davon spricht, dass Maria auch in der Geburt Jungfrau geblieben sei: „Wie groß ist doch dieses Geheimnis des Heiles! Maria empfing ohne Verletzung als Jungfrau, gebar nach der Empfängnis als Jungfrau und blieb auch nach der Geburt Jungfrau"[54]. Zum einen steht diese Aussage für Zeno, der sich auf das Protevangelium Jacobi als Quelle beruft, in einem streng christologischen Kontext, zum anderen wird in dem Bild der immerwährenden Jungfrau Maria ein asketisches Ideal vorgestellt. Diese Mischung von Christologie und Askese gilt auch für den wohl bedeutendsten lateinischen Theologen dieser Epoche, für Ambrosius von Mailand († 387). Unter marianischen Gesichtspunkten ist er, wie Hans von Campenhausen gesagt hat, „von allen Vätern der alten Kirche ... zweifellos der ergiebigste und interessanteste. Er vereinigt alle Anregungen, die ihm seine erstaunliche Belesenheit in der griechischen theologischen Literatur vermittelt hat, mit den älteren abendländischen Anliegen und Traditionen und führt sie dann selbständig weiter. Zwar entwickelt auch er gewiß noch keine für sich bestehende und in sich zusammenhängende ‚Mariologie'; aber gleichwohl ist er weit mehr als seine Vorgänger an Mariens Person interessiert und schenkt ihr in seinen exegetischen und praktischen Schriften wiederholt liebevolle Beachtung. Dieses Interesse geht in erster Linie nicht auf besondere dogmatische Anschauungen zurück. Hier behält die ‚Gottesmutter' einfach ihren alten, gegebenen Platz; entscheidend ist vielmehr die neue Begeisterung für das asketische Lebensideal, für das Ambrosius in führender Stellung zeitlebens gekämpft und gewirkt hat"[55]. Neben Christus ist es vor allem Maria, die er seinen Gläubigen als Vorbild der Jungfräulichkeit vor Augen stellt. Maria ist die *uirginitatis magistra*.[56] Soweit bewegt er sich in den bekannten Bahnen.

Maria in der kirchlichen Überlieferung

Maria und die Erbsünde

Nur an einem Punkt geht er darüber hinaus, wenn er nämlich die Sündlosigkeit Jesu von seiner jungfräulichen Empfängnis abhängig macht. „Während sonst alle Menschen Sünder und ‚in Sünden empfangen' sind, ist die jungfräuliche Empfängnis und Geburt Christi tatsächlich ohne Befleckung vom Ursprung her vor sich gegangen. Durch sie blieb Christus von der ‚natürlichen Ansteckung' der Erbsünde bewahrt ... Niemand, der durch die leibliche Verbindung von Mann und Weib seinen Ursprung empfängt, ist von Sünde frei, und umgekehrt: ‚nur wer von Sünden frei ist, ist auch von dieser Art von Empfängnis frei'. Dies ist eine Feststellung, die Ambrosius immer wieder zu verschiedenen Zeiten seines Lebens mit Nachdruck vollzogen hat"[57]. Durch die Verquickung mit der Thematik der Erbsünde, die den griechischen Theologen weitgehend fremd geblieben ist, „gewinnt das asketische Verständnis der jungfräulichen Geburt Christi ein unmittelbar dogmatisches Gewicht, wie es ihr bis dahin gefehlt hatte. Wir stehen damit an einem entscheidenden Punkt. Ambrosius ist sich noch nicht bewußt, eine besondere, dogmatische Wahrheit auszusprechen, die es gegen etwaige Bestreiter zu verteidigen gelte. Aber Augustin hat sich gegen die Pelagianer später mit vollem Recht auf Ambrosius berufen, und durch Augustin hat der Gedanke dann seine endgültige, die Zukunft bestimmende Fassung erhalten"[58]. Nach Augustinus war es notwendig, dass Christus nicht auf dem Weg geschlechtlicher Erzeugung seine menschliche Natur gewann, damit er in absoluter Heiligkeit geboren werden konnte. „Denn der Geschlechtsakt ist zwar nicht als solcher, wohl aber durch die ihm unweigerlich anhaftende Begierlichkeit von der Sünde nicht zu lösen, und er ist es, durch den die ursprüngliche Sündenverfallenheit Adams, die Christus durchbricht, von Generation zu Generation weiter übermittelt wird. Gewiß hatte auch Mariens Leib durch Begierlichkeit seinen Ursprung gewonnen; aber sie hatte sie in *den* Leib nicht weiterleiten können, der ohne Begierde empfangen war. So wollte auch Christus keinen Mann zum Vater haben, weil er nicht auf dem Weg der fleischlichen Begierlichkeit zu den Menschen gelangen wollte"[59].

c. Lehramtliche Festlegungen

ca. Lehramt und Theologie in den ersten Jahrhunderten

Bislang haben wir die theologische Entwicklung in der Ost- wie in der Westkirche betrachtet. Wenn wir davon lehramtliche Festlegungen unterscheiden, wobei in erster Linie an die Aussagen der großen Konzilien gedacht ist, dann ist dabei zu bedenken, dass die Theologen, die wir betrachtet haben, sich selber kaum im Sinne eines modernen Theologen verstanden haben. Sie wollten Lehrer des Glaubens sein und haben ihre Aussagen sehr häufig in Predigten vermittelt. Sie haben als Bischöfe also das wahrgenommen, was man in einer aus dem 19. Jahrhundert stammenden Terminologie das „ordentliche Lehramt der Kirche" nennt. Von der Intention ihrer Aussagen her handelte es sich also nicht um private Äußerungen, sondern um die Bezeugung dessen, was sie für den Glauben der Kirche gehalten haben. Maria begegnet in diesem Zusammenhang sehr früh, aber ausschließlich unter christologischem Gesichtspunkt, in der Formulierung „geboren aus der Jungfrau Maria", die sich in zahlreichen altkirchlichen Glaubensbekenntnissen findet. Das Symbol des Konzils von Nikaia (325) macht hierbei eine Ausnahme, wohl deshalb, weil es diesem Konzil nicht primär um die menschliche Geburt Jesu geht, sondern um das Verhältnis des ewigen Gottessohnes zum Vater. Hier ist zwar von dem Herabsteigen des Sohnes und von seiner Fleisch- und Menschwerdung die Rede, aber nicht von seiner Geburt aus der Jungfrau Maria.[60] Im Glaubensbekenntnis des Konzils von Konstantinopel (381) dagegen ist ganz selbstverständlich von Maria die Rede. Nach dem griechischen Originaltext heißt es, Jesus sei aus heiligem Geist und Maria der Jungfrau Fleisch geworden.[61]

cb. Maria als „Gottesgebärerin"

Auch das dritte allgemeine Konzil, das von Ephesus (431), bewegt sich noch ganz in den christologischen Bahnen, wenn es Maria als „Gottesgebärerin" *(theotókos)* bezeichnet. Dieser Ehrentitel Mariens, der wohl zum ersten Mal bei Alexander von Alexandrien († 328)[62] begegnet, ist eigentlich kein marianischer, sondern ein christologischer Titel; er bezieht sich primär auf die „Qualität" des von Maria Geborenen, erst in zweiter Linie auch auf diese selbst, insofern die Geburt bzw. der Geborene einen Rückschluss auf die Gebärende erlaubt. Anlass für das ephesinische Konzil war der damalige Patriarch von Konstantinopel, Nestorius, der aufgrund seiner Christologie Maria den Ehrentitel der Gottesgebärerin absprach. Nach ihm hat sie nur den Menschen Jesus geboren, „in dem Gott wie in einem Tempel gewohnt hat"; dementsprechend darf sie nur „Christusgebärerin" genannt werden. „In ihrem eigentlich dogmatischen Ertrag ist diese stürmische und recht unerquickliche Kirchenversammlung von 431 nicht ganz leicht zu erfassen. Die Mehrheit der damaligen Konzilsväter unter Leitung Cyrills, des gewalttätigen Patriarchen von Alexandrien, verteidigte begeistert die wahre Gottesmutterschaft Mariens. Sie begründete den Titel der Gottesgebärerin mit der Festlegung, ‚daß die heilige Jungfrau das Fleisch gewordene, aus Gott entstammte Wort dem Fleische nach geboren hat'"[63]. Ausdrücklich weist Cyrill und mit ihm das Konzil das Missverständnis ab, die Prädikation Mariens als *theotókos* wolle zum Ausdruck bringen, dass die göttliche Natur des Logos bzw. seine Gottheit ihren Ursprung in ihr habe. Nur insofern darf sie Gottesgebärerin genannt werden, als aus ihr der heilige mit einer Geistseele versehene Leib geboren wurde, mit dem der Logos sich hypostatisch vereint hat und dem Fleisch nach geboren wurde[64]. Der Titel „Gottesgebärerin", der später durch die personalere Ausdrucksweise „Mutter Gottes" ersetzt wurde, „hält fest, nicht daß Maria Gebärerin einer Gottheit [ist], sondern daß sie den geboren hat, der vom Anfang seiner menschlichen Existenz an der Gott-Logos in der hypostatischen Einheit der göttlichen und der menschlichen Natur ist"[65].

cc. Entstehung einer liturgischen Marienverehrung

Auch wenn das Konzil von Ephesus primär eine christologische Aussagespitze hatte, so bedeutete es doch eine merkliche Aufwertung der Marienfrömmigkeit, vor allem im Abendland, wo der Marienkult, im Gegensatz zur Ostkirche, bislang kaum gepflegt wurde. In Ephesus konnte das Konzil bereits in der Marienbasilika tagen.

In Rom wurde im Anschluss an das Konzil die wiederaufgebaute Basilica Liberiana auf dem Esquilin von Papst Sixtus III. Maria geweiht (heute Santa Maria Maggiore). Während Maria auf den Mosaiken des Triumphbogens im Zusammenhang mit christologischen Szenen dargestellt wird, erscheint sie in der ursprünglichen Apsis, die im 13. Jahrhundert abgerissen wurde, erstmals in der christlichen Kunst als Hauptperson. Sie thronte mit Christus auf dem Schoß, während sich verschiedene Heilige und der Stifter ihr demütig nähern. Im 13. Jahrhundert wurde dieses Mosaik durch das heute noch sichtbare Bild der Marienkrönung ersetzt. Von Rom aus verbreitete sich der Brauch, Maria Kirchen zu weihen, im gesamten Abendland.

cd. Die immerwährende Jungfräulichkeit Mariens

Als 20 Jahre nach dem Konzil von Ephesus in Chalcedon noch einmal um die Lehre von den zwei Naturen in Jesus Christus gerungen wurde – diesmal ging es um die Verkürzung der Menschheit Christi durch den Archimandriten Eutyches –, dienten wiederum Reflexionen über die Geburt Jesu Christi aus Maria der Jungfrau zur Klärung der theologischen Fragen. Es sind jene Äußerungen, die Papst Leo I. im Jahre 449 in seinem Lehrschreiben an den Patriarchen Flavian von Konstantinopel gesandt hatte und die das Konzil weitgehend übernahm. Leo hatte geschrieben: „Der Einzig-Geborene des immerwährenden Vaters ist vom Heiligen Geist und der Jungfrau Maria geboren worden. Diese zeitliche Geburt hat der göttlichen und immerwährenden Geburt nichts genommen, aber auch nichts hinzugefügt. Ihr alleiniger Zweck war die Erlösung des überlisteten Menschen ... Wir hätten ja den Urheber der Sünde und des Todes nicht überwinden können, wenn nicht er, den weder die Sünde beflecken noch der Tod festhalten konnte, unsere Natur angenommen und zu der seinigen gemacht hätte. Vom Heiligen Geist ist er empfangen worden im Schoße der Jungfrau, und sie hat ihn ohne Beeinträchtigung der Jungfrauschaft geboren, wie sie ihn ohne Beeinträchtigung ihrer Jungfrauschaft empfangen hatte ... Doch diese einzig wunderbare und wunderbar einzige Geburt darf man nicht so auffassen, als ob durch die Neuheit der Schöpfung die Eigenart des [menschlichen] Geschlechtes verlorengegangen sei. Denn wohl hat der Heilige Geist der Jungfrau die Fruchtbarkeit verliehen, der wirkliche Leib aber wurde vom Leibe [der Mutter] genommen"[66]. Wir sehen, dass Papst Leo die mittlerweile vollzogene Entwicklung in der Ausweitung der Jungfräulichkeit Mariens auch auf die Geburt Jesu rezipiert hat: Maria hat auch bei ihrer Niederkunft ihre Jungfrauschaft nicht verloren: „[Jesus Christus kam in einer] neuen Geburt zur Welt, denn unverletzte Jungfräulichkeit, die keine Begierde kannte, hat ihm den Leib bereitet. Er hat von seiner Mutter die Natur, nicht die Schuld angenommen"[67]. Das Konzil selber nennt Maria in seiner Definition nur beiläufig: Jesus Christus wurde „vor den Zeiten aus dem Vater gezeugt der Gottheit nach, am Ende der Tage aber als derselbe für uns und um unseres Heiles willen aus Maria der Jungfrau, der Gottesgebärerin, der Menschheit nach"[68].

Wir haben bereits gesehen, wie sich die Auffassung von der immerwährenden Jungfräulichkeit Mariens allmählich ausbildete und durchsetzte. Der Titel *aeiparthénos*[69] begegnet in den Lehraussagen eines ökumenischen Konzils erstmals 553 in den Anathematismen des zweiten Constantinopolitanums. Im zweiten Anathematismus, der die soeben zitierte Aussage des Konzils von Chalcedon wiederholt, wird Maria nicht nur *theotókos*, sondern auch *aeiparthénos* genannt[70]. Beide Titel werden nun häufig miteinander gebraucht, wenn von Maria die Rede ist.

Handelt es sich bei all den bislang zitierten lehramtlichen Aussagen, in denen Maria erwähnt wird, letztlich um christologische Aussagen, so scheint sich erstmals im dritten Kanon der römischen Lateransynode von 649 eine spezifisch mariologische Aussage zu finden: Hier wird ausdrücklich die Jungfräulichkeit Mariens vor, in und nach der Geburt Jesu Christi gelehrt.[71] Aber auch diese Aussage steht innerhalb des Gesamtkontextes der Christologie, beschäftigte diese Synode sich doch mit der Frage des Monotheletismus.

Wir sehen, wieviel Zeit es brauchte, bis auch das außerordentliche kirchliche Lehramt Auffassungen rezipierte, die in der Volksfrömmigkeit und in der Theologie schon lange Gemeingut geworden waren.

3. Die Epoche eigenständiger Marienfrömmigkeit und Mariologie

a. Vorbemerkungen

Mit dem Ende des vorangegangenen Abschnittes sind wir im 7. Jahrhundert angelangt. Nun könnten wir einen großen zeitlichen Sprung machen, um zu den nächsten mariologisch einschlägigen und dogmatisch relevanten lehramtlichen Aussagen zu kommen, nämlich den Definitionen von 1854 und 1950. Die etwas mehr als 1000 Jahre dazwischen könnte man auslassen und sich dabei eine Menge von teilweise übertriebenen bis hin zu peinlichen Aussagen über Maria ersparen. Solches Vorgehen jedoch würde dem hier eingeschlagenen Weg nicht entsprechen; denn es geht hier ja gerade darum, Mariologie und Marienfrömmigkeit in ihrem Kontext zu sehen und auch das eine mit dem anderen zu verbinden.

Bislang haben wir gesehen, dass den kirchlichen Äußerungen über Maria – seien sie nun theologischer, seien sie lehramtlicher Natur – ein eigenständiges Interesse an Maria weitgehend abging. Dies änderte sich mit dem Aufkommen eines asketischen Lebensideals. Zwar galt noch lange Jesus Christus als der *uirginitatis princeps*[72], aber allmählich trat Maria als „Lehrmeisterin der Jungfräulichkeit"[73] an seine Seite. Im Verlauf dieser Entwicklung weckt die Gestalt Mariens ein eigenständiges, nicht mehr nur an ihre christologische Funktion gebundenes Interesse. Das ist der eine Strang der Entwicklung, den wir zu verfolgen haben. Er führt hin zu den Dogmen von der Unbefleckten Empfängnis Mariens und ihrer Aufnahme in den Himmel. Der andere Strang, der mit dem zuerst genannten verwoben ist, ist der der privaten und öffentlich-liturgischen Verehrung bzw. Anrufung der Gottesmutter. Auch hier zeichnet sich eine Verselbständigung der Gestalt Mariens ab, die zunächst noch im Schatten frühchristlicher Märtyrer und Bekenner gestanden hat, diese jedoch bald, was Kirchenpatrozinien und liturgische Feste angeht, weit überflügelt. Mit der praktizierten Frömmigkeit einher gingen Versuche, diese „theoretisch" zu begründen und zu untermauern. Es ist schwer zu sagen, was dabei das Recht der Priorität für sich beanspruchen kann, die gelebte Praxis oder die theoretische Begründung, die allerdings nicht immer den Namen einer theologischen Reflexion verdient. Die aus heutiger Sicht ernster zu nehmende Theologie wurde zumeist von Kritikern dieser Praktiken und deren theoretischer Rechtfertigung vertreten. Auch diese Kritiker sollen hier zu Wort kommen.

Dies alles kann hier nur sehr bruchstückhaft durchgeführt werden. Die literarische Produktion im Bereich der Mariologie ist nach wie vor immens, aber sie scheint mir erst in jüngster Zeit von theologisch weiterführenden Fragestellungen bewegt zu werden. Die traditionelle apologetische und dogmatische Argumentation, die die problematischen Seiten allzu oft ausschließt, ist jedenfalls nicht sehr hilfreich. Ehrlicherweise muss doch gefragt werden, ob die Übertreibungen und Entgleisungen, vor denen man die Augen nicht verschließen darf, nur solche Übertreibungen und Entgleisungen sind, oder ob sie nicht doch insgesamt im Gefälle eines in sich problematischen Systems liegen.

Ich möchte bei der folgenden Darstellung mit dem zuletzt genannten Strang der Überlieferung beginnen, dem der Anrufung Mariens, die m. E. der eigentliche Beweggrund der Ausgestaltung einer eigenen Mariologie ist.

b. Die Anrufung Mariens bzw. Maria als „Mittlerin"

ba. Die Anrufung Mariens im privaten Gebet

Das älteste Mariengebet, eine Vorform des noch heute bekannten Gebetes „Unter Deinen Schutz und Schirm"[74], ist auf einem Papyrusfragment erhalten, das aus Ägypten stammt. Dieses Gebet lautet in wörtlicher Übersetzung des griechischen Originals: „Gottesgebärerin, [höre] mein Flehen: Dulde nicht[, dass] wir in Not [sind], sondern befreie uns von Gefahr. Du allein ..."[75] Da das offizielle liturgische Gebet der Kirche immer an Gott gerichtet ist, handelt es sich bei dieser Anrufung Mariens auf keinen Fall um solch ein liturgisches Gebet, sondern um ein privates. Der Gottesmutter wird in dieser Anrufung zugetraut, dass sie fähig ist, die Menschen aus Gefahren zu befreien. Dazu verwendet der Beter das gleiche Wort, das auch im Vaterunser begegnet, um den himmlischen Vater um Erlösung von dem Bösen zu bitten: *rhŷsai* (Mt 6,13). Eine solche Vorstellung von Maria und ihrer Erlösungstätigkeit ist im 4. Jahrhundert, in welches dieses Gebet datiert wird, noch vollkommen singulär. Man nimmt deshalb an, dass es aus gnostischen Kreisen stamme. Allerdings kennt man zu dieser Zeit auch in großkirchlichen Kreisen bereits Anrufungen der Gottesmutter, die in diesem Zusammenhang gelegentlich sogar mit dem im Neuen Testament dem göttlichen Geist vorbehaltenen Titel des *parákletos* bezeichnet werden kann, so bei Gregor von Nyssa[76]. Bereits Irenäus konnte Maria als „Beistand" *(aduocata)* bezeichnen,[77] eine Gebetsanrufung an Maria aber war zu seiner Zeit noch unmöglich.

bb. Maria in der Legende

Einen kaum zu überschätzenden Einfluss auf die weitere Entwicklung der Marienfrömmigkeit und der Mariologie übte die im 5. Jahrhundert entstandene griechische Theophiluslegende aus. Sie stellt allerdings selbst nicht erst das auslösende Moment dieser Entwicklung dar, sondern bezeugt seine bereits seit längerer Zeit bestehende Blüte. Nach dieser Legende, die wohl der Ursprung des Faust-Stoffes ist, hat der durch einen beruflichen Fehlschlag enttäuschte Theophilus dem Teufel seine Seele verschrieben. Später bereut er diesen Schritt und ruft Maria an, damit sie bei Gott für ihn um Vergebung bitte. Maria erhört das Gebet des Theophilus und zwingt den Teufel, von dem geschlossenen Vertrag zurückzutreten. Maria wird in dieser Legende folgendermaßen angerufen: „Heilige Mutter Gottes, Hoffnung und Hilfe der Christen, Erlösung der Irrenden ... Fürsprecherin der Sünder, Erfrischung der Armen, Mittlerin zwischen Gott und den Menschen"[78]. Diese Legende erfuhr eine weite Verbreitung, gegen Ende des 8. Jahrhunderts wurde sie ins Lateinische übersetzt und hat die mittelalterliche Mariologie der lateinischen Kirche wesentlich beeinflusst. In dieser lateinischen Übersetzung aus der Feder des Paulus Diaconus[79] († um 800) begegnet im lateinischen Westen zum ersten Mal das Stichwort der Mittlerin: *mediatrix*. Doch damit haben wir der Entwicklung bereits vorgegriffen. Die Theophilus-Legende „hat aufs Stärkste zu dem stetig anwachsenden Vertrauen auf die immer wirksame Fürsprache Marias beigetragen"[80]. Aber nicht nur die Legende, sondern auch die Liturgie – beides wohlgemerkt zunächst und lange Zeit allein im Bereich der Ostkirche – bringt das Vertrauen auf die Hilfe Mariens zum Ausdruck.

bc. Maria im liturgischen Hymnus

Eindrucksvollstes Zeugnis für das liturgische Gebet an Maria ist nach wie vor der im 6. oder 7. Jahrhundert entstandene Akathistos-Hymnus. Dieser Hymnus hat seinen Namen daher, dass er am 5. Samstag der Fastenzeit stehend (*akáthistos* = nicht-sitzend) gesungen wurde. „Er besteht aus 24 Strophen, deren jede mit einem Buchstaben in alphabetischer Reihenfolge beginnt. Die ersten zwölf stellen das Kindheitsevangelium nach den biblischen Berichten dar mit Einschluß des Falls der Götzenbilder bei der Flucht nach Ägypten aus dem apokryphen ‚Matthäus'. Die übrigen zwölf preisen Christus als Heiland der Welt und die Theotokos. Allen ungeraden Strophen ... folgt eine Reihe marianischer Grüße, deren jeder mit dem fast unübersetzbaren Paradoxon *chaire, nymphe anympheute* (etwa: sei gegrüßt, unverlobte Verlobte) endet und die beinahe ein Kompendium byzantinischer Mariologie darstellen. Durch Maria leuchtet die Freude auf und wird der Fall Adams wiedergutgemacht; sie ist die Quelle und das Prinzip der Lehre von Christus, sie ist die himmlische Leiter, auf der Gott herabstieg, und auch die Brücke, die von der Erde zum Himmel führt. Sie ist der Engel Bewunderung und der Dämonen Niederlage, sie ist das Wohlwollen Gottes gegen die Menschen und das Vertrauen der Menschen auf Gott. Sie ist der Mund der Apostel und die unbesiegbare Standhaftigkeit der Märtyrer, sie löscht die Flammen der Leidenschaft, sie ist die Freude aller Geschlechter ... Dann folgt eine Reihe ... alttestamentlicher Typen: sie ist die See, die den geistigen Pharao (d. h. den Teufel) ertränkt, der Fels, der den Durst der Menschen nach Leben gelöscht hat; sie ist die Feuersäule, die die im Finstern Sitzenden führt, das gelobte Land, in dem Milch und Honig fließt. Dann folgen theologische, fast möchte man sagen, metaphysische, Epitheta: sie ist die Blume der Unverdorbenheit, aus der der Typus der Auferstehung aufleuchtet und die das Leben der Engel darstellt, sie ist der Raum des Unendlichen und darum die Tür zu dem Geheimnis, das die Gegensätze Jungfräulichkeit und Geburt versöhnt und so die Übertretung wiedergutgemacht, das Paradies geöffnet hat und der Schlüssel zum Reich Christi geworden ist. Sie ist das Gefäß der Weisheit Gottes, das die Torheit der Philosophen erweist und die vielen mit Weisheit erleuchtet. Diesen Grüßen folgt eine Reihe anderer, die Maria als die mächtige Fürbitterin preisen, als die sie jetzt und in den folgenden Jahrhunderten immer stärker ans Licht tritt. Denn sie ist die Feste all derer, die sich an sie wenden, weil der Schöpfer von Himmel und Erde in ihrem Schoß gewohnt hat; sie ist die Dienerin der göttlichen Güte, denn sie hat die in Schande Empfangenen wiedergeboren ... Sie ist der Typus des Taufbeckens, das den Schmutz der Sünde wegnimmt. Alle, die die Geburt ihres Kindes besingen, preisen sie als den lebendigen Tempel: sie ist der unbewegliche Turm der Kirche, die uneinnehmbare Mauer des Reichs, die Heilung meines Leibes und das Heil meiner Seele"[81]. Dieser Hymnus hat nicht nur in der Ostkirche bis heute eine zentrale Bedeutung, sondern auch im Westen, wo er spätestens im 9. Jahrhundert durch Übersetzung bekannt und verbreitet worden ist. Er „zeigt deutlich die schon bei Cyrill [von Alexandrien] vorhandene und später besonders bei Dichtern und Predigern sehr ausgeprägte Tendenz, Maria Kräfte und Tätigkeiten zuzuschreiben, die strenggenommen Gott allein zugehören. Sie besiegt den Teufel, verleiht den Märtyrern Stärke, löscht die Flammen der Leidenschaft; sie hat das Paradies geöffnet und ist der unüberwindliche Schutz der Kirche. All dies ist und tut sie, weil sie Theotokos, die Mutter des Schöpfers, ist"[82]. Aber nicht nur diese letztlich christologische Orientierung des Akathistos-Hymnus ist zu bedenken, sondern auch sein *genus litterarium*. Es handelt sich nicht um einen nüchtern abwägenden, logisch argumentierenden theologischen Traktat, sondern es handelt sich um Poesie, die ihren eigenen Gesetzen folgt.

bd. Maria in der Predigt

Auch die Rhetorik hat ihre eigenen Gesetze und ihre eigene Logik. Als vierte literarische Gattung, in der die heilsgeschichtliche Selbständigkeit, wenn dieser Terminus erlaubt ist, Mariens formuliert wurde, ist neben dem privaten Gebet, der Legende und dem liturgischen Hymnus die Predigt zu nennen. Auch die Predigt hat weniger informativen als appellativen Charakter, sie soll nicht in erster Linie belehren, sondern ermahnen und ermuntern. Als Beispiel greife ich Predigten des Patriarchen Germanos von Konstantinopel[83] († 733) heraus. Sie fallen selbst innerhalb der keineswegs zurückhaltenden byzantinischen Rhetorik durch ihre Überschwänglichkeit auf. Das hat freilich nicht daran gehindert, diese Predigten in der Mariologie, etwa im Zusammenhang der Definition der Assumptio argumentativ zu verwenden, bzw. sie in die Lesehoren des römischen Breviers aufzunehmen.

Germanos, der sich selbst als der *doûlos*[84] Mariens bezeichnet, hat es sich zur Aufgabe gemacht, sie zu preisen, so gut er das vermag, obwohl sie nie genug gepriesen werden kann. Während ihres Erdenlebens hat Maria mit dem Himmel gesprochen, nun wird sie im Himmel die nicht vergessen, deren Heil sie ist. Sie steht in engster Verbindung mit Gott, so dass ihre Hilfe für das Heil der Menschen genügt: „Du bist die Mutter des wahren Lebens. Du bist der Sauerteig von Adams Wiederherstellung. Du bist die Freiheit von Evas Schande ... Deine Hilfe kennt keine Grenze"[85]. Ja, Germanos versteigt sich zu Formulierungen wie den folgenden: „Wenn Du nicht den Weg wiesest, würde niemand ein geistliches Leben führen und Gott in der Wahrheit anbeten; denn damals wurde der Mensch geistlich, als Du, Gottesgebärerin, die Wohnstätte des Heiligen Geistes wurdest. Kein Mensch wird von der Kenntnis Gottes erfüllt außer durch Dich, Allheilige, kein Mensch wird gerettet außer durch Dich, Theotokos; kein Mensch wird aus Gefahren befreit außer durch Dich, Jungfrau und Mutter; kein Mensch wird erlöst außer durch Dich, Mutter Gottes"[86]. Gewiss gründen alle diese Aussagen für Germanos in der Tatsache, dass Maria die Mutter des menschgewordenen Gottessohnes ist, aber sie sind nichtsdestoweniger in höchstem Maße missverständlich.

be. Marias mütterliche Gewalt zur Abwendung des göttlichen Zornes

Germanos scheint zudem der Urheber von zwei Aussagen über die Fürbitte Mariens gewesen zu sein, die im Mittelalter geradezu zu Gemeinplätzen geworden sind: Zum einen hat er die Behauptung aufgestellt, dass Maria eine Art „mütterliche Gewalt" bei Gott hat. Auch der größte Sünder findet bei Gott Vergebung, wenn er sich über Maria an ihn wendet. „Denn er kann niemals verfehlen, Dich zu erhören, weil Gott Dir durch und in allen Dingen als seiner wahren Mutter gehorcht"[87]. Zum anderen behauptet Germanos, Maria sei es, die Gottes Zorn abwende. Gott wird in dieser Perspektive als unbarmherziger Richter gedeutet, der es rein auf die Vernichtung des Sünders abgesehen hat. Ein solches Gottesbild ist in der Tat nur erträglich, wenn es eine Instanz gibt, die die barmherzige und verzeihende Seite der göttlichen Wirklichkeit repräsentiert. Es bleibt zu fragen, ob ein solches Gottesbild entwickelt wurde, um die dunkle Folie für das leuchtende Bild der fürsprechenden Mutter Gottes abzugeben, oder ob letzteres geschaffen wurde, um das bereits existierende Bild eines rächenden Gottes zu mildern. Wie auch immer, Maria wird hier in einer Weise gedeutet, die dem biblischen Ursprungszeugnis unangemessen erscheint. Germanos nimmt für sie Funktionen in Anspruch, die nach der Schrift allein dem versöhnenden Handeln Jesu Christi zukommen. So wundert es nicht, wenn er Maria auch Mittlerin *(mesîtis)* nennt und von ihrer vermittelnden Tätigkeit *(mesiteía)* zwischen Gott und den Menschen spricht.

bf. Maria im lateinischen Mittelalter

In der lateinischen Theologie des Mittelalters wurden diese Gedanken nur allzu bereitwillig übernommen. Dort herrschte, da mariologisch seit der Väterzeit kaum neue Akzente gesetzt worden waren, ein gewisses Vakuum, in das die aus dem Bereich der Ostkirche kommenden Anregungen eindringen konnten. Allerdings war auch hier durch die asketische Sicht Mariens ihre Sonderstellung vorbereitet. Auch für den Bereich der lateinischen Mariologie des Mittelalters muss ich mich, was den Bereich der Fürbitte Mariens angeht, auf wenige Beispiele beschränken. Ich wähle jeweils eines vom Beginn und vom Ende dieser Epoche.

Ambrosius Autpertus

Eine der Schlüsselfiguren für die Übertragung der östlichen Mariologie in den Bereich der Westkirche ist der Mönch Ambrosius Autpertus[88] († 784). Er stammt aus der Provence, kam aber als Abt eines Klosters zu Benevent in Süditalien in Kontakt mit den dort lebenden Griechen. Seine Predigten, übrigens die ersten erhaltenen mittelalterlichen lateinischen Marienpredigten, klingen wie ein Echo der Griechen. Auch Ambrosius ist überzeugt, dass Maria nie genug gepriesen werden kann. Sie ist höher als der Himmel und tiefer als der Abgrund, da sie Gott, den kein Geschöpf umfassen kann, in ihrem Schoß umfasst hat. Diesem bei den Byzantinern so beliebten Paradoxon fügt Ambrosius Autpertus ein anderes bei, das für die Mariologie des lateinischen Westens gleichfalls neu ist: Maria „hat dem Menschen, der verloren war, Erlösung gebracht"[89]: „die ganze Welt frohlockt, weil sie durch sie erlöst ist *(ut per ipsam redemptus)*"[90]. Aber Ambrosius Autpertus vermittelt dem Westen nicht nur das Bild der Himmelskönigin, die den unbarmherzigen Richtergott umzustimmen vermag, er gibt diesem Bild zugleich einen menschlichen Zug, den es in der ostkirchlichen Mariologie in dieser Weise nicht besessen hat. Maria erscheint bei ihm als die zärtliche, ihr Kind nährende Mutter. Er hat „schon zu Beginn der Karolingerzeit den Glanz des byzantinischen Marienbildes als der Königin und Herrin von Himmel und Erde mit dem neuen ‚germanischen' [?] als der zarten, mit ihrem Kind spielenden Mutter vereinigt, die auch all seinen ‚Brüdern' ihre mütterliche Liebe und Fürsorge zukommen läßt"[91].

Ich übergehe die zahlreichen Aussagen über eine Mittlerschaft Mariens, die sich nicht nur bei Volkspredigern, sondern auch bei Theologen vom Range eines Anselm von Canterbury aufspüren lassen. Thomas von Aquin ist in dieser Frage übrigens von einer wohltuenden Zurückhaltung. Überhaupt empfiehlt er den Predigern, Übertreibungen zu meiden und nur über solche Themen zu predigen, für die es einen Anhaltspunkt in der Offenbarung gibt.

Bernardino von Siena

Die Gestalt am Ende des Mittelalters, die die volksfromme Mariologie noch einmal zusammenfasst und die zugleich den darauf bezogenen Protest der Humanisten und Reformatoren verstehen lässt, ist Bernhardin von Siena[92] († 1444). Im Hinblick auf die unbefleckte Empfängnis, die ja gerade von Theologen des Franziskanerordens, dem er selber angehörte, so vehement propagiert wurde, ist er erstaunlich zurückhaltend. Sonst aber scheint er in Bezug auf Maria keine Grenzen zu kennen. Maria konnte bereits im Mutterschoß ihren freien Willen betätigen, sie besaß einen vollkommenen Verstand und selbst im Schlaf eine vollkommenere Beschauung als andere Heilige im Wachen. Von der Verkündigung an hat sie alles, was zur Menschwerdung Gottes gehört, gewusst und hat „durch ihre Zustimmung zur Empfängnis des Gottessohnes ... mehr Verdienst erworben als alle anderen Geschöpfe, Engel wie Menschen, zusammen mit all ihren Handlungen und Gedanken. Denn durch diese Zustimmung [hat] sie die Herrschaft über die ganze Welt, die Fülle aller Gnaden und Tugenden und alle Erkenntnis verdient"[93]. Bernhardin scheut sich auch nicht, den Gedanken wieder aufzunehmen, dass Maria in gewissem Sinn größer sei als Gott; denn sie hat es fertiggebracht, dass Gott, der nur Gott zeugen kann, Mensch geworden ist: „Gott konnte nur einen Unendlichen, Unsterblichen, Ewigen, Nichtleidensfähigen, Unberührbaren und Unsichtbaren in der Gestalt Gottes zeugen; die Jungfrau jedoch hat ihn endlich und sterblich gemacht, arm, zeitlich, berührbar, fühlend, sichtbar, in Knechtsgestalt, in einer geschaffenen Natur ... oh, die unausdenkbare Macht der jungfräulichen Mutter! ... Eine Hebräerin ist in das Haus des ewigen Königs eingedrungen; ein Mädchen hat durch wer weiß welche Liebkosungen, Pfänder oder Gewalt das göttliche Herz, wenn ich so sagen darf, betört, verwundet und bezaubert und die Weisheit Gottes gefesselt ... Sicher konnte Gott so etwas nicht aus sich selbst tun. Darum ist dies das Privileg der Jungfrau, daß, da Gott es nicht tun konnte, er es keinem anderen Geschöpf gestattet hat"[94]. Solche Texte ließen sich beliebig vermehren. Man müsste sie freilich in der Sprache des heiligen Bernhardin, im toskanischen Italienisch des 15. Jahrhunderts hören; dann verlören sie manches an theologischer Problematik und Anstößigkeit. Bernhardin hat zu einfachen Leuten gesprochen, unter denen die meisten wohl Frauen und Mädchen waren. Er funktionalisiert die mariologischen Aussagen bedenkenlos, um ihnen das Ideal der Jungfräulichkeit vor der Ehe und der Mütterlichkeit in der Ehe, beides durchdrungen von der marianischen Tugend der Demut, vor Augen zu stellen. Aber er gibt den Frauen in seiner Schilderung der Macht Mariens auch Selbstbewusstsein. Sie spielen in der Öffentlichkeit und in der Gesellschaft zwar keine dominierende Rolle, aber sie sind es, die letztlich das familiäre Klima bestimmen und über ihren Einfluss auf ihren Mann und durch die Erziehung ihrer Kinder wiederum auf die Öffentlichkeit wirken. Genauso schildert Bernhardin die Einflussmöglichkeiten Mariens auf Gott. Vor diesem Hintergrund ist es auch zu verstehen, wie er mit der alten Eva-Maria-Typologie umgeht. So ruft er den Frauen zu: „Maria ... hat Euch aus Schmach, Unfruchtbarkeit und Schwachheit erlöst ... Wenn man sagt: Es war die Frau, die unseren Sturz in den Tod verschuldete, so antworte ich, daß das stimmt, doch sie war es auch, die uns befreite und erlöste. Ein anderer mag sagen: Ach, wenn Du es recht bedenkst, war die Frau der Ursprung allen Übels, aber ich entgegne Dir: die Frau war der Ursprung alles Guten"[95]. Bernardinos Predigten sind voll Poesie. Er vermag die Vorstellungskraft seiner Zuhörerinnen und Zuhörer unmittelbar anzusprechen, sei es, dass er die Armut der heiligen Familie so schildert, dass einem die Tränen kommen, sei es, dass er die Himmelfahrt Mariens in den leuchtendsten Farben ausmalt. Die Verkündigungsszene gestaltet er so, dass sie gleichsam zum Mittelpunkt der Weltgeschichte wird. Der ganze Himmel und die ganze Schöpfung schauen auf Maria und beten für sie, dass sie Ja sagen möge, als der Engel Gottes zu ihr kommt. Und Maria wendet die Augen ihres Geistes zu Gott in seiner Herrlichkeit, zu den leeren Plätzen im Paradies, zu den Propheten in der Vorhölle und antwortet von Mitleid bewegt: Siehe, ich bin die Magd des Herrn. „Und als sie das Wort gesprochen hatte, hob sich der Engel so voller Freude fort, weil er an die Wonne der Engel des Paradieses und der Propheten in der Vorhölle dachte. Der ganze Himmel stand Kopf vor Freude. Kaum hatte sie diese Worte gesprochen, war der Sohn Gottes, Jesus, ... im Bauch der Jungfrau Maria: es war ein klein Ding, dieser winzige Körper, wie ein Nadelöhr oder eine Nadelspitze"[96].

Maria an Stelle des Hl. Geistes

Aber kehren wir von der Poesie zur Theologie zurück. Das Bild, das Bernhardin von Maria gemalt hat, zeigt sie als die unmittelbare Ansprechpartnerin der Menschen gegenüber Gott. Sie ist es, die ihre Bitten bei Gott vorträgt und die ihn bewegt, den Bitten der Menschen zu entsprechen. Dieses Bild entspricht nicht nur rhetorischem Überschwang, sondern Bernhardin hat es auch theologisch begründet. Er spricht von einem dreifachen Hervorgang der Gnade: die Gnade kommt von Gott zu Jesus Christus, von Jesus Christus zur Jungfrau, von der Jungfrau zu uns Menschen. Was die Mittlerschaft Jesu Christi gegenüber Gott angeht, ist dieses Bild sicher korrekt. Problematisch wird es, wenn Bernhardin die Gottesmutter an die Stelle der dritten trinitarischen Person, des Heiligen Geistes, setzt. Und das tut er ohne Zweifel, wenn er ihr zuschreibt, was die Schrift als Aufgabe des Geistes Gottes gesehen hat. Maria übt seit der Zeit, da sie den Gottessohn in ihrem Schoß empfangen hat, „eine gewisse Jurisdiktion und Autorität über die zeitlichen Hervorgänge des Heiligen Geistes aus, so daß kein Geschöpf irgendeine Gnadenkraft von Gott empfängt, es sei denn durch die Zuteilung (dispensatio) der Jungfrau und Mutter. Während Christus nämlich unser Haupt ist, von dem jeder Einfluß der göttlichen Gnade in den mystischen Leib fließt, ist die selige Jungfrau der Hals, durch den dieser Einfluß zu den Gliedern des Körpers übergeht"[97]. Der erste übrigens, der Maria als den Hals des mystischen Leibes gedeutet hat und der damit der mittelalterlichen Theologie eine ganz entscheidende Vorstellung geliefert hat, war der Theologe Hermann von Tournai[98] († nach 1147). In seinem Werk über die Menschwerdung Christi schreibt er: „Mit Recht wird unsere Liebe Frau als Hals der Kirche angesehen, weil sie die Mittlerin zwischen Gott und den Menschen ist"[99].

Maria in der kirchlichen Überlieferung

Kommen wir zu Bernhardin zurück. Gewiss hat er nicht vorgehabt, die göttliche Dreifaltigkeit durch eine Dreiheit von Gott Vater, Gott Sohn und der Gottesmutter Maria zu ersetzen. Aber es ist doch mehr als problematisch, wie er Maria an die Stelle des Heiligen Geistes platziert. Man könnte diese Aussage wie auch die oben erwähnten, unter die rhetorischen Übertreibungen eines Volkspredigers buchen, wenn sie nicht Eingang nicht nur in die Theologie, sondern auch in lehramtliche Aussagen der Kirche gefunden hätte. Leo XIII.[100] beruft sich in seiner Rosenkranz-Enzyklika *Iucunda semper* von 1894 genau auf diese Aussage Bernhardins, um das Gebet zur Gottesmutter zu fördern. Das zeigt, dass der Gedanke Bernhardins in der Zwischenzeit nicht ohne Auswirkungen geblieben ist. Über die Enzyklika Leos XIII. gelangte dieser Gedanke dann in den ersten Entwurf eines mariologischen Schemas für das Zweite Vatikanische Konzil aus dem Jahre 1962. Damit wollte man die These, Maria sei die Mittlerin aller Gnaden *(mediatrix gratiarum)*, theologisch absichern. Das Konzil hat kein eigenes marianisches Dekret verabschiedet, sondern in der Kirchenkonstitution ein achtes Kapitel über die Gottesmutter angefügt. Darin wird programmatisch die Aussage von Jesus Christus dem einzigen Mittler (vgl. 1 Tim 2,5f.) allen Überlegungen über eine mögliche Mittlerschaft Mariens vorangestellt. In einer Art marianischer Euphorie hatte man ja geplant, nach der Immaculata und der Assumptio nun auch die Mediatrix dogmatisch festzulegen. Das Konzil verweigert sich diesem Ansinnen, ohne es jedoch ganz zurückzuweisen. Es spricht durchaus von einem Mitleiden, ja, einer Mitwirkung Mariens beim Erlösungswerk, aber es macht zugleich deutlich, dass es dabei nur um eine geschöpfliche, teilhabende und untergeordnete Mitwirkung am Heilswerk Gottes gehen kann. Das Konzil stellt diese Überlegungen unter das Stichwort der geistlichen Mutterschaft Mariens, die den Menschen gegenüber eine mütterliche Funktion im Bereich der Gnadenordnung ausübt. In diesem Zusammenhang wird dann auch erwähnt, dass Maria als Fürsprecherin, Helferin, Beistand und Mittlerin angerufen wird[101]. Die Mitwirkung Mariens am Erlösungswerk wird ganz auf der geschöpflichen Ebene angesiedelt und damit zum Ausdruck gebracht, dass sie auf die Ebene der Heilssoli-

Die Epoche eigenständiger Marienfrömmigkeit und Mariologie

darität gehört, die für alle Erlösten gilt. Wenn wir Maria innerhalb der Heilssolidarität der *communio sanctorum* sehen, dann bedeutet das nichts anderes als eine Wiederaufnahme der neutestamentlichen, besonders der lukanischen Sicht Mariens. Lukas hatte die Mutter Jesu ja in eine Reihe mit anderen Gestalten aus dem Kreis der „Armen Gottes" gestellt. Für ihn wie für das Johannesevangelium war Maria so etwas wie die erste Jüngerin Jesu. Wenn man will, kann man sie als eine *prima inter pares*[102] bezeichnen. Diese Aussage hält daran fest, dass Maria auf die Seite der heilsbedürftigen Menschen gehört, die sich dieser Bedürftigkeit bewusst sind und dementsprechend offen für Gottes Wirken; zugleich wird auch in Rechnung gestellt, dass Maria als Mutter dem irdischen Jesus besonders nahe gewesen ist. Ohne allzu sehr in kindheits- und entwicklungspsychologische Spekulationen zu verfallen, wird man doch sagen können, dass der irdische Jesus seine religiöse Sozialisation und sein Gottesverhältnis seiner Mutter verdankt. Aber daraus sollte man nicht, wie es in der Tradition geschehen ist, ein bleibendes Abhängigkeitsverhältnis auch des erhöhten Herrn zu seiner irdischen Mutter konstruieren. Maria gehört ganz auf die Seite der Glaubenden und in diesem Sinne von Gott Abhängigen. Ihr Glaube ist wie der unsere Glaube an die unbegreifliche Güte Gottes, der sich uns in ebenso unbegreiflicher Weise in dem Menschen Jesus von Nazaret zugewandt hat. Eine explizite Christologie sollte man vom Glauben Mariens nicht erwarten. Dies wäre in der Tat ein Anachronismus.

Maria in der Heilssolidarität der *communio sanctorum* zu sehen, schließt nun aber keineswegs aus, sie in einer Art Gegenüber zu den hier und jetzt Glaubenden zu wissen. Die *communio sanctorum* ist ja nicht nur eine synchrone, sondern auch eine diachrone Größe. In der Heiligenverehrung der Kirche hat sich sehr früh, besonders im Hinblick auf die Märtyrer und Bekenner, das Bewusstsein ausgebildet, dass diesen eine interzessorische Kraft zukommt. Diejenigen, so hat man argumentiert, die bei Gott bereits zur Vollendung gelangt sind, treten fürbittend für diejenigen ein, die zu diesem Ziel noch unterwegs sind. Versteht man Heilssolidarität auch in diesem Sinne, so ist es nur konsequent, Maria an der Fürbitte für alle Glaubenden beteiligt zu sehen. Man sollte sie nicht, wie es in der Vergangenheit allerdings allzu oft geschehen ist, herausheben und gegenüber der Gemeinschaft der Heiligen, nun im Sinne der bei Gott Vollendeten verstanden, isolieren. M. E. steht nichts im Wege, der Mutter des Herrn auch beim erhöhten Herrn eine besondere Nähe zuzuschreiben, aber man sollte es bei diesem relativ vagen Gedanken auch lassen und nicht allzu sehr in die Details gehen. Es genügt, die mütterliche Nähe Mariens zu Jesus im Sinne der johanneischen Szene unter dem Kreuz in einer Art mütterlichen Nähe zur Kirche fortgesetzt zu sehen. Wenn man dieses Bild allzu sehr ausmalt, zerstört man es. Das Zweite Vatikanische Konzil hat Maria in dieser Perspektive gesehen und, wie ich meine, damit einen Weg beschritten, der für eine gegenwärtige Marienverehrung, jenseits aller Überschwänglichkeiten und unbiblischen Übertreibungen, gangbar ist.

c. Die Freiheit Mariens von der Erbsünde *(immaculata conceptio)*

Im Rahmen dieses Überblickes über die Entwicklung der Mariologie und der Marienfrömmigkeit ist auch von den schließlich lehramtlich festgeschriebenen Aussagen der Erbsündefreiheit Mariens wie ihrer Aufnahme in den Himmel zu reden. Was die historische Entwicklung der diesen theologischen Aussagen zugrunde liegenden marianischen Frömmigkeit angeht, wäre sicher zunächst von der Aufnahme Mariens in den Himmel zu sprechen. Dieser Aussage kommt nicht nur die zeitliche Priorität gegenüber der anderen zu, es handelt sich dabei auch um eine Aussage, die Ost- und Westkirche miteinander verbindet. Die Reflexionen über die Erbsündefreiheit Mariens hingegen sind mehr oder weniger Eigengut der westlichen Kirche, da das Problem der Erbsünde sich im Bereich der Ostkirche nicht in gleicher Weise gestellt hat und stellt. Für die hier gewählte Reihenfolge ist letztlich aber ausschlaggebend, dass das Dogma der Unbefleckten Empfängnis Mariens 100 Jahre vor dem Dogma über ihre leibliche Aufnahme in den Himmel verkündet worden ist. Da die entscheidenden offenbarungs- und traditionstheologischen Fragen aber im Zusammenhang mit dem zuerst genannten Dogma diskutiert worden sind, und da die entsprechenden Vorgänge bei der Dogmatisierung von 1950 nur eine Doublette zu den Vorgängen der Dogmatisierung von 1854 darstellen, möchte ich, um allzu viele Wiederholungen und auch eine gewisse Unklarheit zu vermeiden, die beiden marianischen Lehraussagen in der historischen Reihenfolge ihrer Definition behandeln.

ca. Die frömmigkeits- und theologiegeschichtliche Entwicklung

Wie wir gesehen haben, hat sich, bald nachdem das asketische Lebensideal seinen Siegeszug angetreten hat, auch ein entsprechendes Bild der Jungfrau Maria durchgesetzt. War es bei der Aussage von der geistgewirkten Empfängnis Jesu ursprünglich darum gegangen, den in Jesus Christus geschehenden Neuanfang des göttlichen Heilswirkens anthropologisch zu verorten, so geht es ab dem 4. Jahrhundert bei Beibehaltung dieser Aussage in erster Linie darum, die Empfängnis Jesu als Durchbrechung des durch die geschlechtliche Zeugung vermittelten Unheilszusammenhangs zwischen den menschlichen Generationen zu interpretieren. In der besonderen Fragestellung, wie sie sich in der Westkirche im Gefolge der augustinischen Erbsündenlehre herausgebildet hat, ging es dann sehr bald um die Frage, ob zur Durchbrechung dieses Zusammenhangs die geistgewirkte jungfräuliche Empfängnis Jesu im Schoß Mariens genügt, bzw. ob nicht Maria selbst bereits aus diesem Zusammenhang herausgenommen sein muss, damit der Neuanfang in Jesus Christus konsistent gedacht werden kann. Dieses Denken fand seine innere Grenze in der zum gleichen Denkzusammenhang gehörenden Überlegung, dass Maria ja der Unheilssolidarität der Erbsünde nur durch das Erlösungswirken Jesu Christi entrissen sein kann. Dieses Erlösungswirken vollzog sich aber evidentermaßen erst mit Beginn der Inkarnation und erreichte seinen Höhepunkt in Kreuz und Auferstehung. Wie kann nun beides zusammen gedacht werden, dass nämlich Maria erlösungsbedürftig ist wie jeder andere Mensch und nur durch Jesus Christus erlöst worden sein kann, dass aber andererseits Jesus von Nazaret, der seine menschliche Natur ihr verdankt, nur dann als frei von der Erbsünde gedacht werden kann, wenn auch seine Mutter bereits deren Zusammenhang entrissen ist.

In der Ostkirche stellte sich das Problem nicht in der gleichen Weise. Man sah sich hier nicht vor die theologische Notwendigkeit gestellt, die Erlösungsbedürftigkeit der Menschen metaphysisch zu konstruieren und über den Zeugungszusammenhang zwischen den menschlichen Generationen bis hin zur Ursünde Adams und Evas gleichsam historisierend zu rekonstruieren. So konnte man sich hier mit der Aussage von der Sündenreinheit Mariens begnügen, die man seit dem 4. Jahrhundert, genauer seit Gregor von Nazianz, mit ihrer Heiligung durch Gott unmittelbar vor der Verkündigung motivierte. So kommt es, dass in der Hymnik der Ostkirche zwar die Reinheit und Sündenlosigkeit Mariens in geradezu überschwänglicher Weise gepriesen wird, dass damit letztlich aber nicht das Gleiche gemeint ist, was in der katholischen Kirche spätestens seit dem Mittelalter mit der durch die *immaculata conceptio* vermittelten Erbsündenfreiheit Mariens ausgesagt werden soll. Ja, das katholische Dogma von 1854 wird von der Ostkirche explizit abgelehnt.[103] Von daher ist es ein zweifelhaftes Unterfangen, wenn, wie es immer wieder in römisch-katholischer Mariologie geschieht, Aussagen der orthodoxen Theologie und vor allem Liturgie angeführt werden, um die spezifisch westkirchliche Lehre von der unbefleckten Empfängnis Mariens zu begründen.

Schauen wir uns die Entwicklung in der abendländischen Kirche, wie sie sich seit dem Mittelalter vollzogen hat, nun etwas näher an. Der Ausgangspunkt, wie ich ihn oben kurz beschrieben habe, der letztlich auf Augustinus zurückgeht, ist natürlich nicht von Anfang an in solcher Präzision bewusst gewesen. Für Augustinus selber genügte noch die jungfräuliche Empfängnis Jesu Christi allein, um die absolute Heiligkeit des Erlösers zu garantieren. Erst als man seine Erbsündenlehre konsequent weiterentwickelte, stellte sich die Frage nach der Begründung der Heiligkeit und Sündenlosigkeit Mariens, bei der man sich nicht mehr nur mit ihrer Freiheit von persönlichen Sünden begnügen zu können glaubte, sondern auch ihre Freiheit von der Erbsünde postulieren zu müssen meinte. Wie aber ist das konsistent zu denken, wenn Maria auf natürliche Weise gezeugt ist, also auf die Weise, nach der gemäß Augustinus die Erbsünde weitergegeben wird. Ich möchte hier niemanden mit allen Einzelheiten dieser theologischen Überlegungen plagen, aber doch die Überlegungen schildern, die man über den Zeitpunkt des entsprechenden Eingreifens Gottes angestellt hat. Hat er eingegriffen bei der *conceptio activa*, also dem Zeugungsakt der Eltern Mariens? Oder hat er eingegriffen bei der *conceptio passiva* Mariens? Dabei muss man allerdings auch noch berücksichtigen, dass diese passive Empfängnis nach den Vorstellungen des Mittelalters in unterschiedlichen Stufen vor sich gegangen ist. Man unterschied die *conceptio passiva inchoata*, d. h. die Empfängnis der Leibesfrucht nur dem Leibe nach, also noch unvollständig, und die *conceptio passiva completa*, d. h. die Bildung der menschlichen Person durch das Hinzutreten der Geistseele. Zwischen diesen beiden Stadien nahm man einen Zeitraum von etwa 40 Tagen an. Wenn man nun das Eingreifen Gottes als ein nur reinigendes, d. h. von der Erbsünde befreiendes Handeln ansah, dann genügte es, dieses mit der *conceptio activa* bzw. *conceptio passiva inchoata* zu verbinden. Nach dieser Theorie hat Gott dann verhindert, dass die Erbsünde auf das Fleisch des empfangenen Kindes übergeht. Wenn man aber nicht nur eine Reinigung, sondern auch die Heiligung Mariens postulierte, dann musste sich das Handeln Gottes hauptsächlich auf die Geist-Seele bzw. die Person Mariens beziehen.[104]

Schwieriger zu lösen war aber noch die andere Zeitfrage, nämlich wie ein geschichtlich späteres Faktum, der Kreuzestod Jesu Christi, eine Wirkung für ein geschichtlich früheres Faktum, nämlich die Empfängnis seiner Mutter Maria, haben kann. Dieses Problem wurde allmählich einer Lösung zugeführt. Anselm von Canterbury[105] († 1109), die überragende Theologengestalt des 11. Jahrhunderts, hat den Weg dahin eingeschlagen, als er lehrte, dass die Erlösungstat Christi auch solchen zugutekomme, die nicht gleichzeitig mit dem Erlöser gelebt haben. Die Jungfrau Maria gehörte für ihn zu jenen, „die vor seiner [das ist Christus] Geburt durch ihn von Sünden gereinigt worden sind"[106]. Maria musste also nicht, wie man sich das bislang historisierend vorgestellt hatte, bis zum Kreuzestod Jesu Christi und bis zu seinem Abstieg in die Unterwelt warten, um von den Fesseln der Sünde befreit zu werden, sondern die Erlösungstat Jesu Christi hat sich an ihr bereits vorauswirkend ausgewirkt. Und nicht nur bei ihr, sondern auch bei einigen anderen ausgewählten Gestalten des Alten Bundes, von denen ja in der Schrift bereits gesagt wird, dass sie im Mutterleib erwählt worden sind, nämlich Jeremia und Johannes der Täufer. Wenn diese schon im Mutterleib geheiligt worden waren, so hatte man bereits lange vor Anselm argumentiert, dann konnte Maria nicht erst kurz vor dem Eintreffen des Verkündigungsengels geheiligt worden sein. Für Anselm vollzog sich die Reinigung und Heiligung Mariens im Schoß ihrer Mutter Anna. Weiter geht er nicht. Durch seine Erbsündenlehre hat Anselm allerdings auch in der Frage nach dem genauen Zeitpunkt des göttlichen Eingreifens die spätere Entwicklung beeinflusst. Anselm hat das Wesen der Erbsünde nicht länger naturhaft gedeutet, also mit der Zeugung des Leibes in Zusammenhang gesehen, sondern personal, d. h. im Zusammenhang mit der Bildung der Geistseele des Menschen. Denn das Wesen der Erbsünde besteht für ihn nicht in der Konkupiszenz, sondern im Fehlen der Urstandsgerechtigkeit. Insofern ist Gottes Eingreifen also erst beim Zeitpunkt der Erschaffung der Geistseele Mariens wichtig.

Während für Anselm also entscheidend ist, dass Maria im Mutterschoß geheiligt worden ist, damit sie nicht hinter anderen alttestamentlichen Gestalten zurückstehen muss, er aber den genauen Zeitpunkt dieser Heiligung nicht bestimmt, geht sein Schüler Eadmer[107] († um 1124) schon einen Schritt weiter. Er plädiert nämlich dafür, dass Maria von jedem Makel der Erbsünde völlig frei geblieben ist. Um dies zu veranschaulichen, greift er auf das Bild der Kastanie zurück. Trotz ihrer stacheligen Hülle tritt die reife Frucht frei von jedem Stich und jeglicher Rauhheit aus ihrer Umhüllung zutage. „Konnte Gott es dann einem menschlichen Leib, den er sich selbst zu seinem Tempel bereitete ... nicht verleihen, daß er, mag er inmitten der Sündenstachel empfangen sein, von jedem Anteil an Dornenstichen völlig frei blieb! Er konnte es offensichtlich. Hat er es gewollt, dann hat er es also getan".[108]

Wir können also, wenn wir den jetzt erreichten Diskussionsstand zusammenfassen wollen, drei Positionen unterscheiden:

1. die Position der Ostkirche, die lange Zeit auch im Westen gegolten hatte, nach der Maria im Zusammenhang der Verkündigung der Geburt Jesu Christi von Gott geheiligt worden ist;

2. die Auffassung, die diese Heiligung Mariens analog zu der Heiligung Jeremias und Johannes des Täufers in den Schoß ihrer Mutter verlegte, ohne jedoch eine wenn auch kurzfristige Behaftung Mariens mit der Erbsünde auszuschließen;

3. jene Position, die die Erbsündenfreiheit Mariens von Anfang an, d. h. von der Erschaffung ihrer Geistseele an, postulierte. Dieses Postulat steht mit dem genannten Traktat Eadmers im Raum, aber es bedarf noch einer langen Zeit, bis es sich theologisch durchgesetzt hat.

Die Entwicklung wurde in diesem wie auch in anderen Fällen vor allem durch die Liturgie vorangetrieben. Seit dem 8. Jahrhundert kannte man in der Ostkirche, wenn auch nur vereinzelt, ein Fest der Empfängnis Mariens, das neun Monate vor dem Fest ihrer Geburt begangen wurde. Dieses Fest hatte allerdings noch nicht den Inhalt, der ihm heute in der römisch-katholischen Liturgie zu eigen ist, und hat diesen Inhalt in der ostkirchlichen Liturgie bis heute nicht. Ursprünglich hat man mit dem Fest der Empfängnis Mariens, analog zu den Festfeiern der Empfängnis Jesu Christi und Johannes des Täufers, die aus dem Protevangelium des Jakobus entnommene „Tatsache" feiern wollen, dass den unfruchtbaren Eltern Mariens in hohem Alter noch ein Kind geschenkt worden ist. Die Ausbreitung dieses Festes in die Gesamtkirche hat dann einen eigenartigen Weg genommen. Von der Ostkirche gelangte das Fest mit dem eben skizzierten Inhalt zunächst nach Irland und von dort über England auf das Festland und dann allmählich bis nach Rom. Betrachtet man diesen Entwicklungsgang, so verwundert es nicht, dass Anselm und sein Schüler Eadmer verstärkt über den mit diesem Fest, das sie vorfanden, verbundenen Inhalt reflektierten. Der glühende Marienverehrer Bernhard von Clairvaux allerdings hat sich, als man um 1140 dieses Fest in Lyon einführen wollte, vehement dagegen gewandt. Bernhard, der sich ja nicht scheute, Maria als „Mittlerin des Heils" zu betrachten, lehnt das Fest ihrer

Empfängnis mit folgender Begründung ab: Die Gesamtkirche kennt einen solchen Ritus nicht, er wird durch die alte Überlieferung nicht empfohlen und von der Vernunft missbilligt. Die Gottesmutter hat Ehre genug, sie bedarf einer solchen Ehre nicht. Wenn man ihre Heiligkeit, die auch für Bernhard bereits vor ihrer Geburt ihren Anfang genommen hat, mit der besonderen Art ihrer Empfängnis begründen will, dann müsste man das Gleiche auch für ihre Eltern folgern und wiederum für deren Eltern usw., so dass der Feste dann kein Ende wäre. Für Bernhard war es überdies ausgeschlossen – und das meint die Missbilligung der Vernunft, von der er redet –, dass Empfängnis und Heiligung Mariens zusammenfallen können. Insofern die geschlechtliche Vereinigung ihrer Eltern notwendig sündhaft ist, kann sie durch den Heiligen Geist nicht geheiligt werden. Wir sehen also, dass Bernhard noch auf einer früheren, durch Anselm bereits überwundenen Auffassung der Erbsünde besteht, die diese unmittelbar mit der geschlechtlichen Zeugung verbindet.

Aber auch der Widerstand Bernhards konnte die Ausbreitung dieses Festes nicht verhindern. Vor allem die Franziskaner, die ja auch sonst für eine Vermehrung der kirchlichen Feste eingetreten sind, die mit dem irdischen Leben Jesu in Zusammenhang stehen, haben sich auch für dieses Fest starkgemacht. Im Jahre 1263 nehmen sie es in den Kalender ihrer Ordensfeste auf. So ist es nur konsequent, dass der aus dem Franziskanerorden stammende Papst Sixtus IV. 1476 dieses Fest in das Missale Romanum, gemeint ist das Messbuch der Römischen Kurie, übernimmt. Damit war es keineswegs gesamtkirchlich vorgeschrieben, dies geschah erst zu Beginn des 18. Jahrhunderts. Aber es handelte sich auch dann noch wohlgemerkt nur um das Fest der Empfängnis Mariens. Und es stand beiden Gruppen, die sich innerkirchlich heftig bekämpften, frei, ihre jeweilige Vorstellung mit diesem Fest zu verbinden. Sinnigerweise nannte man diejenigen, die für eine Heiligung Mariens im Mutterleib eintraten, Makulisten, während diejenigen, die für eine Befreiung Mariens von der Erbsünde von Anfang an eintraten, als Immakulisten bezeichnet wurden. Der Heilige Stuhl musste immer wieder dagegen eintreten, dass sich beide Gruppen gegenseitig verketzerten. Das Fest der *Immaculata Conceptio Beatae Mariae Virgi-*

Die Epoche eigenständiger Marienfrömmigkeit und Mariologie

nis wurde erstaunlicherweise erst neun Jahre nach der Dogmatisierung des Jahres 1854, also im Jahre 1863, verbindlich für die Gesamtkirche vorgeschrieben.

Doch damit habe ich der Entwicklung weit vorausgegriffen. Ich möchte diese nun nicht in allen Details weiterverfolgen, sondern nur noch, bevor ich auf die Vorarbeiten zur Dogmatisierung von 1854 zu sprechen komme, die für die folgende Entwicklung entscheidende theologische Position des Johannes Duns Scotus[109] († 1308) kurz vorstellen. Duns Scotus hat sich in seinem in Oxford vorgetragenen Sentenzenkommentar, dem sog. Opus Oxoniense, ausführlich mit unserer Frage auseinandergesetzt. Der Haupteinwand gegen die Lehre von der *Immaculata Conceptio Mariae,* den er zu entkräften hatte, war der, dass dadurch die Universalität der Erlösung in Frage gestellt werde. Der *Doctor subtilis,* wie man Duns Scotus wegen seiner Scharfsinnigkeit genannt hat, argumentiert nun damit, dass er sagt, genau das Gegenteil sei der Fall. Nur durch Jesus Christus, den vollkommensten Erlöser, darin stimmt er seinen Gegnern zu, kann die Erlösung gewirkt sein. In einem zweiten Schritt versucht er nun, deutlich zu machen, dass „eine Erlösung, die vor der Sünde bewahrt, vollkommener [ist] als eine, die davon befreit. Was persönliche Sünden betrifft, wird das allgemein anerkannt. Nun ist aber das Hauptanliegen der Erlösung, die Erbsünde auszulöschen und erst in zweiter Linie persönliche Sünden. Darum kommt der Universalerlöser der Erbsünde in vollkommenerer und direkterer Weise zuvor als der persönlichen Sünde, und da er der vollkommenste Erlöser ist, ist es nur zu erwarten, daß er diesen Akt vollkommenster Erlösung zum mindesten einmal ausführt. Und so erklärt Duns Scotus …, daß Christus die Dreifaltigkeit nicht vollkommen versöhnt hätte, wenn er die Beleidigung des dreieinigen Gottes nicht wenigstens bei einem Menschen verhindert hätte. Die Lehre der Unbefleckten Empfängnis bedeute nicht, daß Maria ihrem Sohn nicht verpflichtet sei. Ganz im Gegenteil: ‚Eine Person ist dem Mittler nicht im höchsten Maß verpflichtet, wenn sie nicht von ihm das größte Gut hat, das durch den Mittler zu haben möglich ist; nun ist aber jene Unschuld, nämlich die Bewahrung vor einer gegenwärtigen oder künftigen Schuld, durch diesen Mittler zu haben: Darum wäre keine Person Christus als Mittler in höchstem Maß verpflichtet, wenn er keine vor der Erbsünde bewahrt hätte.' Wenn viele Christus Gnade und Glorie verdanken, warum sollte ihm nicht wenigstens ein Mensch die Unschuld verdanken?"[110]

Duns Scotus interpretiert also die *Immaculata Conceptio* als Bewahrung *(praeservatio)* Mariens vor der Erbsünde. Dies zu denken ist ihm möglich, weil er die Erbsünde in der Nachfolge Anselms von Canterbury nicht mehr mit der Konkupiszenz identifiziert, sondern mit dem Fehlen der Urstandsgnade. Er konnte daher annehmen, dass Maria, obwohl sie auf natürlichem Wege gezeugt worden war, von ihrer Beseelung, d. h. ihrem Personsein an vor der Erbsünde bewahrt war, d. h. dass ihr jene Gnade gegeben war, deren Fehlen die Erbsünde ausmacht. Die Erlösungsbedürftigkeit Mariens ist für ihn dadurch gewahrt, dass er feststellt, sie wäre notwendig erbsündig geworden, wenn Gott sie nicht in seiner zuvorkommenden Gnade davor bewahrt hätte. Wichtig für die Struktur des scotischen Argumentes ist folgende Aussage: „Wenn es nicht der Autorität der Kirche oder der Schrift widerspricht, scheint es wahrscheinlich, daß Maria das je Ausgezeichnetere zuzubilligen ist"[111]. Daraus wird deutlich, dass die Heilige Schrift, um nur von ihr zu sprechen, nicht unbedingt die positive Norm der Theologie sein muss, sondern dass es genügt, dass eine theologische Aussage der Heiligen Schrift nicht widerspricht. Bei Scotus mochte das genügen, da es ihm ja nicht um die dogmatische Festlegung dieser Lehre ging, sondern um die theologische Ermittlung der *sententia probabilior*. Wie steht es aber mit der Schriftgemäßheit dieser Lehre, wenn sie dogmatisch verbindlich festgeschrieben werden soll? Damit sind wir bei der Fragestellung unmittelbar vor der Dogmatisierung im Jahre 1854.

cb. Die theologische Argumentation im Zusammenhang der Dogmatisierung von 1854

Obwohl im Zusammenhang dieser Einführung nur von der dogmatischen Problematik die Rede sein kann, muss, wenn von der Dogmatisierung der *Immaculata Conceptio* des Jahres 1854 die Rede ist, wenigstens kurz der kirchenpolitische Kontext in den Blick kommen. Rein inner-mariologisch betrachtet, könnte man das Dogma von 1854 als den konsequenten Abschluss einer längeren, nicht ohne heftige Kontroversen verlaufenen, theologischen Entwicklung betrachten. Es stellt sich allerdings die Frage, warum man sich nicht damit begnügt hat, das Fest des 8. Dezember zu feiern und seine theologische Interpretation den Theologen zu überlassen. Ein Grund dafür, es nicht bei dieser eher unklaren Situation zu belassen, sondern eine Klärung dieser Frage auf höchster lehramtlicher Ebene zu betreiben, war sicher mit der typisch neuzeitlichen Gewissheitsproblematik gegeben. Man verlangte für das, was ein katholischer Christ zu seinem Heil zu glauben hat, Definitivität – und manövrierte sich, wie wir heute sehen, dadurch in nur immer größere Probleme. Das katholische Absicherungsbedürfnis des 19. Jahrhunderts hat nicht nur theologische, sondern auch allgemein gesellschaftliche und politische Wurzeln. Durch die Reformation, durch die Aufklärung und die Revolution von 1789 sah sich die katholische Kirche – von jedem dieser Ereignisse in anderer Weise – bis an ihre Wurzeln erschüttert. Sie sah aber nicht nur sich selber in Frage gestellt, sondern die gesellschaftliche Ordnung als ganze. So konnte es bei der erstrebten Erneuerung auch nicht nur darum gehen, die Kirche wieder auf eine feste Basis zu stellen, sondern diese Basis sollte zugleich auch der Konsolidierung der Gesellschaft dienen. So nimmt es nicht wunder, dass die ersten Pläne einer Dogmatisierung der *Immaculata Conceptio*, die nach dem Regierungsantritt Papst Pius' IX. im Jahre 1846 angestellt worden sind, verbunden waren mit der Absicht, gleichzeitig dem zeitgenössischen Liberalismus und allen anderen Irrtümern der Gegenwart die Stirn zu bieten. Dabei ging es nicht um eine zufällige Parallelisierung, sondern man wollte bewusst das Dogma der *Immaculata Conceptio* gegen die neuzeitliche Leugnung der Erbsünde und aller daraus herrührenden Folgen stellen. Erst im unmittelbaren Vorfeld der Dogmatisierung hat man diese Pläne aufgegeben und den großangelegten Angriff gegen die Irrtümer der Gegenwart auf eine spätere Zeit verschoben. Dass die Enzyklika *Quanta cura* und der damit verbundene *Syllabus*, eine Sammlung von 80 zeitgenössischen Irrtümern, auf den Tag genau 10 Jahre nach der Definition der *Immaculata Conceptio* veröffentlicht wurde, entspricht genau der Absicht Pius' IX. und seiner Berater. Man hat immer wieder darauf hingewiesen, dass die Dogmatisierung von 1854 nur ein Vorlauf der Dogmatisierung der Päpstlichen Unfehlbarkeit und des Jurisdiktionsprimates aus dem Jahre 1870 gewesen ist. Wie dem auch sei, nicht zu leugnen ist, dass mit der Feier von 1854 und vielen anderen ähnlichen Feierlichkeiten im Verlauf des langen Pontifikates Pius' IX. das Terrain für die Dogmatisierungen von 1870 geschaffen wurde. In der inneren Logik des ultramontanen Katholizismus erschien der Papst als das entscheidende Bollwerk des christlichen Glaubens gegen die moderne Welt. Man hat immer wieder betont, dass die beiden marianischen Dogmen von 1854 und 1950 sich dadurch von allen früheren Dogmatisierungen unterscheiden, dass sie sich nicht gegen konkrete Irrtümer richten. Das ist aus der engeren Perspektive der Mariologie sicher richtig. Aber wenn man die kirchliche Situation im ganzen betrachtet, zeigt sich, dass sowohl die Dogmatisierung von 1854 als auch die von 1950 durchaus apologetischen Charakter tragen. Beide richten sich auf ihre Weise gegen von der Kirche als verderblich betrachtete Entwicklungen der modernen Welt.

Aber kommen wir nun zu der eigentlich theologischen Problematik. Es handelt sich um die Problematik, ob und wie etwas als definitive Glaubenslehre festgeschrieben werden kann, das in der Heiligen Schrift nicht ausdrücklich bezeugt ist und wofür sich auch in der kirchlichen Tradition erst relativ spät eindeutige Zeugnisse finden lassen. Unter den Theologen bestand und besteht Einmütigkeit darüber, dass eine Dogmatisierung nicht eine neue Offenbarung bedeuten kann, sondern nur eine klärende Feststellung bezüglich des Inhaltes der ein für alle Mal ergangenen Offenbarung. Die Frage ist nur, wie man angesichts der unklaren Bezeugung in Schrift und früher Tradition zu einer solchen Klärung gelangen kann. Einige Theologen hielten es für möglich, mittels theologischer Schlussfolgerungen aus geoffenbarten und verstandesmäßig damit kombinierten Prämissen nicht nur zu theologischen Schlussfolgerungen, sondern auch zu lehramtlichen Definitionen zu gelangen. Für die Dogmatisierung von 1854 hat man sich freilich mit

Die Epoche eigenständiger Marienfrömmigkeit und Mariologie

solch einer Konklusionstheologie nicht zufriedengegeben, sondern differenzierter argumentiert. Der Theologe, der am meisten zur theologischen Klärung im Vorfeld der Dogmatisierung von 1854 beigetragen hat, ist der italienische Jesuit Carlo Passaglia[112] (1812–1887) gewesen. Von 1845 an lehrte er bis 1857 dogmatische Theologie am römischen Colleg der Gesellschaft Jesu. Die Ironie des Schicksals will es, dass dieser Theologe, der so viel zur Vorbereitung der Definition der *Immaculata Conceptio* beigetragen hat, später mit jenem ultramontanen Katholizismus in Konflikt kam, den er zunächst selber gefördert hatte. Passaglia wurde aus ordensinternen Schwierigkeiten heraus zunächst um seinen Lehrstuhl gebracht, verlor dann aber auch sehr schnell die Sympathie Pius' IX., als er sich auf die Seite der italienischen Einigungsbewegung stellte. Da er den Papst zum Verzicht auf den Kirchenstaat aufforderte, wurde er 1861 exkommuniziert. Heute ist dieser große Theologe, der wie wenige andere im 19. Jahrhundert vor allem durch den Rückgriff auf die Kirchenväter zur Erneuerung der Theologie beigetragen hat, vergessen.

Wie hat nun Passaglia die Begründungsproblematik zu lösen versucht? In einer Stellungnahme für die von Pius IX. 1852 einberufene theologische Kommission formuliert er folgende Kriterien einer dogmatischen Definition. Er unterscheidet dabei negative und positive Kriterien. „Als negative Kriterien werden aufgestellt: 1. es ist nicht notwendig, daß es in der Vergangenheit keine Verschiedenheiten der Meinungen in der katholischen Kirche gegeben hat und daß immer alle in der Lehre einig gewesen sind, die man jetzt definieren will. 2. es ist nicht notwendig, daß man keine Schriftsteller – auch solche mit Autorität – anführen kann, die der Wahrheit, die jetzt definiert werden soll, entgegenstehen. 3. es ist nicht notwendig, daß wir über explizite oder implizite Zeugnisse der Schrift verfügen, da es sicher und offenbar ist, daß der Bereich der Offenbarung weiter ist als der der Schriften. 4. es ist nicht notwendig, daß man in bezug auf die Tradition eine Reihe von Vätern und Zeugen anführen kann, die bis zu den apostolischen Anfängen zurückreicht.

Würde man diese vier Punkte als positiv notwendig hinstellen, so würde man sich nach Passaglia auf falsche Hypothesen stützen und feierlichen Tatsachen widersprechen. Solche falsche Hypothesen wären: 1. daß die gesamte gepredigte Wahrheit von Anfang an von den Vätern auch geschrieben wurde, 2. daß alle Zeugnisse des Altertums auf uns gekommen sind, 3. daß das ganze Objekt des Glaubens immer deutlich erfaßt und formell ausgesprochen wurde, 4. daß die nachfolgende Tradition von der vorhergehenden verschieden sein könne".[113]

Neben diesen negativen Kriterien nennt Passaglia auch fünf positive: „1. Eine bestimmte Anzahl feierlicher Zeugnisse, die die betreffende Proposition enthalten. 2. Die Möglichkeit, eines oder zwei geoffenbarte Prinzipien anführen zu können, die die in Frage stehende Proposition enthalten ... 3. Der notwendige Zusammenhang der Dogmen oder, was dasselbe bedeutet, daß man einen Satz glauben muß, dessen Leugnung notwendig und unmittelbar zur Leugnung von einem oder mehreren Glaubensartikeln führen würde ... 4. Die übereinstimmende Verkündigung des gegenwärtigen Episkopates, 5. Die Praxis der Kirche".[114] Nach dieser Auffassung, die von den meisten Mitgliedern der Kommission geteilt wurde, setzt eine dogmatische Definition durch das kirchliche Lehramt das Enthaltensein der entsprechenden Lehre in der Offenbarung voraus, wobei diese Offenbarung nicht einfachhin mit dem Offenbarungszeugnis der Heiligen Schrift in eins gesetzt wird. Wie aber ist dieses Enthaltensein in der Offenbarung zu erkennen, wenn die Offenbarungsurkunde selber schweigt und auch die kirchliche Tradition keineswegs lückenlos ist? Sie ist für Passaglia letztlich daraus zu erschließen, dass die Kirche, die ja unter der Leitung des göttlichen Geistes steht und tiefer in die geoffenbarte Wahrheit eindringt, ab einem gewissen Zeitpunkt einhellig diese Wahrheit vertritt. Der göttliche Geist würde es nun nicht zulassen, dass die ganze Kirche in einen Irrtum verfällt. Daher muss das, was die Kirche in der Gegenwart in Übereinstimmung lehrt, wenn es sich um eine Glaubenswahrheit handelt, bereits in der ursprünglichen Offenbarung enthalten sein.

Dieser Argumentation wurde vor allem von dem Kirchenhistoriker Vincenzo Tizzani[115] (1809–1892) widersprochen, der mit Passaglia zwar darin übereinstimmte, dass nicht jede Glaubenswahrheit explizit in der Schrift bezeugt sein muss, der aber in einem solchen

Die Epoche eigenständiger Marienfrömmigkeit und Mariologie

Fall für eine spätere Definition verlangte, dass sich ein mehr oder weniger lückenloser Traditionsbeweis bis in die apostolische Zeit führen lasse. Er berief sich dafür auf das bekannte Axiom des Vincenz von Lérins[116]: *Quod ubique, quod semper, quod ab omnibus creditum est.*[117]

Passaglia bestritt im Gegenzug die universale Geltung dieses Axioms. Es gelte nur im positiven, nicht aber im negativ-ausschließenden Sinn. Nach Passaglia kann man mit diesem Prinzip keinen Beweis gegen die Katholizität, die Apostolizität und die Universalität einer Lehre führen, wenn diese sich einmal in der Kirche etabliert hat, auch wenn das nicht immer der Fall gewesen ist. „Er lehnt es ab, daß man die Offenbarung nach denselben Kriterien beurteilen könne, wie natürlich-menschliche Fakten. Für die Erkenntnis der Offenbarung gibt es nicht nur die testimonia, sondern auch das charisma doctoratus ... Die Kirche ... bezeugt nicht nur ein Faktum nach rein menschlichen Maßstäben, sondern sie lehrt es zugleich authentisch und autoritativ. So hat jede Zeit der Kirche ihren absoluten Wert und ist in sich beweiskräftig. Von dieser Unterscheidung aus kann auch das Kriterium richtig verstanden werden, nach dem bestimmte feierliche Akte der Kirche für die Definibilität genügen. Dieses Kriterium muß dann nicht erst nach der Regel des Vincenz von Lerins verifiziert werden".[118]

Nach Walter Kasper hat diese Diskussion einen dreifachen Ertrag: 1. „wird noch einmal deutlich herausgestellt, daß Tradition nicht gleich die Summe der übereinstimmenden Lehren der Väter ist. Diese Übereinstimmung ist zwar positiv ein Kriterium der Tradition, sie stellt aber kein negatives Kriterium derselben dar"[119]. Letztlich steht hinter dieser Aussage Passaglias die traditionelle Unterscheidung zwischen der Tradition als solcher und den Mitteln, in denen diese Tradition sich vollzieht. Beide sind nicht miteinander identisch. 2. Die Tradition vollzieht sich nicht nur in der Form des Zeugnisses, sondern auch in der der autoritativen und authentischen Lehrverkündigung der Kirche. Diese bezeugt nicht nur ein Faktum der Offenbarung, sondern legt es autoritativ als zu glauben vor. 3. Der Traditionsbeweis muss nicht „auf die Weise geführt werden, daß eine ununterbrochene Kette von Zeugen herausgestellt wird. Es genügt vielmehr, wenn die vorhandenen testimonia der Tradition im Lichte der Lehre der Kirche betrachtet werden ... Danach ist die Tradition nicht im rein historischen Sinn aufzufassen, sie geht aber auch nicht in der gegenwärtigen Verkündigung der Kirche auf. Der Heilige Geist belehrt die Kirche in der Form der Erinnerung an die historische, abgeschlossene Offenbarung Christi. In dieser Auffassung der Tradition sind beide für den Überlieferungsbegriff wesentlichen Elemente vereinigt, die historische Einmaligkeit der Offenbarung und das gegenwärtige Zeugnis der Kirche".[120]

Die Definitionsbulle, mit der das Dogma der Unbefleckten Empfängnis Mariens am 8. Dezember 1854 verkündet wurde, trägt den Titel *Ineffabilis Deus*. Sie hat eine zwar nicht lange, aber doch verwickelte Vorgeschichte, auf die ich hier nicht im Einzelnen eingehen kann. Acht Entwürfe waren nötig, bis man sich auf eine endgültige Fassung einigen konnte. Am Beginn standen die Vorarbeiten der Theologen, allen voran des bereits erwähnten Carlo Passaglia. Bei der Endfassung waren die bereits zur Feier der Definition angereisten Bischöfe der Weltkirche beteiligt, wenn auch Pius IX. selber sich die Endredaktion vorbehalten hat. Die Beteiligung des Weltepiskopates spielt beim Zustandekommen dieser dogmatischen Definition überhaupt eine entscheidende Rolle. Pius IX. hatte in der Enzyklika *Ubi primum* vom 2. Februar 1849 die Bischöfe um ihre Meinung bezüglich der Definibilität dieses Glaubenssatzes befragt. Von den 603 befragten Bischöfen äußerten sich 546 positiv. Die Stellungnahmen aller Bischöfe, aber auch von Ordensgemeinschaften und Universitäten, wurden in zehn Bänden veröffentlicht.[121] Diese Befragung des Weltepiskopates hatte den Zweck, die Position der gegenwärtigen Kirche im Hinblick auf den zu definierenden Glaubenssatz zu ermitteln. Wie wir gesehen haben, war dies nach der von Passaglia formulierten Theorie notwendig, um das Fehlen einer Schriftgrundlage und die Brüchigkeit des Traditionsbeweises zu kompensieren. Der übereinstimmende Glaube der Kirche der Gegenwart erlaubt aufgrund der Indefektibilität dieser Kirche den Rückschluss auf das Enthaltensein dieses Glaubenssatzes in der ursprünglichen Offenbarung.

Diese Theorie kommt auch in der endgültigen Fassung der Definitionsbulle deutlich zum Ausdruck. Während in vorhergehenden Fassungen in aufsteigender Linie argumentiert worden war, also beginnend mit der Heiligen Schrift über Traditionszeugnisse hin zum gegenwärtigen Lehramt der Kirche, argumentiert die Definitionsbulle vom 8. Dezember 1854 regressiv. Nachdem zunächst von der Begünstigung des Kultes der *Immaculata* durch die Päpste seit Sixtus IV. die Rede ist, wird die Übereinstimmung der Theologen, der Ordensfamilien und der Bischöfe herausgestellt, sodann die Übereinstimmung der Kirchenväter betont. All das macht, wie die Bulle selbst formuliert, deutlich, dass „die Kirche Christi ... die treue Bewahrerin und Verteidigerin der in ihr niedergelegten Glaubenswahrheiten [ist], an denen sie nichts ändert, an denen sie keine Abstriche macht und denen sie nichts hinzufügt. Mit aller Sorgfalt getreu und weise behandelt sie das Überlieferungsgut der Vorzeit. Ihr Streben geht dahin, die Glaubenslehren, die ehedem gelehrt wurden und im Glauben der Väter gleichsam noch im Keim niedergelegt worden waren, so auszusondern und zu beleuchten, daß jene Wahrheiten der himmlischen Lehre Klarheit, Licht und Bestimmtheit empfangen, zugleich aber auch ihre Fülle, Unversehrtheit und Eigentümlichkeit behalten und nur in ihrem eigenen Bereich, d. h. in ein und derselben Lehre, in ein und demselben Sinn und in ein und demselben Gehalt ein Wachstum aufzuweisen haben"[122]. Auch wenn nicht gesagt wird, von wem die Formulierung über die homogene Entwicklung eines Dogmas vom Keim zur ausgewachsenen Pflanze stammt, Kennern bleibt nicht verborgen, dass es Vincenz von Lérins war, der dieses Bild als Erster gebrauchte. Es fällt auf, dass in den bislang betrachteten Passagen der Definitionsbulle zwar ausführliche Zitate aus einer Apostolischen Konstitution des Papstes Alexander VII. vom 8. Dezember 1661 beggenen, aber keinerlei Zitate aus den Kirchenvätern. Von ihnen wird nur global behauptet: „Die in der himmlischen Offenbarung wohlbewanderten Väter und Schriftsteller der Kirche hielten nichts für wichtiger, als in den Schriften, die sie zur Erklärung der Schrift, zur Verteidigung des Glaubens und zur Belehrung der Gläubigen verfaßten, die höchste Heiligkeit und Würde der Jungfrau, ihr Freisein von jeder Sündenmakel und ihren

Maria in der kirchlichen Überlieferung

herrlichen Sieg über den schlimmsten Feind des Menschengeschlechtes in vielfacher und bewundernswerter Weise wie in edlem Wettstreit zu verkünden und hervorzuheben"[123].

Das Wort vom Sieg Mariens über den Feind, gemeint ist Satan, bereitet dann auch das einzige ausdrückliche Schriftzitat vor, das in der Definitionsbulle begegnet, nämlich Gen 3,15, das sog. Protoevangelium: „Ich will Feindschaft setzen zwischen Dir und der Frau, zwischen Deinen Nachkommen und ihren Nachkommen". Der zweite Teil dieses Verses begegnet nicht im wörtlichen Zitat, sondern bezeichnenderweise nur in Paraphrase. Denn gerade dieser Teil ist in seiner Deutung umstritten. Er heißt: „Er trifft Dich am Kopf und Du triffst ihn an der Ferse". Das Subjekt dieses Halbsatzes, das ich mit dem masoretischen Text als Maskulinum übersetzt habe, lautet in der Vulgata allerdings *ipsa*. Dementsprechend wurde dieser Text bis ins 16. Jahrhundert, als unter humanistischem Einfluss die Lesart des hebräischen Originals wieder bekannt wurde, mariologisch interpretiert. Die Definitionsbulle folgt dieser Tradition, wenn sie sagt, dass die heiligste Jungfrau, die mit dem Erlösungswerk ihres Sohnes auf innigste Weise verbunden ist, „mit ihm und durch ihn ewige Feindschaft mit der giftigen Schlange [hatte]; sie triumphierte über sie in vollkommenster Weise und zertrat so ihren Kopf mit ihrem makellosen Fuß"[124]. Weitere Schriftzitate fehlen. Es wird nur auf die Bilder verwiesen, die in der Tradition als Typen der Heiligkeit Mariens immer wieder begegneten, so das Bild von der Jakobsleiter und dem brennenden Dornbusch. Verwiesen wird auch auf den Gruß des Erzengels Gabriel, der Maria als „voll der Gnade" bezeichnet, sowie auf das Magnifikat.

Dann kehrt die Definitionsbulle wieder in die Gegenwart zurück, berichtet von der Befragung des Weltepiskopates, von den Vorarbeiten der Theologen und dem darauf gründenden Beschluss des Papstes, diese von der gesamten katholischen Kirche geglaubte Aussage zu definieren. Die Definition lautet folgendermaßen: „Nachdem Wir also ohne Unterlass in Demut und mit Fasten Unsere persönlichen und auch die gemeinsamen Gebete der Kirche Gott dem Vater durch seinen Sohn dargebracht haben, auf daß er durch den Heiligen Geist Unseren Sinn leite und stärke, nachdem

Wir auch den ganzen himmlischen Hof um seine Hilfe angefleht und inständigst den Heiligen Geist angerufen haben, erklären, verkünden und entscheiden Wir nun unter dem Beistand des Heiligen Geistes zur Ehre der heiligen und ungeteilten Dreifaltigkeit, zum Ruhme und zur Verherrlichung der jungfräulichen Gottesmutter, zur Erhöhung des katholischen Glaubens und zur Förderung der christlichen Religion, kraft der Autorität Unseres Herrn Jesus Christus, der heiligen Apostel Petrus und Paulus und Unserer eigenen: die Lehre, daß die allerseligste Jungfrau Maria im ersten Augenblick ihrer Empfängnis aufgrund einer besonderen Gnade und Auszeichnung [privilegio] von seiten des allmächtigen Gottes im Hinblick auf die Verdienste Jesu Christi, des Erlösers des menschlichen Geschlechtes, von jeder Makel der Erbsünde bewahrt blieb, ist von Gott geoffenbart und muß deshalb von allen Gläubigen fest und unabänderlich geglaubt werden. Wenn also jemand, was Gott verhüten wolle, anders, als von Uns entschieden ist, im Herzen zu denken wagt, der soll wissen und wohl bedenken, daß er sich selbst das Urteil gesprochen hat, daß er im Glauben Schiffbruch gelitten hat und von der Einheit der Kirche abgefallen ist"[125].

cc. Die Aussage des Dogmas aus heutiger Perspektive

Ich möchte an dieser Stelle wenigstens kurz auf das Verständnis dieses Dogmas aus heutiger Perspektive eingehen. Im ersten Kapitel dieses Überblicks ist deutlich geworden, dass Maria vom Zeugnis der Schrift her als exemplarische Jüngerin Jesu Christi zu betrachten ist. Aus dieser Perspektive ist es durchaus möglich, die wenig schriftgemäße Aussage ihrer „unbefleckten Empfängnis" bzw. ihrer Bewahrung vor der Erbsünde zu integrieren. Diese ist ja keineswegs so gemeint, dass Maria dadurch aus der allgemeinen Erlösungsbedürftigkeit der Menschheit herausgenommen werden soll. Die Hauptarbeit der das spätere Dogma theologisch vorbereitenden Theologen wie Duns Scotus bestand gerade darin, dessen Aussage mit der von der allgemeinen Erlösung durch Jesus Christus zu vermitteln.

Pius IX. hat sich m. E. damit begnügt, das von ihm verkündete Dogma als ein mehr oder weniger extrinsezistisch begründetes Privileg Mariens zu verstehen. Gerade wenn man sich nicht mit einer solchen Begründung zufriedengeben, sondern die Lehre von der Bewahrung Mariens vor der Erbsünde in ihrer allgemeinen Heilsbedeutung und ihrer Relevanz für unseren Glauben begreifen möchte, tut man gut daran, den Hinweisen der Heiligen Schrift zu folgen. Nach dem Neuen Testament setzen Jüngerschaft und Nachfolge Jesu Berufung voraus, wodurch der zuvorkommende Charakter der Gnade vor der Annahme derselben zum Ausdruck kommt. Dies gilt auch für Maria, das Urbild der Jüngerin. Sie kann ihr Ja zu der ihr von Gott zukommenden Berufung nur sagen, weil sie die von Gott „Begnadete" ist (Lk 1,28). Der Epheserbrief verallgemeinert diese Einsicht, indem er hymnisch von der Erwählung der Christen „vor der Erschaffung der Welt" spricht (Eph 1,4). Ich möchte vorschlagen, in einem gewissen Widerspruch zum Wortlaut der Definitionsbulle, die das Privileg Mariens unterstreicht, das Dogma von 1854 dahingehend zu interpretieren, dass uns dadurch die Grundlage jeder Jüngerschaft vor Augen gestellt werden soll, nämlich Erwählung und Begnadung durch Gott. In Maria wird demnach exemplarisch deutlich, dass Nachfolge nur in der zuvorkommenden Gnade Gottes möglich ist.

Auch wenn die evangelischen Christen und Kirchen aus verschiedenen Gründen die Dogmatisierung von 1854 ablehnen[126], so hindert nichts daran, den Inhalt des Dogmas im Sinne des der evangelischen Christenheit so zentralen *sola gratia* als Voraussetzung des *sola fide* zu verstehen. Martin Luther hat in seiner berühmten Magnificat-Auslegung von 1521 Maria als „das allervornehmste Beispiel der Gnade Gottes"[127] bezeichnet. Ich verstehe das Dogma von 1854 in diesem Sinn: Maria ist uns in ihrer Erwählung Zeichen dafür, dass Gott uns mit seiner Gnade zuvorkommt, dass er uns ohne unser Verdienst beruft, damit wir an seinem Erlösungswerk Anteil haben.

d. Die leibliche Aufnahme Mariens in den Himmel *(assumptio)*

Wie ich bereits zu Beginn des vorangegangenen Unterabschnittes gesagt habe, setzt die Reflexion über das Endschicksal der Gottesmutter früher ein als die über ihre Erbsündenfreiheit, aber es

Die Epoche eigenständiger Marienfrömmigkeit und Mariologie

kommt erst hundert Jahre nach der Dogmatisierung der *Immaculata conceptio* zur Dogmatisierung der leiblichen Aufnahme Mariens in den Himmel. Bei der Darstellung dieser Lehraussage gehe ich in der gleichen Weise vor wie im vorangegangenen Abschnitt. Ich werde zunächst die frömmigkeits- und theologiegeschichtliche Entwicklung skizzieren und dann auf die Dogmatisierung eingehen.

da. Die frömmigkeits- und theologiegeschichtliche Entwicklung

Am Beginn der Entwicklung dieses Gedankens steht ein liturgisches Fest. Im Umkreis des Konzils von Ephesus scheint ein Marienfest auf, das den Titel „Gedächtnis der Gottesmutter" *(mnéme theotókou)* trägt. Dieses Fest wurde in den einzelnen Ortskirchen, in denen es bekannt war, an unterschiedlichen Terminen gefeiert, meist jedoch in unmittelbarem Zusammenhang mit dem Weihnachtsfest. Wie bei den anderen Heiligen auch, beinhaltete das Gedächtnis Mariens auch den Gedanken an ihren Tod. Dieser scheint jedoch zunächst nicht im Mittelpunkt des Festes gestanden zu haben, sondern, wie die Nähe zu Weihnachten belegt, die Gottesmutterschaft Mariens. In Palästina, d. h. in Jerusalem, wurde dieses Fest am 15. August gefeiert. Kaiser Mauritius[128] hat um das Jahr 600 diesen Festtermin und als Inhalt die Entschlafung *(koímesis)* Mariens für das byzantinische Reich festgelegt.

Dieses Fest des Heimgangs Mariens ist eng verbunden mit einer den Festinhalt ausmalenden Legende, der sog. Transitus-Legende. Sie stammt wohl aus dem späten 5. Jahrhundert. Nach dieser Legende „erscheint Maria ein Engel, bringt ihr eine Palme und kündigt ihren Tod an. Sie ruft ihre Freunde zusammen und berichtet ihnen darüber, dann kommt Johannes und später die anderen Apostel, auch Paulus. Drei Tage vor ihrem Tod geht Maria aus, um zu beten. Da erscheint ihr Christus und sie dankt ihm für das, was er an ihr getan hat. Nach ihrem Tod gibt er Petrus Anweisungen für ihr Begräbnis. Auf dem Weg zum Grab wird der Trauerzug von den Juden angegriffen; dem Priester, der die Bahre berühren will, werden auf wunderbare Weise die Hände abgehauen, und seine Begleiter werden blind. Durch diese Wunder bekehren sie sich und werden geheilt. Dann legen die Apostel Marias Leib ins Grab, nach drei Tagen kommt Jesus wieder, Engel tragen den Leib ins Paradies und legen ihn unter den Baum des Lebens nieder, wo er mit seiner Seele wieder vereinigt wird"[129].

Eine, wahrscheinlich gegen Ende des 6. Jahrhunderts an diesem Fest gehaltene Predigt des Bischofs Theoteknos von Livias,[130] die erst in den 1950er Jahren ediert wurde, scheint das älteste Zeugnis für den Beginn einer theologischen Durchdringung des liturgisch gefeierten und legendarisch ausgeschmückten Marienfestes zu sein. Theoteknos nennt es bereits *análepsis tês hagías theotókou*, d. h. Aufnahme der heiligen Gottesmutter. Theoteknos gibt zum einen die bekannte Legende wieder, nennt aber auch Konvenienzgründe für die leibliche Aufnahme Mariens in den Himmel. Jesus Christus hat sein unbeflecktes Fleisch vom unbefleckten Fleisch Mariens genommen. Wenn er schon seinen Aposteln im Himmel einen Platz bereitet hat, wieviel mehr muss er dann seiner Mutter einen Platz im Himmel bereitet haben. Wenn Henoch und Elias in leiblicher Weise in den Himmel aufgefahren sind, um wieviel mehr muss Maria, „die wie der Mond unter den Sternen vor den Propheten und Aposteln erstrahlt und sie übertrifft", bereits leiblich bei Gott vollendet sein. Denn, so argumentiert Theoteknos, ihr Leib, der Gott getragen hat, hat zwar den Tod gekostet, konnte jedoch der Verderbnis des Todes nicht anheimfallen, sondern „wurde unverderbt und unbefleckt erhalten und mit seiner reinen und fleckenlosen Seele von den heiligen Erzengeln und Mächten in den Himmel hinaufgetragen und ist über Henoch und Elias und allen Propheten und Aposteln und Himmeln, Gott allein ausgenommen"[131]. Es muss schon zur Zeit des Theoteknos eine Diskussion darüber gegeben haben, ob Mariens Leib zusammen mit ihrer Seele in den Himmel aufgenommen wurde; denn der Bischof lehnt eine Theorie ab, nach der Mariens Leib im Paradies unverwest aufbewahrt werde, aber erst bei der allgemeinen Auferstehung mit der Seele wiedervereinigt werde. Theoteknos dagegen spricht sich dafür aus, dass Maria mit Leib und Seele im Himmel ist und dort ihr Amt der Fürbitte ausübt.

Damit sind wir wieder bei dem Thema angelangt, mit dem wir diesen Teil des Überblicks eröffnet haben, dem Thema der Anru-

Die Epoche eigenständiger Marienfrömmigkeit und Mariologie

fung Mariens bzw. ihrer Mittlerschaft. Die Predigten, die am Fest der Entschlafung bzw. der Aufnahme Mariens in den Himmel gehalten wurden, gipfeln zumeist in Aussagen der Fürsprache, die die in den Himmel erhobene Gottesmutter an Gottes Thron für die Menschen einlegt. Dies trifft z. B. für die von mir zitierten Predigten des Patriarchen Germanos von Konstantinopel zu. Der Glaube an die Aufnahme Mariens in den Himmel hat ihrer Fürsprecherrolle eine neue Basis verliehen.

Eine theologische Vertiefung erfährt die Thematik in einer Predigt, die dem Patriarchen Modestus[132] von Jerusalem zugeschrieben wird (erste Hälfte des 7. Jahrhunderts). Auch die Forscher, die diese Predigt für unecht halten, datieren sie ins späte 7. oder frühe 8. Jahrhundert. Wie dem auch sei, die Predigt ist für uns als eine der ersten theologischen Reflexionen des Assumptio-Glaubens wichtig. Der Prediger verzichtet voll und ganz auf die Legende, die seinem Vorredner Theoteknos noch so wichtig war. Stattdessen konzentriert er sich auf die theologische Begründung. Der Prediger spricht Maria selber an: „Sei gegrüßt, von Gott ersehnter, beseelter Tempel des unbegreiflich Höchsten, in dem die ungeschaffene und persönliche Weisheit Gottes des Vaters gewohnt, Christus, der Gott, und ihm den Tempel seines Leibes geformt hat. Er hat zum Heil der Welt in dir seine Ruhe gefunden, und es hat ihm gefallen, dich zur ewigen und glorreichen Ruhe aufzunehmen"[133]. Maria wird in dieser Anrufung als Tempel bezeichnet, in dem Jesus Christus, der Mensch gewordene Gott, den Tempel seines Leibes erhalten hat. Dies ist nun auch der eigentlich theologische Grund, warum der Leib Mariens der Verwesung nicht anheimgegeben werden konnte: „O glorreicher Heimgang der glorreichen Gottesmutter, die auch nach der Geburt unverletzt Jungfrau geblieben ist und die an ihrem das Leben bergenden Leib im Grab keine Verderbnis erlitten hat, da sie durch den aus ihr geborenen, alles vermögenden Heiland Christus davor bewahrt blieb"[134]. Maria ist, wie der Prediger mehrmals ausführt, mit Christus *sýssomos en aphtharsía*, das heißt wörtlich: mit-körperlich in der Unverderblichkeit bzw. Unverweslichkeit. Er greift damit ein biblisches Wort auf, das im Epheser-Brief (3,6) verwendet wird, um zum Ausdruck zu bringen, dass die Heiden zum selben Leib gehören wie die Juden.

Maria in der kirchlichen Überlieferung

Auf Maria übertragen bedeutet dies, dass sie, deren Leib den Herrn getragen hat, nun mit ihm auch in der leiblichen Auferstehung vereint ist. Sie ist, wie unser Prediger sagt, „aufgenommen, aufgenommen zum Herrn der Herrlichkeit"[135].

Aber nicht nur in der Verähnlichung Mariens mit ihrem Sohn in der Auferstehung sieht der Prediger den Assumptio-Glauben begründet, er führt auch andere Gründe an, so die Erfüllung des 4. Gebotes, die Eltern zu ehren, durch Jesus Christus. Maria ist aber nicht nur seine Mutter, sie wird auch als seine Braut bezeichnet, eine Bezeichnung, die sich um diese Zeit für Maria immer mehr durchsetzt. Sie ist mit Jesus Christus im himmlischen Brautgemach als die herrlichste seiner Bräute. Daneben finden sich auch viele der bekannten alttestamentlichen Typen: Maria als Bundeslade, als Berg, als Quelle, als Brücke zwischen Himmel und Erde. Alle diese Aussagen zielen auch bei Modestus darauf hin, Maria als Fürsprecherin, als Hilfe der Christen anzurufen, die diesen ihren Beistand nicht versagt.

Während die griechische Mariologie sich, wie wir bereits mehrfach gesehen haben, auf die liturgische Feier der Feste und eine entsprechende Predigttätigkeit beschränkt, unternimmt es die westliche Theologie, wenn wir so sagen dürfen, die Mariologie aus dem Gottesdienstraum in den Hörsaal zu übertragen. Werfen wir wenigstens einen kurzen Blick auf diese Entwicklung.

Für die Theologie des lateinischen Mittelalters erlangten in unserer Frage zwei Schriften eine große Bedeutung, die bezeichnenderweise nicht unter den Namen ihrer mittelalterlichen Verfasser verbreitet wurden, sondern die Verfasserschaft zweier großer Kirchenväter des Altertums für sich beanspruchten, nämlich Hieronymus und Augustinus. Diese beiden Schriften gilt es nun kurz vorzustellen. Die ältere von ihnen ist ein Brief des Pseudo-Hieronymus, hinter dem sich, wie die neuere Forschung herausgearbeitet hat, der Abt Paschasius Radbertus[136] aus dem nordfranzösischen Kloster Corbie († um 860) verbirgt. Dieser frühmittelalterliche Theologe dürfte theologisch Interessierten nicht ganz unbekannt sein, ist er doch als einer der beiden Kontrahenten des ersten Abendmahlsstreites in die Theologiegeschichte eingegangen. Paschasius antwortet in seinem Brief auf die Anfrage eines ihm befreundeten Nonnen-

Die Epoche eigenständiger Marienfrömmigkeit und Mariologie

klosters bezüglich des Festgegenstandes der Feier des 15. August. Die Nonnen fragten nach dem Schicksal des Leibes der Gottesmutter: Ist sie zusammen mit ihrem Leib aufgenommen worden oder ließ sie ihren Leib auf der Erde zurück? Paschasius warnt seine Briefpartnerinnen vor der Lektüre eines Transitusapokryphons, das vorgibt, alles genau zu wissen. Er beschränkt sich darauf festzustellen, dass Maria *a corpore migravit,* das heißt aus dem Körper ausgewandert ist[137]. Paschasius greift in seiner Formulierung wohl auf den zweiten Korintherbrief zurück, in dem Paulus ja davon schwärmt, aus dem Leib auszuwandern und beim Herrn zu sein (vgl. 2 Kor 5,8). Auch wenn Paschasius zugibt, dass Gottes Allmacht alles vermöge, so hält er doch daran fest, dass die Heilige Schrift über eine leibliche Aufnahme Mariens in den Himmel nichts berichtet. „Das Fest der Assumptio besagt also zunächst nur, daß Maria heute in den Himmel aufgenommen wurde, wie die Liturgie den Tag seit alters her feiert. Mit anderen Worten: Die Kirche feiert wie den Todestag aller Heiligen, so auch heute das Gedächtnis des Hinscheidens der Gottesmutter"[138]. Mit diesem Urteil trifft der gelehrte Abt sehr genau den ursprünglichen Inhalt des Festes, wie es in der Ost- und dann auch in der Westkirche gefeiert worden ist. Bezüglich der zentralen Frage bleibt er sehr zurückhaltend: „Was mit ihrem Leib geschah, ist zweitrangig und überdies recht schwierig zu ermitteln, denn von einem Leichnam Mariens ist nichts zu finden; nur behaupten einige, sie sei auferstanden und jetzt mit Unsterblichkeit bekleidet"[139]. Dieser in der Sache sehr zurückhaltende Brief des Pseudo-Hieronymus, der der erste mariologische Traktat des Mittelalters ist, blieb nicht ohne Wirkung. Zum einen, indem er in das Stundenbuch der lateinischen Kirche gelangte und bis zur Brevierreform des Jahres 1568 als Lesung zum 15. August fungierte, zum anderen, indem er eine Gegenschrift veranlasste, die keinen Geringeren als Augustinus zum Verfasser zu haben vorgab.

Während manche mittelalterlichen Autoren sich mühten, die historische Glaubwürdigkeit der Transituslegenden zu untermauern, versuchte es Pseudo-Augustinus mit theologischen Argumenten und konnte sich damit auf lange Sicht durchsetzen. Der Traktat „De Assumptione Beatae Mariae Virginis" wurde wohl erst lange nach dem Brief des Paschasius Radbertus geschrieben. Es finden sich keinerlei handschriftliche Zeugnisse dieses Traktates vor der zweiten Hälfte des 12. Jahrhunderts.[140] Der Verfasser des Traktats räumt ein, dass die Heilige Schrift zu dieser Frage nichts sagt. Die umstrittenen Apokryphen lässt er außer Betracht. Das bedeutet aber nicht, dass man nichts zu dieser Frage sagen könne. Denn in der Heiligen Schrift ist nicht alles gesagt, manches ist den Nachforschungen späterer Zeiten überlassen. Die in der Schrift niedergelegte Wahrheit hat ihre eigene Fruchtbarkeit; sie zeugt neue Erkenntnis der Wahrheit aus sich heraus. Begründet werden diese Überlegungen damit, dass es in der Schrift nicht nur den literarischen Sinn gebe, sondern auch einen hinter dem Buchstaben verborgenen mystischen Sinn. So bezeichne etwa der im Alten Testament berichtete Durchzug durch das Rote Meer die von Jesus Christus als Sakrament eingesetzte Taufe, das vom Himmel geschenkte Manna die Eucharistie und die Bundeslade die Kirche. Diese in der damaligen Theologie durchaus anerkannten Prinzipien werden nun auf die Mariologie angewendet. Wie argumentiert nun dieser Traktat im Hinblick auf die Frage der leiblichen Aufnahme Mariens in den Himmel? Es ist ein komplexes Argumentationsgeflecht, das es zunächst einmal zu entflechten gilt. Der Verfasser setzt ein mit der über die Stammeltern Adam und Eva verhängten Strafe der Verwesung. Alle von den Stammeltern herkommenden Menschen stehen unter diesem Gesetz. Nur das Fleisch Jesu Christi ist aufgrund der Auferstehung diesem Gesetz entgangen, und dieses Fleisch stammt bekanntermaßen vom Fleisch Mariens. Maria, die in unversehrter Jungfräulichkeit ihr Kind empfangen und es ohne Schmerzen geboren hat, hat schon in diesen beiden Hinsichten die über Eva verhängten Strafen nicht geteilt. Daraus kann geschlossen werden, dass sie zwar wie alle Menschen den Tod erlitten hat, dass aber ihr Leib nicht der Verwesung anheimgegeben wurde. Denn, wenn Christus seine Mutter schon vor der Verletzung ihrer Jungfräulichkeit bewahrt hat, warum sollte er nicht auch ihren Leib vor der Verwesung bewahrt haben? Die positive Antwort auf diese Frage wird begründet mit dem Hinweis auf das 4. Gebot. Wenn Jesus Christus schon gekommen ist, das Gesetz nicht aufzuheben, sondern zu erfüllen, dann musste er auch das 4. Gebot, das ja die Achtung der

Eltern gebietet, erfüllen. Ein anderes Argument, das in diesem Zusammenhang genannt wird, ist Jesu Gebet, dass die Jünger dort seien, wo er selber ist (vgl. Joh 17,24). Wenn er das schon für seine Jünger erbeten hat, so argumentiert unser Traktat, was soll man dann von der Mutter Jesu annehmen? Alle diese Konvenienzgründe lassen darauf schließen, dass Maria nicht nur der Seele, sondern auch dem Leibe nach im Himmel ist; denn „von jenem allerheiligsten Leibe, aus dem Christus Fleisch annahm, fürchte ich mich, zu behaupten, daß er dem allgemeinen Schicksal anheimfiel"[141]. Es folgen noch weitere Argumente solcher Art, z. B. der Hinweis auf Joh 12,26: „Wo ich bin, da soll auch mein Diener sein." Das muss nach der Logik unseres Traktats ganz besonders von Maria gelten, die ja die treueste Dienerin Jesu war. In die gleiche Richtung zielt auch eine andere Überlegung: Maria ist als Mutter Gottes eine so große Gnade zuteilgeworden, wie sollte ihr nach ihrem Tod weniger Gnade geschenkt worden sein? Alle kritischen Fragen werden mit der Gegenfrage zurückgedrängt: Warum sollte Jesus Christus, dessen Allmacht doch all das bewirken konnte, diese so sinnvolle Ehrung seiner Mutter nicht tatsächlich bewirkt haben? Es ist die gleiche Argumentationsfigur des *Potuit, decuit, fecit*, die auch in der Frage der unbefleckten Empfängnis Marias angewendet worden ist.

Die weitere Geschichte, die wir hier nicht im Einzelnen verfolgen können, hat allmählich eine Ablösung der kritischen, mit dem Namen des Hieronymus verbundenen Position durch die spekulative Position, die sich auf Augustinus berief, gebracht. Wenn man sich einmal auf die innere Dynamik des pseudo-augustinischen Traktats eingelassen hat, dann kann dieser ja eine gewisse innere Plausibilität nicht abgesprochen werden. Wenn man annimmt, dass Maria aufgrund ihrer wunderbaren Gottesmutterschaft aus der Schar der übrigen Menschen, auch der Heiligen, herausgehoben ist, dann erscheint es durchaus plausibel, dass ihr Leib, der sich auch nach der Geburt Jesu Christi nicht in die Niederungen menschlicher Sexualität begeben hat, nach ihrem Tode unmittelbar der Auferstehung teilhaftig wurde. Es ist interessant, dass Pseudo-Augustinus im Hinblick auf die leibliche Aufnahme Mariens in den Himmel ähnlich argumentiert wie Basilius im Hinblick auf die bleibende Jungfräulichkeit Mariens. Auch wenn diese sich aus der Heiligen Schrift nicht unmittelbar belegen lässt, so sagt der vom Jungfräulichkeitsideal durchdrungene Basilius doch, dass „wir Christusfreunde" nicht ertragen könnten, dass Maria mit Josef in einer normalen Ehe zusammengelebt habe. Ebenso fürchtet sich Pseudo-Augustinus zu behaupten, Maria habe das Endschicksal aller Menschen geteilt.

Im Gegensatz zur Frage der *Immaculata Conceptio,* die jahrhundertelang die Gemüter der Theologen bewegt hat, scheint es in der Frage der leiblichen Aufnahme Mariens in den Himmel keine solchen Kontroversen gegeben zu haben. Kein Orden hat diese Sache gegen einen anderen auf seine Fahnen geschrieben. Man feierte das Fest des 15. August, ohne auf eine lehramtliche Definition des Festinhaltes zu drängen. Dies geschah erst nach der feierlichen Verkündigung der *Immaculata Conceptio* im Jahre 1854. Mit Ausnahme der heftigen Kontroversen im Vorfeld kann die Dogmatisierung der *Assumptio* als eine Dublette der Dogmatisierung der *Immaculata Conceptio* betrachtet werden. Ich kann mich hier deshalb relativ kurz fassen. Im Vorfeld der Dogmatisierung von 1854 war über die Definibilität einer nicht in der Schrift und der frühen Tradition enthaltenen Glaubenswahrheit diskutiert worden. Als entscheidendes Argument hatte man den Glauben der gegenwärtigen Kirche ins Feld geführt, der aufgrund des Beistandes des Heiligen Geistes nicht in die Irre geführt worden sein kann. Genauso argumentierte man jetzt auch im Hinblick auf die leibliche Aufnahme Mariens in den Himmel. Zwar ging die Hoffnung ultramontaner Kreise, Pius IX. werde nach der Verkündigung der päpstlichen Unfehlbarkeit durch das Erste Vatikanische Konzil gleichsam als erste Ausübung dieser Vollmacht die Aufnahme Mariens in den Himmel dogmatisieren, nicht in Erfüllung. Der Papst selber verweigerte sich diesem Ansinnen. Aber es entstanden weltweit, vor allen in den romanischen Ländern, sog. assumptionistische Bewegungen, die sich mit entsprechenden Petitionen an den Papst wandten. Rom aber zeigte sich wider Erwarten erstaunlich zurückhaltend. Erst Papst Pius XII. schien die Zeit gekommen zu sein, zu einer formellen Definition dieser Glaubenswahrheit voranzuschreiten. Pater Giuseppe Filograssi, Professor für Dogmatische Theologie an der Jesuiten-Uni-

Die Epoche eigenständiger Marienfrömmigkeit und Mariologie

versität Gregoriana zu Rom, der Hauptverfasser der Definitionsbulle von 1950, verteidigt im Vorfeld die Argumentationsweise dieses Textes[142]. Die Theologie kann das Enthaltensein dieser Glaubenslehre in der göttlichen Offenbarung nur mittels einer regressiven Methode aufzeigen. Das heißt, sie hat auszugehen vom gegenwärtigen Glaubensbewusstsein der Kirche. Von diesem Ausgangspunkt her kann dann das Enthaltensein dieser Lehre in der ursprünglichen Offenbarung erschlossen werden. Diese Vorgehensweise stelle nach Filograssi keinen Zirkelschluss dar. Ein solcher läge dann vor, wenn behauptet würde, die Aufnahme Mariens in den Himmel müsse im Glaubensdepositum enthalten sein, weil sie von der Kirche gelehrt werde, und sie werde von der Kirche gelehrt, weil sie im Glaubensdepositum enthalten sei. Den Vorwurf des Zirkelschlusses versucht Filograssi auf folgende Weise zu entkräften: Zwar geht das Depositum fidei dem Konsens der Kirche sowohl zeitlich als auch objektiv voraus, aber in der Ordnung der subjektiven und logischen Erkenntnis kann aus etwas zeitlich Späterem durchaus auf etwas zeitlich Früheres geschlossen werden. Wenn das kirchliche Lehramt feststellt, eine Wahrheit sei in der Offenbarung enthalten, dann ist dies ohne Zweifel der Fall. So kann also aus der Lehre über das kirchliche Magisterium, die in sich klar ist, auf das Enthaltensein einer Glaubensaussage im Depositum fidei, welches zunächst noch umstritten ist, zurückgeschlossen werden. Man kann also sagen: die Lehre von der Aufnahme Mariens in den Himmel ist im Glaubensdepositum enthalten, weil sie vom kirchlichen Lehramt verkündigt wird. Alle weiteren Einwände, vor allem auch den, dass bei dieser Argumentation Traditions- und Schriftzeugnisse in einer Weise verwendet werden, die einer historisch-kritischen Überprüfung nicht standhält, werden mit Hinweis auf den Beistand des Heiligen Geistes entkräftet: „Der letzte Grund für die Legitimität der regressiven Methode ruht also in der Assistenz des Heiligen Geistes, der der Kirche verheißen und gegeben wurde. Durch ihn unterscheidet sie das Wort Gottes von dem, was ein solches nicht ist, und interpretiert seinen Sinn authentisch"[143]. Filograssi wendet sich damit vor allem gegen den Würzburger Patrologen Berthold Altaner, der sich in der Theologischen Revue von 1949 und 1950 gegen die Definibilität der leiblichen Aufnahme Mariens in den Himmel ausgesprochen hat, weil sich eine historische Tradition für diese Lehre seines Erachtens noch nicht einmal im 8. Jahrhundert nachweisen lässt.

db. Die Dogmatisierung von 1950

Dem Beispiel Pius' IX. folgend veranstaltete Pius XII. eine Umfrage in der katholischen Welt, ob die leibliche Aufnahme Mariens in den Himmel als von Gott geoffenbarte Glaubenslehre definiert werden solle. Wie nicht anders zu erwarten, sprachen sich diejenigen, die auf diese Umfrage reagierten, positiv aus. Das war ja bereits im Vorfeld von 1854 so. Diejenigen, die gegen eine solche Definition waren oder zumindest deren Opportunität in Zweifel zogen, schwiegen weithin. Im unmittelbaren Vorfeld von 1950 war die Position von Kritikern wie etwa Altaner noch schwieriger geworden. Bezeichnend ist, dass von den deutschen theologischen Lehranstalten nur die Ordens- und Diözesanhochschulen für eine Dogmatisierung votierten. An staatlichen theologischen Fakultäten sprachen sich nur einige Professoren, u. a. Klaudius Jüssen,[144] für eine solche aus. Im Jahre 1946 befragte Pius XII. die Bischöfe der Weltkirche um ihre Meinung. Das positive Echo auf diese Umfrage ermutigte ihn, die Vorbereitungen der Definition der leiblichen Aufnahme Mariens in den Himmel entschieden fortzusetzen. Der 1. November 1950 wurde als Termin der feierlichen Verkündigung des Dogmas festgesetzt. Am Vortag fand ein Konsistorium der in Rom versammelten Kardinäle statt, bei dem anscheinend einige der höchsten Würdenträger der katholischen Kirche es wagten, mit *Non placet* zu stimmen. Dennoch schritt Pius XII. am folgenden Tag zur Definition. Schauen wir uns die Definitionsbulle *Munificentissimus Deus*[145] etwas näher an.

Der Papst beginnt mit dem Hinweis auf die Ehrenvorzüge und Privilegien Mariens, unter denen die Unbefleckte Empfängnis der Gottesmutter eine besondere Stellung einnimmt. Nachdem diese Glaubenswahrheit von Pius IX. feierlich verkündet worden war, mehrten sich die Petitionen, auch die leibliche Aufnahme in den Himmel als Glaubenswahrheit festzustellen. Pius XII. verweist aus-

Die Epoche eigenständiger Marienfrömmigkeit und Mariologie

drücklich auf die zahlreichen Petitionen, die im Verlauf der Zeit nicht weniger, sondern mehr wurden, in denen die Übereinstimmung der Bischöfe und der Gläubigen in dieser Frage zum Ausdruck kam. Die einmütig positive Antwort des Episkopates auf die Umfrage von 1946 bekundet „durch sich selbst, mit völliger Sicherheit und ohne jeden Irrtum ..., daß dieser Gnadenvorzug Mariä eine von Gott geoffenbarte Wahrheit und in dem göttlichen Glaubensschatz enthalten ist, den Christus seiner Braut anvertraut hat, damit sie ihn in Treue bewahre und ohne Irrtum darlege. Das kirchliche Lehramt waltet dieses ihm übertragenen Amtes, die geoffenbarten Wahrheiten immerfort rein und unversehrt zu bewahren, nicht in rein menschlicher Betätigung, sondern unter dem Beistand des Geistes der Wahrheit. Darum überliefert es diese Wahrheiten unverfälscht, ohne etwas hinzuzufügen, ohne etwas wegzunehmen ... Daher kann der universellen Übereinstimmung des ordentlichen kirchlichen Lehramtes ein sicherer und unanfechtbarer Beweis entnommen werden, daß die leibliche Aufnahme der Allerseligsten Jungfrau Maria in den Himmel eine von Gott geoffenbarte Wahrheit ist"[146]. Der von seinem Berater verteidigten regressiven Methode entsprechend begibt sich Pius XII. nun daran, den gegenwärtigen Glauben der Kirche als legitime Entwicklung der vorangegangenen Tradition darzustellen: „Dieser einmütige Glaube der Kirche zeigt sich seit den frühesten Zeiten im Laufe der Jahrhunderte durch mannigfaltige Zeugnisse, Anzeichen und Spuren und tritt allmählich in immer hellerem Lichte hervor"[147]. An erster Stelle nennt der Papst die Liturgie, die den Glauben der Kirche nicht schafft, sondern ihn voraussetzt und bezeugt. Danach folgen die Kirchenväter. Ausdrücklich werden Johannes von Damaskus[148] († um 750) sowie der uns schon bekannte Patriarch Germanos von Konstantinopel genannt; ohne Namensnennung wird die Modestus von Jerusalem zugeschriebene Predigt, die wir oben bereits vorgestellt haben, zitiert. Danach folgt eine Fülle von scholastischen Theologen, aber auch Zeugnisse von Heiligen wie Bernhardin von Siena, Franz von Sales u. a. Erst danach kommt der Papst zur Heiligen Schrift: „Alle diese Beweise und Erwägungen der Heiligen Väter und der Theologen gründen letztlich auf der Heiligen Schrift. Diese stellt uns die hehre Gottesmutter als aufs engste mit ihrem göttlichen Sohne verbunden und sein Los immer teilend vor Augen. Daher scheint es unmöglich, sie nach diesem irdischen Leben, wenn nicht der Seele, so doch dem Leibe nach von Christus getrennt zu denken, sie, die Christus empfangen, geboren, an ihrer Brust genährt, ihn in den Armen getragen und an ihr Herz gedrückt hat. Weil nun unser Erlöser der Sohn Mariä ist, mußte er, der vollkommenste Beobachter des Gesetzes, in der Tat, wie den Vater, so auch seine liebe Mutter ehren. Da er ihr die große Ehre erweisen konnte, sie vor der Verwesung des Todes zu bewahren, muß man also glauben, daß er es wirklich getan hat.

Ganz besonders ist aber darauf hinzuweisen, daß von den Heiligen Vätern schon seit dem 2. Jahrhundert Maria als die neue Eva hingestellt wird, die mit dem neuen Adam, wenn auch in Unterordnung unter ihn, aufs engste im Kampf gegen den höllischen Feind verbunden war. Dieser Kampf mußte, wie es im Proto-Evangelium vorausgesagt ist, zum völligen Sieg über Sünde und Tod, die in den Schriften des Völkerapostels beide immer miteinander verknüpft erscheinen, führen. Wie daher die glorreiche Auferstehung Christi ein wesentlicher Teil und das letzte Wahrzeichen des Sieges ist, so mußte auch der von Maria gemeinsam mit ihrem Sohn geführte Kampf mit der Verherrlichung ihres jungfräulichen Leibes abschließen; denn, so sagt gleichfalls der Apostel, ‚wenn ... der sterbliche Leib die Unsterblichkeit anzieht, dann wird sich das Wort erfüllen, das geschrieben steht: Verschlungen ist der Tod im Sieg' [1 Kor 15,54].

Die erhabene Gottesmutter, die mit Jesus Christus von aller Ewigkeit her ‚durch ein und dasselbe Dekret' [übernommen aus der Definitionsbulle von 1854] der Vorherbestimmung in geheimnisvoller Weise verbunden war; sie, die unbefleckt war in ihrer Empfängnis, die in ihrer Gottesmutterschaft unversehrte Jungfrau blieb, sie, die hochherzige Gehilfin des göttlichen Erlösers, der über die Sünde und ihre Folgen den vollen Sieg errungen hat: sie erhielt als herrliche Krone aller ihrer Ehrenvorzüge, daß sie von der Verwesung im Grab verschont blieb und wie ihr Sohn nach dem Sieg über den Tod mit Leib und Seele in die Herrlichkeit des Himmels aufgenommen wurde, um dort zur Rechten ihres Sohnes, des unsterblichen Königs der Ewigkeit, als Königin zu erstrahlen"[149].

Bevor er zur eigentlichen Definition schreitet, gibt der Papst seiner Hoffnung Ausdruck, dass diese Definition ein Segen für die Menschheit sein wird. Durch die lehramtliche Verkündigung der leiblichen Aufnahme Mariens in den Himmel soll nicht nur die Verehrung der Gottesmutter gefördert werden, es soll auch der hohe Wert des menschlichen Lebens unterstrichen werden und gegenüber dem zeitgenössischen Materialismus herausgestellt werden, zu welch erhabenem Ziel der Mensch bestimmt ist. Der Glaube an die leibliche Aufnahme Mariens in den Himmel soll den Glauben an die Auferstehung aller Menschen stärken und sie zu entsprechendem Handeln ermutigen.

Die eigentliche Definitionsformel lautet: „Nachdem Wir nun immer und immer inständig zu Gott gefleht und den Geist der Wahrheit angerufen haben, verkündigen, erklären und definieren Wir zur Verherrlichung des allmächtigen Gottes, dessen ganz besonderes Wohlwollen über der Jungfrau Maria gewaltet hat, zur Ehre seines Sohnes, des unsterblichen Königs der Ewigkeit, des Siegers über Sünde und Tod, zur Mehrung der Herrlichkeit der erhabenen Gottesmutter, zur Freude und zum Jubel der ganzen Kirche, in Kraft der Vollmacht Unseres Herrn Jesus Christus, der heiligen Apostel Petrus und Paulus und Unserer eigenen Vollmacht: die unbefleckte und immerwährend jungfräuliche Gottesmutter Maria ist, nachdem sie ihren irdischen Lebenslauf vollendet hatte, mit Leib und Seele zur himmlischen Herrlichkeit aufgenommen worden.

Wenn daher, was Gott verhüte, jemand diese Wahrheit, die von Uns definiert worden ist, zu leugnen oder bewußt in Zweifel zu ziehen wagt, so soll er wissen, daß er vollständig vom göttlichen und katholischen Glauben abgefallen ist!"[150]

Noch ein kurzer Hinweis: Die Formulierung „nachdem sie ihren irdischen Lebenslauf vollendet hatte" war gewählt worden, um die im Vorfeld der Definition entbrannte Diskussion über den Tod Mariens auszuklammern. Von einigen Mariologen war nämlich die These verfochten worden, Maria sei ohne vorausgehenden Tod in den Himmel aufgenommen worden, während andere in ihrem Tod gerade ein Zeichen der Verähnlichung mit Christus sahen, dem dann die Verähnlichung in der Auferstehung folgte.

dc. Die Aussage des Dogmas aus heutiger Perspektive

Anders als beim Dogma der Unbefleckten Empfängnis Mariens dürfte es beim Dogma ihrer leiblichen Aufnahme in den Himmel kaum schwerfallen, diese Aussage mit der gegenwärtigen Eschatologie zu verknüpfen. Hat doch das Dogma von 1950 als Privileg Mariens formuliert, was eine breite Strömung der gegenwärtigen katholischen Eschatologie für alle Verstorbenen annimmt, wenn sie von einer „Auferstehung im Tod" spricht. „Das Grundanliegen der (meist von Karl Rahner inspirierten) neueren Entwürfe lässt sich so zusammenfassen: Der *eine* Mensch (als leibhafte Person) hat von Christus her nur *eine* Hoffnung auf Überwindung des Todes, nämlich auf die *Auferstehung* als Teilnahme an der Auferstehung Jesu. Nicht die Seligkeit der leibfreien, unsterblichen Seele kann das hervorgehobene Ziel unserer Hoffnung sein, sondern die den Tod besiegende, ganzmenschliche Gemeinschaft mit dem auferstandenen Christus"[151].

Diese Auffassung, von der sich etwa Joseph Ratzinger in der Auseinandersetzung mit Gisbert Greshake distanziert hat, versucht zum einen dem biblischen Zeugnis gerecht zu werden und zum andern dualistische Tendenzen in der Anthropologie wie in der Eschatologie zu überwinden. „Dies geschieht vor allem dadurch, daß man jetzt (1) Unsterblichkeit der Seele und Auferstehung des Leibes miteinander identifiziert und (2) dieses *eine* Vollendungsgeschehen bereits im Tod jedes Einzelnen ansiedelt. Das heißt: Die Vollendung, die der glaubende Mensch im Tod erhofft, also das endgültige Aufgehobensein seiner Lebensgeschichte im Leben Gottes, wird gleichgesetzt mit dem, was die Schrift ‚Auferstehung der Toten' nennt".[152]

Das Problem, wie man angesichts der noch nicht verwesten „sterblichen Hülle" eines Menschen von dessen leiblicher Auferstehung sprechen kann, entschärft sich, wenn man bedenkt, was „Leib" nach biblischer Sicht bedeutet: Leib meint „im biblischen Sinn nicht den Gegensatz zur ‚Seele' oder zur geistigen Person (also eine materielle Substanz) …, sondern in der Regel den ganzen Menschen, *insofern* er in Beziehung zur Welt und zu den anderen Menschen gesehen wird … Unter dieser Rücksicht sind Leib und ‚Selbst'

Die Epoche eigenständiger Marienfrömmigkeit und Mariologie

des Menschen identisch, wie es etwa im Einsetzungsbericht der Eucharistiefeier zum Ausdruck kommt: ‚Das ist mein Leib, der für euch hingegeben wird.'"[153]

Um das Gesagte zu verstehen, ist auch die in der neueren philosophischen Anthropologie geläufige Unterscheidung zwischen Leib und Körper hilfreich. „Körper" bezeichnet „die materielle, sich in Raum und Zeit ausdehnende Wirklichkeit des Menschen *rein ‚in sich'* ... (also seine Haut, sein Fleisch und Blut, seine Knochen, eben das biologisch-chemische Substrat, das er mit den anderen Lebewesen dieser Erde gemeinsam hat). ‚Leib' dagegen ist ein viel weiterer Begriff; er meint die ganze welthaft-geschichtlich-materielle Selbstdarstellung des Menschen als Person."[154] Während der Körper nach dem Tod zerfällt, verändert sich zwar die Beziehungswirklichkeit Leib, aber dieser „ist ein wesentliches, unverzichtbares Moment des vollendeten Lebens der Auferstehung"[155].

Die Autoren und unmittelbaren Adressaten der neutestamentlichen Schriften hatten unsere Verstehensprobleme wohl noch nicht. Zur Vorstellungswelt der Apokalyptik, von der das Neue Testament ohne Zweifel abhängig ist, gehörte „die Vorstellung einer Neubelebung oder Umwandlung oder Neuschöpfung des verwesten Leichnams"[156] bzw. die Heraufführung einer mit der bestehenden Welt vergleichbaren „neuen Erde". Diese Vorstellungen werden heute als mythologische betrachtet, „die die Unvergleichbarkeit sowohl von göttlicher und menschlicher wie auch von innergeschichtlicher und geschichtstranszendenter Wirklichkeit vernachlässigen"[157]. Die „*Vorstellung* eines ‚körperlich' erscheinenden Auferstehungsleibes, der also doch irgendwie auf vergleichbare Weise wahrnehmbar sein soll wie der jetzige, in Raum und Zeit empirisch zu erkennende Leib [ist uns heute] kaum mehr nachvollziehbar"[158].

Warum verzichtet man nicht ganz auf die schwierig zu verstehende Aussage von der Auferstehung des Leibes? Wohl nicht nur aus dem äußeren Grund, dass man dann in Schwierigkeiten mit Aussagen der Schrift und kirchlicher Bekenntnisformulierungen käme, sondern auch aus sachlichen Gründen. Die christliche Aussage von der leiblichen Auferstehung hält gegen eine rein spiritualisierende Eschatologie fest: „Der Mensch ist nicht vollendbar als ein rein geistiges Ich bzw. als eine ‚Seele', die in ‚leibfreiem' Zustand selig sein kann (eben durch die sie befreiende Trennung vom Leib im Tod). Vielmehr existiert er grundsätzlich als eine personale Freiheit, die sich nur in der mitmenschlichen Beziehung zur Geschichte und zur Welt verwirklicht. Innerhalb des raumzeitlich gebundenen Daseins vor dem Tod vollzieht sich diese Beziehung nur im Medium der materiellen Körperlichkeit; im Tod aber tritt der Mensch ... aus der so raumzeitlich strukturierten Welt heraus, so daß der Körper als solcher für ihn seine Bedeutung verliert. Damit fällt er aber keineswegs schlechthin aus dem Vollendungsgeschehen heraus: Als jene *Gestalt*, die der Mensch von sich her in seiner geschichtlichen Verwirklichung gefunden hat und in der sich (umgekehrt) die Welt in ihn eingeprägt hat, bleibt der Leib und die in ihm versammelte, personal angeeignete und durchformte Materialität unserer Welt endgültig aufgehoben. Anders gesagt: Der Mensch tritt im Tod in seine Vollendung immer nur als jemand ein, der in Beziehung zu anderen Menschen steht, mit denen er in einer gemeinsamen Geschichte und Gesellschaft verbunden ist; der in Beziehung steht zur Kultur und zur Technik, welche er sich als menschliche Lebenswelt schafft; der fernerhin in Beziehung steht zur Natur, die ihm als menschliche Umwelt anvertraut ist. ‚Auferstehung des Leibes' meint deswegen: Der Mensch als relationales Wesen wird nur mit seinen je besonderen, bleibenden Beziehungen zur mitmenschlichen, kulturellen und natürlichen Welt vollendet, die ihn erst zu der konkreten, geschichtlichen Person machen. Diese Beziehungen brechen im Tod in ihrer empirischen, raumzeitlich gebundenen (‚körperhaften') Erscheinungsweise ab; wenn aber der Tod nicht nur Ende, sondern auch Vollendung bedeutet, dann ist der Mensch genau *in* diesen seinen geschichtlichen Bezügen endgültig ‚aufgehoben'"[159].

Wenn man die Aussagen des Dogmas von 1950 in diesem Sinne versteht, dann ist man aller Begründungen für ein Privileg Mariens enthoben. Es ist allerdings zu bezweifeln, dass Pius XII. oder die gegenwärtig von der Glaubenskongregation vertretene Theologie über diese Brücke gehen möchten. Wie dem auch sei, in der Aussage von der leiblichen Aufnahme Mariens in den Himmel wird, aus heutiger Perspektive, mit der Symbolgestalt Maria etwas über die Vollendung der einzelnen Menschen und der Menschheit als ganzer gesagt. Angesichts eines verbreiteten Materialismus und einer reinen Diesseitsorientierung weiter Bevölkerungskreise erscheint das Dogma von 1950 geradezu prophetisch. Es bleibt allerdings zu fragen, ob eine so schwierig zu verstehende und deshalb erklärungsbedürftige Botschaft ihre Adressaten überhaupt erreicht. Es ist zu fragen, ob der „Umweg" über Maria heute noch hilfreich ist und ob eine direkte eschatologische Verkündigung nicht sinnvoller wäre.

III. Annäherungen an die Mutter Jesu seit dem Zweiten Vatikanischen Konzil

Zur Einführung: Maria in den Krisen

Eine Momentaufnahme aus dem Mai 2022: In Deutschland ist es wunderbar warm, Blumen und Sträucher blühen in diesem Jahr besonders üppig und lassen den Marienmonat zum Wonnemonat werden. Doch so richtig wohlig will es einem nicht zumute werden in diesem Mai. Schon wieder ist es zu trocken – ein deutliches Zeichen dafür, dass die Folgen der Erderwärmung auch in Deutschland längst spürbar sind. Dabei ist der Klimawandel keineswegs die einzige Krise, die Aufmerksamkeit und Schlagzeilen für sich beansprucht. Mitten in Europa tobt seit dem Einmarsch der russischen Truppen am 24. Februar dieses Jahres in die Ukraine ein Krieg mit einem Ausmaß an Zerstörung, menschlichem Leid und Grausamkeit, das die meisten von uns sich nicht hatten vorstellen können oder wollen. Mit der Corona-Pandemie ist auch die dritte der großen Krisen keineswegs vorbei, wenn sie auch hierzulande den größten Schrecken verloren hat. Krisengebeutelt ist schließlich auch die katholische Kirche. Der weltweite Missbrauch Minderjähriger durch Kleriker erschüttert die Institution in einer bisher nicht gekannten Heftigkeit. Immer weitere Gutachten lassen nicht nur Rückschlüsse auf Fallzahlen zu. Sie legen auch den Finger darauf, wie sehr kirchliche Strukturen dazu beitragen, die Taten zu vertuschen und den von Missbrauch Betroffenen Gerechtigkeit oder auch nur Anerkennung zu verweigern.[1]

In diesen Krisen, die sich in diesem eigentlich so freundlich aussehenden Mai 2022 überlappen, ist Maria, die Mutter Jesu, ungewöhnlich präsent – jedenfalls für deutsche Gewohnheiten. Am 25. März weiht Papst Franziskus die Ukraine und Russland an das Unbefleckte Herz Mariens und vollzieht darin eine Form der Marienverehrung, die bis ins 5. Jahrhundert n. Chr. zurückreicht. Es ist ein Akt der besonderen Widmung der beiden Länder an die Gottesmutter, eine intensive Bitte um Beistand, Schutz und Frieden.[2] Der

Text der Marienweihe ist voller Anspielungen auf Traditionen, die sich mit Maria verbunden haben.³ Auf den Kirchenvater Irenäus von Lyon geht die Vorstellung von Maria als Knotenlöserin zurück, die die „Verstrickungen unseres Herzens und die Knoten unserer Zeit" zu entwirren vermag.⁴ Die Anrede „du Irdische im Himmel" zitiert eine byzantinisch-slawische Hymne aus der monastischen Tradition und richtet sich an Maria als diejenige, die in den Himmel aufgenommen wurde. Es finden sich Verweise auf die Marienerscheinungen in Fatima/Portugal (1907) und Guadalupe/Mexiko (1531). Von den syrischen Kirchenvätern stammt das Bild von Maria als „Weberin", die „das Menschsein in Jesus eingewoben" hat.

Bei aller Aufnahme alter Traditionen ist der Text der Marienweihe dennoch deutlich ein Zeugnis zeitgenössischer Mariologie, wie sie auf und nach dem Zweiten Vatikanischen Konzil (1962–65) üblich geworden ist (s. u. Kap. 1 u. 2). Gegenüber der hypertrophen Marienverehrung, die für das marianische Jahrhundert von Mitte des 19. bis Mitte des 20. Jahrhunderts so charakteristisch war, ist der Text einigermaßen nüchtern. Das Gebet richtet sich an Maria weder als süßliche Herzenskönigin noch als himmlische Macht, die weit über den Menschen thront. Schon gar nicht ist sie die parteiische Kriegsherrin, als die sie der Moskauer Patriarch Kyrill I. erscheinen lässt, indem er zwei Tage zuvor dem Kommandanten der in der Ukraine kämpfenden Nationalgarde eine Marien-Ikone übergibt.⁵

Auch in der katholischen Kirche hat es eine bis ins 20. Jahrhundert reichende Selbstverständlichkeit, Maria als Kriegsherrin anzurufen. Ihre Spuren begegnen, oft wenig wahrgenommen, in dem auf die Türkenkriege zurückgehenden Gedenktag „Mariae Namen"⁶ oder in Kirchenbauten wie der 1873 fertiggestellten Kirche „Maria vom Siege" in Wien. Diese Inanspruchnahme Mariens durchbricht der Papst bewusst. Auch wenn die Aggression Russlands noch so offensichtlich ist, empfiehlt er beide Länder der Mutter Gottes und vermeidet so, Maria zur Kriegspartei zu machen. Überhaupt werden von ihr keine Machttaten erwartet, in denen sie sich über irdische Mächte hinwegsetzen würde. Die Bitte zielt vielmehr darauf, dass Maria Möglichkeiten eröffne, die angesichts des Krieges in weite Ferne gerückt scheinen, aber dennoch *in* den Menschen selbst liegen: dass verhärtete Herzen weich und die Leidenden getröstet werden, dass Versöhnung geschieht. Wie man es vielleicht von einer Schwester oder eine Mutter erwarten würde, so auch von Maria: Sie möge auf das Innere der Menschen wirken, damit sie so sind, wie sie füreinander sein sollen – menschlich, *human*.

In Deutschland erscheint die Weihe dennoch vielen aus der Zeit gefallen: eine irrational, magisch und hilflos anmutende Handlung, wo Politik und klare Parteilichkeit auch vonseiten der Kirche gefragt wären.[7] Gerade in dieser „Unangemessenheit" ist der Akt der Marienweihe eine Zeitdiagnose. Der Papst setzt ihn angesichts der Irrationalität dieses Krieges, der Angst vor einer immer noch weiter eskalierenden Gewalt und der Erfahrung, dass die Appelle an Vernunft und Menschlichkeit verhallen. Zweifellos lässt sich die Marienweihe als eine Form der Kompensation verstehen: Sie täuscht eine Wirksamkeit vor, wo eigentlich Hilflosigkeit herrscht. Sie verbreitet Hoffnung, die die Gräuel des Krieges vielleicht erträglicher macht. Doch lässt sich die Übergabe der beiden Länder an das Herz Mariens auch anders lesen: als ein durch den Akt der Weihe selbst vollzogener, performativer Ausstieg aus der Dynamik des Krieges, in der Gewalt gegen Gewalt, Embargo gegen Embargo, Drohung gegen Drohung steht. Ob die Anrufung Mariens die Logik der Dominanz kompensiert und so fortschreibt oder ob sie sie unterbricht – es ist nicht eindeutig zu entscheiden.

Weit unbemerkter, jedenfalls von der deutschen Öffentlichkeit, hatten auch während der Corona-Pandemie Länder auf die Marienweihe zurückgegriffen. Am 1. Mai 2020 wurden die USA und Kanada der Mutter Gottes geweiht und folgten darin Irland, Portugal, Spanien und zahlreichen anderen Ländern. Auch hier liegt der Kompensationsverdacht nahe, denn auch hier geschieht die Bitte um Schutz und Schirm angesichts tiefgreifender Erfahrungen von Verletzlichkeit, die uns als Einzelne, aber auch die gesellschaftlichen Systeme betreffen. Tröstet Maria auch in der Situation der Pandemie über die eigene Verletzlichkeit hinweg? Oder unterbricht der Akt der Marienweihe die Logiken, die COVID-19 wenigstens kurzfristig so gründlich über den Haufen geworfen hatte – ein Zulassen von Trauer in einem sonst von Zwecken und ökonomischen Interessen beherrschten Alltag; eine Parteinahme für Fürsorge und Rücksichtnahme; eine Entschleunigung, die viele dringend notwendig hatten; ein Trotzdem des Vertrauens in das Leben, wenn dieses grundlegend erschüttert wird? Die Verehrung Marias und die sie reflektierende Mariologie – sie könnte mehr sein als ein Reservat, in das alles eingeschlossen wird, was sonst wenig Platz hat. Womöglich lassen sich mit Maria neue Perspektiven, neue Handlungsmöglichkeiten öffnen, die quer und kritisch zu dem stehen, was unseren Alltag oft unhinterfragt bestimmt?

In diese Richtung deutet jedenfalls die Art und Weise, wie Papst Franziskus auf die Mutter Jesu in der Klimakrise Bezug nimmt. Mit seinem Pontifikat hat sich die katholische Kirche auch auf der höchsten Ebene aktiv des Themas der Ökologie angenommen. In der Enzyklika *Laudato si'* (2015) beschreibt der Papst Ursachen und Folgen der Umweltzerstörung in ihren Auswirkungen insbesondere für die Länder des globalen Südens und ruft zur weltweiten Zusammenarbeit in der Sorge um das „gemeinsame Haus" auf. Im Text preist er Maria als „Mutter und Königin der Schöpfung" in ihrer Sorge für die verletzte Welt.[8]

Dass die Mutter Jesu eine besondere Nähe zur Natur hat, ist im Brauchtum vielfach verankert. Gläubige feiern Maiandachten draußen in der blühenden Natur. Zum Fest Mariä Himmelfahrt am 15. August werden Kräuterbuschen gebunden. Die Tradition geht auf die Legendenbildung rund um die Entschlafung (lat. *dormitio*) Mariens zurück.[9] Nachdem die Engel Maria in den Himmel getragen haben, finden die Apostel statt ihrem Leichnam Blumen und Blüten unter dem Leichentuch. Vermutlich sind auch schon früh Züge der Natur-Göttin Isis auf Maria übergegangen (s. Kap. 7). Neueren Datums ist, dass Papst Franziskus mit Maria auf eine Gefährdung der Natur verweist und dies mit dem Aufruf zu Gerechtigkeit verbindet. Hier nimmt er Impulse auf, die die in den 60er und 70er Jahren in Lateinamerika entstandene Theologie der Befreiung, eine der wichtigsten theologischen Strömungen nach dem Konzil, in den theologischen Diskurs eingebracht hat. Die Theologie der Befreiung hatte Maria, die sich im Lukasevangelium als Sklavin des Herrn (Lk 1,38) bezeichnet und das Magnifikat (Lk 1,46–55) singt, als eine Repräsentantin der armen Bevölkerung wiederentdeckt – sowohl biblisch als auch in der gegenwärtigen Situation Lateinamerikas (s. Kap. 5).[10] Der Papst greift dies auf: Er sieht die Mutter Jesu an der Seite der Marginalisierten, die die Auswirkungen des Klimawandels mit besonderer Härte treffen, und ebenso an der Seite der bedrohten Mitgeschöpfe des Menschen: „Wie sie mit durchbohrtem Herzen den Tod Jesu beweinte, so fühlt sie jetzt Mitleid mit den Armen an ihren Kreuzen und mit den durch menschliche Macht zugrunde gerichteten Geschöpfen."[11]

Auch die im Jahr 2019 tagende Amazonien-Synode lässt Maria im Zusammenhang der ökologischen Krise anklingen. Menschen aus dem Amazonas-Gebiet teilen ihre Erfahrungen mit dem Klimawandel, machen die Auswirkungen sichtbar und diskutieren Lösungsansätze. Das Abschlussdokument wurde am 12. Dezember verabschiedet, dem Gedenktag der Jungfrau von Guadalupe, der Schutzheiligen Lateinamerikas[12] und Integrationsfigur insbesondere für die indigene Bevölkerung. Auch in der Volksfrömmigkeit Lateinamerikas besitzt die Guadalupana eine starke Verbindung zur Natur.[13] Verehrt wird sie am ehemaligen Heiligtumsort von Tonantzin-Cihuacóatl, einer der wichtigsten Göttinnen des vorspanischen Mexiko. Wie so oft während der Ausbreitung des Christentums sind Züge und Funktionen der Natur-Göttin auf Maria übergegangen.

Doch selbst in der Verbindung von Ökologie und Gerechtigkeit, in der Maria so eindeutig positioniert scheint, ist die Bezugnahme auf sie nicht ohne Zweideutigkeiten. Die Verehrung der Mutter Jesu kam mit den Kolonialmächten nach Lateinamerikas, und sie wurde angerufen als Beistand der Unterdrücker. Die Jungfrau von Guadalupe ist entsprechend eine Figur, die zwischen den Kulturen steht: An der Seite der Indigenen stehend verkörpert sie doch auch die Geschichte des Kolonialismus, dessen Logiken sich bis heute in der Abholzung der Wälder des Amazonasgebiets fortsetzen. Wie lässt sich heute mit dieser Geschichte und ihren Folgen umgehen, wenn Mariologie und Marienfrömmigkeit sie nicht einfach überdecken sollen? Aus der Theologie der Befreiung und ihrer Beschäftigung mit der Mutter Jesu erwächst so auch eine Aufmerksamkeit für postkoloniale Zusammenhänge, die wiederum den Blick auf Maria verändern (s. Kap. 6).

Schließlich begegnet der Name der Gottesmutter gerade in Deutschland im Jahr 2022 in ungewohnter Häufigkeit. Im Zuge der Aufarbeitung der Missbrauchskrise läuft seit Dezember 2019 der Reformprozess „Synodaler Weg". Die Delegierten – Mitglieder der Deutschen Bischofskonferenz, Vertreter*innen des Zentralkomitees der deutschen Katholiken sowie Vertreter*innen geistlicher Dienste und kirchlicher Ämter, junge Menschen und Einzelpersönlichkeiten – diskutieren in den Synodalversammlungen und Arbeitsgruppen Strukturreformen der Kirche, darunter die Beteiligung von Frauen an den Leitungsstrukturen der Kirche und, in der gegenwärtigen Verfasstheit der katholischen Kirche untrennbar damit verbunden, die Frage nach der Zulassung von Frauen zum kirchlichen Amt.

In dieser Gemengelage ist Maria Namensgeberin einer Initiative von engagierten Katholikinnen, die sich unter der Überschrift „Maria 2.0" zusammengefunden haben und die Machtfrage stellen.[14] Sie fordern Kirchenreformen, nicht zuletzt eine Zulassung von Frauen zu allen kirchlichen Ämtern. Diese Forderung ist nicht neu, erhält aber durch den Missbrauchsskandal eine neue Dringlichkeit, denn – so die Diagnose: Die wechselseitige Abhängigkeit zölibatär lebender Männer in einer extrem hierarchisch verfassten Kirche begünstigt Schweigen wie Vertuschung. Dies wiederum macht kirchliche Berufe für potentielle Täter attraktiv.[15] Eine Zulassung von (familiär gebundenen) Frauen zu den kirchlichen Ämtern wäre damit nicht nur eine Frage längst überfälliger Geschlechtergerechtigkeit. Sie würde auch die männlichen Hierarchien und männerbündischen Mentalitäten durchbrechen. Dabei tritt Maria 2.0 auch dafür ein, sichtbar zu machen, was im Zuge der Aufarbeitung klerikalen Missbrauchs immer deutlicher zu Tage tritt: dass neben (meist männlichen) Minderjährigen auch Erwachsene und insbesondere Frauen Opfer sexueller Gewalt durch Kleriker waren und sind.[16]

Dass sich Frauen mit einer Forderung nach Gleichberechtigung auf Maria berufen, liegt nun nicht gerade nahe. Die christliche Tradition hat bestimmte Ideale von Weiblichkeit wie Gehorsam, Demut oder die Bereitschaft zu Selbstaufopferung mit der Mutter Jesu verbunden und sie darin zu einem *Role Model* stilisiert, das Gültigkeit in besonderer Weise für Frauen besitzt (s. Kap. 3). Mit diesem Ideal ist die Erwartung verbunden, dass Frauen in prekären Situationen von Gewalt und Unrecht ausharren und Leid erdulden, statt auf ihrem Recht auf Unversehrtheit und Gleichberechtigung zu bestehen.

Aufarbeitungen des klerikalen Missbrauchs belegen auf traurige Weise, wie berechtigt und brisant diese Kritik ist: Erfahrungsberichte zeigen, dass sexuelle Gewalt häufig mit spirituellem Missbrauch einhergeht.[17] Täter legitimieren ihre Taten im Rückgriff auf Glaubensüberzeugungen oder bringen ihre Opfer so zum Schweigen. Der mit Maria begründete Anspruch an Frauen, demütig und gehorsam zu sein, begegnet so auch im Kontext sexuellen Missbrauchs.[18] Täter berufen sich auf die Gottesmutter, um ihre Opfer willfährig und schweigsam zu halten. Eine marianische Spiritualisierung weiblichen Gehorsams zeitigt so perfide Konsequenzen: Das Ideal zu befolgen bedeutet, den Willen Gottes zu erfüllen. Wenn Frauen sich dagegen wehren, machen sie sich des Ungehorsams gegenüber dem Allerhöchsten schuldig. Unter anderem gegen diese Instrumentalisierung von Maria wendet sich die Titelgebung der Aktivistinnen, denen sich keineswegs nur Frauen angeschlossen haben. Sie fordern einen kirchlichen Neustart im Umgang mit Frauen in der Kirche sowohl auf der praktischen, aber auch auf der theologischen und spirituellen Ebene. Deshalb Maria 2.0 – ein kirchenpolitischer, theologischer und spiritueller Reload.[19]

In diesem Ineinander von Kritik und Hoffnung auf Neuaufbruch kann die Initiative zurückgreifen auf eine weitere der wichtigen theologischen Strömungen nach dem Konzil: Die feministische Theologie hat einerseits die klassische Mariologie samt ihren Wurzeln in der biblischen und nachbiblischen Überlieferung dahingehend befragt, welche Wirkungen sie auf das Verhältnis zwischen den Geschlechtern zeitigt und welchen Einfluss sie hat auf Strukturen, die eine Unterdrückung von Frauen bis hin zur Anwendung von Gewalt begünstigen. Diese Fragestellung kommt nicht von ungefähr, ist doch in der Zeit nach dem Zweiten Vatikanischen Konzil die Mariologie ein wesentlicher Ort, auf dem insbesondere in der Theologie des katholischen Lehramts Geschlechterfragen verhandelt werden (s. Kap. 3). Die feministisch-theologischen Analysen haben ein Wissen zur Verfügung gestellt, auf das auch die Verantwortlichen in der Kirche längst hätten zurückgreifen können, hätte man die feministische Theologie nicht als abseitige Strömung abgetan oder als gefährlich bekämpft. Zum anderen haben feministische Theologinnen, oft in engem Verbund mit der Theologie der Befreiung, nach Zugängen zu Maria geforscht, die insbesondere für Frauen befreiend sein können (s. Kap. 4). Aus der feministischen Theologie hat sich mittlerweile eine geschlechtersensible Theologie entwickelt, die über Geschlechtlichkeit – männlich, weiblich, queer – nachdenkt und Inspiration auch in der marianischen Symbolik findet (s. Kap. 6).

Im Kontext der aktuellen Debatte um kirchliche Strukturreformen zeigt sich freilich einmal mehr, wie wenig eindeutig die Bezugnahme auf die Mutter Jesu ist. Der Widerstand gegen das, was die Bewegung „Maria 2.0" anstrebt, formiert sich ebenfalls unter dem Namen der Gottesmutter. Die Initiative „Maria 1.0" begründet auf ihrer Homepage[20] die Titelgebung: „Da die Mutter Jesu perfekt ist, braucht sie kein Update." Auch hier geht es keineswegs allein um Mariologie. Ausdrücklich tritt die Gruppierung gegen Veränderungen in den Strukturen der katholischen Kirche ein. Maria steht einmal mehr für Kontinuität – für ein Fortsetzen des Bisherigen, das unter dem Stichwort der Neuevangelisierung nur besser an den Mann und die Frau gebracht zu werden brauche. Die Rolle als Bollwerk des Katholizismus ist Maria im Zuge der Gegenreformation zugewachsen. Während der Protestantismus Marienverehrung weitestgehend ablehnt, behauptet sich katholische Identität in einem „umso mehr".[21] Auch um in den deutschen Bistümern die relative Eigenständigkeit der katholischen Kirche gegenüber dem Staat zu verteidigen, bringt das päpstliche Lehramt im 19. Jahrhundert Mariologie und Marienverehrung in Stellung.[22] Treue gegenüber dem Papst und dem Weltklerus ist Teil dieser so verstandenen marianischen Spiritualität, auf die sich auch Maria 1.0 ausdrücklich bezieht: Maria hat „sich in ihrer und Makellosigkeit stets dem göttlichen Willen untergeordnet", und auch die Gläubigen sollen diese Haltung einnehmen – sowohl gegenüber Gott wie gegenüber dem kirchlichen Lehramt.

So zeigt sich in den Zweideutigkeiten, in denen die Mutter Jesu in den Krisen des Jahres 2022 begegnet, auch die Brisanz der Mariologie. Über Maria werden Geltungsansprüche verhandelt: Wie sollen Strukturen in der Kirche aussehen? An welchen Maßstäben kann sich gesellschaftliches Zusammenleben orientieren? Wie finden Nationen Frieden miteinander und wie steht es schließlich um unsere ökologische Verantwortung? In all diesen Bereichen dient die Bezugnahme auf Maria zur Stabilisierung des Bestehenden und der Legitimierung von Macht, auch Gewalt. Maria begegnet aber auch in Kontexten der kritischen Unterbrechung, der Veränderung und auf der Seite der Schwachen und Marginalisierten. Was aber ist richtig, und was ist falsch? Wo liegen die Kriterien für eine Interpretation dessen, wer Maria für Gläubige und Kirche heute sein kann?

Dabei ist in allen diesen Themenfeldern die Mariologie von den Verhandlungen von Geschlechtlichkeit nicht zu trennen. Was in der Symbolik rund um die Gottesmutter begegnet, ist in der Regel „weiblich" konnotiert: Es geht um Mütterlichkeit und Empfindsamkeit, um „weibliche" Sorge und Fürsorge, um Barmherzigkeit und Vergebung, aber auch um Verletzlichkeit, Trauer, Schutzbedürfnis und Sterblichkeit. Traditionell werden diese Verhaltensweisen, Charaktereigenschaften und Themen eher Frauen zugeschrieben, ebenso wie eine Verbindung zur Natur stärker – und keineswegs immer nett gemeint – Frauen zugesprochen wird.

Doch wäre es zu kurz gesprungen, diese mit „weiblich" konnotierten Dimensionen schlicht „den Frauen" und damit auch Maria als Frau zuzuschreiben. Vielmehr wird mit „Weiblichkeit" oft das betitelt, was in den dominanten gesellschaftlichen wie theologisch-kirchlichen Diskursen keinen oder einen nur sehr eingeschränkten Ort hat. Das „Weibliche" bildet „das Andere" gegenüber dem, was als rational oder objektiv gilt. Gleichzeitig gewinnt das Rationale und Objektive erst Kontur gegenüber dem, was weiblich konnotiert ist: Vernünftig ist dann eben das, was sich *nicht* leiten lässt von Empathie und Fürsorge; Gerechtigkeit erscheint als Gegenbild zu Barmherzigkeit; Objektivität gilt dann als erreicht, wenn etwas möglichst allgemein gefasst wird und so alle „Sondersituationen" – etwa von Frauen, von Behinderten, von Alten, von Kindern, von Marginalisierten usw. dahinter unsichtbar bleiben. Ungesehen bleiben damit auch Verhältnisse von Dominanz und Herrschaft.

Dieses Ausgegrenzte wird über die Mutter Jesu als der großen weiblichen Identifikationsfigur des Christentums thematisch. Mit Maria, das zeigen die Krisen des Jahres 2022, lassen sich diese Logiken stabilisieren, wenn sie in das Reservat des Weiblichen und Privaten, in den Bereich „der" Frauen oder auch „des Weiblichen im Manne" gedrängt werden – ein Zufluchtsort, der alles beim Alten lässt. Sie können aber auch die Verschattungen dessen, was Denken und Handeln so fraglos leitet, aufdecken und so die Verhältnisse verschieben.

Es sind die große Fragen der Mariologie nach dem Zweiten Vatikanischen Konzil: Gibt es eine Mariologie, die befreiend sein kann – für Frauen, für Marginalisierte, für die Opfer des Missbrauchs oder auch der globalen Märkte, für unseren Umgang mit der Natur? Wäre eine solche Mariologie eine legitime, wissenschaftlich-verantwortete Übersetzung der verdichteten theologischen Darstellungen von Maria in der Bibel ins Heute? Wie lässt sich aber auch mit der komplexen Symbolik umgehen, die sich nachbiblisch an die Mutter Jesu angelagert hat und deren Wirkungen hochambivalent sind? Wenn hier im Folgenden einige der wichtigen Strömungen der Mariologie nach dem Zweiten Vatikanischen Konzil vorgestellt werden sollen, dann nicht mit dem Anspruch auf Vollständigkeit. Die Auswahl gründet auf der Suche nach einer Mariologie, die in den Krisen dieser Welt dazu beitragen kann, dass das Zusammenleben auf diesem Planeten gelingt.

1. Abschied von den Privilegien – mariologische Weichenstellungen auf dem Zweiten Vatikanischen Konzil

Dabei ist es nach dem Zweiten Vatikanischen Konzil keineswegs selbstverständlich, sich überhaupt mit Mariologie zu beschäftigen. Nach dem Konzil war es zu einem Abbruch in Mariologie wie Marienfrömmigkeit gekommen, der als erdrutschartig beschrieben wird. Auslöser dafür war, mindestens zum Teil, die Neujustierung der Mariologie auf dem Konzil.[23] Die Konzilsväter hatten der alten Privilegien-Mariologie, die das „marianische Jahrhundert" – also grob die Zeit von der Verkündung des Dogmas der unbefleckten Empfängnis Mariens (1854) bis zur Dogmatisierung ihrer Aufnahme in den Himmel (1950) – dominiert hatte, ein abruptes Ende gesetzt. Zentraler Gegenstand dieser Privilegien-Mariologie ist eine Sonderstellung der Mutter Jesu, die sich ihrer bevorzugten Begnadung durch Gott verdankt. Entsprechend dieser Sonderstellung wurde über Maria auch gesondert nachgedacht: In einer Fülle eigens Maria gewidmeter Abhandlungen spekulieren Theologen ebenso gefühlig verehrend wie begrifflich rationalisierend, worin ihr Anteil am Erlösungsgeschehen besteht und wie sich die Frau aus Nazaret von den sonstigen Gläubigen wie von der Kirche abhebt.[24]

Im Vorfeld des Zweiten Vatikanischen Konzils waren die Aporien dieser Privilegien-Mariologie längst deutlich: Die Mariologie der Vorkonzilszeit war von einer stark gegenreformatorischen Haltung geprägt. „Dem Schweigen oder der Ablehnung der Protestanten setzte sie einen überbordenden Reichtum mariologischer Aussagen entgegen: immer neue Privilegien wurden geschaut, immer neue Ehrentitel erfunden, immer neue dogmatische Formulierungen vom kirchlichen Lehramt verlangt."[25] Diese Situation wurde angesichts der seit Beginn des 20. Jahrhunderts an Dynamik gewinnenden ökumenischen Bewegung auch von katholischen Theologen zunehmend als Problem empfunden. Was die reformatorische Theologie an der katholischen Mariologie monierte, stellte in der Vorkonzilszeit auch immer weniger katholische Theologen zufrieden: nämlich dass vielen der Aussagen über die Mutter Jesu einschließlich der neuzeitlichen Mariendogmen die biblische Verankerung fehlt. Vor allem aber war Maria zu einer so eigenständigen Größe geworden, dass der Zusammenhang zum Großen und Ganzen der Theologie nicht mehr deutlich war – mit Konsequenzen auch für die Marienfrömmigkeit: Traditionell ist Maria in der katholischen Kirche den Gläubigen nicht nur zur Verehrung, sondern auch als Vorbild zur Nachahmung empfohlen. Freilich erscheint eine solche Nachahmung als ein von vornherein wenig aussichtsreiches Unterfangen, wenn Maria in ihren Privilegien eher als gottgleiche Gestalt denn als vorbildhafter Mensch erscheint.

In den theologischen Reflexionen vor dem Konzil hatten sich bereits neue Wege in der Mariologie abgezeichnet, die eigentlich alte waren: Biblisch wird Maria als Repräsentantin gezeichnet und in der Kirchenväterzeit entsprechend gedeutet. Unter anderem vertritt sie als Sängerin des Magnifikat (Lk 1,46–55) das Volk Israel, das analog zu ihr selbst „arm" ist und erhöht wird.[26] Sie verkörpert unter dem Kreuz exemplarisch die Jüngerinnen und Jünger (Joh 19,25–27) und repräsentiert in Offb 12 die Kirche, sofern die Frau des Textes mit Maria gleichgesetzt wird.[27] Diese Repräsentanzfunktion aufnehmend bezeichnet Ambrosius von Mailand (339–397) sie als Typus,[28] der die Wirklichkeit der glaubenden Kirche in sich zusammenfasst und in idealer Weise sichtbar macht. Auf die Wiederbelebung dieser typologischen Lesart konnten die Konzilsväter zurückgreifen.

Dabei schien auf dem Zweiten Vatikanischen Konzil zunächst alles beim Alten zu bleiben.[29] Am 23. November 1962 wurde in der Konzilsversammlung ein eigenständiges Schema zu Maria verteilt, das auf Wunsch von 600 Konzilsvätern erarbeitet worden war und das sich auf der Linie der gewohnten Privilegien-Mariologie bewegte. Die Kritik an diesem Text war vielstimmig: Er sei in der Ausrichtung zu apologetisch, Sprache und Argumentation zu juridisch und rationalistisch. Bemängelt wurde eine unzureichende biblische Fundierung sowie insgesamt, dass der Text nicht genügend pastoral, christologisch, ekklesiologisch und ökumenisch orientiert sei. Am 29. November trifft die Konzilsversammlung die umkämpfte Entscheidung, das mariologische Schema in die Konstitution über die Kirche einzuarbeiten. Von 2.193 Stimmberechtigten sprechen sich 1.114 dafür aus, womit die erforderliche Stimmenmehrheit nur knapp erreicht ist. Das Ergebnis zeigt eine Spaltung in der Konzilsversammlung: Vertreter eine ekklesiotypischen Mariologie, die Maria stärker der Kirche und den Gläubigen zuordnen wollten, standen Vertretern einer tendenziell christotypischen Mariologie gegenüber, denen es primär um die Rolle der Gottesmutter im Erlösungsgeschehen ging. Diese beiden theologischen Herangehensweisen markieren nicht unbedingt einen Gegensatz. Sie wurden faktisch dadurch zu einem solchen, als ihre jeweiligen Vertreter dies mit unterschiedlichen Auffassungen über eine Gewichtung der Mariologie verbanden. Während die christotypische Fraktion tendenziell dem alten Grundsatz folgte, dass über Maria niemals genug und niemals ehrenvoll genug gesprochen werden konnte (*de Maria numquam satis*), trat die andere eher für eine zurückhaltend-nüchterne Mariologie ein. Mit der Einordnung in das Kirchenschema war die Grundsatzentscheidung getroffen, dass die ekklesiologische Zuordnung den Rahmen setzt. Der Text selbst ist ein Kompromiss, unter dem sich in der feierlichen Schlussabstimmung am 21.11.1964 mit 2.151 Ja-Stimmen und 5 Ablehnungen schließlich die überwältigende Mehrheit der Konzilsväter versammeln konnte.

In seiner Endgestalt bildet das Marienschema den Abschluss der Kirchenkonstitution *Lumen gentium*[30], abgeteilt durch eine Überschrift, in der die ursprüngliche Eigenständigkeit des Marienschemas sichtbar bleibt. Die Formulierung dieser Überschrift zeigt die Absicht an, den christotypischen und den ekklesiotypischen Zugang zu vereinen, denn Maria wird *in mysterio Christi et ecclesia* – „im Geheimnis Christi und der Kirche" behandelt. In den Vorbemerkungen zum Text ist als weiteres Ziel genannt, die Extrempositionen zurückzuweisen: auf der einen Seite den Irrtum der mariologischen „Maximalisten", „die so sprechen, als ob die selige Jungfrau uns fast auf die gleiche Weise erlöst hat wie Jesus Christus"[31], und verneinen, dass Maria ihrerseits erlöst werden musste. Auf der anderen Seite soll auch eine minimalistische Position, die Maria den einfachen Gläubigen gleichstellt, vermieden werden.

Die Ablehnung der maximalistischen Position erfolgt im Text zum einen durch eine emphatische Betonung, dass Jesus der Mittler der Erlösung ist und jede Mitwirkung Marias am Heilswerk in strenger Abhängigkeit davon gedacht werden muss. Zum anderen ist eine deutliche Zurückhaltung im Umgang mit Marientiteln erkennbar. Das Konzil hatte davon Abstand genommen, neue dogmatische Definitionen zu Maria zu verabschieden, obwohl dieser Wunsch im Vorfeld vielfach geäußert wurde. Im Spiel waren die Titel: Mittlerin der Gnaden (*mediatrix gratiarum*), Miterlöserin (*cor-*

redemptrix) und Mutter der Kirche (*mater ecclesiae*). Im Text wird Maria als Mittlerin (*mediatrix*) bezeichnet, „aber nur als konstatierende, quasi-zitierende Aussage über eine faktische Frömmigkeitspraxis."[32] Der Titel steht in einer Reihe mit den Titeln der Fürsprecherin (*advocata*), der Helferin (*adiutrix*) und des Beistandes (*auxiliatrix*), als die Maria *in* der Kirche (nicht *von* der Kirche und damit nicht verbindlich für alle) geglaubt wird. Klärend wird hinzugefügt, dass diese Titel so zu verstehen sind, dass dies „der Würde und Wirksamkeit Christi, des einzigen Mittlers, nichts wegnimmt und nichts hinzufügt".[33]

Die Sonderstellung Marias begründet der Text mit ihrer Rolle in der Heilsgeschichte und folgt darin der offenbarungstheologischen Grundlegung des Konzils. Das Konzil hatte in der Konstitution über die göttliche Offenbarung *Dei Verbum* eine Abkehr vollzogen von einem instruktionstheoretischen Offenbarungsverständnis, dem dominanten Konzept in der Zeit zuvor.[34] Offenbarung wird nun nicht mehr entlang dieser alten Konzeption als Mitteilung ewiger Wahrheiten verstanden, die sich in Sätzen und Systemen zusammenfassen lassen und dann inhaltlich anzueignen sind. Näher an der Bibel fasst das Konzil Offenbarung nun als personale Begegnung: als Selbstmitteilung Gottes. Diese Selbstmitteilung Gottes ereignet sich wesentlich in der Geschichte, in der Gott zum Heil der Menschen wirkt. In diese heilsgeschichtliche Konzeption wird auch die Mariologie eingeordnet. Die Mutter Jesu erscheint im Text des Marienschemas entsprechend nicht als eine überzeitliche, irdisch-himmlische Figur. Vielmehr wird im ersten Abschnitt[35] zunächst ihre Geschichte erzählt – als Teil der Geschichte Gottes mit den Menschen.

Diese Geschichte verläuft entlang der biblischen Textzeugnisse von Maria, die zu einer Erzählung harmonisiert und in die auch die neuzeitlichen Mariendogmen eingefügt werden. In der Lesart der Kirche beginnt diese Geschichte der Mutter Jesu schon in der Bibel Israels, in der die spätere Mitwirkung Marias am Erlösungsgeschehen prophetisch angedeutet wird (vgl. Gen 3,15; Jes 7,14; Mich 5,2–3). Mit Maria als „Tochter Zion"[36] bricht die Zeit an, in der sich die Messiaserwartung erfüllt. Maria mit diesem messianischen Titel des Volkes Israel (vgl. Jes 40,1–5; 52,7–10; 60–62; 66,6–13; Mi 4,8–13; Sach

9,9–12 ; Zef 3,14–18) zu benennen, stellt eine Kontinuität zur Heilserwartung Israels heraus: Maria ist gleichzeitig Repräsentantin des Volkes Israel wie der Kirche, ein Bindeglied zwischen beiden.[37] Aufgenommen in die Erzählung ist auch das Immaculata-Dogma: Marias Erbsündenfreiheit bei ihrer Empfängnis bereitet quasi den Boden und schafft so die Voraussetzung, dass sie „von Sünde unbehindert"[38] zustimmen kann, den Sohn Gottes zu empfangen und zu gebären. In dieser Zustimmung als einem freien Akt des Gehorsams und des Glaubens lokalisiert der Text in Rückbindung an die Kirchenväter die aktive Mitwirkung Marias am Erlösungsgeschehen. Sie ist darin „Ursache des Heils"[39], so dass sich mit Irenäus von Lyon sagen lässt, „daß der Knoten des Ungehorsams der Eva gelöst worden sei durch den Gehorsam Marias; und was die Jungfrau Eva durch den Unglauben gebunden hat, das habe die Jungfrau Maria durch den Glauben gelöst".[40] Hier begegnet mit der für Frauen so ambivalenten Eva-Maria-Typologie[41] das Bild der Knotenlöserin, das Papst Franziskus im Text der Marienweihe Russlands und der Ukraine wieder aufgegriffen hat.[42] Erzählt wird Maria schließlich entlang der Stationen, in denen sie diejenigen repräsentiert, die Christus nachfolgen: Sie steht unter dem Kreuz und leidet mit ihrem Sohn, sie ist mit den Aposteln vor dem Pfingsttag versammelt und wird schließlich mit Leib und Seele in den Himmel aufgenommen, „und als Königin des Alls vom Herrn erhöht, um vollkommener ihrem Sohn gleichgestaltet zu sein".[43]

Aufbauend auf dieser Erzählung identifizieren die Konzilsväter die Besonderheit Marias im Anschluss wesentlich mit ihrer Rolle in der Heilsgeschichte:

> „Indem sie Christus empfing, gebar und nährte, im Tempel dem Vater darstellte und mit ihrem am Kreuz sterbenden Sohn litt, hat sie beim Werk des Erlösers in durchaus einzigartiger Weise in Gehorsam, Glaube, Hoffnung und brennender Liebe mitgewirkt zur Wiederherstellung des übernatürlichen Lebens der Seelen."[44]

Diese Mitwirkung wird als *geschöpfliche* Mitwirkung gezeichnet und damit vom Heilswirken Gottes und der Erlösung durch Jesus Christus grundsätzlich unterschieden: Maria wirkt mit „in Gehorsam, Glaube, Hoffnung und brennender Liebe".[45] Darin ist sie auch Mutter der Gläubigen, die in Christus wiedergeboren werden. Wiederum ist betont, dass diese Mutterschaft „in der Ordnung der Gnade"[46] steht. Damit hält das Konzil fest, dass Maria selbst Empfängerin der Gnade Gottes ist, und jede Gnade, die durch sie vermittelt wird, ihren Ursprung in Gott hat. So erfolgt ihre mütterliche Mitwirkung am Gnadengeschehen im Rahmen des Priestertums *aller* Gläubigen, wie es *Lumen gentium* in Kapitel 10 entfaltet. In dieser Teilhabe am Priestertum Christi ist es *allen* Gläubigen aufgegeben, das von Christus ausgehende Heil einer dem anderen zu verkünden und zu vermitteln. In der Sorge für diejenigen, die noch auf der Pilgerschaft sind, dauert die Mutterschaft Mariens fort bis zur Vollendung.

In dieser ihrer heilsgeschichtlichen Funktion sieht das Konzil Maria nun auch mit der Kirche aufs engste verbunden. Im Text ist dies entlang ihrer Rolle als Jungfrau wie als Mutter argumentiert. In ihrem Gehorsam und ihrem Glauben ist Maria „Urbild sowohl von Jungfrau wie der Mutter"[47] und verkörpert in idealer Weise Glaube, Liebe und Einheit mit Christus. Im Rückgriff auf Ambrosius erklärt das Konzil Maria in dieser Hinsicht zum Typus der Kirche. Denn auch die Kirche wird Mutter genannt, weil sie durch Predigt und Taufe die Gläubigen zu neuem Leben gebiert. Ebenso ist sie dem göttlichen Bräutigam in Treue verbunden. Maria als das Glied der Kirche, das schon zur Vollkommenheit gelangt ist, ist darin Vorbild für die übrigen Gläubigen. Aus dieser Vorbildfunktion ergeben sich schließlich Sinn und Ziel von Mariologie und Marienverehrung:

„Indem die Kirche über Maria in frommer Erwägung nachdenkt und sie im Licht des menschgewordenen Wortes betrachtet, dringt sie verehrend in das erhabene Geheimnis der Menschwerdung tiefer ein und wird ihrem Bräutigam mehr und mehr gleichgestaltet."[48]

Damit ist das Konzil seinem Ziel, Maria von der Kirche und von Christus her zu verstehen, nahegekommen. Die Mariologie hat ihren Kontakt zur übrigen Theologie wiedergefunden: „Denn Maria vereinigt, da sie zuinnerst in die Heilsgeschichte eingegangen ist, gewissermaßen die größten Glaubensgeheimnisse in sich und strahlt sie wider."[49] Und doch ist der Ort der Mariologie mit dieser Einordnung von Maria in das Heilsgeschehen gleichzeitig fraglich geworden. Denn warum sollte man über die Mutter Jesu eigens nachdenken, wenn sie nicht mehr ist als eine Zusammenfassung alles Übrigen?

2. Abbrüche und Neuaufbrüche – die Situation nach dem Konzil

Auf das Konzil folgte der bereits erwähnte Abbruch sowohl in der theologischen Beschäftigung mit Maria wie auch in der Marienfrömmigkeit. Die Abkehr von der Privilegien-Mariologie und ihre Einordnung in das Gesamt der Theologie, insbesondere der Ekklesiologie „hatte sofort und unmittelbar eine ganz erstaunliche Reaktion an der kirchlichen Basis zur Folge: Es war, als ob sich die meisten Katholiken in Sachen Maria nun einen Mantel abstreifen würden, der ihnen ohnehin nicht mehr gepasst hatte oder der schon lange aus der Mode gekommen war. Fast von heute auf morgen gerieten Maria, marianische Glaubensverkündigung und Frömmigkeitsübungen ins totale Abseits."[50]

Die Neujustierung der Mariologie auf dem Konzil ist freilich nur ein Baustein, der diesen Abbruch erklären kann. Weit grundsätzlicher hatte das Konzil eine längst überfällige Öffnung der katholischen Theologie hin auf die moderne Bibelwissenschaft eingeläutet, wie sie bis dahin wesentlich in der reformatorischen Theologie entwickelt worden war. Eine dominierende Zugangsweise zur Bibel war und ist dabei die historisch-kritische Methode. Eines der zentralen Ziele dieser Methode ist, zu ergründen, was von dem, was die Bibel überliefert, auch tatsächlich geschehen ist. Was das biblische Zeugnis von Maria angeht, läuft diese Fragestellung freilich weitgehend ins Leere, ist die historische Maria doch in ihnen kaum greifbar.[51] Möglicherweise beinhalten Evangelien wie Apostelgeschichte Spuren von Erinnerungen an die Mutter Jesu. Plausibel gemäß den Kriterien der historischen Jesusforschung erscheint dies für die skeptische Haltung der Familie und auch der Mutter Jesus gegenüber (vgl. Mk 3,20–21.31–35; Mk 6,1–6). Später hat Maria offenbar, gemeinsam mit dem Herrenbruder Jakobus, Anschluss gefunden „an die ‚Urgemeinde‘, genauer an jenen Teil der christusglaubenden ‚Hebräer‘ (Apg 6,1), der sich um die galiläische Jesusfamilie versammelte (vgl. Apg 1,14 mit 12,17)."[52] Die übrigen Darstellungen insbesondere in den Kindheitsgeschichten des Matthäus- und Lukasevangeliums, auf die sich die spätere Marienverehrung und Mariologie stützt, sind dagegen von einer so hohen theologischen und symbolischen Dichte, dass jede Historizität dahinter zurücktritt. Die Rückfrage nach der tatsächlichen Maria ist entsprechend nicht nur unergiebig. Sofern die Theologie einem Primat des Historisch-Faktischen gefolgt ist, geriet mit ihr die Mariologie insgesamt in Verruf.

Doch auch wo Maria als einer Figur Wert beigemessen wird, wie sie die Bibel – unabhängig von der Faktizität – *erinnert*, lauern Probleme. Die umfangreichsten Erwähnungen der Mutter Jesu in der Bibel stammen aus den Kindheitsgeschichten des Matthäus- und Lukasevangeliums. Diese sind bekanntermaßen gespickt mit allerlei Wunderbarem – allen voran der Jungfrauengeburt, aber auch diversen Engelerscheinungen, dem Strafwunder an Zacharias und der Empfängnis der hochbetagten Elisabeth. Im Zuge des hermeneutischen Programms der Entmythologisierung, wie es in der reformatorischen Theologie namentlich Rudolf Bultmann[53] entwickelt hatte und das auch die katholische Theologie nun nachvollzog, ist all dies Wunderbare einem modernen, naturwissenschaftlich-experimentellen Bewusstsein freilich nicht mehr zuzumuten. Alle supranaturalen Darstellungen sind damit nicht einfach aus der Bibel zu tilgen, aber eben auch nicht auszulegen hin auf eine historische Wahrheit. Statt von historischem sind diese nach Bultmann von kerygmatischem Wert: Sie stehen im Dienst der Verkündigung (*kerygma*) und zielen auf eine existentielle Entscheidung, zu der die Lesenden aufgerufen sind.

Auch wenn die Konzeption Bultmanns nicht unkritisiert geblieben ist, hat das Programm der Entmythologisierung die Herangehensweise an biblische Texte doch nachhaltig geprägt. Selbst bei Bultmanns Kritikern wie Joseph Ratzinger, dem späteren Papst Benedikt XVI., hat es dazu geführt, dass man ein direktes Eingreifen Gottes auf die zentralen Punkte reduzierte. In seinem nachträglich erschienenen „Prolog" zu seinen Jesusbüchern hält er im Anschluss an den großen reformierten Theologen Karl Barth fest, „dass es in der Geschichte Jesu zwei Punkte gibt, an denen Gottes Wirken unmittelbar in die materielle Welt eingreift: die Geburt aus der Jungfrau und die Auferstehung aus dem Grab, in dem Jesus nicht geblieben und nicht verwest ist".[54] Damit wird, wie Ulrich Weidemann festhält, aber nicht nur die Jungfrauengeburt „aus ihrem literarischen, narrativen und theologischen Kontext der matthäischen und der lukanischen Kindheitsgeschichten isoliert".[55] Verstanden als ein Wunder im neuzeitlichen Sinn, also als ein Durchbrechen der Naturgesetzlichkeiten durch Gott, trägt die Jungfrauengeburt – gemeinsam mit den Auferstehungserscheinungen – quasi die Beweislast für das Erlösungsgeschehen in Jesus von Nazaret. Gleichzeitig bleibt sie, nach Ratzinger, „ein Skandal für den modernen Geist" und gerade darin ein „Prüfstein des Glaubens".[56] Entsprechend umkämpft ist nach dem Konzil ihre Faktizität, wie dies nicht zuletzt der „Fall Drewermann" zeigt (s. Kap. 7).

Schließlich stellt sich nach dem Konzil die Frage, wie mit all dem umzugehen sei, was nachbiblisch an die Mutter Jesu angewachsen war. Bedeutsam ist dies nicht zuletzt im Bereich der Ökumene (s. Kap. 8). Mit dem Konzil war die katholische Kirche in die ökumenische Bewegung eingetreten und hatte bilaterale Konsensgespräche aufgenommen. Vor allem im Gespräch mit den protestantischen Konfessionen war die Mariologie eine Belastung. Gemäß dem reformatorischen Prinzip des *sola scriptura* (dt. „allein die Schrift") ist allein das zu glauben, was in der Bibel bezeugt ist. Für die im Dogma festgehaltene Freiheit Marias von der Erbsünde und ihre Aufnahme in den Himmel trifft dies freilich nicht zu. Auch die Rede von Maria als immerwährende Jungfrau – also nicht nur während der Zeugung, sondern auch in und nach der Geburt – ist ökumenisch schwierig, enthält aber auch für katholische Gläubige einiges an Zumutung. Wer ernsthaft am ökumenischen Gespräch mit der reformatorischen Theologie interessiert war, sah auch nicht so genau auf die in der Marienverehrung praktizierte und theologisch argumentierte Praxis, die Mutter Jesu als Fürsprecherin anzurufen. Und selbst im Dialog mit den Kirchen der christlichen Orthodoxie, die eine ausgeprägte Marienfrömmigkeit pflegen, ist die Erbsündenfreiheit Marias ein Stein des Anstoßes. So hat die Mariologie im Hinblick auf die Ökumene, aber auch für die innerkatholische Vergewisserung zu beantworten, wie sich die in der Bibel nicht bezeugten mariologischen Definitionen wenigstens mittelbar auf die Bibel beziehen und damit auch, wie sie sich in das Gesamt des Glaubens an Erlösung und Begnadung einordnen lassen.[57]

Wer sich also theologisch Maria widmete, geriet in den Verdacht, noch der vorkonziliaren Theologie in Form der Neuscholastik anzuhängen, anti-ökumenisch zu sein, die Vernunft gerne auch mal hintenan zu stellen und jedenfalls keine ernst zu nehmende theologische Wissenschaft zu betreiben. Im deutschsprachigen Raum war der damals in Bochum lehrende Dogmatiker Wolfgang Beinert einer der ersten, die sich der Figur Marias wieder zuwandten, ohne dem neuscholastisch-konservativen Lager anzugehören. Im Vorwort zur nach vier Monaten notwendig gewordenen zweiten Auflage des kleinen Bandes *Heute von Maria reden?* aus dem Jahr 1973 hält er denn auch fest, was sich in den Jahren nach dem Konzil gerade nicht von selbst verstand: „daß man heute bereit ist zuzuhören, wenn einer von Maria redet, daß man also zu diesem Thema etwas sagen kann und soll. Die Mariologie wird wieder zum theologischen Gegenstand."[58] Beinert wandte auf die Mariologie an, was nach dem Konzil charakteristisch geworden ist für die Dogmatik und sich im heilsgeschichtlichen Aufbau der dogmatischen Traktate widerspiegelt, dem auch Peter Walter im ersten Teil dieses Bandes folgt. Am Beginn steht eine bibelwissenschaftlich fundierte Vergewisserung über die biblischen Grundlagen. Daran anschließend wird in wesentlichen Linien die Theologie- und Dogmengeschichte aufgerollt, um zu sehen, welche Überzeugungen wann und angesichts welcher theologisch-philosophischen wie historischen Gemengelagen Eingang gefunden haben in das Glaubensgut. Dies alles bereitet den Boden für die zeitgenössische Dogmatik, die unter anderem folgende Fragen zu beantworten hat: Was ist grundlegend für den christlichen Glauben, so dass es für heute unbedingt zu bewahren ist? Was kann getrost über Bord geworfen werden? Was kommt gerade im Rückgriff auf die Bibel, aber auch auf die nachbiblischen Traditionen an anderen, bisher ungesehenen oder in Vergessenheit geratenen Perspektiven hinzu? Und wie ist schließlich eine zeitgenössische Mariologie zu entfalten, die das Überkommene wissenschaftlich verantwortet und nachvollziehbar ins Heute übersetzt?

Die methodische Neuerung gegenüber der vorkonziliaren Theologie ist immens. Die Neuscholastik war von überzeitlichen Wahrheiten ausgegangen, die sich in ewig wahren Sätzen formulieren ließen. Nun wurde es möglich, die geschichtliche Entwicklung von Theologie und damit auch von Mariologie in den Blick zu nehmen. In und nach dem Konzil war es dabei wesentlich die Besinnung auf die Maria der Evangelien, die die Gewichte verschoben hat: von der übermenschlichen Himmelskönigin zu der Frau Maria, die gesungen und geboren hat, die mit der Familie auf der Flucht war und ihren Sohn bis unter das Kreuz begleitet hat. Durch diese Neugewichtung wurde das Identifikationspotential einer menschlichen Maria in den Konflikten ihrer Zeit deutlich, wie es zunächst die Theologie der Befreiung sichtbar machte (s. Kap. 5), wenig später auch die feministische Theologie (s. Kap. 4).

Dabei war in der zarten Wiederbelebung der Mariologie nach dem Konzil bald deutlich, dass diese nicht fortgesetzt werden konnte, ohne sich mit der sog. „Frauenfrage" zu beschäftigen: mit dem öffentlichen Diskurs um die Verwirklichung von Menschen- und Bürgerrechten für Frauen, u. a. dem Recht auf Bildung und berufliche Selbstbestimmung, ihrem Anspruch auf Gleichberechtigung und Selbstentfaltung. Mit dem Zweiten Vatikanischen Konzil hatte sich auch das kirchliche Lehramt zentrale Anliegen der Frauenemanzipationsbewegung zu eigen gemacht. In der Pastoralkonstitution *Gaudium et spes* sprechen die Konzilsväter von einer „berechtigte[n] gesellschaftliche[n] Hebung"[59] der Frauen und beschreiben es als beklagenswerte Tatsache, „wenn man etwa der Frau das Recht der freien Wahl des Gatten und des Lebensstandes oder die gleiche Stufe der Bildungsmöglichkeit und Kultur, wie sie dem Mann zuerkannt wird, verweigert."⁶⁰ Gleichzeitig soll die gesellschaftliche Rolle der Frau „ihrer Eigenart"⁶¹ angemessen sein. Der theologische Ort, wo beides miteinander in Einklang gebracht werden sollte, ist nach dem Konzil nicht zuletzt die Mariologie.

Um diesen Einklang bemühte sich nicht zuletzt das kirchliche Lehramt, das seit dem Konzil verstärkt zu einer Instanz geworden ist, die selbst theologisch produktiv ist.⁶² Dies gilt insbesondere für die Päpste wie auch für die Kongregation für die Glaubenslehre, in der – nach einer Neuordnung und Umbenennung durch Papst Paul VI. im Jahr 1965⁶³ – das Heilige Offizium bzw. die Römische Inquisition ihre Fortsetzung findet und die als eine Art Hilfsorganisation des päpstlichen Lehramts die Glaubens- und Sittenlehre sowohl fördern als auch schützen soll. Die Entwicklung einer eigenen, lehramtlichen Theologie ist keineswegs selbstverständlich. Vor dem Konzil hatte sich das katholische Lehramt in der Regel darauf beschränkt, Theologie zu beobachten und auf ihre Rechtgläubigkeit zu überprüfen. Jetzt setzt es auch in der Mariologie eigene Akzente. Die Verhandlung von Weiblichkeit – Marias, der Kirche, der Frauen – spielt dabei eine zentrale Rolle. Wie immer in der Theologie und besonders in dem auf Kontinuität bedachten kirchlichen Lehramt wird Überkommenes nicht einfach durch Neues abgelöst. Vielmehr begegnen in der lehramtlichen Mariologie Traditionen aus Bibel und zweitausend Jahren Theologiegeschichte, mit denen auch teils längst verabschiedete Vorstellungen eines Mann-Frau-Verhältnisses transportiert werden. Diese wirken auf der Ebene der Bilder und Symbole auch dann noch fort, wo Texte inhaltlich anderes erklären. Um dies besser zu verstehen, bedarf es in der Analyse der lehramtlichen Theologie der Rückschau in die theologische Vergangenheit.

3. Maria – die Frauen – das kirchliche (Lehr-)Amt

Die kirchliche Lehre von Maria dahingehend zu befragen, welche Wirkungen sie auf die Deutung der Geschlechterverhältnisse hat, ist keine „moderne" Frage. Sie wird nicht „von außen" oder nachträglich an die klassische Mariologie herangetragen, sondern ist über

Jahrhunderte hinweg Teil derselben. Durch die Theologiegeschichte hindurch ist die Mutter Gottes als Urbild des gläubigen Menschen gleichzeitig Prototyp einer quasi speziellen Form des Menschseins – von Frauen, über die offenbar nie alles gesagt war, wenn über den Menschen gesprochen wurde. Zu einer eigenen Gruppe zusammengefasst, wurde und wird über das Kollektiv „der" Frauen oder auch über „die Frau" immer noch einmal eigens nachgedacht, und die Gottesmutter ist ein wesentliches Medium, dies zu tun. Auch in den kirchlichen Lehrschreiben nach dem Zweiten Vatikanischen Konzil ist das nicht anders.[64] Maria als Urbild der Kirche und der Gläubigen ist es noch einmal in besonderer Weise für Frauen.

Die Verbindung geht dabei nicht nur von Maria, dem Ideal, zu den Frauen, sondern auch umgekehrt: Gängige und durchaus wechselnde Vorstellungen von Frauen und Weiblichkeit fließen in die Mariologie und produzieren Vorstellungen von der Gottesmutter als einer Frau, die sich wahlweise von den Frauen abhebt oder eben das Weibliche idealiter zum Ausdruck bringt. Geschlechtertypologie und die Vorstellungen von Maria bewegen sich so in einem Zirkel, in dem sich Annahmen gegenseitig bestärken: Was von „den Frauen" gedacht wird, hat Rückwirkungen auf die Vorstellungen von Maria, die wiederum den Maßstab bildet, um „wahre" Weiblichkeit auszubilden. Solche Zirkel sind in hohem Maße anfällig für Ideologien. Dies gilt insbesondere dort, wo Weiblichkeit als eine Ansammlung im Frausein verankerter, immer gleicher Wesenszüge gehandelt wird.

a. Die Jungfrau und das hierarchische Geschlechtermodell

Weiblichkeit als Summe ewig gleicher Eigenschaften von Frauen zu verstehen, begleitet die Mariologie seit der Kirchenväterzeit. Als das frühe Christentum sich in der Welt ausbreitete, übernahm es zu einem guten Teil auch die philosophischen Ideale der griechisch-römischen Antike. Zu deren zentralen Auffassungen gehört, dass man der Wirklichkeit umso näherkommt, je weiter man von allem Verschiedenen, Veränderlichen, Kulturell-Geschichtlichen absieht. Die Wahrheit und Wirklichkeit einzelner Dinge ist entsprechend im Allgemeinen zu suchen – in einem universalen Wesen bzw. einer überzeitlichen Substanz, die dem Verschiedenen und Veränderlichen zugrunde liegt und durch das die Einzeldinge sind, was sie sind. Diese Annahme prägt auch das Nachdenken über den Menschen: Auch den Menschen in ihrer Vielfalt liegt ein allgemeines Wesen des Mensch-Seins zugrunde. In der Neuzeit geht diese Annahme fließend über in die Rede von der „Natur" des Menschen und bestimmt so die lehramtliche Anthropologie. Dabei wurde „der Mann" in aller Regel mit „dem Menschen" gleichgesetzt. Über „die Frau" musste noch einmal gesondert nachgedacht werden.

In der Deutung des Frauseins als „Sonderfall" des Menschlichen ist die christliche Tradition wesentlich dem Kirchenvater Augustinus gefolgt, dessen Auffassung vom Menschen stark platonisch geprägt ist.[65] Demgemäß ist der Mensch zweigeteilt in einen materiellen Körper und eine geistige Seele, wobei die geistige Seele den Körper durchdringt und dieser umgekehrt ein Medium seelischen Erlebens ist. Beide unterhalten kein allzu friedliches Verhältnis zueinander: Der Mensch ist vermittels seiner Seele fähig, eine Beziehung zu Gott aufzunehmen und sich dem Himmlischen zuzuwenden. Der Körper dagegen hält mit seinen Bedürfnissen den Menschen im Irdischen fest und bindet ihn überdies an sich selbst, statt sich an Gott und seinen Willen hinzugeben. Die Seele ist entsprechend gehalten, den Körper zu beherrschen und sich von ihm nicht zum Irdischen verleiten zu lassen. Als besonders intensiver Ausdruck einer falschen Hinwendung zum Irdischen gilt das sexuelle Begehren.

Nach Augustinus nun haben Mann und Frau gleichermaßen eine geistige gottbegabte Seele, sind aber unterschieden, was den Körper angeht. Mit der Differenz geht eine Bewertung einher: Der Frauenkörper gilt in antiker Medizin wie (Populär-)Philosophie als minderwertig gegenüber dem Körper des Mannes, und dies beeinträchtigt in der Folge auch die geistige Seele. So gelten die Frauen qua Geschlecht als mit geringeren geistigen Kräften ausgestattet: Ihre Vernunft ist gegenüber der des Mannes eingeschränkt, ihr Wille gilt als wankelmütig, ebenso fragwürdig ist ihre moralische Haltung. So sei es denn zu ihrem eigenen Guten, wenn Frauen sich männlicher Führung anvertrauen. Wie der Geist über den Körper, so soll auch der Mann über die Frau herrschen – eine Auffassung, mit der sich die Theologie auf den Apostel Paulus (Eph 5,21–33) berufen konnte. Eine Chance, dieser biologisch begründeten Nachrangigkeit gegenüber dem Mann zu entgehen, hatten Frauen nur, indem sie ihrem Körper und insbesondere seinem sexuellen Begehren entsagten – wenn sie asketisch und vor allem jungfräulich lebten.

An dieser Stelle kommt nun die Mariologie ins Spiel. Die Gottesmutter, deren Jungfräulichkeit bei Matthäus und Lukas auf die Gottgewirktheit der Geburt Jesu hindeutet, wird von den lateinischen Kirchenvätern zum asketischen Ideal stilisiert.[66] Dies hat durchaus biblische Anklänge: Auch bei Lukas ist die Jungfräulichkeit Marias als eine asketische Haltung gezeichnet, wobei Maria im Verbund mit verschiedenen asketischen Erzählfiguren steht.[67] Die Askese und auch die sexuelle Askese Marias ist bei Lukas pneumatologisch motiviert: Sie ist Voraussetzung für den Geistempfang. Dabei geht Lukas ganz selbstverständlich davon aus, dass Jesus Brüder hatte (Lk 8,19f.; Apg 1,14), Marias Jungfräulichkeit entsprechend eine zeitweise war. Bei den Kirchenvätern dagegen wird Enthaltsamkeit zum dauerhaften und auch sexualfeindlichen Ideal der Lebensführung schlechthin.

Dies gilt noch einmal in besonderer Weise für Frauen: Wenn diese jungfräulich leben, können sie den Makel der Weiblichkeit überwinden – allerdings keineswegs vollständig. Die jungfräuliche Frau lässt nämlich nicht einfach die Beeinträchtigungen hinter sich, so dass sie zu einem vollwertigen Menschen wird, wie ihn der Mann verkörpert. Vielmehr gibt es eine nach wie vor hierarchische Verschiebung zwischen der „guten" Frau und dem „guten" Mann. Sichtbar wird dies etwa in der Auslegung von Lk 1,28f. durch Ambrosius von Mailand, in der dieser sich direkt an die Frauen wendet:

> „Erkenne die Jungfrau an ihren Sitten, erkenne sie an ihrer Schamhaftigkeit, erkenne sie an ihrem Wort, erkenne sie an ihrem Geheimnis. Jungfrauen des Mannes scheuen jedes Wort, das ein Mann an sie richtet. Es mögen die Frauen lernen, dem Vorsatz der Scham nachzueifern. Allein im Innern des Hauses, wo kein Mann sie sehen konnte, fand sie allein der Engel. Allein

ohne Begleiter, ohne Zeugen, damit sie von keinem niedrigen Wort verdorben würde, wird sie vom Engel gegrüßt. Lerne, Jungfrau, die Gemeinheit der Worte zu meiden; Maria hat auch Scheu vor den Worten des Engels gehabt."[68]

Maria ist als Jungfrau die Sittsame, die ob ihrer Schamhaftigkeit gar nicht in den Ruch kommt, etwas mit sexuellem Begehren zu tun zu haben oder zu tun haben zu wollen. Grundsätzlich empfehlen die Kirchenväter allen Gläubigen eine asketische Welthaltung. Hier nun erscheint sie als ideale Lebensführung der Frauen, die Maria darin nacheifern sollen. Maria wird zum „Leitbild für weibliches Verhalten besonderes dem anderen Geschlecht gegenüber."[69]

Wirkmächtig verstärkt wird dieses Konzept durch die seit dem 2. Jahrhundert fest zum mariologischen Repertoire gehörende Eva-Maria-Typologie.[70] Die Frau ('iššah) aus Genesis 2–3, die später im Text als Mutter alles Lebendigen (ḥawwah) bezeichnet ist, wird darin als diejenige gezeichnet, die verführt durch die Schlange Gott den Gehorsam verweigert hat, so dass durch eine Frau die Sünde in die Welt kam (vgl. Sir 25,24). Schon in der innerbiblischen Rezeption ist diese Sünde sexuell konnotiert.[71] Eva wird als von der Schlange ebenso sexuell Verführte wie ihrerseits als Verführerin des 'adam, des Menschen gelesen (bes. 1 Tim 2,8–15). Die christliche Tradition hat die beiden Frauenfiguren Eva und Maria schon früh zueinander in Beziehung gesetzt und zu Antitypen stilisiert: Eva, der Ungehorsamen, steht die gehorsame Maria gegenüber, die sich in Anlehnung an die Schilderung bei Lukas bereitwillig Gottes Willen übergibt. Die keusche Jungfrau ist Gegenbild der (sexuellen) Verführerin, ihre gepriesene Reinheit nicht zuletzt Reinheit von sexuellem Begehren.

Dahingehend lässt sich die Ausdehnung des Dogmas der Jungfräulichkeit auf die Zeit nach der Geburt Jesu (*post partum*) deuten, die in der biblisch-erinnerten Maria keine Entsprechung hat. Ebenso hat ihre Verehrung als Immaculata einen körper- und sexualfeindlichen Unterton: Auf der Folie der augustinischen Erbsündenlehre gedeutet, ist Maria gemäß dem Dogma von Geburt an frei von den Anfeindungen des Körpers und einem daraus resultierenden falschen, auch sexuellen Begehren, das von Gott entfernt. Sie ist ebenso unbehelligt von jeglichem Beharren auf Eigennutz und Eigenwillen. Dies macht Maria fähig zur Hingabe und schafft die Voraussetzung, den Sohn Gottes zu empfangen. Das Wirken Gottes an Maria ist dabei umso besonderer, als die Mutter Jesu ja nicht nur einen menschlichen Körper hat, sondern einen *Frauen*körper, der die Folgen der Erbsünde noch stärker zutage treten lässt. Die „Niedrigkeit" der Magd (Lk 1,48), von der das Magnifikat spricht, wird so wesentlich gedeutet als die Niedrigkeit des Frauenkörpers. In Maria wird dieser anverwandelt und alles irdische Begehren sublimiert im Begehren ihres Sohnes, dessen Braut[72] Maria ist.

Für Frauen zeitigt diese Gegenüberstellung von Eva und Maria fatale Folgen, sehen diese sich doch vor die Wahl zwischen Heiliger und Hure gestellt. Frauen können demütig und keusch sein wie Maria, gehorsam und hingebungsvoll in allen Lebenslagen. Sind sie es nicht, sind sie sündhaft wie Eva, ungehorsam und selbstsüchtig. Diese Vorstellungen von Maria wirken bis heute. Wo ihre Keuschheit gepriesen wird, produziert dies automatisch ein Gegenbild – die sexuell aktive Frau, die auch auf sich selbst und ihre Bedürfnisse sieht. Im Angesicht Marias erscheinen nicht nur die meisten Frauen als verstrickt in Schuld. Vermittels der Mariologie wird so auch eine katholische Sexualmoral fortgeschrieben, die ihren wesentlichen Ursprung ebenfalls bei Augustinus hat. Sexualität erscheint hier grundsätzlich als etwas, das von Gott entfernt. Sie muss gerechtfertigt werden – durch Fortpflanzung. Schließlich ist es auch die keusche Maria, die dem spirituellen Missbrauch und, in seiner Begleitung, dem sexuellen Missbrauch Türen öffnet: Denn Frauen können ihre Schuld nur überwinden durch Gehorsam.[73]

b. Die Mutter und das Komplementaritätsmodell

Neben das weibliche Ideal der asketischen Jungfrau tritt ab dem 18. Jahrhundert zunehmend das Ideal der Mutter. Dies korreliert mit einer veränderten Wahrnehmung des Zueinanders von Mann und Frau. Im Zuge der Aufklärung und mit dem Erstarken des Bürgertums entsteht ein neues Modell[74]: Statt die Differenz der Geschlechter aufgrund einer mangelhaften Verwirklichung des Menschseins durch „die Frau" zu behaupten, gelten Männer und Frauen nunmehr als gleichrangig, in dieser Gleichrangigkeit aber als prinzipiell verschieden. Geschlechtlichkeit findet ihre Ausprägung in unterschiedlichen Eigenschaften, die in der jeweiligen „Natur" von Mann und Frau begründet sind und in denen sich die Geschlechter gegenseitig ergänzen. Sieht man sich freilich diese geschlechtlichen Eigenschaften genauer an, liegen diese keineswegs auf einer Ebene. Dem Mann werden Wesenszüge zugeschrieben, wie sie die Aufklärung dem Menschen als Subjekt zugeschrieben hatte: Freiheit, Vernunft, Autonomie. Der Bereich des Mannes ist entsprechend die Öffentlichkeit, er gestaltet Politik und Kultur. Die Frau dagegen ist, als eine Art Negativbild, davon unterschieden. Als ihre Eigenschaften werden Emotionalität, Passivität, Empfängnisbereitschaft und eine besondere Fähigkeit zur Sorge festgehalten. Ihr Bereich ist das Private – das traute Heim, in das sich der Mann nach der Arbeit zurückzieht und in dem die Frau sich den Kindern und dem Schmutz widmet. Weit mehr als der Mann gilt die Frau als der Natur verbunden, gesteuert durch den Körper und vorrationale Instinkte, nicht zuletzt den „Mutterinstinkt".

Darin schreibt das Komplementaritätsmodell bei allem Beharren auf gleicher Wertschätzung wesentliche Elemente des alten Hierarchiemodells fort. Dies zeigt sich deutlich in der Enzyklika *Casti connubii* (1930) – *Über die christliche Ehe* von Papst Pius XI. Ausdrücklich beschränkt der Papst das Wirken von Frauen auf den Bereich des Hauses und der Familie und damit auf die Rolle als Hausfrau und Mutter. Er spricht die Leitung auch im familiären Bereich dem Mann zu und fordert von der Frau Gehorsam, sofern der Mann seine Leitungsfunktion verantwortungsvoll erfüllt. Dies wiederum sei fraglos im Einklang mit dem, was im Gefolge von Aufklärung und dem Kampf für Menschenrechte wesentlich erstritten wurde – mit Freiheit und Menschenwürde:

> „Dieser Gehorsam aber leugnet und beseitigt die Freiheit nicht, die der Frau sowohl angesichts der Vortrefflichkeit der menschlichen Person als auch angesichts der höchst vornehmen Aufgaben einer Gattin, Mutter und Gefährtin mit vollem Recht zu-

steht; auch heißt er sie nicht, irgendwelchen Wünschen des Mannes zu willfahren, die vielleicht der Vernunft selbst oder der Würde der Gattin weniger entsprechen;"[75]

Der Papst deutet es so als Ausdruck der Eigenart der Frauen, in den Aufgaben als Gattin, Mutter und Lebensgefährtin Erfüllung zu finden. Damit verewigt er eine Zuweisung von Frauen zum Bereich des Privaten, die freilich durch und durch kulturbedingt ist. Sie entsteht erst mit dem Erstarken des Bürgertums im 18. und 19. Jahrhundert und der damit einhergehenden Trennung des Bereiches der Öffentlichkeit vom Bereich des Privaten, in dem Menschen nicht zuletzt geschützt sind vor staatlichem Zugriff.[76] Sie ist gebunden an die Möglichkeit, in den Geschlechterrollen nicht ökonomischen Zwängen folgen zu müssen, sondern sie nach moralischen Gesichtspunkten gestalten zu können. Anders als die Arbeiterin oder die Bäuerin sind im Bürgertum überhaupt erst die wirtschaftlichen Möglichkeiten gegeben, dass der Mann die Erwerbsarbeit allein bestreiten kann – und die Frau sich ganz den Kindern und dem Haushalt widmet. Dass diese Komplementarität freilich die alte Geschlechterhierarchie nicht ablöst, sondern lediglich überschreibt, zeigt sich im Gehorsam, den die Frau dem Mann schuldet – und den der Papst gerade als Ausdruck ihrer besonderen Würde bezeichnet.

Diese Festlegung von Frauen auf den Bereich des Privaten und der Familie findet ihre Entsprechung wiederum in der zeitgenössischen Mariologie. Mit dem bürgerlichen Frauenbild tritt Maria zunehmend als Mutter Jesu in den Fokus, und zwar nicht in der traditionellen christologischen oder auch ekklesiologischen Zielrichtung, sondern in der Zuschreibung einer idealen Mütterlichkeit. Als prototypische Frau ist Maria wesentlich Mutter, sorgend bezogen auf ihren Sohn und ihr Heim. „Ohne viel auf die Quellen zu achten, wurde sie mit all den guten Eigenschaften bedacht, die die Männer damals an ihren Frauen sehen wollten: Sie ist unvergleichlich bescheiden, demütig, aufopfernd, gottergeben. Sie liebt Arbeit und Schweigen, häusliche Zurückgezogenheit und vor allem ihre Familie, für die sie sich aufopfert. Maria ist, kurz gesagt, das Ideal der Kinder-Küche-Kirche-Frau, wie es die Zeit träumte."[77]

Für Frauen, die die sich mit diesen beschränkten Möglichkeiten nicht abfinden wollen, ist Maria nicht nur als Rollenmodell des Häuslichen problematisch. Sie ist es auch, weil das Doppelideal von Jungfrau und Mutter Frauen nicht zur Verfügung steht. In der Alternative Jungfrau *oder* Mutter ist die asketische Jungfräulichkeit dennoch das Höherwertige, und so bleibt Frauen wiederum eine zweifelhafte Wahl: Sie sind entweder Jungfrauen und damit aber nach landläufiger Einschätzung keine „richtigen" Frauen. Oder sie sind Mütter, deren Existenz in der Erfüllung eines noch so hehren Mutterideals eine zweifelhafte bleibt. Frauen, die nicht geboren haben und/ oder andere soziale Rollen als die der Mutter ausfüllen, sind schließlich jenseits von Gut und Böse. Das Urteil von Rosemary Radford Ruether, einer zu prägnanten Formulierungen neigenden feministischen Theologin der ersten Stunde, ist vernichtend: „Die Mariologie überhöht das jungfräuliche, gehorsame, geistige Weibliche und fürchtet alle wirklichen, fleischlichen Frauen."[78]

So nimmt es nicht wunder, dass im 20. Jahrhundert mit dem Erstarken der Frauenrechtsbewegung und noch einmal verstärkt mit der zweiten Welle der Frauenemanzipationsbewegung ab den 60er Jahren die Vorbehalte gegenüber der klassischen Mariologie zunehmen. Sie zeigen sich in einem Nachlassen der Marienfrömmigkeit in westlich geprägten Ländern, in denen die Frauenemanzipation voranschreitet. Sie formen sich zu expliziter Kritik von Frauen, die sich in ihren gesellschaftlichen und persönlichen Lebensvorstellungen den Zielen der Frauenrechtsbewegung und der feministischen Bewegung verbunden fühlen. Dass Papst Paul VI. in seinem Apostolischen Schreiben *Marialis cultus* aus dem Jahr 1974 auf eine „Entfremdung" verweist, die sich insbesondere bei Frauen „im Bereich des Kultes der Mutter des Herrn"[79] feststellen lässt, zeigt das Ausmaß dieser Entwicklung. Auf der Linie von *Gaudium et spes* erklärt Paul VI. dabei wesentliche Ziele der feministischen Bewegung für legitim: das Streben nach Gleichberechtigung von Männern und Frauen im familiären wie im politischen Bereich, das Beharren auf einer aktiven, gestalterischen Rolle von Frauen außerhalb des Privaten auf den Feldern des Sozialen, von Kultur und Wissenschaft. Von einem Gehorsam gegenüber dem Mann ist keine Rede mehr.

Dabei ist dem Papst bewusst, dass dies auch Rückwirkungen auf die Verkündigung von Maria hat.

Auf der Höhe der nachkonziliaren Theologie postuliert Paul VI. eine Zeit- und Kulturbedingtheit mariologischer Überzeugungen und Frömmigkeitsformen, wobei hier zu trennen sei zwischen „überholten" Elementen, die getrost ausgeschieden werden können, und solchen von unvergänglichem Wert, die zu bewahren seien.[80] Ausdrücklich betont er, dass sich die Kirche in ihren mariologischen Lehraussagen nicht an eine bestimmte Auffassung von Geschlechtlichkeit gebunden habe, und verweist auf „die Ergebnisse der Humanwissenschaften und die verschiedenen Situationen der heutigen Welt".[81] Auffällig ist auch, dass er im Kontext der „Frauenfrage" auf eine sehr menschliche Maria Bezug nimmt, wie sie die neutestamentlichen Schriften erinnern. Diese zeichnet der Papst nicht

„als eine passiv unterwürfige oder von einer befremdenden Religiosität geprägte Frau, sondern eine Frau, die nicht zögerte zu verkünden, daß Gott der Rächer der Niedrigen und Bedrückten ist und die Mächtigen dieser Welt von ihren Thronen stürzt (vgl. Lk 1,51–58); sie [die zeitgenössische Frau] wird an Maria, die ‚unter den Demütigen und Armen des Herrn hervorragte', eine starke Frau erkennen, die Armut und Leid, Flucht und Exil kannte (vgl. Mt 2,13–23); Situationen, die der Aufmerksamkeit dessen nicht entgehen können, der die befreienden Kräfte des Menschen und der Gesellschaft im Geist des Evangeliums unterstützen möchte."[82]

Deutlich führt der Paul VI. hier Perspektiven auf Maria an, wie sie zeitgleich die Theologie der Befreiung hervorgehoben hatte.[83] Freilich begegnen diese befreienden Bilder in seinem Schreiben lediglich in einer kurzen Passage, während im übrigen Text die traditionellen Bilder der opferbereiten Jungfrau und der zarten Mutter dominieren. Beides steht unvermittelt nebeneinander.

Die Problemanzeige Pauls VI., nämlich die schwere Vereinbarkeit der klassischen Mariologie mit der Bejahung der Gleichberechtigung von Männern und Frauen, begleitet die lehramtlichen Äußerungen sowohl zur menschlichen Geschlechtlichkeit wie auch zu

Maria nach dem Konzil. Insbesondere Papst Johannes Paul II. hat in seinen Schriften versucht, beides miteinander in Einklang zu bringen. Das Apostolische Schreiben *Mulieris dignitatem – Über die Würde und Berufung der Frau* verfasst er anlässlich des marianischen Jahres 1988. Im Text spiegelt sich, dass zur Zeit seiner Abfassung das alte Komplementaritätsmodell im Zuge der Frauenemanzipation seinen Zenit längst überschritten hat.

Erschüttert wurde und wird das Modell zunächst auf der Ebene gesellschaftlicher Praxis. Wo Frauen Zugang zu immer mehr gesellschaftlichen Bereichen finden, die zuvor Männern vorbehalten waren, wird deutlich, dass die komplementären Zuteilungen von Wesenszügen keine Realitäten beschreiben. Frauen sind fraglos vernunftbegabt, können studieren und Professorinnen werden. Sie sind urteilsfähig als Richterinnen, entscheidungsfroh als Politikerinnen, kulturschaffend als Künstlerinnen. Umgekehrt liegen auch die den Frauen zugeordneten Bereiche des Privaten nicht fern der Möglichkeiten des Mannes. Längst haben Männer unter Beweis gestellt, dass sie fähig zur Sorge um die Kinder und zur Pflege der häuslichen Umgebung sind, dass sie empathisch zuhören können und auch ihrerseits, tatsächlich, Emotionen haben, die ihr Denken und Handeln beeinflussen. Damit verschwimmen selbstredend auch die Zuschreibungen, was als „typisch männlich" und was als „typisch weiblich" angesehen wird.

Auch die lehramtliche Theologie trägt diesen gesellschaftlichen Umwälzungen Rechnung. Johannes Paul II. hatte bereits in dem Apostolischen Schreiben *Familiaris Consortio* (1981) die aktive Beteiligung von Frauen in allen Bereichen der Gesellschaft ausdrücklich bejaht und gleichzeitig darauf insistiert, dass auch der Mann wesentliche Aufgaben in der Familie zu erfüllen hat.[84] In *Mulieris dignitatem* beschreibt er das eheliche Verhältnis zwischen Mann und Frau, das er als den Nukleus aller menschlichen Beziehungen sieht, als gegenseitige Hingabe und Dasein füreinander.[85] Auch ist der Papst zurückhaltend in der Festlegung bestimmter geschlechtlicher Eigenschaften. Er warnt zwar deutlich vor einer „Vermännlichung"[86] von Frauen im Zuge des Bestrebens nach Gleichberechtigung und betont die Differenz zwischen den Geschlechtern. Doch spezifiziert der Text auffallend wenig, worin denn diese Vermännlichung besteht.

Um dennoch eine Typologie der Frau auszuarbeiten, greift der Papst in *Mulieris dignitatem* auf die Mariologie zurück. Ganz im Duktus traditioneller Wesensmetaphysik[87] behandelt er Frauen als eine Einheit. Durchgängig ist von „der Frau" im kollektiven Singular die Rede, und so kann der Papst umstandslos die besondere Frau Maria, wie sie das Neue Testament erinnert, mit „der Frau" gleichsetzen.[88] Vermittelt über Maria wird das Spezifische des Frauseins in der Mutterschaft und in der Jungfräulichkeit verankert. Beides kommt in der personalen Einheit Marias überein und stellt in der Interpretation des Papstes – prototypisch und ideal – auf verschiedene Weise eine besondere Fähigkeit zur Selbsthingabe unter Beweis. Ein Widerspruch zwischen Jungfräulichkeit und Muttersein ergibt sich erst auf der Ebene konkreten Frauenlebens: Der Papst interpretiert diese Dimensionen Marias als zwei verschiedene Wege, „Fraulichkeit" zu verwirklichen.[89] Frauen, die entlang der evangelischen Räte Keuschheit, Armut und Gehorsam[90] leben, wählen mit dem Weg der Jungfräulichkeit die besondere Hingabe an Gott. In der Mutterschaft der verheirateten Frau verwirklicht sich in der Hingabe an das Kind die Hingabe an den anderen Menschen. „In dieser Bereitschaft, im Empfangen und Gebären eines Kindes, ‚findet die Frau durch ihre aufrichtige Selbsthingabe sich selbst'."[91] So ist die Maria in der Empfängnis des Gottessohnes zuteilgewordene besondere Gnadenfülle „zugleich *die Fülle der Vollkommenheit all dessen, was kennzeichnend für die Frau ist'*, dessen, was ‚*das typisch Frauliche*' ist. Wir finden hier gewissermaßen den Gipfelpunkt und das Urbild der personalen Würde der Frau."[92]

Diese ausdrückliche Würdigung „der Frau" vermittels Jungfräulichkeit und Mutterschaft Marias ist für konkrete, lebendige Frauen wiederum ambivalent. Zunächst bedeutet es gegenüber der Tradition eine Neugewichtung, dass der Papst Jungfräulichkeit und Mutterschaft als zwei gleichermaßen wertvolle Wege darstellt, Selbsthingabe zu verwirklichen. Der alte augustinische Gegensatz zwischen der Liebe zu Gott und der Liebe zum anderen Menschen, der sich am deutlichsten in der Ablehnung der Sexualität gezeigt hatte, scheint so durchbrochen – wenigstens auf den ersten Blick. Bei näherem Hinsehen zeigt sich freilich, dass die Entgegensetzung weiter virulent bleibt. Mit Maria als Vorbild wird konkrete Frauenexistenz – jenseits eines Lebens nach den evangelischen Räten – auf Mutterschaft enggeführt. „Seinsmöglichkeiten" von Frauen auch außerhalb der kindgesegneten Familie bejaht der Papst zwar grundsätzlich. Dennoch sind sie keine Verwirklichung des „Eigentlichen", das die „Würde der Frau" begründen würde. Theologisch wie spirituell wertgeschätzt sind Frauen als Jungfrauen und Mütter. Dagegen scheinen Frauen, die weder nach den evangelischen Räten leben noch geboren haben, ihre Existenz doch irgendwie zu verfehlen. Letztlich spiegelt sich in der Bewertung von Frauenleben die kirchliche Sexualmoral, deren vehementer Vertreter Papst Johannes Paul II. war: Wie der sexuelle Akt muss auch Frauenleben gerechtfertigt werden – durch Fortpflanzung.[93]

Mit Maria als Vorbild zeichnet der Papst schließlich Mutterdasein wie Fraulichkeit als ein ausgesprochen hehres Ideal. Nirgends begegnen die Konflikte, die Frauen als Mütter erfahren – etwa die Zerrissenheit zwischen der Sorge um die Kinder und der Sorge um sich selbst oder auch die unausweichlichen Auseinandersetzungen mit den eigenen heranwachsenden Kindern. Mit Maria ist „die Frau" das große, mütterliche Imaginäre, das die Brüche einer von Männern geprägten Welt kompensieren soll. Und einmal mehr verschwinden hinter dem Ideal die realen Frauen.

c. Die Braut – Verteidigung der Zweigeschlechtlichkeit

Abseits der biologischen Mutterschaft bleibt „mütterliche Hingabe" als Differenzmerkmal zwischen den Geschlechtern freilich wenig trennscharf. Dies wird dort deutlich, wo das kirchliche Lehramt Maria in Anspruch nimmt, um die Kategorie *gender* zurückzuweisen bzw. das, was sie mit ihr verbunden sieht: die Aufgabe der Zweigeschlechtlichkeit.

Die feministische Theoriebildung hatte die Kategorie *gender* eingeführt und damit das kulturelle Geschlecht (*gender*) vom biologischen Geschlecht (*sex*) unterschieden.[94] Mittels dieser Unterscheidung kann sichtbar gemacht werden, dass was als „typisch weiblich" und „typisch männlich" wahrgenommen wird, nicht automatisch auf biologischen Vorgaben beruht. Vielmehr beeinflussen kulturell verschiedene und sich wandelnden Annahmen davon, wie Männer bzw. Frauen zu sein haben, oft unbemerkt sowohl unser Verhalten wie unsere Wahrnehmung. Zum einen gehen wir mit Menschen, auch schon bereits mit Säuglingen, je nachdem verschieden um, ob wir in ihnen einen Mann oder eine Frau sehen. Zum anderen passen sich Menschen an bestehende Rollenerwartungen an und *re*-produzieren diese. Dies geschieht oft unhinterfragt und wird im Alltag selten Gegenstand von Aufmerksamkeit und Reflexion, so dass das erworbene Rollenverhalten schließlich als Ansammlung ‚natürlicher Eigenschaften' erscheint: „Frauen oder Männer sind eben so!" Geschlecht ist so nicht einfach gegeben, sondern entsteht, indem es je neu gelebt wird: als *doing gender*.

Die Kongregation für die Glaubenslehre, seinerzeit unter der Leitung von Kardinal Joseph Ratzinger, dem späteren Papst Benedikt XVI., wendet sich in ihrem Schreiben *Über die Zusammenarbeit von Mann und Frau in der Kirche und in der Gesellschaft* aus dem Jahr 2004 vehement gegen das, was sie als eine Ideologie bezeichnet und das später zum Schlagwort der Gender-Ideologie gerinnt.[95] Der Vorwurf: In der Verwendung von *gender* spiegelt sich eine Auffassung vom Menschen, in der die Differenzen zwischen den Geschlechtern nicht nur unklar, sondern gänzlich aufgehoben werden.

Der Verdacht der Kongregation ist einerseits pauschalisierend, andererseits aber auch nicht von der Hand zu weisen. *Gender* ist zunächst eine Kategorie der Analyse, die erlaubt, die Zuschreibung scheinbar „natürlicher" Eigenschaften von Frauen und Männern zu durchbrechen: Menschen stehen tatsächlich wesentlich mehr Varianten zur Verfügung, ihre geschlechtliche Identität zu leben, als das, was die Geschlechterstereotype ihrer jeweiligen Kultur ihnen anbieten. Welche Rolle das natürliche Geschlecht (*sex*) für die Ausbildung einer Geschlechtsidentität spielt, wird dabei unterschiedlich bewertet. Manche Forschende gehen von durchaus starken biologischen Vorgaben aus, die auch Eigenschaften der Geschlechter bis zu einem gewissen Teil festlegen. Allerdings gilt in den Kultur- und Humanwissenschaften die Annahme als problematisch und im Einzelfall nicht nachweisbar, dass sich soziales Verhalten aus biologischen Daten eins zu eins ableiten lässt. Vielmehr ist das individuelle Verhalten immer auch eine Reaktion auf bzw. Aneignung von biologischen Vorgaben. Manche Theorieentwürfe gehen deshalb so weit, im Hinblick auf die Geschlechtsidentität auf die Kategorie *sex* ganz zu verzichten. Das heißt nun nicht, dass der Körper und auch körperliche Differenzen zwischen den Geschlechtern nicht existieren und keine Rolle spielen. Nur ist *sex* für sich, quasi als ‚Natur pur' schlicht nicht vorhanden, sondern immer eingebettet in *gender*, in kulturelle/persönliche Aneignung. So ist die Grenzziehung zwischen *sex* und *gender*, zwischen Natur und Kultur wiederum Gegenstand von kulturellen Aushandlungsprozessen. Sie kommt nicht natürlich, sondern diskursiv zustande.

Dass damit Geschlechtsidentitäten und mit ihnen die Unterschiede zwischen Männern und Frauen fluide werden, ist deutlich. Es gibt ebenso „männliche" Frauen wie „weibliche" Männer und schließlich Menschen, deren Geschlechtsidentität gar nicht in die beiden Kategorien passt. Die Philosophin und *gender*-Theoretikerin Judith Butler ist dabei so weit gegangen, dass sie angesichts der vielfältigen Optionen, Geschlechtlichkeit zu leben, die Teilung von Menschen in zwei Geschlechter als künstlich und zwanghaft erachtet.[96]

Im Schreiben der Kongregation für die Glaubenslehre wird Maria nun zur Gewährsfrau der Zweigeschlechtlichkeit. Dazu greift die Kongregation auf die Brautsymbolik zurück und verbindet in ihr die Funktionen Marias als prototypische Frau sowie als Urbild von Kirche und Gläubigen.[97] Dadurch folgt die Bestimmung von Geschlechtlichkeit dem Schema des Gegenübers von Christus und Kirche bzw. Gott und gläubigem Menschen – mit einer doppelten Konsequenz.

Die erste: Das Gottesbild wirkt unmittelbar zurück auf die Bestimmung des Frauseins. Als Braut ist Maria das Gegenüber zum männlichen, erlösenden Bräutigam. Sofern Gott im Heilsgeschehen die aktive, souveräne Rolle zukommt, kann Maria als Kirche wie als Frau damit nur passivisch konstruiert werden:

„Marias Dasein ist für die Kirche eine Einladung, ihr Sein im Hören und Aufnehmen des Wortes Gottes zu verankern. Der Glaube ist nämlich nicht so sehr die Suche des Menschen nach

Gott, sondern vielmehr die Anerkennung des Menschen, dass Gott zu ihm kommt, ihn heimsucht und zu ihm spricht."[98]

Ausdrücklich deutet die Kongregation die so beschriebene Haltung Marias nicht als Passivität, sondern als Liebe – was sie freilich nicht aktiver macht, sondern vor allem spirituell überhöht. Jedenfalls will die Kongregation für die Glaubenslehre dieses Weiblichkeitsmodell gerade nicht kulturell bedingt verstanden wissen. Vielmehr lokalisiert sie seine Wurzeln in der Heilsgeschichte:

> „Der Hinweis auf Maria und ihre Haltungen des Hörens, des Aufnehmens, der Demut, der Treue, des Lobpreises und der Erwartung verleiht der Kirche in keiner Weise eine Identität, die in einem zufälligen Modell der Weiblichkeit gründet, sondern stellt sie in die Kontinuität mit der geistlichen Geschichte Israels."[99]

Dieses hochsymbolische Modell von Weiblichkeit wirkt vermittelt über Maria nun zurück auf das, was von „der Frau" qua Geschlecht angenommen wird – nämlich dass „sie diese Haltungen mit besonderer Intensität und Natürlichkeit lebt."[100] Hier wird Geschlechtsidentität in einer Weise theologisch bestimmt, die sich weder mit dem einzelnen Menschen, noch mit Humanwissenschaften oder Genderdiskurs auseinandersetzen muss. Die Gnadenordnung bestimmt Geschlechtlichkeit.

So ist es letztlich das Bild von Gott als absolutem Souverän im Gnadengeschehen, das ein passivisches Bild von Maria, von Kirche, von Weiblichkeit und schließlich von „den Frauen" nach sich zieht. Einmal mehr formuliert Radford Ruether pointiert: „Wenn (…) höchste göttliche Souveränität als ein männliches Symbol gefaßt wird, kann das Weibliche nur als das rezeptive und/oder vermittelnde Prinzip der männlichen Souveränität erscheinen."[101] Maria ist „die Andere" des souveränen Gottes. Sie kann folglich nur als empfangend und hingebungsvoll gedacht werden, und mit ihr die Frauen, die sie repräsentiert.

Darin steckt freilich auch einiges an kirchenpolitischer Brisanz. Die Annahme einer marianisch begründeten, grundlegenden Differenz zwischen den Geschlechtern ist wesentliche Basis der Argumentation, dass es mit den Frauen eine klar umrissene Gruppe gibt, denen qua Geschlecht der Zugang zum kirchlichen Weiheamt verwehrt ist. Ebenso macht die Konstruktion von Weiblichkeit vermittels der Verbindung Maria-Braut-Kirche die Frauen zum Zeichen für die Kirche und die Hingabe, die diese verwirklichen soll. Sie sind damit festgeschrieben auf eine symbolische Rolle, die sie gemäß der Argumentation des kirchlichen Lehramts davon ausschließt, Christus zu repräsentieren.[102] Die mariologische Geschlechterkonstruktion mündet im Ausschluss von Frauen vom Priesteramt.[103]

Die Bestimmung von Geschlechtlichkeit auf der Folie des Verhältnisses von Gott zur Kirche bzw. zum gläubigen Menschen hat aber noch eine zweite Konsequenz: Sie lässt die Geschlechtergrenzen wiederum fragil werden, denn selbstredend kommt die Position des gläubigen Menschen allen Geschlechtern, keineswegs nur den Frauen zu. Um dem gerecht zu werden, wendet die Kongregation für die Glaubenslehre nun grundsätzlich selbst an, was die Kategorie *gender* meint. So identifiziert sie zwar eine „Fähigkeit für den anderen" als Merkmal von „Fraulichkeit". Gleichzeitig interpretiert sie diese Fähigkeit aber als einen allgemein menschlichen Wert, mit dem Frauen nur spontaner übereinstimmen würden:

> „Letztlich ist aber jeder Mensch, ob Mann oder Frau, dazu bestimmt, ‚für den anderen' da zu sein. In dieser Perspektive ist das, was man ‚Fraulichkeit' nennt, mehr als ein bloßes Attribut des weiblichen Geschlechts. Der Ausdruck beschreibt nämlich die grundlegende Fähigkeit des Menschen, für den anderen und dank des anderen zu leben."[104]

Die Differenz zwischen den Geschlechtern ist damit nicht als absolut, sondern als graduell beschrieben – womit sie als Differenzmerkmal freilich wenig taugt. Denn wo lägen die Maßstäbe für höhere oder niedrigere Spontaneität, wo ließe sich eine Grenze definieren, die als Geschlechtsindikator belastbar ist, und wie würde sich ein Diesseits oder Jenseits dieser Grenze im konkreten Einzelfall überprüfen lassen? Letztlich sagt die Kongregation hier nichts anderes, als dass bestimmte Verhaltensweisen und Fähigkeiten nicht nach Geschlechtern aufgeteilt werden können – eine Einsicht, die wenn nicht in der Dogmatik, so doch tief in der Geschichte der christlichen Spiritualität verankert ist.[105]

4. Was bitte ist denn weiblich? – Die Anfänge feministischer Theologie

Angesichts dieser engen Verquickung von Maria mit der theologischen Reflexion auf Geschlechtlichkeit im Allgemeinen und Frauen im Besonderen, verwundert es wenig, dass sich gerade Frauen der Mariologie angenommen haben. Seit den 70er Jahren waren es primär feministische Theologinnen in den USA, Lateinamerika und Europa, die eine Neubelebung der Mariologie initiiert und innovative Zugänge entwickelt haben – freilich nicht, ohne die klassische Mariologie dahingehend zu analysieren, welche Konsequenzen diese insbesondere für Frauen zeitigt.[106] Wie der feministischen Bewegung insgesamt ging und geht es auch der feministischen Theologie um eine Gleichberechtigung der Geschlechter sowie um die Befreiung von dem, was mit dem Begriff „Patriarchat" umschrieben wird. Patriarchat bedeutet, kurz gesagt, dass Männer qua Geschlecht in bestimmten, eben patriarchalen Gesellschaften einen selbstverständlicheren Zugang haben zu Positionen, in denen sie (über Frauen) entscheiden können.[107]

Die christliche feministische Theologie gründet auf der Einsicht, dass auch christliche Glaubensüberzeugungen einen Anteil daran haben, patriarchale Strukturen in Gesellschaft und Kirche zu befördern. Für manche Frauen war dies der Grund, der Kirche und teils auch dem Christentum den Rücken zu kehren. Andere sind in den Kirchen geblieben. Sie beharren darauf, dass patriarchale Ordnungen nicht dem Evangelium entsprechen und dass es im Christentum ein befreiendes Potential gibt, das gehoben werden kann.[108] Maria, der Mutter Jesu, kommt dabei als der prominentesten Frauenfigur im Christentum eine Schlüsselfunktion zu.

Da Maria in der katholischen Kirche eine weit größere Rolle spielt als in den Kirchen der Reformation, beschäftigen sich naheliegend zunächst vor allem katholische Frauen mit Mariologie. Doch ist feministische Theologie von Anfang an ökumenische Theologie, und so entdeckten auch protestantische Frauen wie Christa Mulack[109] oder Dorothee Sölle Maria neu als eine Bezugsgröße.

Die Zugänge feministischer Theologie zu Maria sind methodisch wie inhaltlich verschieden: Die einen sind eher biblisch, die anderen eher theologiegeschichtlich orientiert. Manche suchen nach Maria als konkreter Frau, während andere an überzeitlichen Symbolen interessiert sind. Und während die einen stärker eine Einheit der Geschlechter betonen, beharren andere auf deren Differenz.

Insgesamt ist die Geschichte der feministischen Theologie eng gebunden an die feministische Theoriebildung. Wo diese sich weiterentwickelt und neue Aspekte berücksichtigt, wandelt sich auch feministische Theologie. So stand am Anfang feministischer Theologie eine theologische Frauenforschung, die in Vergessenheit geratene Geschichten von Frauen wieder in Erinnerung gerufen hat. In den 70er/80er Jahren tritt eine feministisch-emanzipatorische Theologie in den Vordergrund. Seit Ende der 90er Jahre verschiebt sich feministische Theologie zunehmend in Richtung einer gendersensiblen Theologie, der es nicht mehr allein um Frauen, sondern ebenso um Männlichkeit geht und die auch queere Lebensformen in den Blick nimmt.[110] Werden anfangs Frauen noch stark als ein Kollektiv mit ähnlichen (Diskriminierungs-)Erfahrungen behandelt, treten zunehmend Unterschiede und die Überlappung mit anderen Diskriminierungskategorien wie *race* oder *class* ins Bewusstsein. Mit den Verschiebungen bleibt auch die feministische Mariologie im Fluss. Dabei war feministische Theologie gemäß ihrem Selbstverständnis nie eine Theologie von Frauen für Frauen – eine Art Reservat ohne große Bedeutung für den Rest der Theologie. Vielmehr war sie angetreten, um von der Peripherie aus das Zentrum zu erschüttern – nicht zuletzt die klassische Verbindung von Maria, Weiblichkeit und Kirche.

Eine der profiliertesten frühen Repräsentantinnen der emanzipatorischen feministischen Theologie ist die katholische Theologin, Philosophin und Historikerin Rosemary Radford Ruether (1936–2022). Im Jahr 1977 erschien ihre Mariologie *Mary – The Feminine Face of the Church*, das 1980 unter dem Titel *Maria. Kirche in weiblicher Gestalt* ins Deutsche übersetzt wurde. 1993 veröffentlicht sie mit *Sexism and God-Talk. Toward a Feminist Theology* (dt. Sexismus und die Rede von Gott. Schritte zu einer anderen Theologie) eines der Hauptwerke feministischer Theologie, darin ebenfalls ein Kapitel zu Maria. Ihre Vorgehensweise ist charakteristisch für die feministisch-emanzipatorische Richtung. Sie startet mit einer Ideologiekritik, die Zusammenhänge von Glaubenslehre und Sexismus offenlegt und analysiert. In einem zweiten Schritt sucht sie Perspektiven auf die christliche Überlieferung freizulegen, die ein befreiendes Potential für Frauen haben. Dabei genügt es nach Radford Ruether nicht, einzelne biblische Stellen von Maria oder einzelne Lehraussagen neu zu interpretieren. Vielmehr sind diese zu betrachten im Rahmen der gesamten biblischen Überlieferung und der nachbiblisch-christlichen Tradition als der Geschichte einer patriarchalen „Kultur, in der eine männliche herrschende Klasse die Natur und die Frauen unterworfen hat."[111]

Radford Ruether nimmt besonders die Bedeutung von Maria für das Bild von Kirche in den Blick und bearbeitet die Vorstellungen von Weiblichkeit und einer weiblichen Kirche, insofern diese von Maria abgeleitet werden. Sie überträgt eine der frühen Einsichten feministischer Theoriebildung auf die Mariologie, wie sie Simone de Beauvoir in dem feministischen Klassiker *Das andere Geschlecht*[112] formuliert hatte. Was eine Frau ist, wird nicht unmittelbar aus ihrem „Frausein" abgeleitet. Vielmehr wird Weiblichkeit als Gegenüber zu Männlichkeit konstruiert. Die Frau ist gegenüber dem Mann „die Andere", wobei das Mannsein wenigstens vor Beginn der Männlichkeitsforschung in den 1970er Jahren kaum je eigens thematisiert und umstandslos mit dem Menschsein gleichgesetzt wird. Insofern nun die Rede von Gott in den Kategorien des Menschlichen erfolgt, ist Weiblichkeit auch eine kulturelle Chiffre für Dimensionen, die keinen Eingang in die Spekulation über das *summum bonum*, über Gott als das höchste Gut, finden. Hier liegt der ideologische Zirkel, den Mary Daly benannt hatte: „If God is male, then the male is God. – Wenn Gott männlich ist, dann ist das Männliche göttlich."[113]

Was bitte ist denn weiblich? – Die Anfänge feministischer Theologie

Dabei dient ein männlich gezeichnetes Gottesbild nach Radford Ruether aber nicht allein als Bestätigung einer Höherwertigkeit des Männlichen. Es wirkt unmittelbar auf die Konstruktion von Geschlechtlichkeit. Wenn Gott, männlich konnotiert, als absolut souverän, allmächtig und als absolut transzendentes Gegenüber zur Welt gezeichnet ist, dann steht das Weibliche für das Gegenstück – für das Geschöpfliche, das Gott nur passiv aufnehmen oder maximal vermitteln kann.[114] Maria ist die symbolische Identifikationsfigur dieses so gefassten Weiblichen – eine Analyse, die auf die nachkonziliare lehramtliche Mariologie zweifellos zutrifft. Dies wiederum führt zu dem Paradox, dass gerade die Kirchen, in denen Maria und mit ihr Weiblichkeit eine große Rolle spielen, also die katholischen und christlich-orthodoxen Kirchen, sich gerade nicht durch eine große Offenheit gegenüber Frauen auszeichnen, sondern diese von den kirchlichen Ämtern und der Hierarchie ausschließen. Dagegen haben die evangelischen Kirchen, die keine Mariologie kennen, Frauen den Zugang auch zur kirchlichen Hierarchie ermöglicht.[115]

Feministische Theologinnen hatten nun schon einiges unternommen, um das Bild von Maria anders zu lesen.[116] Sie haben darauf hingewiesen, dass die Maria des Lukasevangeliums keineswegs nur gehorsam nickt, sondern dass sie zurückfragt: „Wie soll das geschehen?" Zudem: Was gäbe es Aktiveres als die Zustimmung zu einer Schwangerschaft, die den Körper einer Frau über Monate hinweg beansprucht und an die eine Mutterschaft mit Jahren aktiver Pflege, Sorge, Konflikten und gegenseitigem Wachsen aneinander anschließt? Und hatte Maria nicht das Magnifikat gesungen und damit vorweggenommen, was Jesus als die *Basileia*, das Reich Gottes verkünden würde? Auch die lehramtliche Theologie nach dem Konzil insistiert darauf, dass die empfangende Haltung Marias und ihre Selbsthingabe als Aktivität zu deuten seien.[117]

Für Radford Ruether genügt es aber nicht, einzelne biblische Darstellungen oder auch Symbole von Maria neu zu interpretieren. Ebenso wenig sieht sie es als zureichend an, statt von einem männlichen Gott von einer weiblichen Gottheit zu sprechen oder etwa in marianischen Symbolen Fortsetzungen eines alten Glaubens an vergessene Göttinnen zu sehen.[118] Vielmehr geht es um das gesamte

System von Über- und Unterordnung, das verschoben werden muss: „Wir müssen fragen, warum die symbolische Beziehung zwischen Gott und der Welt immer mit den Begriffen von Herrschaft und Unterworfenheit bezeichnet wurde und so zum Vorbild für analoge soziale Beziehungen werden konnte. Können wir von der göttlichen Transzendenz auch anders denken?"[119]

Ihr Vorschlag: Gott nicht als souveränes Gegenüber der Schöpfung zu denken, sondern als ihr Seinsgrund und ihr Ziel. Radford Ruether greift hier auf die Tradition der christlichen Mystik zurück. Bei Meister Eckhart ist Gott der Seinsgrund der Seele, aus dem die Vermögen der Seele wie Verstand und Wille entspringen.[120] Dies in freier Form aufnehmend interpretiert Radford Ruether Gott als eine Kraft, die den Menschen dazu befähigt, eine einzigartige Persönlichkeit auszubilden. Gott ist der Grund des Menschen als Person, sei er männlich oder weiblich, Mann oder Frau – geschlechtlich als Gottes Ebenbild geschaffen. „So garantiert die Einheit und Einzigartigkeit Gottes die Einzigartigkeit jedes menschlichen Selbst. Jeder Mensch ist berufen, eine einzigartige Persönlichkeit mit seinem/ihrem eigenen Recht zu werden – nicht ein bloßer Schatten eines anderen."[121] Als von Gott befähigte Personen sieht Radford Ruether die Menschen als Glieder einer Gemeinschaft, die sich nicht durch Überordnung und Unterordnung definiert, sondern in der Menschen einander in Beziehungen der Gegenseitigkeit begegnen. „Jeder Mensch muß sowohl ein ‚ich' als ein ‚Du' für den anderen werden; jeder muß für den anderen zugleich ein Handelnder wie ein Helfender werden."[122]

In der Vermittlung einer Kultur der Anerkennung und der Gegenseitigkeit kann nach Radford Ruether nun die Mariologie helfen. In der traditionellen Symbolisierung der Kirche durch Maria liegt eine Betonung der Weiblichkeit *aller* Gläubigen. Dimensionen des Menschlichen, die als „weiblich" oder „männlich" konnotiert sind, verteilen sich entsprechend nicht in der Weise, dass „die Frauen" eben „weiblich" oder wenigstens „spontaner weiblich" seien und „die Männer" entsprechend „männlich". Vielmehr geht Weiblichkeit und Männlichkeit durch die Geschlechter hindurch. Soweit stimmt Radford Ruether auch etwa mit der Glaubenskongregation überein. Allerdings verschiebt ihre scharfe Analyse den Blickwinkel

Was bitte ist denn weiblich? – Die Anfänge feministischer Theologie

gegenüber dem lehramtlichen Text noch einmal deutlich: Für Radford Ruether bedeutet das nämlich weit mehr, als dass auch Männer ihre „weibliche Seite" entdecken können. Denn eine solche „weibliche" Seite lässt sich auch innerhalb von „männlichen" Hierarchien leben, in denen man gegenüber dem Ranghöheren demütig, empfangend und „weiblich" ist, während man „nach unten" die männliche Dominanz auslebt. „Die Vorstellung von einer ‚weiblichen Seite des Mannes' verstärkt nur jenes Menschenbild, in dem die Frauen als Nährerinnen und Dienerinnen eines Selbst erscheinen, das aktiv nur in den Männern sichtbar wird."[123] Stattdessen setzt eine Weiblichkeit, die das Personsein fördert – das eigene wie das des jeweils Anderen – Verhältnisse der Gegenseitigkeit voraus, in denen beide ebenso aktiv wie empfangend sind. Damit verschiebt sich aber auch die Charakteristik von Weiblichkeit als pure Passivität. „Wirkliche Empfänglichkeit, Offenheit für andere ist nur einem Menschen möglich, der ein gewisses Maß an Unabhängigkeit und Selbstständigkeit hat."[124]

In diesem Sinne befreiend kann die Mariologie nur wirken, wenn sie nicht zur Bestätigung der kirchlichen Hierarchien herangezogen, sondern in Beziehung gesetzt wird zu Modellen des Zusammenlebens, wie sie sich in den Evangelien finden. Radford Ruether verweist hier insbesondere auf Mt 23,8–12 und Mk 10,42–45. Beide Texte reden vom Verzicht auf Herrschaft, von einer Umkehr der Verhältnisse des Herrschens und des Dienens und auch von einem neuen Verhältnis Gottes, des „Vaters" zu seiner Gemeinde: „An die Stelle der alten Vorstellung, daß Gott der Vater zu kirchlichen Strukturen führt, in denen eine Gruppe ‚Väter' über die Laien herrscht, so wie der Mann über die Frau in der Gesellschaft zur Zeit Jesu herrschte, setzt Jesus ein Gottesbild, in dem Gott eine Gemeinschaft der Gleichen, eine Gemeinde von Brüdern und Schwestern schafft."[125]

Und auch die Kenosis des Gottessohnes, die Selbstentäußerung Gottes bis zum Tod am Kreuz steht dafür, dass Herrschaft nicht im alten Sinne wiedererrichtet werden kann, sondern dass die Niedrigen erhöht sind.

„In Christus ist die traditionelle ‚Herrschaft' in jeder Form zu Buße und Umkehr aufgerufen. Sie ist berufen, jedes Herrschen aufzugeben und stattdessen sich selbst in den Dienst an der Verwirklichung des Menschseins, der Würde und der Güte jener zu stellen, die unterdrückt gewesen sind, die zu Sklaven der Herrschenden gemacht wurden. Vielleicht sollten wir in diesem Sinne jene Tradition verstehen, daß die neue Menschheit, die Kirche, die Gemeinschaft der Erlösten, nicht in männlicher Gestalt, sondern in der einer Frau erscheint."[126]

Dies zum Maßstab genommen, lässt sich nun auch in der traditionellen Brautmetaphorik, die Maria bzw. die Kirche als Braut Gottes vorstellt, anderes entdecken als das Verhältnis von männlicher Souveränität und weiblicher Passivität. Die Brautmetaphorik geht wesentlich zurück auf das Hohelied, das zunächst als Bild für das Verhältnis von Gott zu Israel, später für das Verhältnis von Christus zur Kirche gedeutet wurde.[127] Im Hohelied begegnen sich nun aber Mann und Frau in einer wirklichen Gegenseitigkeit und Gleichwertigkeit der Liebenden. „Wenn dies eine Analogie zwischen göttlicher und menschlicher Liebe sein soll, dann stellt das die hierarchischen Strukturen der Beziehung zwischen Gott und Mensch und zwischen Mann und Frau tiefgreifend in Frage."[128] Damit weist Radford Ruether einen Weg, das Bild von Maria als weiblichem Prototyp der Kirche in befreiender Weise zu interpretieren: Maria steht „für das Ganze der erlösten Menschheit, die allerdings nur befreit und versöhnt werden kann, wenn die Opfer ermächtigt werden, Menschen zu sein, und wenn die Macht selbst verändert worden ist."[129]

5. Menschlich, geschichtlich, konkret – Mariologie der Befreiung

In etwa zeitgleich mit der westlichen feministischen Theologie war in Lateinamerika die Theologie der Befreiung entstanden, die Peter Walter in den Torso gebliebenen Ausführungen (s. Anhang) behandelt hat. Die Theologie der Befreiung macht die verheerende Armut weiter Bevölkerungsteile in den Ländern Lateinamerikas zum Ausgangspunkt des theologischen Denkens.[130] Diese Armut begreift sie, unter anderem im Rückgriff auf marxistische Theoriebildungen, nicht zuletzt als Folge einer globalisierten Wirtschaft, die im Zusammenspiel von multinationalen Konzernen und nationalen Eliten die Abhängigkeitsverhältnisse der Kolonialzeit fortsetzt – in der Abholzung Amazoniens, in der Ausbeutung von Bodenschätzen, in unzureichender Bezahlung etc. Angesichts dieser Situation vertritt die Theologie der Befreiung eine „Option für die Armen" – eine strikte Parteilichkeit jedweder Theologie für die Marginalisierten, die sie biblisch begründet: In den Erzählungen vom Exodus steht Gott an der Seite eines unterdrückten, versklavten Volkes und führt es in die Freiheit. Jesus verkündet das Reich Gottes als eine Umwandlung menschlichen Zusammenlebens. In seinen Worten wie in seinen Taten wird spürbar, wie das Reich gerade denjenigen Anerkennung und Gerechtigkeit verschafft, die an den Rändern der Gesellschaft leben. So ist es eine der wesentlichen Vorgehensweisen der Theologie der Befreiung, Analogien oder wenigstens Resonanzen wahrzunehmen zwischen geschichtlichen Situationen, von denen in biblischen Texten die Rede ist, und der Situation im Lateinamerika der Gegenwart.

Dieser Blick auf die biblischen Texte verändert auch den Blick auf Maria. Theologen wie Leonardo Boff (geb. 1938) haben in den spärlichen biblischen Zeugnissen die Umrisse der Mirjam aus Nazaret wiederentdeckt – einer konkreten, erinnerten Frau, die in einer bestimmten geschichtlichen Situation gelebt hat. „Die verschiedenen Szenen schildern Maria als eine arme Frau aus dem Volk. Maria und Josef sind ein Paar von kleinen Leuten, für die die Welt nicht viel Platz hat, selbst wenn sie in großer Not sind (vgl. Lk 2,7)."[131] Diese Wahrnehmung Marias verändert die Vorstellung von ihrem Leben. Als arme Frau aus dem Volk hat sie Teil am alltäglichen Überlebenskampf der armen Bevölkerung: „Ihr Leben war wie unser Leben: undurchsichtig, schwierig, voller Kämpfe."[132] Das Bild von der passiven, empfangenden, gehorsamen Frau gerät so ins Wanken.

Darin erhält auch die für die Mariologie so zentrale Stelle im Magnifikat, das gemäß der Einheitsübersetzung die „Niedrigkeit seiner Magd" besingt, eine andere Bedeutung. Die traditionelle Mariologie hatte das griechische Wort *tapeínosis* (Lk 1,48; *tapeinós*: 1,52) vor allem als geschöpfliche Niedrigkeit bzw. als Niedrigkeit von Maria aufgrund ihrer geschöpflichen Sündigkeit und insbesondere ihres Frauseins gedeutet. Im Zusammenhang des Textes steht es aber im Kontext von Armut und Ausbeutung.[133] Die Niedrigkeit wird einer *doúle* zugeschrieben, was genauer mit „Sklavin" denn mit „Magd" wiedergegeben ist. Entsprechend übersetzt auch *Die Bibel in gerechter Sprache* die Stelle. Das Kollektiv der Übersetzenden begründet dies im Rückgriff auf die Ergebnisse der sozialgeschichtlichen Exegese von Luise Schottroff. Diese beschreibt die römische Herrschaft in Israel als Teil des Systems römischer Sklaverei. „Alle Formen von Gewalt sind üblich und weitgehend legal: Geschlagenwerden, sexuelle Gewalt, Folter, Ermordung."[134] Diese soziale Wirklichkeit ist präsent, wenn Maria sich als „Sklavin Gottes" (Lk 1,38) bezeichnet. Darin ist sie Repräsentantin des armen, versklavten Israel und verkörpert ebenso Gottes Einspruch gegen Sklaverei.

Die Mariologie Boffs ist nicht zuletzt aufgrund ihrer bereits von Peter Walter behandelten, provokanten Zuspitzung bekannt geworden: Analog zur Verbindung des Menschen Jesus mit dem göttlichen Logos habe sich der Heilige Geist mit Maria hypostatisch verbunden, sodass sie als Teil der trinitarischen Gemeinschaft angesehen werden könne.[135] Eine zweite, ebenfalls im Westen schnell rezipierte Mariologie stammt von den brasilianischen Theologinnen Maria Clara Lucchetti Bingemer (geb. 1949) und Ivone Gebara (geb. 1944) und wurde 1988 unter dem Titel *Maria, Mutter Gottes und Mutter der Armen* ins Deutsche übersetzt. Die beiden Frauen stehen in der Tradition der Theologie der Befreiung, sind aber ebenfalls inspiriert von der feministischen Theologie.

Lateinamerikanische Befreiungstheologie und feministische Theologie wurden sich schon bald zu einer wechselseitigen Anfrage, die das jeweilige Denken befruchtet hat. Die feministische Theologie – wie übrigens auch die gesamte feministische Theoriebildung – hat insbesondere von Schwarzen Frauen in den USA wie von Frauen aus den Ländern des Südens gelernt, dass die Diskriminierung von Frauen nicht einheitlich ist. In ihren Anfängen arbeitet feministische Theologie oft auf einer sehr allgemeinen Ebene, spricht umstandslos von „den Frauen", ohne zu berücksichtigen, dass Frauen in ganz verschiedenen Situationen leben, mit unterschiedlichen Problemen und verschiedenen Formen der Diskriminierung zu kämpfen haben – auch mit Diskriminierungen durch andere (weiße) Frauen.

Umgekehrt hat die Theologie der Befreiung den Feminismus aufgenommen und einen kritischen Blick auf die eigene theologische Arbeit entwickelt: So sind „die Armen", von denen insbesondere die frühen Befreiungstheologen ebenso pauschalisierend wie idealisierend reden, keine homogene Gruppe. Etwa erfahren Frauen Marginalisierung nicht allein aufgrund ihres sozialen Status und vorhandener Armut, sondern eben auch weil sie Frauen sind. Es gibt Probleme und Gewaltformen, die vor allem Frauen betreffen – Vergewaltigung, Prostitution, (heimlicher) Abbruch ungewollter Schwangerschaften. Ebenso werden Erfahrungen des konkreten Lebens in besonderer Weise von Frauen gemacht, weil hauptsächlich sie es sind, die die Verantwortung für das tägliche Leben und das Überleben der Familie tragen. Vor allem Frauen kümmern sich um die Kinder wie um die Belange von Gesundheit und Ernährung.[136] Diese Erfahrungen finden aber kaum Widerhall – weder in den abstrakten Systemen der klassischen Theologie noch in der idealistischen Rede von „den Armen". Die Mariologie ist für Lucchetti Bingemer und Gebara wie eine Art Katalysator, um die Vielschichtigkeit des Lebens, insbesondere von Frauen, sichtbar zu machen. Ebenso spiegeln sich in dieser Vielschichtigkeit des Lebens die vielen Facetten der Mutter Jesu – im biblischen Erinnern, in den marianischen Dogmen wie in der Volksfrömmigkeit.

So sehen Lucchetti Bingemer und Gebara in der biblischen Maria nicht nur die Arme, sondern die arme *Frau*. Dies bedeutet, sich die strukturellen Bedingungen vor Augen zu halten, unter denen Frauen damals lebten. Die Theologinnen verweisen gemäß den Ergebnissen der sozialgeschichtlichen Exegese auf die rechtliche Abhängigkeit von Frauen im alten Israel:[137] Sie benötigen einen Mann zu ihrem Schutz. Im Scheidungsrecht werden Frauen eher als Sache denn als Person behandelt. Sie sind ausgeschlossen vom Tempelkult und dem Studium der Thora.[138] Darin zeichnen die Theologinnen eine sozio-ökonomische, rechtliche, politische und religiöse Inferiorität von Frauen zur Zeit Jesu gegenüber dem Mann. Diese Folie lässt Maria als eine einfache Frau des Volkes denken, die wenig nach außen in Erscheinung tritt und die sich hauptsächlich um das Haus und ihre Familie kümmert.[139] Und doch kennt die Zeit auch Neuaufbrüche für Frauen – etwa im Pharisäertum, das eine Frömmigkeit abseits des Tempels befördert. Johannes der Täufer predigt auch vor Frauen. Schließlich kommt Maria in Kontakt mit der Bewegung ihres Sohnes, zu der gleichermaßen Frauen wie Männer zählen.

Angesichts der doppelten Marginalisierung als Arme und als Frau gewinnt das Magnifikat, das der Verfasser des Lukasevangeliums Maria in den Mund legt, seine Kontur. Gebara und Lucchetti Bingemer lesen diesen Rückgriff auf das Lied der Hanna aus dem Samuelbuch (1Sam 2,1–11) gemeinsam mit der programmatischen Rede Jesu in der Synagoge von Nazaret (Lk 4,16–21), die den Propheten Jesaja aufnimmt. „Beide Texte haben dieselbe theologische Grundlage; beide sprechen von Gott, der befreit, von der Gegenwart seines Geistes in der Frau und im Mann, eines Geistes, der die menschlichen Beziehungen zu verändern und sie nach dem Willen des Allerhöchsten zu gestalten vermag."[140] Maria tritt so an die Seite ihres Sohnes und hat Anteil an seiner Sendung. Sie erhebt ihre prophetische Stimme dafür, dass das Kommen des Reiches sich auch und gerade in und an den marginalisierten Frauen verwirklicht (vgl. Mt 21,31).

Diese Wahrnehmung der biblischen Maria bildet dann auch den Schlüssel, um die Mariendogmen zu interpretieren:

> „Die Mariendogmen, die Maria als die Unbefleckte, in den Himmel Aufgenommene, die Jungfrau und Mutter erhöhen, müssen wissen, daß die Erhöhung gerade eine Erhöhung ihrer Armut, ihrer Erniedrigung und ihrer Einfachheit ist. Das ist der einzige Schlüssel zum Verständnis des Geheimnisses der Menschwerdung Gottes in der menschlichen Geschichte, deren Protagonisten Maria und Jesus sind."[141]

In dieser Perspektive deuten die Theologinnen auch die beiden neuzeitlichen Mariendogmen. Sie docken dabei an die Funktion Marias als Repräsentantin der Gläubigen wie der Kirche an. Gemäß dem

Dogma von der Unbefleckten Empfängnis hat Gott Maria von Geburt an in die Erlösung durch Jesus Christus einbezogen. Darin ist die Gottesmutter Vorbotin dessen, was allen Gläubigen verheißen ist. Nach Gebara und Lucchetti Bingemer ist dieses Dogma nur dann richtig verstanden, wenn Maria dabei auch als Repräsentantin ihres Volkes gesehen wird. Diesem Volk hat Jesus das Reich Gottes zugesagt als eine Wirklichkeit, die den Unterdrückten Gerechtigkeit verschaffen wird. „Die Unbefleckte Empfängnis Marias ist das Unterpfand, die Garantie dafür, daß die Utopie Jesu – das Reich Gottes – auf dieser armen Erde Wirklichkeit werden kann."[142]

Dabei steht gerade Maria dafür, dass dieses Reich nicht rein innerlich oder jenseitig ist, sondern den Menschen in seiner gesamten körperlichen, geschichtlichen, gesellschaftlichen Existenz betrifft. Denn Gottes Gnade hat nicht nur die Seele Marias durchdrungen, sondern auch den Körper der Frau, die gebären wird. Mit ihrem Körper nimmt Gott Mirjam aus Nazaret auf in ihrer konkreten Existenz, ihren Beziehungen, in ihrer Verwurzelung in der Kultur und Geschichte ihres Volkes. Darin lesen die Theologinnen das Dogma aber auch als eine Absage an eine Trennung von Körper und Geist, die mit der traditionellen Mariologie so stark verbunden ist und die sich auch dort noch fortsetzt, wo die alte Körperfeindlichkeit überwunden scheint: nämlich in aktuellen Idealen von Wissen und Wissenschaft.

6. A Queering of Mary – schräg zu den Kategorien

Wie die feministische Theologie versteht sich auch die Theologie der Befreiung als kontextuelle Theologie – sie denkt ausgehend von bestimmten historischen, gesellschaftlichen Situationen, in denen konkrete Menschen denken und handeln. Als solche wurde sie auch von der (westlichen) Mainstream-Theologie rezipiert – freilich oft mit einem grundlegenden Missverständnis: Denn nach wie vor herrscht die Annahme vor, dass kontextuelle Theologien die klassischen Theologien mehr oder minder ergänzen. *Die* Theologie könne immer noch allgemein formuliert und dann eben für bestimmte Kontexte adaptiert werden. Oder umgekehrt: Was in bestimmten Kontexten theologisch formuliert wird, kann in die allgemeine Theologie integriert werden.[143]

Die Anfrage, die von den kontextuellen Theologien ausgeht, ist weit grundlegender: Jedwede Theologie wird von konkreten Menschen betrieben, die wiederum in unterschiedlichen geschichtlichen Gemengelagen leben. Jedwede Theologie steht damit in Verbindung zur jeweiligen Kultur und den Denkmöglichkeiten, die sie anbietet, aber auch zu den Fragen und Problemen, die sich stellen. Auch die Geschichte der verschiedenen Idealisierungen von Maria zeigt dies, wenn die Gottesmutter angesichts platonisch-christlicher Körperfeindlichkeit als asketisches Ideal dient, wenn sie Vorbild mütterlicher Fürsorge für die Bürgersfrau sein soll oder wenn sie angesichts lebensbedrohlicher und struktureller Armut als Repräsentantin der Armen wiederentdeckt wird. Mariologien sind nie zeitenthoben, sondern wandern „mit der Zeit, dem Raum, der Kultur, den Problemen, den konkreten Menschen, die zu ihr in Beziehung stehen".[144]

Damit erschüttern diese Theologien, die von der Peripherie kommen, keineswegs nur die Inhalte einer westlichen und wesentlich androzentrischen Theologie. Sie stellen auch die Art und Weise in Frage, wie das theologische Wissen – und nicht nur dieses – zustande kommt. Das in der Neuzeit dominante Wissensideal – gleich ob theologisch, philosophisch oder naturwissenschaftlich – geht davon aus, dass Wissen dadurch gewonnen wird, dass etwas objektiv und abstrakt formuliert werden kann. Um dahin zu kommen, muss das erkennende Subjekt alles, was subjektiv ist – seine persönlichen Erfahrungen und Lebensumstände, aber auch Emotionen oder Körperliches –, ausblenden. Dabei ist die große Kritik an diesem Erkenntnisideal, dass die Kontexte und persönlichen Erfahrungen das Wissen dennoch beeinflussen und sich dies hinter dem Objektivitätsideal versteckt. So ist etwa Wissen, das primär von Männern generiert wird, entsprechend oft von den Positionen geprägt, die Männer in der jeweiligen Gesellschaft einnehmen. Wenn Wissen vor allem von Menschen der westlichen Welt formuliert wird, setzt es gerne koloniale Diskurse fort usw. Schließlich ist dieses Wissen wesentlich abstraktes Wissen: Es nimmt Abstand von allen Erfahrungen, die eben immer auch körperlich, emotional und subjektiv sind. Das konkrete Erleben von Menschen – es bleibt außen vor.

Das objektiv-abstrakte Wissensideal fördert so eine Art und Weise zu denken, die die Wirklichkeit auf verschiedenen Ebenen in zwei Teile teilt. Mit der Trennung in Objektivität und Subjektivität teilt sich auch das erkennende Subjekt in Geist und Körper, in Vernunft und Emotion. Es trennt zwischen Mensch und Natur, Mann und Frau, weißen Menschen und People of Color, „normalen" Bürgern und Indigenen. In einer ihrer späteren Bücher formuliert Gebara es denn auch als eine Notwendigkeit, dieses Denken in Binaritäten zu überwinden – um die Möglichkeit neuer Verhältnisse zwischen den Menschen, aber auch des Menschen zur ihn umgebenden Natur zu finden.[145] In der Auseinandersetzung mit diesen Binaritäten hat die feministische Theologie auch das Thema der Ökologie früh für sich entdeckt, ebenso wie sich in den Theologien der Befreiung die Verbindung von Armutskritik und Ökologie sehr bald aufgedrängt hat.

Kann Maria nun aber tatsächlich eine Rolle spielen in der Überwindung des Denkens im „Entweder – Oder", das so viele Dimensionen des Menschlichen nicht in sich aufzunehmen vermag? Lucchetti Bingemer und Gebara waren diesbezüglich mit sehr viel Zuversicht an die Mariologie herangegangen. Eine weit skeptischere Position hat die argentinische Theologin Marcella Althaus-Reid (1952–2008) eingenommen. Auch sie stammt aus der Tradition der Theologie der Befreiung, hatte in den 80er Jahren in Buenos Aires an dem protestantischen, befreiungstheologisch geprägten Institut ISEDET Theologie studiert und später in Edinburgh eine Professur für kontextuelle Theologie übernommen – als erste weibliche Theologieprofessorin Schottlands. 2002 erschien ihr bekanntestes Werk *Indecent Theology* („Unanständige Theologie"), darin eine kritische Auseinandersetzung mit der Mariologie – sowohl in ihrer klassischen Form als auch in der Theologie der Befreiung.

a. Postcolonial Studies: Maria als hybrides Symbol

Dazu greift Althaus-Reid auf Impulse der Postcolonial Studies und der Postcolonial Theory zurück.[146] Diese Wissenschaftsbereiche untersuchen, wie der Kolonialismus sich bis heute auf Denken, Handeln und Strukturen auswirkt. Althaus-Reid gehört zu denjenigen, die die dort gewonnenen Theoriebildungen und Analysekategorien fruchtbar gemacht haben für eine Postkoloniale Theologie.[147] Damit richtet sie zunächst den Blick auf die Rolle, die die Marienverehrung im Kolonialismus und den späteren Diktaturen gespielt hat:[148] Spanier hatten bei der Eroberung Perus die Indigenen im Namen Marias attackiert. Geschichtsschreiber berichteten von der Jungfrau als einer extrem weißen Erscheinung, die die Indigenen geblendet habe. Und auch der chilenische Diktator Augusto Pinochet (reg. 1973–1990) sah sich unter dem Schutz durch die Jungfrau Maria, nachdem er ein Attentat überlebt hatte. Maria ist so zum Instrument (post)kolonialer Dominanz und Gewalt geworden.

Die Postcolonial Studies haben nun die Aufmerksamkeit dafür geschärft, dass der Kolonialismus keine abgeschlossene Geschichte ist. Dies gilt auch für die Rolle, die Maria darin gespielt hat. Die Verquickung von Kolonialismus und Marienverehrung wirkt nach Althaus-Reid dort fort, wo die Jungfrau von Guadalupe eine Integrationsfigur für die indigene Bevölkerung und auch für den Widerstand gegen den Kolonialismus geworden ist.[149] Sie verweist auf die Unabhängigkeitskriege, in denen die Verehrung der Jungfrau den Befreiungskämpfern eine Unterstützung und Ermutigung war. Doch faktisch kämpfte die indigene Bevölkerung nicht für sich selbst, sondern für die kreolischen Eliten.[150] Die Befreiungskämpfe mündeten nicht in Selbstbestimmung, sondern in neuen Formen der Abhängigkeit und in Diktaturen, die die Unterdrückung der Kolonialzeit fortschrieben. Grundsätzlich ist allein schon die Rede von den Indios oder den Indigenen eine Wirkung postkolonialer Macht. Menschen werden darin trotz ganz unterschiedlicher Lebenssituationen zu einer Gruppe zusammengefasst und als „die Anderen" gegenüber der übrigen Bevölkerung abgesondert. Diese Absonderung produziert Ungleichheit in Hinblick auf den sozialen und materiellen Status, auf gesellschaftliche

Teilhabe, auf politischen Einfluss. Die Guadalupana, die als Maria der Indigenen die Absonderung ebenso unterstützt wie mildert, ist darin ambivalent – sowohl Symbol der Befreiung wie Instrument postkolonialer Macht. Als Mischung zwischen den Kulturen der autochthonen Bevölkerung und derjenigen der Eroberer ist sie ein „hybrides" Symbol, womit Althaus-Reid eine Begriffsbildung aus der postkolonialen Theorie aufgreift.[151] Sie gehört unterschiedlichen, wenn nicht widersprüchlichen symbolischen Systemen an, die sich in ihr vermischen, ohne zu einer homogenen Einheit zu werden. In ihrer Identität ist sie ebenso zerrissen und widersprüchlich, wie es oft die Identitäten derjenigen sind, die zur indigenen Bevölkerung zählen.

Hybridität ist freilich nicht nur negativ. Hybride Räume verweisen darauf, dass Kulturen immer schon beweglich und im Fluss waren. Vor allem entstehen in hybriden Räumen auch neue Möglichkeiten. Dass indigene Konzepte wie das des Buen Vivir („gut leben") Eingang auch in lateinamerikanische Verfassungen finden, ist eine solche Möglichkeit:[152] Die gegenwärtige Idee des Buen Vivir formiert sich in den 80er Jahren in den erstarkenden indigenen Gruppen als ein Widerstand gegen die landläufigen Konzepte von Entwicklung, die auf ökonomisches Wachstum und technischen Fortschritt zielen und deren verheerende ökologische Folgen längst deutlich sind. Es orientiert sich nicht am Leben des Einzelnen und stellt auch den Menschen nicht in den Mittelpunkt der Welt. Vielmehr geht es von einem dynamischen Geflecht von Beziehungen aus, in denen Menschen untereinander und auch mit der Natur stehen. Daraus erwächst der ethische Anspruch, gut miteinander zu leben, Gleichgewicht und Harmonie zu bewahren oder anzustreben. So kann sich in hybriden Räumen auch Widerständiges bilden und Veränderungen bewirken.

b. Queer Theology: Marias komplexe Familienbande

Dass solche Prozesse geschehen können, setzt freilich eine Durchlässigkeit der Grenzen zwischen „den einen" und „den anderen" voraus. Althaus-Reid geht es in ihrer Analyse der postkolonialen Dimensionen der Mariologie darum, diese Absonderungsmechanismen zu unterbrechen – weil sie einerseits Marginalisierungen produzieren, andererseits den Blick auf die konkreten, vielfältigen Lebenssituationen verstellen. Dazu nimmt sie in der Betrachtung der Jungfrau Maria Perspektiven der Queer Theory[153] bzw. der Queer Theology auf. Der Begriff Queer kommt aus der Schwulen- und Lesbenbewegung und bezeichnet Lebensformen, die nicht den Normen der Zweigeschlechtlichkeit und/oder der Heterosexualität entsprechen. Er ist eng verbunden mit der Gendertheorie und der Art und Weise, wie dort die „Natürlichkeit" von Geschlechtsidentitäten hinterfragt wurde: Mit der Kategorie *gender* wurde sichtbar gemacht, dass das sexuelle/biologische Geschlecht überformt ist vom kulturellen Geschlecht, also von kulturellen Normen und Geschlechterstereotypen.[154] Die Queer Theory baut darauf auf: Ausgehend von den Erfahrungen von Menschen, die sich weder im einen noch im anderen Geschlecht zuhause fühlen, hinterfragt sie, dass es „die Natur" zwingend vorgegeben hat, dass es nur zwei Geschlechter, nur Mann oder Frau gibt. Vielmehr ist „[u]nser Wissen um Körper und Geschlechtlichkeit [...] geprägt von Kultur und Geschichte, und damit sind männliche und weibliche Körper das Ergebnis, nicht die Grundlage, des kulturellen Geschlechtssystems, das sich in sie einschreibt."[155] Analoges gilt für das sexuelle Begehren. Auch hier hat Kultur ihren Anteil daran, wie sexuelles Begehren ausgeformt und gelebt wird, welche Gefühle Menschen überhaupt auszubilden wagen und was als „normal" bzw. „natürlich" bzw. „gottgewollt" gilt und was als „abnormal" bzw. „unnatürlich" bzw. „sündhaft" angesehen wird. Grundsätzlich ist das Konzept von queer aber noch breiter: Der Begriff verweist generell auf „Brüche und Inkonsistenzen, die als natürlich und unhinterfragbar angenommene Systeme infrage stellen."[156]

Queer Theology hat dieses Konzept von queer für die Theologie adaptiert.[157] Sie fragt zum einen danach, wie religiöse Überzeugungen dazu beitragen, Geschlechtlichkeit und Sexualität zu normieren. Zum anderen untersucht sie, wie Glaubensformen und -inhalte auch selbst geprägt sind durch bestimmte kulturelle Annahmen von Geschlechtlichkeit und Sexualität. Dabei hat sie die Aufmerksamkeit darauf gelenkt, dass die traditionelle Mariologie für die LGBTQ*-Community[158] mitunter prekäre Folgen hat. Als Symbol von Keuschheit unterstützt Maria die christlich-katholische Sexualmoral, die Sexualität der Ehe zwischen Mann und Frau vorbehält und überdies nur zum Zweck der Fortpflanzung zulässt.[159] Damit gilt jegliches sexuelle Begehren, das nicht heterosexuell ist, freilich von vornherein als sündhaft. Als Urbild „der Frau" steht Maria zudem für eine strikte Einteilung von Menschen in Männer und Frauen. Damit findet auch jede Form der Transgeschlechtlichkeit keinen kirchlichen Segen.[160] Gerade in konservativ katholischen Ländern trägt die Mariologie so dazu bei, Homosexuelle und Transpersonen zu marginalisieren.

Queere Theologien haben nach einer anderen Lesart von Maria gesucht. So hält Patrick S. Cheng fest, dass die Herzmitte der Mariologie keine andere sein kann als die der Christologie – nämlich die Verwirklichung radikaler Liebe.[161] Eine solche radikale Liebe mache aber auch keinen Halt vor verschiedenen Kategorien und ihren Begrenzungen. Zudem steht die klassische Mariensymbolik durchaus quer zu den traditionellen Geschlechter- und Familienrollen. Maria ist gleichermaßen Tochter und Mutter Gottes, Braut und Mutter des Sohnes und durchquert so die Familienbeziehungen.[162] Die jungfräuliche Mütterlichkeit dekonstruiert zudem die Heterosexualität – hatte doch kein Mann etwas mit der Geburt zu tun. Gerald Loughlin fasst zusammen:

> „Maria mit ihrem schreienden Kind ist eine perfekte Figur für queere Theologie. Sie ist eine Jungfrau, die geboren hat; eine Mutter, zu der es keinen anderen Vater gibt als denjenigen, den sie in ihrem Sohn sehen wird. Und ihr Sohn, wenn erwachsen zu dem Christus des Glaubens und des Herzens, schenkt umgekehrt ihr das Leben, der Kirche, die er mit seinem Blut nährt, so wie er einst mit ihrer Milch genährt wurde. Und dieser Sohn nimmt sie – seine Mutter und sein Kind – zu seiner Braut und Königin, so dass wir schlicht nicht sagen können, wer von wem kommt, wer in wem lebt oder wie es dazu gekommen ist, dass wir unsere eigenen Körper im Körper Christi erneuert finden: genährt mit seinem Fleisch, das auch Marias ist."[163]

Darstellungen von Maria, die quer zu den Geschlechtern verlaufen, finden sich auch in der Geschichte der Ikonographie. Elizabeth Stuart verweist auf Darstellungen von Maria im priesterlichen Gewand, über dem sie das bischöfliche Pallium trägt.[164] Althaus-Reid schildert die lateinamerikanische Tradition der Santa Librada – einer geschlechtlich nicht eindeutig zuordenbaren Heiligen, die sowohl Züge Christi wie Marias trägt.[165]

Queere Theologie hat überdies zentrale Impulse der Mariologie der Befreiung aufgenommen, unter anderem die Rückkehr zur geschichtlichen, körperlichen und auch sexuellen Maria. Robert E. Goss liest in seinem queeren Kommentar zum Lukasevangelium Maria als eine Prophetin, die die Kategorien durchquert, wenn sie im Magnifikat davon singt, dass Gott die sozialen Verhältnisse vom Kopf auf die Füße stellen wird.[166] Zudem richtet der Kommentar die Aufmerksamkeit auf die Ankunft Gottes in Marias Körper, was mit ihrem Körper auch ihre Sexualität bejaht. Eine programmatische Ansage queerer Mariologie ist denn auch: Geben wir Maria, der Frau aus Nazaret, ihre Sexualität zurück!

c. Jenseits Marias Hymen: Der Blick aufs reale Leben

Marcella Althaus-Reid nun schließt an diese Forderung queerer Theologie an und setzt sie in Verbindung zur befreiungstheologischen Option für die Armen und Marginalisierten. Sie nimmt dabei das Hymen der Gottesmutter zum Sinnbild einer Einteilung der Wirklichkeit in binäre Gegensätze, von der sich auch die Theologie der Befreiung nicht freigemacht habe. Das unzerstörte Jungfernhäutchen teilt in einer ersten grundlegenden Trennung die Jungfrau von ihrem Körper und von ihrer Sexualität. Diese Trennung zieht weitere nach sich. Sie sondert Maria ab gerade von armen lateinamerikanischen Frauen:

„Arme Frauen sind selten jungfräulich, denn die Armut in Lateinamerika bedeutet ein dichtes Gedränge von Gewalt und Promiskuität, in dem Mädchen vor der Pubertät vergewaltigt oder als Jugendliche im Rahmen der wenigen angebotenen wirtschaftlichen Transaktionen verheiratet werden, abgesehen von verschiedenen Formen der Prostitution und sexuellen Hörigkeit. Frauen werden also schwanger, bevor sie wissen, was ihre eigene Sexualität ist, bevor sie die Göttlichkeit der Lust in ihrem Leben entdecken können."[167]

Damit trennt das Hymen aber auch die Theologie von der Wirklichkeit, und zwar selbst dort, wo Theologien der Befreiung einen realistischen Blick anstreben. Wenn etwa Lucchetti Bingemer und Gebara in ihrer Mariologie differenzierter von „den Armen" sprechen, indem sie auch „den armen Frauen" eine Stimme geben, fassen sie dennoch ganz unterschiedliche Lebenssituationen zu einer scheinbar homogenen Gruppe zusammen.

„Es gibt arme Frauen in Favelas und in Elendsvierteln, und es gibt arme Frauen, die Nachtschichten in Fabriken schieben und als Hausangestellte in den exklusivsten Villen der Großstädte leben. Es gibt arme Frauen auf dem Land und arme Frauen in der Stadt. Es gibt arme Frauen, die ihre Sexualität in Bezug auf andere Frauen definieren, und es gibt arme Männer, die andere Männer lieben."[168]

In der Ausblendung und darin Verneinung homosexueller Lebensformen konzentriert sich theologische Realitätsverschleierung – bedingt durch eine Sexualmoral, die mittels der keuschen Jungfrau legitimiert wird. „Heterosexualität beruht grundlegend auf einer Wirklichkeitsverweigerung, die sich nur durch eine Kultur der Geheimhaltung aufrechterhalten lässt."[169]

Maria ihre Sexualität zurückzugeben bedeutet dabei nicht, sich in erster Linie für Marias Bett – mit oder ohne Josef – zu interessieren. Ein solcher Begriff von Sexualität, der in erster Linie den sexuellen Akt bezeichnet, wäre viel zu eng. Vielmehr lässt sich in vielen menschlichen Beziehungen und damit auch in den Beziehungen des Menschen Maria eine körperliche Erotik wahrnehmen – in Freundschaften, in Mutter-Kind-Beziehungen, auch in Beziehungen zur Natur. Diese Form der Erotik war übrigens immer mitgemeint, wenn die augustinische Tradition von „Begehren" spricht.[170] Ein solch weites Verständnis von Sexualität – oder auch von Begehren – unterläuft den Gegensatz von „Sex" und „Kein-Sex", der am Hymen ansetzt.

In der Folge, so Althaus-Reid, werden auch alle anderen Zweiteilungen – zwischen Körper und Geist, Emotion und Vernunft, Natur und Mensch – durchlässig. Und erst wenn dies geschieht, ist es der Theologie auch wirklich möglich, das Leben wahrzunehmen, wie es ist. Eine solche Mariologie, die Althaus-Reid „unanständig" (*indecent*) nennt, gewinnt ihre Legitimität nicht dadurch, dass sie unverändert weitergegeben wird. Sie muss vielmehr in einer Weise fortgeschrieben werden, dass sie je neu in der Lage ist, den Kontakt zum konkreten Leben aufzunehmen und an der Seite der Marginalisierten zu stehen. Mariologie lebt so nicht in der Logik von Systemen und ewigen Begriffen, sondern in der Geschichte, im gelebten Moment und in der Unterbrechung.[171]

7. Ewige Archetypen, poetische Bilder – Mariensymbole

Die mariologischen Neuansätze nach dem Konzil legen selbst in ihrer Kritik zumeist eine hohe Wertschätzung der biblischen wie nachbiblischen Symbolik, die sich mit der Mutter Jesu verbunden hat, an den Tag. Große Faszination ging dabei vor allem in den 80er und 90er Jahren von der Archetypenlehre Carl Gustav Jungs (1875–1961) aus. Als Archetypen bezeichnet Jung Symbole, die über Zeiten und Kulturen hinweg immer wieder begegnen.[172] Jung sieht sie tief in der menschlichen Psyche verankert: in einem „kollektiven Unbewussten", das alle Menschen miteinander teilen. In Symbolen und Mythen bricht sich dieses kollektive Unbewusste Bahn, kommt zur Darstellung und ermöglicht, vermittelt über diese kulturellen Symbole mit dem persönlichen Bewusstsein in Resonanz zu treten. Dabei sind nach Jung die Vorstellungen, die ausgehend von einzelnen Archetypen erzeugt werden, durchaus verschieden, haben aber ein stabiles, wiedererkennbares Grundmuster.

In der deutschsprachigen Theologie war es insbesondere der katholische Theologe und Psychoanalytiker Eugen Drewermann (geb. 1940), der diesen Zugang zu biblischen Texten vertrat und populär machte. Sein erklärtes Ansinnen war dabei, sowohl die symbolische wie die emotionale Verarmung durch die historisch-kritische Methode zu durchbrechen, sofern diese biblische Texte auf historisch Überprüfbares reduziert und wenig Sinn für (literarische) Textzusammenhänge an den Tag legt. Er richtete sich aber ebenso gegen ein realistisch-biologistisches Verständnis, das die biblischen Erzählungen und Mariendogmen wie Tatsachenberichte las. Ein besonderer Zankapfel dabei wurde das Dogma von der Jungfrauengeburt.[173]

Im 1984 erschienenen ersten Band seines programmatischen Werks *Tiefenpsychologie und Exegese* hatte Drewermann ein Kapitel der Kindheitsgeschichte des Matthäus-Evangeliums gewidmet und dort deren historische Bedeutung kategorisch verneint. „Alle Versuche, die Erzählung von der Geburt des Herrn in der sogenannten Wirklichkeit der äußeren Tatsachen heimisch zu machen, führen im Grunde zu nichts."[174] Stattdessen sieht er den Wirklichkeitsbezug des Erzählreigens von der jungfräulichen Empfängnis über die Herodes-Episode und den Kindermord in Bethlehem, die Flucht nach Ägypten bis hin zur Heimkehr nach Nazaret als Darstellungen eines inneren Weges: Die Erzählungen bilden eine Art Seelenlandschaft, auf der man über verschiedene Stadien hinweg zu seinem persönlichen Seelenheil finden kann.

Im Bild der Jungfrauengeburt, das in vielen Mythen eine Rolle spielt, spiegelt sich nach Drewermann eine tief im Menschen verankerte Angst. Sie resultiert aus der Erfahrung, dass der Mensch sein eigenes Dasein nicht selbst produziert hat, er weder Anfang noch Ende in den Händen hält und sich selbst angesichts der eigenen Verletzlichkeit und Endlichkeit weder begründen noch sichern kann. Deshalb ringt er sein gesamtes Leben damit, sich und sein Dasein zu rechtfertigen. Er kämpft um die Anerkennung seiner Existenz etwa mittels dem, was er leistet und produziert. Er baut Sicherungssysteme auf, die über die eigene Sterblichkeit hinwegtäuschen. Diese Grundsituation sieht Drewermann als universal. Sie gewinnt im Kontext der kapitalistischen Leistungsethik der Gegenwart allerdings eine besondere Gestalt. Sie nötigt Menschen dazu, beständig ihre Produktivität und die Sinnhaftigkeit ihrer Tätigkeit unter Beweis zu stellen, bis sie erschöpft sind und innerlich versteinern – eine Diagnose, die angesichts immer noch zunehmender Fälle von Burnout und Depression an Aktualität nichts verloren hat.

Das Symbol der Jungfrauengeburt steht in diesem Setting für eine Wandlung und Verjüngung des Bewusstseins. Das jungfräulich geborene Kind bedeutet zunächst das Kindliche – ein Dasein jenseits von Produktivität und Nützlichkeit: „Freisein und Spielen, Reifen und Träumen, Daseindürfen und Vertrauendürfen".[175] Das Kind ist jungfräulich, weil es einfach da ist und sich ins Bewusstsein drängt, ohne dass wir es selbst erzeugt hätten.

„‚Kannst du nicht', fragt uns die Gestalt des Kindes, ‚einmal den Mut bekommen, zu denken, du wärest auch ohne Leistung und Arbeit berechtigt zu leben? Kannst du dir nicht einfach mal gestatten, an etwas anderes zu denken als daran, was du tun mußt und was du zu machen hast? Kannst du nicht einfach mal dich dem Empfinden überlassen, daß du berechtigt bist zu sein?'"[176]

Letztlich ist es allein Gott, der dieses Gefühl zu schenken vermag. Denn Gott, der das Dasein des Menschen begründet hat, nimmt den Menschen an aufgrund seiner bloßen Existenz. In der Jungfrauengeburt will uns gemäß der tiefenpsychologischen Deutung Drewermanns Gott eben das zu verstehen geben. Er „spricht" mit den Menschen in den Symbolen des eigenen Unbewussten, wie sie in den Träumen begegnen, und ebenso in den Symbolen der Menschheitsmythen, dabei insbesondere in den Symbolen der Bibel.

Die Theologie Drewermanns wurde vielfach und aus verschiedenen Perspektiven kritisiert. Theologisch problematisch war dabei vor allem, dass er mit seiner Interpretation nicht allein eine biologistische Deutung der Jungfrauengeburt umgeht. Vielmehr wird in der tiefenpsychologischen Deutung das geschichtlich Geschehene insgesamt so unwichtig, dass Drewermann auch die Menschwerdung des Gottessohnes als ein Ereignis, das Gott in der Geschichte wirkt, mehr oder minder tilgt. Unter anderem dies zog die Kritik des kirchlichen Lehramts nach sich. Es kam zum kirchlich wie medial vieldiskutierten „Fall Drewermann", der mit dem Entzug der Lehrerlaubnis (1991) und der Suspendierung vom priesterlichen

Dienst (1992) endete. Überdies deutet Drewermann die Symbole im Gefolge Jungs als wesentlich überzeitlich. Zwar lässt er eine besondere Wirksamkeit in bestimmten gesellschaftlichen Gemengelagen nicht gänzlich außer Acht. Dass diese gerade biblisch auch in einem gesellschaftlichen und historischen Setting stehen und dort etwa die gesellschaftskritische und befreiende Bedeutung entfalten, auf die sich die Theologie der Befreiung stützt, bleibt dennoch außen vor. Und schließlich muss man auch an das kollektive Unbewusste Carl Gustav Jungs und die Archetypen erst einmal glauben, denn es ist keineswegs ausgemacht, dass die jungfräulichen Geburten in den Mythen und Träumen tatsächlich diesem entstammen und alle ähnliches bedeuten.

Dennoch war der große Anklang, den Drewermanns Theologie gerade in den 80ern und 90ern gefunden hat, nicht grundlos. Es ist ihm gelungen, wieder Resonanzen herzustellen zwischen unseren heutigen Lebenswirklichkeiten/Erfahrungskontexten und den biblischen Texten und Symbolen, in denen viele sich aufgrund ihrer kirchlich-faktizistischen oder geschlechterbezogenen Lesart nicht mehr wiederfinden konnten. Und welchen Wert hätten Symbole, wenn sie in uns nicht etwas zum Klingen bringen würden?

Mit der Deutung christlicher Symbole als Archetypen hat Drewermann unter anderem die protestantische feministische Theologin Christa Mulack (1943–2021) beeinflusst. In ihrem Buch *Maria. Die geheime Göttin im Christentum* (1997) teilt Mulack mit Drewermann die Diagnose, dass die historisch-kritische Methode zu einer „Verstandeseinseitigkeit"[177] der zeitgenössischen und insbesondere der protestantischen Theologie geführt habe: „Nach knapp 500 Jahren ‚sola scriptura' – der Verabsolutierung des göttlichen Wortes, das aus Männerfeder floß und aus Männermund ertönte – leidet die Seele an religiöser und emotionaler Auszehrung. Die Bilderstürmer hatten ganze Arbeit geleistet und nichts übriggelassen von der emotionalen Wärme, die Maria in Wort und Bild für den katholischen Raum auch weiterhin ausstrahlte."[178] Angesichts der Bedeutung der Mariologie insbesondere für Frauen misst sie die Symbole stärker als Drewermann wieder an ihrer Wirksamkeit in bestimmten geschichtlichen Situationen. Sie stellt die Frage:

„Hat die Auseinandersetzung mit einem Symbol eine bewußtseinserweiternde oder aber regressive und damit auch repressive Wirkung? Damit wird deutlich, daß das Symbol nicht in einem luftleeren Raum schwebt, sondern in seiner positiven oder negativen Aussagekraft immer abhängig ist von der jeweiligen Bewußtseinslage seiner Betrachter/innen: denn das Symbol selbst ist immer ambivalent."[179]

Exemplarisch stellt sie die Verehrung Marias als jungfräuliche Gottesmutter in den religionsgeschichtlich gut dokumentierten Zusammenhang mit dem Kult der ägyptischen Göttin Isis.[180] Auch diese wird als Gottesmutter bezeichnet. Abbildungen zeigen sie mit dem Horusknaben auf dem Schoß, parallel zu Maria mit dem Jesuskind. Als Trauernde um den Gatten Osiris gleicht sie der Pietà. Und auch die Kindheitsgeschichte bei Matthäus weist deutliche Parallelen zum Mythos von der Geburt des Horusknabens auf. Isis wie Maria werden ähnliche Charakteristika zugeschrieben: „die Rettende, Liebende, Schenkende, Schützende, Helfende, deren Zuwendung bis in die Unterwelt reicht."[181] Auch die Ehrentitel gleichen sich in auffallender Weise: Isis als Göttin des Grünens und Blühens findet sich wieder in Maria, der Maienkönigin. Beide sind „liebe Herrin", „liebreiche Mutter", „Himmelskönigin", „Unbefleckte", aber auch „Schmerzensmutter".[182] Die Ähnlichkeiten sind schlicht zu groß, um anzunehmen, dass dieses vorhandene Symbolmaterial die christlichen Vorstellungen nicht beeinflusst hätte. Solche Übernahmen begleiten die biblische und nachbiblisch-christliche Überlieferung immer wieder. Freilich wird das Übernommene auch immer verändert und angepasst an die eigenen Erfahrungen und Überzeugungen.

Mulack jedenfalls legt solche religionsgeschichtlichen Genealogien ihren Überlegungen zugrunde. Ähnlich wie Drewermann führt sie die Ähnlichkeiten aber auch „auf jene Urbilder oder Archetypen, die zum seelischen Bestand der Menschheit gehören", zurück.[183] Dabei betont sie vor allem Dimensionen der Weiblichkeit und insbesondere der Mutterschaft in dieser archetypischen Symbolik, die in Gott Vater und seinem Sohn nie hätten aufgehoben werden können. „Was weder Gottvater noch der Gekreuzigte schaffen, Maria gelingt es: die Schuldgefühle der Menschen zu lindern, ihnen das Gefühl des Angenommenseins – auch mit ihrer Sünde – zu vermitteln."[184] Würden diese Dimensionen wiederentdeckt, wäre es nach Mulack möglich, die mariologischen Symbole so zu lesen, dass sie nicht eine Minderwertigkeit von Frauen unterstreichen, sondern befreiend für Frauen wirken.[185]

Abgesehen von allem Kritischen, was auch zu Mulack angemerkt wurde, ist allein die archetypische Konstruktion von Weiblichkeit ihrerseits nicht ohne Problematik.[186] Was Radford Ruether[187] an der klassischen Mariologie kritisiert, trifft auch auf Mulack zu: Das Weibliche ist bei ihr komplementäres Bild zu einem Gott, der als souverän, urteilend und darin als „männlich" vorgestellt wird. Noch abseits davon, ob man die Theorie von den Archetypen für plausibel hält oder nicht: Eine archetypische Lesart der Symbole geht darüber hinweg, dass sowohl die weiblichen Göttinnen-Symbole wie letztlich auch die Archetypenlehre Jungs patriarchalen Vorstellungswelten entstammen. Die Konstruktion des Weiblichen als das komplementäre Andere eines männlichen Souveräns bleibt unangetastet. Die Archetypen-Lehre mag so vor Vereinseitigungen bewahren, verewigt aber systematisch das patriarchale Modell.

Und dennoch ist Maria vielleicht das einzige Symbol der europäischen Kultur, das ein Identifikationspotential für Mutterschaft bietet. Darauf verweist die französische Philosophin, Kulturtheoretikerin und Psychoanalytikerin Julia Kristeva (geb. 1941).[188] Sie meint damit nicht eine idealisierte Mütterlichkeit. Es geht ihr um Mutterschaft als zentrale Funktion menschlicher Existenz: um die Mutter, die einen unvertretbaren Platz einnimmt, insofern wir von ihr geboren wurden; um die Mutter als den imaginären Ort von Heimat und Ganzheit, die mit der Trennung vom Mutterleib verloren gegangen ist und die im Subjekt eine tiefe Sehnsucht zurücklässt; um die Mütter (oder auch um diejenigen, die an ihre Stelle treten) als erstes Gegenüber des heranwachsenden Säuglings, der sich mit ihren Augen zu sehen lernt und so sein Ich ausbildet; um die Mütter als Rollenmodelle insbesondere von Töchtern, an die sie sich ebenso angleichen, wie sie sich (schmerzhaft) von ihnen absetzen. Die Mutter umreißt so den fragilen Raum, in dem sich das Selbst des Menschen ausbildet: als Sehnsuchtsort einer verlorenen Heimat, die nicht erinnert werden kann und in der der Mensch noch kein „Ich" war, und als Ort einer ersten liebenden Identifikation auf dem Weg zu einem Subjekt, das es sein wird. Darin ist die Auseinandersetzung mit Mutterschaft bei Kristeva immer auch eine Art und Weise, sich mit dem eigenen fragilen Selbst, der eigenen Geschichte, der Bedeutung von Körperlichkeit, der Ambivalenz von Emotionen und mit der eigenen Sehnsucht auseinanderzusetzen.

Auch Kristeva ist in ihren Überlegungen von der Psychoanalyse inspiriert, allerdings weniger von Jung, denn von Sigmund Freud (1856–1939). In Frankreich hatten sowohl der Philosoph Paul Ricœur (1913–2005) als auch der Psychoanalytiker Jacques Lacan (1901–1981) die Psychoanalyse Freuds zum Ausgangspunkt genommen, um daraus eine Kulturtheorie zu entwickeln, und Julia Kristeva ist ihnen darin gefolgt. Ihr Interesse gilt dabei den Vorgängen der Symbolisierung, wobei sie einen weiten Symbolbegriff zugrunde legt. Symbol ist hier zunächst alles, was eine Möglichkeit des Ausdrucks zur Verfügung stellt – vor allem die Sprache, aber auch Gesten und schließlich ganze Systeme des Wissens oder der Moral. Die Vernetzungen von Symbolen, die sog. symbolische Ordnung (Lacan), strukturieren dabei ganz automatisch unser Denken und selbst unser Fühlen, denn in aller Regel lassen wir Gefühle dann zu und bilden sie weiter aus, wenn diese in der symbolischen Ordnung auch einen legitimen Ort haben. Das Psychische ist so nicht nur individuell, sondern immer bereits beeinflusst durch das Soziale, die Gesellschaft.

Nach Kristeva ist diese symbolische Ordnung nun nicht statisch. Vielmehr gibt es Dimensionen des Erlebens, die in den sozialen Symbolsystemen – allen voran in der Sprache, aber auch in den Diskursen des Wissens und der Ethik – keinen Eingang gefunden haben und so nicht *gesagt* werden können. Zu diesem vorsymbolischen Erleben zählen Emotionen, die sich der Sprache entziehen, ebenso die körperlichen Erfahrungen, die nicht in Worte gebracht werden können. Auch formieren sich hier Widerstände gegenüber der symbolischen Ordnung – denn was Menschen erfahren, stimmt nie ganz mit dem überein, was Sprache, was die dominanten Diskurse oder die Systeme des Wissens an Deutungsmöglichkeiten anbieten. Dies alles sammelt sich im Unbewussten bzw. dem Vorbewussten.

Diesen Bereich des Vorbewussten nennt Kristeva das Semiotische oder die „mütterliche Chora".[189] „Mütterlich" ist dieses Vorsymbolische deshalb, weil der Ort des Mütterlichen in der Ichwerdung ebenfalls im Vorsymbolischen angesiedelt ist – symbolisch, keineswegs faktisch. Um das klar zu sagen: Die Funktionen realer Mütter gehen weit über das hinaus. Mütter stehen auch auf der Seite der symbolischen Ordnung. Wie oft lernen Kinder die Sprache von ihren Müttern, erschließen sich mit ihnen nach und nach die Welt, entwickeln in Auseinandersetzung mit ihnen ethische Haltungen und erwerben Wissen. Zudem sind es im tatsächlichen Leben keineswegs immer die Mütter, die sich als erste oder gar einzige oder auch überhaupt um Säuglinge kümmern und so die entsprechenden Funktionen faktisch einnehmen. Kristeva geht es entsprechend um die Mutter als einem symbolischen (noch-nicht) Ort in der Ich-Werdung.

Die „mütterliche Chora" ist ein Bereich voller widersprüchlicher Empfindungen und körperlicher Sensorik, von Psycho-Somatismen und einer unaussprechlichen Emotionalität. In ihr gibt es bereits Strukturierungen und Verdichtungen. Sie ist damit nicht schlicht das „Andere" des Symbolischen, sondern ein dem Symbolischen vorgelagerter Kreis – abgetrennt durch eine Grenze, die auch mittels des Symbolischen verteidigt wird. Doch ist diese Trennung nicht absolut. Was sich im vorbewussten „Mütterlichen" anreichert und strukturiert, bricht sich immer wieder Bahn – unkontrolliert in Träumen, aber auch in Kunst und in Poesie. Darin verändern diese Durchbrüche immer wieder die symbolische Ordnung. Es kommt zu dem, was Kristeva die „Revolution der poetischen Sprache" nennt.

Die Symbolik der Gottesmutter liest Kristeva nun als ein Medium in der europäischen Kulturgeschichte, vermittels dem dieses Vorsymbolische in die symbolische Ordnung einbricht – nicht als deren Ergänzung, sondern als Verschiebung. Maria ist einerseits Teil der symbolischen Ordnung, die als jungfräuliche Mutter dazu beiträgt, das Ausgegrenzte auf Abstand zu halten – den Körper, die Sexualität.[190] Andererseits kommen in der Mariologie – in den Dogmen, der Ikonographie und auch der Volksfrömmigkeit – aber auch Dimensionen zur Darstellung, die aus den Bereichen des ausgegrenzten Sinnlichen und Körperlichen kommen. Diese finden sich nicht zuletzt in Darstellungen konkreter Mutterschaft. Sie zeigen Maria verletzlich und trauernd in der Pietà. Wenn die Gottesmutter als *Maria lactans* mit Muttermilch nährt, erscheint ihre Beziehung – zu Christus, zu Gott, zu den Betrachtenden – als körperlich, zärtlich, unmittelbar, auch erotisch. Maria ist so vermittelnde Instanz von affektiven Frömmigkeitsformen, deren Kehrseite oft eine strikte Körperfeindlichkeit ist. Bernhard von Clairvaux (um 1090–1153), bekannt für seine rigide Askese, wird eine Vision der Gottesmutter zugeschrieben, aus der der Bildtyp der *Lactatio des Hl. Bernhard* entstanden ist.[191] Auf die Bitte Bernhards hin, Maria möge sich als Mutter zeigen (*monstra te esse matrem*), erscheint die Gottesmutter mit dem Kind und benetzt die Lippen des Zisterziensers mit Muttermilch. So gelangen ausgegrenzte Dimensionen des Menschlichen in den Gottesdienst und können sich insbesondere „in der Kunst – der Malerei, der Musik – entfalten, deren Schutzherrin und privilegiertes Objekt in einem die Jungfrau zwangsläufig sein wird."[192]

Es lohnt sich, dahingehend in dem 2019 erschienenen Buch des Frankfurter Systematischen Theologen Knut Wenzel *Die Wucht des Undarstellbaren* zu lesen. In einer bewusst subjektiven Auswahl interpretiert Wenzel künstlerische Mariendarstellungen. Dabei geht es ihm nicht darum, Kunst für die Dogmatik in Anspruch zu nehmen. Vielmehr folgt er den Wirkungen der Figur Marias in das hinein, was Kunst wesentlich ist: eine Form der Verständigung des Menschen über sich selbst. Es ist der Versuch, über diese Brechungen auch als Theologe – womöglich als Frommer – einen Weg zu finden zu Maria als derjenigen, die diese Bilder bezeichnen.

Zu den interpretierten Bildern gehören berühmte Werke der Kunstgeschichte wie etwa die *Madonna di Foligno* (1511/12) und die *Sixtinische Madonna* (1512), beide von Raffael, oder Sandro Botticellis *Annunciazione di Cestello* (1489/90). Es sind aber auch unbekannte Bilder und zufällige Funde wie die *Anbetung des Kinds* von Lazzaro Baldi (ca. 1690), das Wenzel in einer Seitenkapelle in Santa Pudenziana in Rom entdeckt. Im Blick der Madonna liest er eine Bejahung ohne Gegenstand. Es ist eine berührende Zärtlichkeit, die total ist, weil sie sich auf niemanden konkret richtet und so alle umfasst. „Was eine menschliche Möglichkeit ist – die Berührung des Anderen als Anerkennung, Wertschätzung seiner Gegenwart, nicht bedrängend, nichts abfordernd, Unverfügbarkeit ein-räumende Berührung –, erhält in der Figur Mariens Gesicht und Namen."[193] In der Madonna und ihren Darstellungen ist so aufgehoben, wer Menschen einander sein könnten – in Gemeinschaft mit einander und, im Bild womöglich als Sehnsucht erkennbar, mit Gott.

Wenn diese marianische Haltung „weiblich" ist, dann ist dies hier im Sinne Kristevas zu verstehen: als etwas, das auf dem Weg des Künstlerisch-Poetischen in die gängigen Ordnungen eindringt und sie verändert. In dieser Weise verbindet Papst Franziskus in dem Apostolischen Schreiben *Evangelii Gaudium* Maria mit einer Revolution der Zärtlichkeit – in einer Passage, auf die auch Wenzel im Zuge seiner Bildinterpretation verweist:

> „Es gibt einen marianischen Stil bei der missionarischen Tätigkeit der Kirche. Denn jedes Mal, wenn wir auf Maria schauen, glauben wir wieder an das Revolutionäre der Zärtlichkeit und der Liebe. An ihr sehen wir, dass die Demut und die Zärtlichkeit nicht Tugenden der Schwachen, sondern der Starken sind, die nicht andere schlecht zu behandeln brauchen, um sich wichtig zu fühlen."[194]

Wie jammerschade wäre es, diese marianische Zärtlichkeit in das Reservat des ewig Weiblichen zu sperren, statt von dort die Welt revolutionieren zu lassen.

8. Trennend und verbindend – Maria im ökumenischen und interreligiösen Gespräch

Die Mariologie ist eine Art Lehrstück für Trennendes und Verbindendes zwischen den christlichen Konfessionen wie auch den monotheistischen Religionen Judentum, Christentum und Islam. Im ökumenischen Gespräch wie auch gegenüber dem Judentum ist sie Teil von Abgrenzungsgeschichten. Maria begegnet entsprechend vor allem auf der Seite des Trennenden und trägt eine teils hochproblematische historische Last. So ist es Aufgabe aktueller Mariologie und auch des ökumenischen wie interreligiösen Gesprächs insbesondere mit dem Judentum, einen Umgang mit diesen Abgrenzungsgeschichten zu finden und Maria von vielem zu befreien, bevor nach Verbindendem gesucht werden kann. Leichtgängiger, weil weniger belastet, ist die Bezugnahme auf Maria im Dialog mit dem Islam. Hier drängt sich die Mutter Jesu als Gegenstand des Gesprächs geradezu auf, findet Maria doch auch im Koran durchaus prominente und positive Erwähnung.

a. Maria und die Ökumene

In der Geschichte von Reformation und Gegenreformation und teils bis heute ist Maria Teil konfessioneller Identitätsbildung und ein Mittel sich voneinander abzugrenzen. Da Mariologie und Marienverehrung als etwas Ur-Katholisches gelten, steht die Mutter Jesu für vieles, was gerade nicht zum reformatorischen Selbstverständnis gehört, und umgekehrt: Katholisch konzentriert sich in Mariologie und Marienverehrung, was die reformatorischen Prinzipien abgelehnt haben. Tatsächlich ist die Mariologie mehr als nur ein kleiner Baustein im ökumenischen Gespräch. In ihr versammeln sich die großen Fragen der Rechtfertigung sowie des Kirchenverständnisses.

Die Position der reformatorischen Theologie ist dabei zunächst wesentlich vom Prinzip des *sola scriptura* getragen. Christliches Glaubensgut ist damit allein das, was eine biblische Grundlage besitzt. Fraglos gehört dazu die jungfräuliche Mutterschaft Mariens, die als Mutter Jesu im gemeinsamen Nizäno-Konstantinopolitanischen Glaubensbekenntnis auch als Mutter Gottes bekannt wird. Die neuzeitlichen Mariendogmen – die Erbsündenfreiheit der Gottesmutter sowie ihre Aufnahme in den Himmel – entbehren dieser biblischen Grundlegung dagegen bzw. ist diese nur mit einigem argumentativen Aufwand herzustellen.[195] Zudem kratzt gerade die Erbsündenfreiheit am zweiten Grundsatz der Reformation: dem Prinzip *sola gratia*. Bedeutet Erbsünde eine grundsätzliche Einschränkung der menschlichen Fähigkeit, sich auf Gott auszurichten, so meint das *sola gratia*-Prinzip, dass allein Gottes Gnade den Menschen diese Fähigkeit zurückgeben kann. Jede Gottesbeziehung beruht allein auf dem Gnadenwirken Gottes. Die Erbsündenfreiheit spricht Maria nun diese Fähigkeit, sich auf Gott und seinen Willen auszurichten, von vornherein zu. Das Dogma hebt Maria heraus aus der *massa damnata*, aus der durch die Erbsünde verdammten Menge der Gläubigen, und legt den Verdacht nahe, dass Maria der erlösenden Gnade Gottes gar nicht bedurft hätte. Dies trifft auch in den orthodoxen Kirchen auf ernste Bedenken.[196] Es hebt Maria heraus aus dem Menschengeschlecht und trennt sie davon ab, eine normale menschliche Glaubensentwicklung zu vollziehen.

Nach protestantischer Auffassung gefährdet die hervorgehobene Stellung der Gottesmutter aber auch das *solus Christus* – die Überzeugung, dass Erlösung allein durch Jesus Christus geschieht. Die katholische Mariologie schreibt Maria eine besondere Rolle im Erlösungswerk zu mit der Konsequenz, dass sie in der Frömmigkeit als Fürsprecherin angerufen wird. Im Hinblick auf diese Marienfrömmigkeit tendiert nach Gerhard Ebeling bereits das Dogma der *immerwährenden* jungfräulichen Mutterschaft dazu, eine besondere Verehrungswürdigkeit der Mutter Jesu auszubauen. So werde sie zu einem zweiten Zentrum in der Soteriologie und führe von Jesus Christus weg.[197]

Bekanntermaßen ist die katholische Kirche erst mit dem Zweiten Vatikanischen Konzil in die ökumenische Bewegung eingetreten. Nicht zuletzt im Blick auf die reformatorische Theologie haben die Konzilsväter denn auch im Marienschema betont, dass die Erlösung allein von Jesus Christus ausgeht, und jede Mitwirkung Marias daran das Erlösungs- und Gnadenwirken Gottes voraussetzt.[198] In bilateralen Konsensgesprächen hat es seither bemerkenswerte Fortschritte gegeben. Sie fanden einen Höhepunkt 1999 in der Gemeinsamen Erklärung zur Rechtfertigungslehre, die von der katholischen Kirche und vom Lutherischen Weltbund getragen wurde. Die Verständigung in der Rechtfertigung folgt dem Gedanken der versöhnten Verschiedenheit. Neben Gemeinsamkeiten in den Auffassungen beider Konfessionen werden auch die Unterschiede festgehalten. Diese werden als unterschiedliche Akzentsetzungen begriffen, die keine Kirchentrennung rechtfertigen. Hier nun hat die katholische Kirche betont, dass auch nach katholischem Verständnis jede Mitwirkung von Seiten des Menschen am Erlösungswerk nicht aus einer Selbstmächtigkeit des Menschen erfolgen kann, sondern die gnadenhafte Zuwendung Gottes voraussetzt.[199]

In den Konsensgesprächen der bilateralen Arbeitsgruppe der Deutschen Bischofskonferenz und der Evangelisch-Lutherischen Kirche Deutschlands wurde diese Verständigung über das Rechtfertigungsverständnis auch auf die Mariologie übertragen.[200] Als Ergebnis des Dialogs hält das Dokument *Communio Sanctorum* fest, dass Maria von Beginn an bestimmt war, zum Werkzeug der Gnade Gottes zu werden. Das Dogma von der Erbsündenfreiheit lässt sich entsprechend als diese gnadenhafte Zuwendung Gottes von Anfang an verstehen. „Die evangelisch-lutherische Kirche sähe freilich ihren Glauben an den einzigen Mittler Jesus Christus gefährdet, sollte Maria damit aus der Gemeinschaft der Glaubenden herausgehoben und ihrem Sohn – etwa als Mittlerin – an die Seite gestellt werden."[201] Sich in Gebeten an Maria zu wenden und diese um ihre Fürbitte anzurufen, ist allerdings ein bleibender „Grenzpfahl, welchen die Reformatoren ein für allemal aufgerichtet haben."[202] Für protestantische Ohren klingt dies schlicht unchristlich.[203]

Der in Jena lehrende evangelische systematische Theologe Martin Leiner (geb. 1960) macht denn auch als Grundproblem der ökumenischen Verständigung die (katholische) Verschmelzung von Person und Symbol in Maria aus, wohingegen der protestantische Mainstream historischen und symbolischen Zugang strikt zu trennen versucht.[204] So sieht er als eine entscheidende Voraussetzung im ökumenischen Gespräch an, dass auch protestantische Theologie einen Zugang zu Maria als Symbol findet. Sein Vermittlungsvorschlag sei hier kurz umrissen: Leiner setzt dabei an, dass die Einbindung von Maria in Symbolwelten bereits in der Bibel praktiziert wird. Er bezieht sich dabei auf die in den Wehen liegende Frau in der Johannesapokalypse (12,1–6), deren Identität freilich unklar ist. Doch besitzt sie mit dem Erlöser-Kind und der Entrückung zu Gott eine Transparenz hin auf Maria und wird in Offb 12,17 auch mit der Kirche verknüpft. Wenn aber eine Symbolisierung von Maria, in der die Person über sich hinaus – auf Kirche – verweist, bereits Teil der Bibel ist, dann muss auch protestantische Theologie eine Symbolisierung nicht generell ablehnen.

Um die Gefahr eines zweiten soteriologischen Zentrums zu vermeiden, schlägt Leiner vor, von Maria als „Schatten" Jesu zu sprechen – eine Metapher, deren Missverständlichkeit er sogleich einräumt. Anders als ein Schatten hat Maria ein eigenes Personzentrum, und auch die dunkel-negativen Konnotationen seien zu vermeiden. Mit dem Bild des Schattens will Leiner aber eine enge Verbindung zwischen Jesus und seiner Mutter aussagen, die sich in der menschlichen Maria der Bibel in der Teilhabe an seiner Botschaft (Stichwort: Magnifikat) zeigt und die auf die Ebene des Symbolischen übertragen werden kann. So ist die Mariologie nichts Zusätzliches oder anderes als die Christologie, kann aber durchaus neue Perspektiven erhellen. „So wie ein Schatten manchmal früher als die ursprüngliche Person zu sehen ist, so können in der Marienfrömmigkeit Aussagen deutlich werden, die eigentlich von Jesus auszusagen sind, etwa dass er voll der Gnade ist oder dass er das Tor zum Himmel ist."[205]

Diese Auffassung sieht Leiner in einer reflektierten katholischen Mariologie freilich bereits verwirklicht:

„Gerade in den Ansprachen von Papst Benedikt XVI. werden die Einzigkeit Jesu Christi als alleinigem Erlöser und die Rolle Marias als uns zu Christus führende Mutter hervorgehoben. Werden in dieser Weise die Einzigkeit Christi und die Gemeinschaft Marias mit Christus immer wieder angesprochen, dann ist der tiefste Einwand, auf dem der evangelische Sonderweg beruht, nämlich das solus Christus, im Prinzip integrierbar."[206]

In der Folge kann Maria auch als Idealbild wahren Menschseins, wahren Kircheseins und wahren Glaubens angesehen werden – allerdings mit Grenzen. Es droht missverständlich zu werden, wenn nicht deutlich wird, dass es sich um Idealvorstellungen handelt. Menschen sind ebenso wenig frei von Sünde, wie es die Kirche ist. „Diese Aussagen sind essentiell für evangelische Christen und werden unter Umständen durch eine allzu affirmative Verwendung der Mariensymbolik unterlaufen."[207] Diese Feststellung mag freilich auch für katholische Ohren durchaus überzeugend klingen und ist auch in der Kirchenkonstitution des Zweiten Vatikanischen Konzils bereits festgehalten.[208] Ob die protestantischen Kirchen diesen Weg zu einer marianischen Symbolik beschreiten und ob es der katholischen Kirche gelingt, die Gebete zu Maria in einer Weise zu formulieren, dass sie als Gläubige unter Gläubigen erscheint, ist offen.

b. Maria im christlich-jüdischen Gespräch

Die Ebene der Mariensymbolik ist auch ein belastetes Thema im christlich-jüdischen Gespräch. Die Problematik verdichtet sich in dem Ehrentitel „Tochter Zion", mit dem in der hebräischen Bibel das Volk Israel bezeichnet wird[209] und den das Christentum später auf die Kirche überträgt. Da Maria seit dem Kirchenvater Ambrosius als Repräsentantin der Kirche verehrt wird, wächst der Titel in der Folge auch Maria zu.[210] Dabei gerät auch die Mariologie in den Bannkreis der verhängnisvollen Substitutionstheorie – also der antijudaistischen Auffassung, wonach Gott den Bund mit dem Volk Israel aufgekündigt habe, weil es den Glauben an Jesus Christus nicht angenommen hatte. An die Stelle Israels sei die Kirche getreten, die „Ekklesia" habe die „Synagoge" ersetzt.

Dabei ist die Zuordnung Marias keineswegs von Anfang an eindeutig. Rainer Kampling (geb. 1953) verweist auf eine Textpassage des Kirchenvaters Ambrosius (339–397), in der er die Perikope von der wahren Familie Jesu (Mk 3,20–21.31–35 par.) interpretiert.[211] Die Familie Jesu liest Ambrosius als Verkörperung des abtrünnigen Judentums, womit auch Maria der ungläubigen „Synagoge" zugerechnet und in den Sog des Antijudaismus gerät. In den Schriften des Ambrosius ist dies durchaus ein Bruch, ist der Kirchenvater ansonsten doch ausgesprochen marienfromm und wesentlicher Begründer der Rede von Maria als Typus der Kirche.[212]

Die wachsende Marienfrömmigkeit lässt freilich das (negativ besetzte) Jüdischsein Marias zunehmend vergessen. Ja noch weit mehr: Marienfrömmigkeit und Antijudaismus erweisen sich als zwei Seiten derselben Medaille, wo Juden fälschlich der Ketzerei beschuldigt werden, um Maria geweihte Kirchenbauten zu finanzieren, oder wo Synagogen in Marienkirchen umgewandelt (z. B. Bamberg) bzw. diese abgerissen werden, um an deren Stelle Marienkirchen zu errichten (z. B. Regensburg, Nürnberg). Nicht zuletzt die Verehrung Marias soll diese Pogrome rechtfertigen.

„Auch wenn die marianische Frömmigkeit ohne Zweifel in der Geschichte der Judenfeindschaft nur eine geringere Rolle gespielt hat, so ist nicht zu bestreiten, dass sie für die Verleumdungen und aggressives Handeln gegen Juden instrumentalisiert werden konnte und, wenn man sich auf einschlägigen Seiten im Netz umsieht, heute noch gebraucht wird."[213]

Erst das Zweite Vatikanische Konzil hat angesichts der Gräuel der Judenvernichtung während der NS-Zeit die Substitutionstheorie endgültig verabschiedet. In der Erklärung *Nostra Aetate* betonen die Konzilsväter im Anschluss an Röm 11,17–24 die unauflösliche Verwurzelung der Kirche in Israel und halten fest, dass der Bund Gottes mit Israel nie aufgekündigt wurde und weiter fortbesteht.[214] Im Gespräch mit dem Judentum ist so die Aufarbeitung der Geschichte des Antijudaismus auch in der Mariologie die Voraussetzung, um einen anderen Weg im Gespräch mit dem Judentum beschreiten zu können: die Wiederentdeckung von Maria als einer jüdischen Frau in der Tradition ihres Volkes.

Diese Beschäftigung mit der jüdischen Maria ist aktuell freilich vor allem eine Angelegenheit christlicher Theologie. Das Interesse jüdischer Forschung an Maria ist gering.[215] Im Talmud findet Maria nur knappe Erwähnungen als (ehebrecherische) Mutter eines unehelichen Sohnes – Aussagen, die im Kontext des konfliktreichen Verhältnisses zwischen Judentum und Christentum stehen und das Christentum zu diskreditieren suchen. Umgekehrt wurden diese Aussagen wiederum von Christen aufgenommen und waren Teil der judenfeindlichen Polemik.[216] In der zeitgenössischen jüdischen Theologie stellt das Werk *Mutter Mirjam. Maria in jüdischer Sicht*[217] von Schalom Ben Chorin (1913–1999), das Maria anhand des jüdischen Kontextes ihrer Zeit vorstellbar zu machen sucht, eine Ausnahme dar und datiert bereits aus dem Jahr 1971.

Die Wahrnehmung Marias als jüdischer Frau lässt den Umgang mit der mariologischen Symbolik im christlich-jüdischen Gespräch ungeklärt. Einen Versuch der Vermittlung haben in jüngerer Zeit Gerhard Lohfink (geb. 1934) und Ludwig Weimer (geb. 1940) hinsichtlich des Dogmas der Erbsündenfreiheit Mariens unternommen und Maria konsequent als Repräsentantin des Volkes Israel gelesen.[218] Sie binden die augustinische Lehre von der Erbsünde zurück an das differenzierte biblische Nachdenken über persönliche Sünde und soziale Sündenverstrickung. Darin führen die Autoren auch eine Diskussion über die menschliche Mitwirkung am Erlösungsgeschehen. Ihr Vorschlag: Wenn Maria als Mensch und Repräsentantin Israels an der Erlösung durch Jesus Christus beteiligt ist, dann lässt sich auch eine Beteiligung des Volkes Israel argumentieren. Dies ist zweifellos weniger ein Gesprächsangebot an das Judentum denn wiederum eine Argumentation nach innen – ein Beitrag zur innerchristlichen Selbstklärung über das Verhältnis des Christentums zum Judentum.

c. Maria im Koran

In bewusster Enthaltsamkeit gegenüber diesen religionstheologischen Selbstklärungen hat sich in den Jahren und Jahrzehnten nach dem Konzil ein theologisches Gespräch zwischen den Religionen etabliert, das unter dem Titel des „interreligiösen Dialogs" oder in jüngerer Zeit unter dem der „komparativen Theologie" geführt wird. Während die Religionswissenschaft „von außen" religiöse Phänomene betrachtet, bringt dieses interreligiöse Gespräch dezidert innertheologische Perspektiven zueinander. Was das Gespräch mit dem Islam angeht, bietet die Mariologie nun viel Verbindendes, denn von Maria ist in mehreren Suren die Rede. In einer chronologischen Lesart ist Sure 19,26–29 die älteste. Sie stammt aus der mittelmekkanischen Zeit und weist viele Parallelen zur Kindheitsgeschichte des Lukasevangeliums auf.[219] Wie bei Lukas schickt auch im Koran Gott Maria einen Boten, der die Geburt eines Sohnes ankündigt. Die Empfängnis ist ebenfalls jungfräulich, und auch im Koran stellt Maria eine Rückfrage: „Wie soll ich einen Jungen bekommen, wo mich kein Mensch berührt hat und ich keine Hure gewesen bin?"[220] Schließlich wird im Koran Jesus als „Zeichen Gottes für die Menschen" bezeichnet, parallel zum Titel „Sohn des Höchsten" bei Lukas.

Gleichzeitig sind die Unterschiede deutlich. So betont der Koran einen visionären Charakter der Botschaft an Maria. Ihr erscheint der von Gott gesandte Geist „als" ein stattlicher Mensch, womit deutlich wird, dass Maria ihren Sohn nicht vom Geist empfängt und Jesus mithin nicht der Sohn Gottes ist, als den ihn das Christentum bekennt. Der Ort der Geburt ist kein Stall, sondern eine Palme in der Wüste. Und während Lukas Maria das Magnifikat in den Mund legt, ist sie im Koran „eine eher passive Figur, gänzlich stilisiert zu einem Menschen in völliger Gottergebenheit, an dem Gott ein großes Zeichen wirkt."[221] Dies verstärkt sich in Sure 3,45–47, die in Medina entstanden ist. Auch hier werden Empfängnis und Geburt Jesu noch einmal mit einigen Unterschieden zu Sure 19 skizziert. Zudem wird hier von Marias Geburt berichtet. Von Kindheit an erscheint Maria als von Gott erwählt. Sie wird von Gott beschützt und mit Reinheit und Sündenlosigkeit ausgestattet. Schließlich findet Maria in der ebenfalls aus medinensischer Zeit stammenden Sure 66,12 noch einmal Erwähnung. Gemeinsam mit der Frau des Pharao wird sie als eine vorbildliche Frau genannt, die den Worten des Herrn und seinen Schriften geglaubt hat und die zu den Gehorsamen gehört. Dabei ist die Darstellung Marias im Koran deutlich theozentrisch. Gott erwählt sie von Anfang an und sie verkörpert in idealer Weise die Haltung des Gehorsams gegenüber Gott, dem Barmherzigen. Diese hohe Wertschätzung der Mutter Jesu im Koran spiegelt sich nicht zuletzt darin, dass sie als einzige Frau mit Namen genannt wird.

Was aber bedeuten diese Aussagen über Maria im Koran für eine christliche Theologie? Sind sie Material, damit sich Angehörige der beiden Religionen freundlich über Gemeinsamkeiten und Unterschiede austauschen können, was schon nicht wenig wäre? Oder ist es für christliche Theologie darüber hinaus möglich, daraus zu lernen? Das Zweite Vatikanische Konzil hatte in *Nostra Aetate* bezüglich nichtchristlicher Religionen festgehalten, dass die Kirche nichts von dem ablehnt, „was in diesen Religionen wahr und heilig ist."[222]

Dies beinhaltet die grundsätzliche Anerkennung anderer Religionen als Heilswege und auch als Wahrheitswege, sofern sie in ihren Inhalten mit dem Christentum übereinstimmen. Doch was ist mit Unterschiedlichem, darunter auch den Darstellungen der *anderen* Maria im Koran? Der französische Jesuit und Theologe Jacques Dupuis hat dazu eingeladen, andere Religionen nicht nur als „Samen" einer christlichen Wahrheit oder „Trittsteine" zu interpretieren, „die man einfach pflegen und nutzen könnte, um sie dann durch die christliche Offenbarung zu ersetzen. Sie stellen zusätzliche und autonome Zuwendungen dar."[223] Auch die Darstellung Marias im Koran wäre demzufolge Frucht einer solchen Zuwendung Gottes – und damit aufschlussreich auch für das Christliche?

In dem gemeinsamen Buch *Prophetin – Jungfrau – Mutter. Maria im Koran* haben 2021 die Islamwissenschaftlerin Muna Tatari (geb. 1971) und der katholische Systematische Theologe Klaus von Stosch (geb. 1971) einen Versuch in dieser Richtung vorgelegt. Gemäß der Vorgehensweise der komparativen (wörtlich: vergleichenden) Theologie gesteht der Christ der Muslimin zu, einen Anspruch auf absolute Wahrheit zu erheben, und umgekehrt. Dennoch soll es durch die vergleichende Arbeit möglich werden, vom jeweils anderen zu lernen. In dem vorgelegten Band ist dies nicht zuletzt deshalb vielversprechend, weil beide religiöse Perspektiven durch je eine Person vertreten werden, die in ihrer religiösen Tradition beheimatet ist. Dies ermöglicht nun nicht nur, zwei als „orthodox" qualifizierte und damit letztlich starre religiös-theologische Systeme miteinander zu vergleichen. Vielmehr vermittelt gerade die Darstellung der Suren im Koran Einblicke in innovative Herangehensweisen, wie sie aktuell in der Koranexegese entwickelt werden. Zu ihnen gehört es, die Texte des Koran in den historischen Kontext zu stellen, einzelne Verse im Zusammenhang der jeweiligen Sure wahrzunehmen und nach intertextuellen Bezügen zu forschen.[224] So lässt sich vermittels der chronologischen Ordnung der Suren zum Beispiel feststellen, dass in einer chronologischen Lesart in Sure 19 nicht nur Maria zum ersten Mal begegnet, sondern auch Gottes Barmherzigkeit und so die zentrale Charakterisierung von Gott im Koran anhand der Mutter Jesu entwickelt wird.[225]

Darin fließt ein dynamisches Moment von Theologie auch in den Vergleich der Perspektiven ein und unterstreicht gleichzeitig, dass es bei einem Vergleich nie nur um Re-Konstruktion geht, sondern um Konstruktion. Ähnlichkeiten sind nicht einfach vorhanden, sondern müssen auch gesehen, Bezüge hergestellt, Analogien entdeckt werden. Letztlich ist es ein poetisches Verfahren, denn wie Aristoteles in seiner Poetik festhält: Die Begabung der Dichtenden besteht darin, „das Ähnliche zu sehen"[226]. Wie also ein poetischer Text, den ich nicht unbedingt für bare Münze nehmen muss, dennoch ermöglicht, neue Blicke auf mein Leben und die Dinge um mich herum zu werfen, so ermöglichen dies auch die Perspektiven der anderen Religion. Nicht umsonst geht Klaus von Stosch, wo er den Ertrag der Koranlektüre für das Christliche beschreibt, in eine subjektive Sprache über. Er beschreibt die gemeinsam mit Muna Tatari unternommene Lektüre der Suren zu Maria als etwas, das für ihn zur Erfahrung geworden ist, und nennt Punkte, die ihn bewegt und ihm so neue Blickwinkel eröffnet haben.[227] So sind es erst die Lesenden, die sich bewegen lassen müssen, bevor ein Ertrag komparativer Theologie auch auf der Ebene des theologischen Arguments möglich wird.

Insbesondere ein Punkt der Darstellung der koranischen Maria in dem Buch hat mich bewegt als eine Frau, die geboren hat. Es ist die Sorge Gottes für eine schwangere Frau in Sure 19. Gott kümmert sich darum, dass Maria eine Palme hat, die sie während der Geburt mit Datteln versorgt – der gemäß den islamischen Autoritäten besten Nahrung für eine Frau in den Wehen.[228] Es ist Wasser vorhanden, um den Durst zu stillen und wohl auch, um sich und das Kind nach der Geburt zu waschen. Gemäß Tatari/von Stosch ist es wahrscheinlich, dass die Palme auf eine vorkoranische apokryphe christliche Tradition zurückgeht. Wie schön wäre es, wenn wir in der christlichen Symbolik diese realistischen Blicke auf (Frauen-)Leben wiederentdecken würden.

9. Am Ende: Maria – Gottes wahre Geschichte

Am Ende dieses Durchgangs durch die Mariologie seit dem Zweiten Vatikanischen Konzil ist über den weißen Elefanten zu sprechen, der im Raum der Mariologie steht – über ein sprichwörtliches etwas, das alle sehen, ohne es zwangsläufig oder selbstverständlich zu thematisieren. Der Name des weißen Elefanten lautet „Referenz" oder „Wirklichkeitsbezug": Welche Wirklichkeit bezeichnen die biblischen Texte von Maria, die mariologischen Symbole und auch die verschiedenen Mariologien? Oder anders: Welche Darstellung wird Maria, der Mutter Jesu, tatsächlich gerecht?

Diese Frage nach der Beziehung zwischen der Rede von Maria und der „Wirklichkeit" der Mutter Jesu ist alles andere als einfach zu beantworten. Hinlänglich wurde in diesem Band gezeigt, dass die historische Maria in den Zeugnissen, die wir von ihr besitzen, kaum greifbar ist. Würde die Rede von Maria nur dort als legitim angesehen, wo sie einer historisch dingfest zu machenden Wirklichkeit entspricht, wäre ihr der Boden weitestgehend entzogen. Dies würde aber auch dem biblischen Zeugnis, dem es in großen Teilen gar nicht um die getreue Darstellung von Historisch-Faktischem geht, in keiner Weise gerecht.

Die Theologie seit dem Zweiten Vatikanischen Konzil fußt entsprechend in aller Regel auf Maria, wie sie die Bibel *erinnert*. Dies bedeutet, den Bezug zur historischen Maria einzuklammern und die Frage, wer die Mutter Jesu ist, auf der Ebene des Textes zu beantworten. Keineswegs immer wird dabei über diese Vorgehensweise Rechenschaft abgelegt, und gerade eine lehramtliche Theologie redet meist von Maria, als wäre die Mutter Jesu umstandslos historisch zugänglich. Freilich ist auch der Rückgriff auf die *erinnerte* Maria keine simple Angelegenheit, ergibt sich doch aus den biblischen Erwähnungen der Mutter Jesu keineswegs eine ganze oder kohärente Geschichte. Was Elisabeth Schüssler Fiorenza für die „historische Maria" festhält, gilt grundsätzlich genauso für die „erinnerte Maria": „Da die Hinweise der Schrift auf Maria ziemlich lückenhaft sind, ... kommt es zu dem Zwang, Züge der historischen Maria in einer idealistischen Art und Weise zu vervollständigen."[229]

Am Ende: Maria – Gottes wahre Geschichte

Die Mutter Jesu bietet damit eine wunderbare Projektionsfläche, um die eigenen Lieblingsideen auf sie zu übertragen und ihre Geschichte entlang dieser Lieblingsideen zu schildern. So kommt es zu den Erzählungen von Maria als hingebungsvoller und gehorsamer Frau oder zur Herausstellung ihrer mütterlichen Qualitäten. Die Geschichte der Mariologie einschließlich der lehramtlichen Mariologie nach dem Konzil gibt Schüssler Fiorenzas Diagnose recht: „Solche idealistische Ausschmückung tendiert jedoch dazu, auf die kulturell bedingten Weiblichkeitsmuster eines vorgegebenen Geschlechtersystems zurückzugreifen."[230] Und dies ist nur eine der Instrumentalisierungen, die Maria im Laufe der Christentumsgeschichte erfahren hat. Wie lässt sich dem begegnen?

a. Kontextualisierung I: Rückgewinnung der biblischen Maria

Die Mariologie auf und nach dem Konzil ist von dem Bemühen geleitet, die Maria des Glaubens zurückzubinden an die Maria der Bibel. Daraus ergeben sich zwei wesentliche Strategien, um Maria vor allzu phantasievollen Ausschmückungen und Instrumentalisierungen zu bewahren. Die erste: Reduzierung. So schützt gegen allzu kreative Ausmalungen, den eher schmalen biblischen Textbefund nicht einfach als Ausgangspunkt für die eigenen Erzählungen und Bilder zu nehmen, sondern sich von diesem auch begrenzen zu lassen. Zudem sind die knappen Darstellungen Marias in den verschiedenen Texten durchaus unterschiedlich. Alle Versuche, die „eine" Wahrheit über Maria zu erlangen, sind damit biblisch durchbrochen. Entsprechend wird es den Texten nicht gerecht, die Mutter Jesu in bestimmten Bildern oder in geschlossenen Biographien einzuzementieren, die wiederum extrem ideologieanfällig sind. Maria, von der die Bibel nur fragmentarisch berichtet, bleibt eine offene Geschichte.

Die zweite Strategie: Kontextualisierung. Der Weg der Mariologie seit dem Zweiten Vatikanischen Konzil bis heute lässt sich als Geschichte einer zunehmenden Wiedergewinnung des theologischen, historischen und textlichen Kontexts lesen. Gegenüber der vorkonziliaren Privilegien-Mariologie hatte das Konzil und die darauffolgende Theologie Maria zunächst wieder in den Zusammenhang der

Heilsgeschichte gestellt und sich darin weit deutlicher wieder auch auf die biblische Maria zurückbesonnen. Insbesondere befreiende Mariologien haben diese Rekontextualisierung vorangetrieben, indem sie die Verbindung Marias mit der Reich Gottes-Botschaft Jesu herausgearbeitet haben. Neu wurde sie auch als jüdische Frau in der Umgebung des damaligen Israels wiederentdeckt.

Auch wenn diese Rekontextualisierungen auf die *erinnerte*, nicht auf die *historische* Maria zielen, so ist hier dennoch historische Forschung zentral. Maria wird in den Texten geschildert als eine Frau, die in einer konkreten gesellschaftlich-geschichtlichen Gemengelage lebt. Erfahrungen und Vorstellungen der historischen Umgebung sind in die Texte eingeflossen oder werden von ihnen ganz selbstverständlich vorausgesetzt. Entsprechend ist Maria vorzustellen als eine Frau, die innerhalb des pluralen Judentums vor der Tempelzerstörung im Jahre 70 n. Chr. gelebt hat. Ihre Situation ist die von Frauen ihrer sozialen Schicht im damaligen Israel. So entfaltet auch das Heilshandeln Gottes an Maria seine Bedeutung in diesem konkreten geschichtlich-gesellschaftlichen Kontext. Erst dieser macht deutlich, dass es nicht um individuelle Demut und Mutterglück geht, wenn Maria im Magnifikat von ihrer Niedrigkeit und ihrer Erhöhung singt. Die Situation des Liedes ist vielmehr die Unterdrückung des jüdischen Volkes unter römischer Herrschaft. Von dort gewinnt es seine politische Dimension.[231]

Dabei sind diese Texte nicht unschuldig. Das Zweite Vatikanische Konzil hat in der Konstitution über die göttliche Offenbarung die Hagiographen als „echte Verfasser" (*veri auctores*)[232] der biblischen Schriften bezeichnet. Sie geben nicht einfach Worte wieder, die Gott ihnen eingeflüstert hat. Vielmehr sind ihre Texte Reaktionen auf Erfahrungen, die Menschen mit Gott gemacht haben. Erfahrungen aber müssen immer gedeutet werden, so dass sie mitgeteilt werden können. Die Hagiographen tun dies auf der Grundlage ihres eigenen Wissens, ihrer sprachlichen Möglichkeiten, der kulturellen Deutungsangebote und der überlieferten Texttraditionen. Dieses Wissen fließt ein in die Texte und mit ihm auch die gesellschaftlichen Strukturen, Diskurse und Machtverhältnisse. Teils werden diese in den Texten durchbrochen, teils werden sie aber auch einfach fortgeschrieben. Dadurch kommt es zu den ambivalenten Bewertungen etwa von Frauen im Neuen Testament. Dadurch ist auch die Darstellung Marias einerseits gekennzeichnet von klassischen Frauenrollen im Kyriarchat[233], andererseits von dem Neuaufbruch in den gesellschaftlichen Strukturen, der sich im Nahekommen Gottes ereignet und in dem gerade auch Frauen Teil der Bewegung um Jesus von Nazaret werden. Paul VI. hat in *Marialis cultus* deutlich darauf hingewiesen: Gerade in ihrer Kulturabhängigkeit sind die Darstellungen Marias *kein* Vorbild ewiger Frauenrollen in Kirche und Gesellschaft.[234] Vielmehr sind diese – im Licht der Reich-Gottes-Botschaft und ihrer Kritik an Mechanismen der Unterdrückung und Marginalisierung – zu hinterfragen.

Notwendig ist neben dieser historischen Rekontextualisierung auch eine textliche. Dies betrifft zunächst intertextuelle Beziehungen – also Beziehungen der Texte, in denen von Maria die Rede ist, zu anderen Texten. Insbesondere die Darstellungen der Mutter Jesu in den Kindheitsgeschichten sind dicht verwoben mit dem Textmaterial der Tradition Israels, dem christlichen Alten Testament. Ihr Name verweist auf die Schwester des Moses, die als erste Frau der hebräischen Bibel Prophetin genannt wird, und mit ihr auf die Befreiungserzählung des Exodus. Textliche Bezüge stellen sie in eine Linie mit anderen geistbegabten, prophetisch redenden Frauen wie Debora (Ri 4f.) und Hanna (1 Sam 1f.), deren Siegeslieder im Magnifikat wiederaufgenommen werden. Diese intertextuellen Verbindungen zeichnen der Jüdin Maria die Geschichte ihres Volkes ein und stellen sie in eine Kontinuität zur Tradition Israels.

Zudem begegnen die Darstellungen Marias jeweils in einem eigenen Erzählzusammenhang. In den Evangelien wie in der Apostelgeschichte ist sie eine „narrative Figur", die ihre Bedeutung im Zusammenspiel mit anderen narrativen Figuren und im Rahmen einer Gesamterzählung gewinnt.[235] Diese Gesamtzusammenhänge wahrzunehmen, verändert die Perspektiven auf die einzelnen Momente, in denen Maria dargestellt wird, und auf die sich die Mariologie und auch die Dogmen wesentlich bezogen haben. Auf ein Beispiel wurde bereits hingewiesen:[236] Die Maria der Kindheitsgeschichte des Lukasevangeliums ist Jungfrau, und Lukas zeichnet dies als eine bewusste asketische Haltung. Im Gesamt des Evangeliums ist Maria aber keineswegs die einzige Asketin. Neben sie treten im lukanischen Doppelwerk aus Lukasevangelium und Apostelgeschichte „ein ganzes Bündel asketischer Optionen im Kontext unterschiedlicher Lebensformen"[237], und auch nichtasketische Erzählfiguren wie Aquila und Priszilla finden bei Lukas ihren Platz in der Christusnachfolge, wenn sie auch deutlich zurückgesetzt erscheinen. Durch diese Gesamtschau wird zum einen deutlich, dass Lukas in seiner Theologie sexuelle Askese und Geistempfang eng miteinander verknüpft, so dass sexuelle Askese geradezu zur Voraussetzung des Geistempfangs wird, der wiederum in prophetische Rede mündet. Zum anderen rückt ins Blickfeld, dass Askese nicht zwingend ein Dauerzustand ist, sondern auch zeitlich begrenzt auftritt. So auch bei Maria: Sie ist Jungfrau bei der Empfängnis und Witwe an Pfingsten. Dazwischen redet gerade Lukas ganz selbstverständlich von Geschwistern Jesu (Lk 8,19–21).

Gelebte, zeitweise Askese zieht aber keine Aburteilung oder Geringschätzung anderer Lebensformen nach sich und kann auch keine tendenziell leibfeindliche Sexualmoral untermauern. Schon gar nicht lässt sich von der biblischen Jungfräulichkeit Marias eine besondere „Wesensbestimmung" von Frauen ableiten – denn auch Männer, die (zeitweise) asketisch leben, empfangen den Geist. Damit ist die plakative Forderung queerer Theologie, Maria ihre Sexualität wiederzugeben, jedenfalls im Lichte des lukanischen Doppelwerks gar keine so große Sache – denn Askese und sexuelle Aktivität sind in der Maria des Lukas auf verschiedene Lebensphasen verteilt.

Das Beispiel verweist freilich darauf, dass Maria ihre „Wahrheit" nicht allein in den – textlichen, historischen – Kontexten gewinnt, denen sie entstammt. Sie muss sich ebenso erweisen, wo später und auch heute die biblischen Texte gelesen werden, die fragmentarischen Erzählungen von Maria sich zu Glaubenswahrheiten formen und über Maria Geltungsansprüche verhandelt werden. Maria tritt so ein in neue Kontexte und wird zu unserer Zeitgenossin.

b. Kontextualisierung II: Die Wirkungen Marias im Heute

Dass Maria die Zeiten offenbar so mühelos überbrückt und sich mit je neuen Kontexten verbindet, ermöglichen die biblischen Texte nicht zuletzt durch ihre literarische Form. Grundsätzlich gilt für alle biblischen Texte, dass sie in einem gewissen Sinn *poetisch* sind.[238] Keinem von ihnen geht es darum, einfach zu schildern, wie es einst gewesen ist. Ihre „Wahrheit" liegt nicht schlicht in einer Fähigkeit, Faktisches zu bezeichnen. Vielmehr entwerfen die einzelnen Texte jeweils eine „Welt des Textes", in deren Licht die Rezipierenden wiederum ihre eigene Wirklichkeit deuten können. Darin verlagert sich die Funktion der Texte, Wirklichkeit zu bezeichnen, in Richtung einer Darstellungsfunktion.

Dies gilt im Besonderen für Texte wie die Kindheitsgeschichten des Matthäus- und Lukasevangeliums, die in ihren dichten textlichen Verstrebungen und ihrem theologischen Gehalt so deutlich fiktional sind. Im Rahmen der Gesamtkomposition der Evangelien sind sie eine Art dramatische Exposition. In ihnen wird der Protagonist der Erzählung vorgestellt, die Konfliktlinien vorgezeichnet und die Frage durchgespielt, die sich dann durch die Evangelien zieht:[239] Wer ist dieser Jesus von Nazaret? Dies geschieht wiederum in einer dichten kreativen Auseinandersetzung mit der überkommenen Texttradition – den heiligen Schriften Israels. „Offenkundig waren hier Menschen tätig, die in einem frühlingshaften Aufbruch ihres messianischen Glaubens eine Gestalt vitaler Memoria Jesu schufen, die in einer eigenen biblisch gesättigten Erzählwelt besteht."[240]

Diese Erzählwelt, die auf Erfahrungen fußt, zielt nun darauf, den Rezipierenden ihrerseits zu ermöglichen, Erfahrungen zu machen – mit Jesus von Nazaret, mit Gott, und auch die Darstellungen der Mutter Jesu stehen im Dienst dieser Vermittlung. Der Form nach sind diese Erfahrungen zunächst ästhetische Erfahrungen. Die Erzählungen, in denen Maria begegnet, sind auch knapp 2000 Jahre später in der Lage, uns in ihren Bann zu ziehen. Sie appellieren zunächst an unsere Fantasie: Im Kopf sehen wir den Engel, der Maria erscheint – eine Szene, die so viele Maler inspiriert hat, die Verkündigung an Maria ins Bild zu setzen, die damit unser Bildgedächtnis angereichert haben. Wir sind mit ihr unterwegs zu Elisabet, und bei Frauen, die die Erfahrung einer Schwangerschaft gemacht haben, mag der Text Erinnerungen daran anstoßen, wie es ist, wenn ein Kind im Bauch hüpft – wie der spätere Johannes der Täufer im Bauch seiner Mutter. Was die Texte erzählen, verbindet sich mit Erlebnissen, Szenen, Bildern, die wir aus unserer Gegenwart kennen. Dabei bestimmt der jeweilige Kontext auch mit, wie wir die Texte lesen, was uns an ihnen auffällt. Im Jahr 2015 waren es die Flüchtlinge aus Syrien, die neu den Blick darauf gelenkt haben, dass bei Matthäus auch die Familie Jesu auf der Flucht vor Gewalt war. Heute sind es Namen wie Butscha (Ukraine), die das Lesen vom Kindermord auf Geheiß des Herodes mit grausamer Realität ausstatten.

Maria hat so eine Geschichte bekommen. Einzelne Bilder und Symbole wie die der Mutter und Jungfrau sind dabei gleichgeblieben, haben sich aber in ihren Bedeutungen auch durchaus gewandelt. Andere Symbole und Erzählungen sind hinzugekommen und wurden neu gefunden, um etwas auszusagen, das schon vorher da war. Längst ist Maria dabei auch über den Rand der Kirche und des Christentums hinausgewandert. Sie ist zu einem Genre der Kunst- und Kulturgeschichte geworden, eine Bedeutungsträgerin für (künstlerische) Reflexionen des Menschen über sich selbst – auch, aber keineswegs immer in einer Offenheit für Gott. Deutlich macht diese Geschichte: Die Bedeutung Marias wird nicht im Überzeitlichen gewonnen. Sie entsteht je neu im Kontakt der Erzählungen und Symbole mit der jeweiligen Zeit, mit kulturellen Deutungsmöglichkeiten und den konkreten Erfahrungen von Menschen. Welche Bilder in den unterschiedlichen Kontexten entstehen, wird durch die Texte vorstrukturiert, aber keineswegs völlig gesteuert, und gerade die Mariologie ist ein beredtes Beispiel dafür, wie sehr sich Bedeutungen und Symbole von ihrem Ursprung entfernen können.

So sind es diese Kontextualisierungen, in denen sich eine „Wahrheit" der Rede von der Mutter Jesu erweisen muss – wenigstens sofern sie im Rahmen des Christentums steht. In einem christlichen Sinn sind die Texte, Symbole, Darstellungen und Praktiken, die sich auf Maria beziehen, Sakramente in einem weiten Sinn: Sie bewirken gleichzeitig, was sie bezeichnen. Sie verweisen zurück auf ihren Ursprung, auf Gott, dessen Nahekommen in Jesus von Nazaret die Wirklichkeit verwandelt und von dem die Evangelien erzählen. Diesen Ursprung vermitteln sie je neu in die jeweilige Gegenwart von Menschen und lassen die Wirklichkeit des Reiches, die Erlösung in Jesus Christus je neu wirksam werden. Letztlich zielen die Texte auf personale Begegnung, deren theologische Bedeutung das Zweite Vatikanische Konzil in der Offenbarungskonstitution einfängt: In ihnen kommt der überströmend liebende Gott den Menschen entgegen, redet sie „an wie Freunde (vgl. *Ex* 33,11; *Joh* 15,14–15) und verkehrt mit ihnen (vgl. *Bar* 3,38), um sie in seine Gemeinschaft einzuladen und aufzunehmen."[241]

Daraus ergibt sich auch der Anspruch an die Rede von Maria: Auf welche Weise das Reich Gottes die Wirklichkeit verwandelt, zeigt sich in den konkreten Worten und Handlungen Jesu und lassen die neutestamentlichen Texte nicht zuletzt an Maria sichtbar werden. Vielfach spielen die Evangelien so durch, wie es ist, wenn sich im Nahekommen Gottes *Gutes* ereignet. Es wird etwas heil, das zuvor un-heil gewesen ist. Es entstehen Beziehungen der Anerkennung und Liebe, wo zuvor keine waren. Die Sklavin wird erhöht und für sie wie für all diejenigen, die sie repräsentiert, eröffnet sich neues Leben. Dabei hat das Gute, das sich ereignet, gleichzeitig die Funktion, das Unwahre, Nicht-Heile am konkreten geschichtlichen Leben aufzuzeigen. Maria, deren „Ja" das Nahekommen des Reiches ermöglicht hat, steht im Dienst dieses Reiches und seiner Vermittlung – damals wie heute.

So gewinnen auch die verschiedenen Lesarten von Maria heute ihre Wahrheit, insofern sie in der Gegenwart fähig sind, diese Wirklichkeit des Reiches konkret werden zu lassen. Gelingt es, in der Bezugnahme auf die Mutter Jesu, das Un-Heile der Welt aufzudecken, Einspruch gegen Ungerechtigkeit und Marginalisierung zu erheben, Leben zu eröffnen? Kann die Anrufung der von Erbsünde freien Immaculata in den Krisen 2022 sichtbar machen, worunter Menschen leiden und wo sich Sünde zu Strukturen von Gewalt und Unterdrückung verfestigt hat? Kann der Blick auf die Jungfrau, die in asketische Distanz geht zu den Gemengelagen des Alltags, auch uns neue Blicke ermöglichen? Kann sie uns unterstützen zu unterscheiden, was wir brauchen und was wir nicht brauchen? Uns helfen, Ideen zu entwickeln, um nachhaltiger zu leben und gerechter zu verteilen? Spendet die Mutter Trost, wo er einfach notwendig ist, und hält uns davon ab, ihn zur Ver-Tröstung werden zu lassen? Und lässt Maria, die Gott in den Himmel aufgenommen hat, uns in allen Widrigkeiten daran festhalten, dass unser Denken und Handeln, unsere Freude wie unser Leid letztlich von *Sinn* umfangen sind? Wo dies heute geschieht, wird die Mutter Jesu je neu zur Mittlerin von dem, was die christliche Tradition „Gnade" genannt hat.

Epilog

Längst ist Maria gerade in der Funktion, das Heile und Un-Heile aufzuzeigen, über den Raum der Kirche und auch der Religion hinausgegangen. Während ich diesen Text schreibe, ist es Juli geworden. In Kassel läuft die *Documenta fifteen*, eine der weltweit bedeutendsten Ausstellungen zeitgenössischer Kunst. In diesem Jahr ist von den Kunstwerken wenig die Rede. Das Thema Antisemitismus hängt über der Documenta und beherrscht die mediale Berichterstattung.[1] In den Hintergrund ist so das eigentliche Großthema der Ausstellung getreten: *lumbung*. Lumbung ist der Name für eine Reisscheune, wie sie in indonesischen ländlichen Gemeinschaften genutzt wird. In ihr lagern Menschen die Überschüsse der Ernte, die dann nach gemeinschaftlich festgelegten Kriterien wieder entnommen werden können. So wird Vorhandenes geteilt, Armut vermieden, nichts weggeworfen und Nachhaltigkeit gewährleistet. „lumbung basiert auf Werten wie lokaler Verankerung, Humor, Großzügigkeit, Unabhängigkeit, Transparenz, Genügsamkeit und Regeneration."[2] Es ist ein Sinnbild für eine andere Form des Wirtschaftens, für die Möglichkeit der Alternative zum Kapitalismus und steht so für die großen Fragen unserer Zeit: Wie ist ein gutes, nachhaltiges Leben in Gemeinschaft und Gerechtigkeit möglich?

Auf der *Documenta fifteen* begegnet an verschiedenen Stellen nun auch Maria. Sie dominiert die Szenerie im Altarraum der katholischen Kirche St. Kunigundis (Bettenhausen), die nicht mehr in Gebrauch ist, ohne profanisiert zu sein. In ihr hat das Künstlerkollektiv Atis Rezistands (Künstler*innen des Widerstands) aus Haiti eine Art Voodoo-Kirche inszeniert. Das Kollektiv arbeitet vor allem mit Skulpturen, inspiriert von haitianischer Alltagskultur und vom Voodoo, das in Haiti eine geschützte Religion ist. Die Skulpturen sind zusammengesetzt aus gefundenen, weggeworfenen Materialien, geschnitztem Holz und echten Gebeinen. Links und rechts vom Altar stehen zwei Marien-Skulpturen, beide in der Bildtradition der Maria mit Kind. Es ist eine Aufnahme klassischer Marien-

Epilog

Ikonographie, die gleichzeitig komplett durchbrochen wird: keine rosige Haut im Gesicht, sondern blanker Knochen; kein sorgfältig gewobener Schleier, sondern netzartige, dreckige Gewebe. Weggeworfenes, das in einer Art Assemblage montiert ist, schafft Haare, Augen, Hände. Bei der einen Maria[3] hängt auf der Höhe des Herzens ein laufender Wecker, dessen Zeiger die Zeit zählen. In dieser Voodoo-Gestaltung wird Maria zu einer Schnittstelle zwischen Lebenden und Toten, zwischen Menschenwelt und Geisterwelt. Sie verweist gleichzeitig auf die Zeit des Sklavenhandels, in der die Sklavenhändler*innen die Voodoosi zwangen, ihrem Glauben abzuschwören. Viele gaben ihn dennoch nicht auf. Sie versteckten die Verehrung ihrer Götter in den religiösen Symbolen der Sklavenhalter*innen, unter anderem in Maria.

Die Voodoo-Maria hält eine Krippe in der Hand, auf der das Kind in Form einer weggeworfenen Spielzeugpuppe liegt – eine Darstellung fernab vom weihnachtlichen Idyll. Und dann doch so nahe an Weihnachten – denn enthält die Geburt Jesu nicht schon den Vorschein des Todes? Ist die gebärende Jungfrau nicht auch die trauernde Mutter? Und gäbe es die Auferstehungshoffnung auf Leben ohne den Tod? Die Skulptur stößt die Betrachtenden mit der Nase drauf: Sie hält eine aufgeschlagene Bibel in der Hand, sichtbar sind die Kapitel Mt 27 und 28, Passion, Kreuzigung und Auferstehung. Für meinen westlichen Blick wird Maria hier zu einem befremdlichen und gleichzeitig faszinierenden Blick in den Raum all dessen, was wir so gerne verdrängen – unsere Verletzlichkeit und den Tod, die christliche Kolonialgeschichte ebenso wie unseren Alltagsmüll. Sie kehren in der Marienskulptur als Teil unseres Lebens wieder. Im Spielerischen des Voodoo scheint es, als wäre es gar nicht so schwer, sich mit Tod und Müll, mit Vorfahren und Geistern arrangieren zu lernen.

Auch in der Documenta-Halle trifft man unversehens auf Maria. In ihr hat das Künstlerkollektiv Wajukuu Art Project für die Zeit der Ausstellung einen Teil seiner Arbeit in den Slums von Nairobi nach Kassel verlagert. Das Kollektiv arbeitet dort mit Kindern und unterstützt sie dabei, vermittels Kunst Formen des Ausdrucks zu finden, Selbstwertschätzung zu erlangen und Perspektiven für die

Epilog

Zukunft zu entwickeln. Sie tun das mit einfachen Mitteln, denn mehr steht nicht zur Verfügung. Dennoch entsteht dort viel. In Kassel hat das Kollektiv den Eingangsbereich der Documenta-Halle umgestaltet – einerseits in Aufnahme des Stils traditioneller Behausungen des Maasai-Volkes in Ostafrika, andererseits deuten sie mit Wellblech die Wohnsituation des Lunga Lunga-Slums an. Auf einer der Wellblechwände hängt das Bild *Mother Care I* von Lazarus Tumbuti.[4] Von Maria ist nicht ausdrücklich die Rede, doch wieder ist das Zitat deutlich. In klassischer Pose hält eine Frau einen Säugling im Arm, ihr Gewand marianisch blau. Es ist eine junge Frau, die braune Haut ist glatt, dennoch hat sich in den Schatten des Gesichts das Leben eingegraben. Sorgend sorgenvoll richtet sie ihren Blick auf das schlafende Kind – eine Szenerie in sich abgeschlossener Ruhe und wenigstens zeitweiliger Sicherheit.

Seine Bedeutung erhält das Bild in der Absetzung von der graurostigen Wellblechwand. Die Umarmung des Kindes durch die Mutter ist ein Kontrast: Ein Ort der Zärtlichkeit, des Trostes, des Heilen an einem von Armut, Gewalt und Tristheit geprägten Ort. In einiger Entfernung steht eine andere Skulptur desselben Künstlers, ebenfalls mit Anklang an die christliche Ikonographie. Aus grobem Holz gehauen lassen die Umrisse aus Beinen und Rumpf den Menschen eher erahnen. Die Skulptur ist von Nägeln durchbohrt, Stacheldraht ist um ihre Füße gewunden – ein Schmerzensmann ohne Kopf und Glieder, an der Grenze zum Nichtmenschlichen. Die Skulptur verschärft den Kontrast zur Darstellung der marianischen Mutter mit Kind und vertreibt alles Gefühlig-Kitschige. Ihre Zärtlichkeit bildet ein Gegenüber zur Gewalt – und erweckt den unbändigen Wunsch, dass Menschen, Kinder diese Zärtlichkeit und diesen Trost tatsächlich erfahren, weil sie ihn brauchen und verdienen. Umfassend möge dieser Schutz sein, nicht zerstörbar durch Gewalt, nicht bedroht durch Armut, gehalten von guten Mächten, für die Maria steht. Im Licht des Bildes wird so schmerzlich spürbar, was un-heil ist und wie die Welt besser, humaner werden könnte. Womöglich tragen diese durch die marianischen Darstellungen vermittelten Blicke auf Welt dazu bei, dass Dinge sich verändern … und Maria hätte einmal mehr (dabei) geholfen.

Anhang

IV. Heutige mariologische Entwürfe

1. Maria in der lateinamerikanischen Theologie der Befreiung

1.1 Maria in Geschichte und Frömmigkeit Lateinamerikas

a. Kolonialzeit

Auf der einen Seite sahen sich die spanischen und portugiesischen Eroberer Lateinamerikas bei ihrem Eroberungswerk, das nicht nur ihren jeweiligen Königen neue Untertanen zuführte und wertvolle Rohstoffe erschloss, sondern auch den Unterworfenen den wahren Glauben brachte, unter dem besonderen Schutz Mariens. Auf der anderen Seite bot die Gestalt Mariens den Indios, die in ihren Religionen eine Muttergottheit und Himmelskönigin verehrten, Anknüpfungspunkte, um die ihnen vielfach aufgezwungene Religion der Eroberer zu übernehmen und diese mit ihren überkommenen Vorstellungen zu verbinden. Natürlich legten die Verkündiger des Evangeliums in Lateinamerika größten Wert darauf, den, wie sie sagten, „Götzendienst" zu überwinden und Maria vor der Verwechslung mit der traditionellen Muttergottheit zu schützen. Innerhalb der weitgehend von Gewalt bestimmten Conquista und Evangelisierung Lateinamerikas erscheint gerade Maria als Integrations- und Versöhnungsgestalt. Dies wird etwa deutlich in der Tradition von Guadalupe in Mexiko. Auf dem Tepeyac-Hügel im heutigen Mexiko-Stadt wurde vor der Conquista (1519–21) die Gottheit Tonantzin Cihuacóatl („Unsere liebe Mutter Frau-Schlange") verehrt; Mitte des 16. Jahrhunderts setzt hier eine Marien-Verehrung der indigenen Bevölkerung ein, die auf ein viermaliges Erscheinen Mariens zwischen dem 9. und 12. Dezember 1531 zurückgeführt wird. Maria erschien dem Nahua-Indio Juan Diego[1]. Die Gespräche, die Maria mit ihm führte, wurden 1533 in der Muttersprache Juans, Náhuatl, festgehalten und durch Übersetzungen breiteren Kreisen bekannt gemacht.

Die erste Begegnung wird folgendermaßen geschildert: „In der Morgenfrühe kam er [sc. Juan Diego] zu Fuß zu einem kleinen Hügel, Tepeyac genannt, das bedeutet Gipfel oder spitze Krone der Berge, weil er die anderen Berge überragt, die den See und das Tal säumen, in dem die Stadt Mexiko liegt. Dieser Hügel liegt der Stadt am nächsten, und heute sagt man, es sei der Berg Unserer Lieben Frau von Guadalupe,[2] aufgrund der Ereignisse, von denen jetzt die Rede sein wird: Am Gipfel des kleinen Hügels, am Rand der Felsenkette, die sich über der Ebene am Ufer des Sees erhebt, hörte der Indianer einen lieblichen und wohlklingenden Gesang. Wie er erzählt, schien es ihm, als sänge eine Vielzahl unterschiedlicher Vögel sanfte und harmonische Melodien; sie antworteten einander in Chören in einem einzigen Konzert, dessen Echo der hohe Berg, der sich hinter dem kleinen Hügel erhebt, verdoppelte und zurückwarf; und als er den Blick hob zu dem Ort, von dem seiner Meinung nach der Gesang kam, sah er dort eine weiße, strahlende Wolke und in ihrem Umkreis einen schönen Regenbogen in verschiedensten Farben, gebildet aus Lichtstrahlen von außergewöhnlicher Helligkeit, die aus dem Innern der Wolke kamen. Der Indio war hingerissen und außer sich vor Entzückung, er spürte weder Angst noch Bestürzung, sondern in seinem Herzen eine unerklärliche Freude und Fröhlichkeit, ein solches Glück, daß er zu sich sagte: Was ist es, das ich höre und sehe? Wohin bin ich versetzt worden? Vielleicht bin ich im Paradies der Wonnen, das unsere Vorfahren, der Ursprung unseres Fleisches, Blumengarten oder himmlische Erde nannten, die den Augen der Menschen verborgen war? In diesem Zustand und dieser Betäubung befand er sich und als der Gesang verstummte, hörte er, daß er bei seinem Namen Juan gerufen wurde von einer Stimme, süß und zart wie die einer Frau, die aus dem Glanz jener Wolke kam und zu ihm sagte, er solle näher kommen; so schnell er konnte, stieg er die kleine Anhöhe des Hügels hinauf und ging näher herzu …

Inmitten des Lichts sah er eine wunderschöne Frau, sehr ähnlich der, die heute in dem gesegneten Bild zu bewundern ist, das nach den Angaben des Indios entstand, bevor sie hätte kopiert werden können oder jemand anderer sie zu Gesicht bekommen hätte. Ihr Gewand strahlte so sehr, daß der Glanz die rohen Felsen, die sich über den Kamm des Hügels erhoben, ihm wie kostbare und durchsichtige Steine erschienen; und die Blätter der Dornbüsche und Kakteen, die dort wachsen, winzig und verkümmert durch die Einsamkeit des Ortes, schienen ihm wie Ranken von zierlichen Smaragden, die Äste, Stämme und Dornen wie aus geschliffenem und glänzendem Gold; und sogar der Erdboden einer kleinen Ebene auf dem Gipfel des Berges erschien ihm wie von vielen Farben getönter Jaspis, und die Frau sprach freundlich und sanften Angesichts zu ihm in seiner mexikanischen Sprache: ‚Mein Sohn, Juan Diego, den ich innig liebe, wohin gehst du?' – Der Indio antwortete: ‚Edle Frau und Herrin, ich gehe nach Mexiko in das Viertel Tlatelolco in die Messe, die dort die Priester Gottes und ihre Helfer lesen.' Die Allerseligste Jungfrau Maria hörte ihn an und sagt: ‚Du weißt, mein geliebter Sohn, ich bin die Jungfrau Maria, Mutter des wahren Gottes, der da ist Urheber des Lebens, Schöpfergott und Herr des Himmels und der Erde und allgegenwärtig; es ist mein Wunsch, daß ein Gotteshaus zu meiner Ehre gebaut wird an diesem Ort, an dem ich als deine und deiner Nächsten mildtätige Mutter meine liebreiche Huld und das Mitleid zeigen will, das ich für die Eingeborenen hege und für jene, die mich lieben und mich suchen, und für alle, die meinen Schutz erbitten und in ihrer Arbeit und ihrem Kummer nach mir rufen; und wo ich ihre Tränen und Bitten hören will, um ihnen Trost und Erleichterung zu spenden. Und damit mein Wunsch Wirkung zeitige, wirst du in die Stadt Mexiko gehen zum Palast des Bischofs, der dort residiert, und wirst ihm sagen, daß ich dich sende und wie sehr es mir gefallen würde, wenn er mir an diesem Ort einen Tempel erbaute.'"[3]

Juan Diego berichtet Maria später über seine erste Mission zum Bischof: „Geliebtes Mädchen, meine Königin und höchste Herrin aller Frauen, ich habe getan, was du mir aufgetragen hast; zuerst wollte man mich nicht zum Bischof vorlassen, um ihn zu sehen und mit ihm zu sprechen; erst nach langer Zeit habe ich ihn gesehen und ihm deine Botschaft genauso überbracht, wie du sie mir aufgetragen hast; er hat mich gnädig und aufmerksam angehört; aber wie ich ihn angesehen habe und den Fragen nach, die er mir gestellt hat, bin ich zu dem Schluß gekommen, daß er mir keinen Glauben geschenkt hat, denn er sagte, ich solle ein anderes Mal wiederkommen, damit er mich ausführlicher über dieses Ansinnen verhören und es noch gründlicher untersuchen könne. Er vermutete, daß die Kirche, die du erbaut haben möchtest, meiner eigenen Einbildung entsprungen ist und nicht wirklich dein Wille ist; und so bitte ich dich, daß du eine andere, edelmütige und bedeutende Person beauftragst, jemandem, dem Respekt gezollt wird und dem man Vertrauen schenken muß; du siehst ja, meine Herrin, ich bin nur ein armer Unglückseliger, ein demütiger und gewöhnlicher Mann; der Auftrag, den du mir erteilt hast, ist nichts für mich; verzeih mir, meine Königin, meine Dreistigkeit, sollte ich in irgendetwas deine Würde beleidigt haben, die deiner Größe zukommt; ich weiß nicht, ob du nun erzürnt bist und dir meine Antwort mißfällt ...

Gütig hat die Heiligste Maria die Antwort des Indios angehört und ihm danach folgendes gesagt: ‚Höre, mein geliebter Sohn, du weißt, daß es mir nicht an Dienern fehlt, die ich beauftragen könnte, denn es gibt viele, die ich schicken könnte, wenn ich es wollte, und die genau das tun würden, was ich ihnen befehle; es gefällt mir aber, daß du diesen Auftrag übernimmst und dich weiter darum bemühst, denn durch dein Handeln soll mein Wille und mein Wunsch Wirkung zeitigen; und so bitte ich dich, mein Sohn, und ich sende dich abermals, daß du morgen zurückgehst, um den Bischof zu sehen, und zu ihm sprichst; sag ihm, daß er mir die Kirche baut, um die ich ihn bitte, und daß dich die Jungfrau Maria schickt, die Mutter des Wahrhaftigen Gottes"[4].

Die Historizität des hier Berichteten lassen wir bei unserer Betrachtung außer Acht. Es kommt uns auf die literarischen und theologischen Motive an:

1. Der Ort, an dem Marienerscheinung stattfand, der Tepeyac-Hügel, war bis zur Conquista (1519–21) der Ort, an dem die weibliche Gottheit Tonantzin Cihuacóatl („Unsere liebe Mutter Frau-Schlange") verehrt wurde.

2. Die ganze Szenerie (Berg, Musik, Lichtphänomene, lichte Wolke, Regenbogen, Erinnerung an das Paradies usw.) spricht für eine Theophanie.

3. Der Indio besteigt den Hügel, wie die Nahuatl-Priester die

Spitze der Tempel-Pyramiden bestiegen, um als Mittler zwischen Gott und den Menschen zu fungieren.

4. Maria spricht die Sprache des Indios. „Sie unterhalten sich in seiner Sprache, der Sprache seines Volkes, und nicht in der Sprache der Kolonialherren ... Die Gottheit ergreift Partei für den Schwachen, für denjenigen, mit dem sie spricht und dem sie sich offenbart ... Dieselbe Sprache zu sprechen bedeutet auch, den Wert der gesprochenen Sprache anzuerkennen. In diesem Fall handelt es sich um die Sprache, die von den Kolonialherren verachtet wurde, die sterben mußte, damit die von auswärts mitgebrachte Sprache aus einer anderen Welt, einer anderen Kultur leben konnte. Die Gottheit nimmt die verachtete Sprache, das zerstörte Volk an und wird verstanden"[5].

5. In der Selbstdarstellung Mariens („Ich bin die Jungfrau Maria, Mutter des wahren Gottes, der da ist Urheber des Lebens, Schöpfergott und Herr des Himmels und der Erde und allgegenwärtig") verschmelzen spanisch-lateinische Begriffe (Sancta Maria, Dios) mit solchen aus der Nahuatl-Sprache. „In der ursprünglichen Nahuatl-Erzählung erhellt unmittelbar, daß darin eine neue Rede von Gott vorliegt, die nicht nur die spanische und die Nahuatl-Sprache miteinander verbindet, sondern auch das Gottesverständnis der Nahuatl mit dem der Spanier. Gerade der Ausdruck für Gott, den die Missionare verbissen als teuflisch auszutreiben gesucht hatten, wird nun mit den spanischen Ausdrücken für Gott in Verbindung gebracht, die für die Indios unverständlich geblieben waren".[6]

6. Maria spricht den Indio an: „Mein Sohn, den ich innig liebe" und bezeichnet sich als seine und seiner Nächsten „mildtätige Mutter". „Im Land der ‚Göttinnen-Mütter', der weiblichen Fruchtbarkeitsgöttinnen, die in enger Gemeinschaft mit der Natur vorgestellt werden, sind die Dimension der Mutterschaft und die ihr innewohnende Symbolik der Verehrung nicht fremd. Das Bild der ‚neuen Mutter' mit den Charakteristika der alten indianischen Kultur ist gegenwärtig in einer neuen Synthese der Volkskultur"[7]. Bei genauem Hinsehen geht es aber nicht um Fruchtbarkeit, sondern um Trost, wodurch sich die Mutter als Mutter betätigt. Der Indio gebraucht die Anrede „geliebtes Mädchen, meine Königin, Höchste Herrin", in der sich sowohl liebevolle Nähe wie respektvoller Abstand spiegeln.

7. Die kirchliche Autorität wird in Gestalt des Bischofs von Mexiko-Stadt anerkannt, aber dieser hat sich den in der Sprache des Volkes formulierten und von einem Indio überbrachten Anweisungen Marias zu beugen. Dieser Indio hat die Herabsetzung durch die Kolonialherren, die sich in der dilatorischen Behandlung durch den Bischof äußert, für sich selbst übernommen. Maria, die seine Selbstherabsetzung nicht akzeptiert, schenkt ihm und damit seinem Volk ein ganz neues Selbstbewusstsein.

8. Die zu erbauende Kirche ist der Ort, an dem Maria Wohnung nehmen will, um selbst zur „Einheimischen" zu werden. Sie wird zugleich als der Ort gesehen, an dem die Indios die Fürsprache Marias erfahren sollen. Die Eroberer haben den Indios mit der Zerstörung des Heiligtums auf dem Tepeyac-Hügel ihre religiöse und nationale Identität genommen. Maria schenkt sie ihnen wieder.

All das erklärt, warum „die Erscheinung der Jungfrau von Guadalupe und die Verehrung, die auf diese Erscheinung folgt, eine so große Rolle bei der Wiederherstellung der religiösen Identität eines ausgebeuteten Volkes [spielen], die ihm beim Aufbau einer neuen nationalen Identität hilfreich sein wird"[8]. Es wird aber auch die Gratwanderung deutlich, welche die mexikanische Kirche gehen musste, um in Assimilation und Distanzierung Elemente des Überkommenen übernehmen zu können, ohne in einem Synkretismus einfach beide Religionen zu vermischen. Ähnliches ist in der Kirchengeschichte immer wieder geschehen, wenn das Christentum in eine neue Kultur eintrat.

b. Gegenwart

In der Gegenwart sind es v. a. die Basisgemeinden, die Maria für ihr Leben entdecken. Die Christen, die sich in diesen Gemeinden versammeln, sehen in ihr, durchaus in Kontinuität zum Zeugnis der Schrift, „eine arme und gesellschaftlich unbedeutende Frau. Mit Jesus und Josef bildet sie eine würdige und einfache Familie, die mühsam ums Überleben und ums tägliche Brot kämpft, in treuer Fortführung der Tradition der Israeliten, der ‚Armen Jahwes'. In diese Armut und Unwichtigkeit hinein – jenseits ihrer moralischen

Tugenden und menschlichen Qualitäten – pflanzt Gott in ihr den Samen der Befreiung eines ganzen Volkes und erhebt sie vor allen Generationen als ‚Seliggepriesene'"[9].

Maria „steht ... stellvertretend für das Volk, das in Treue zu Gott Unterdrückung und Verfolgungen erträgt, damit Licht werde und die Befreiung Wirklichkeit werde. In ihrem Herzen schwankend zwischen Angst und Hoffnung, zwischen Liebe und Schmerz, erheben Maria und das Volk der Basisgemeinden ihren prophetischen Schrei der Anklage gegen die Ungerechtigkeit und der Ansage der Befreiung, die schon angebrochen ist für diejenigen, die auf Jahwe hoffen"[10].

Maria wird hier gesehen als ein Mensch, der ganz von Gott und ganz aus dem Volk ist:

ganz von Gott – sie versinnbildlicht diejenigen, die auf das Wort Gottes warten, es hören, annehmen und in Praxis umsetzen. Sie ist das Sprachrohr dieses Gottes, der die Armen erhebt und die Mächtigen stürzt. Sie ist tatkräftiges und aktiv beteiligtes Mitglied der Urgemeinde, die sich mit dem Projekt Jesu – dem Reich Gottes – identifiziert und ihm nachfolgt, und die nach der Auferstehung unter dem Wehen des Heiligen Geistes zusammenkommt. Ihr Ohr ist ganz geöffnet für Gott, für sein Wort und seine Eingebung;

ganz aus dem Volk – arm und einfach von Geburt an, gehört Maria unverkennbar zur Klasse des einfachen Volkes. Deshalb haben die Autoren des Neuen Testaments in ihr die Personifizierung des auserwählten Volkes gesehen, des treuen Israel, das seit den Tagen des Alten Testaments unterwegs war auf der Suche nach den Verheißungen Jahwes ... Maria ist Volk, sie kommt aus dem Volk, und sie ist diejenige, die die Erlösung in sich trägt, die das Volk schon so lange ersehnt und erwünscht"[11].

Maria ist für die Christen der lateinamerikanischen Basisgemeinden „Symbol der Hoffnung, die das Volk auf seiner Wanderschaft aufrechterhält"[12]. Ivone Gebara und Maria Lucchetti Bingemer beklagen in *Maria, Mutter Gottes und Mutter der Armen* mit anderen lateinamerikanischen Theologen, dass „für die Mehrheit der Bevölkerung, selbst in den Basisgemeinden, ... die heilige und barmherzige Himmelsmutter immer noch Vorrang vor der Schwester [hat], die sich auf dieser Erde für die Wiederherstellung der Gerechtigkeit und die Errichtung des Reiches Gottes einsetzt"[13]. Sie sehen allerdings „reale Anzeichen für diese Erfahrung Marias als Weggefährtin, als ‚companheira'"[14].

Man entdeckt die biblischen Aussagen über Maria neu: „Ihr Vorbild wird in den Bibelkreisen betrachtet und meditiert, ausgehend von den einfachen und spärlichen Evangeliumsstellen, in denen sie erwähnt wird. Ihr starker Glaube, der nicht nachläßt, ihre Praxis der wirksamen und tatkräftigen Liebe, die der schwangeren Elisabet zu Hilfe kommt, die dafür sorgt, daß das Fest nicht abgebrochen werden muß, weil der Wein ausgegangen ist, die aushält im Gebet mit der Gruppe ängstlicher und erschrockener Jünger, sind Anregung und Stärkung für die Mitglieder der Basisgemeinden, die im leidvollen und schwierigen Alltag ihren Kampf kämpfen und ihr Lied singen".[15]

Im Abschlussdokument der 3. Vollversammlung des lateinamerikanischen Bischofsrates (CELAM), die 1979 im mexikanischen Puebla tagte, kommt diese Funktion Marias zum Ausdruck, wenn es heißt:

„[Maria] ist nicht nur wunderbares Ergebnis der Erlösung, sie ist auch aktive Mitarbeiterin. An Maria wird in hervorragender Weise deutlich, daß Christus nicht die Kreativität jener aufhebt, die ihm folgen. In ihrer Verbindung mit Christus entwickelt sie alle ihre Fähigkeiten und ihre menschliche Verantwortung, bis sie zur neuen Eva an der Seite des neuen Adam wird. Maria ist aufgrund ihrer freien Mitwirkung an dem neuen Bund Christi an seiner Seite Hauptmitwirkende der Geschichte"[16].

Im gleichen Dokument wird das Magnifikat, dem für die lateinamerikanische Marienverehrung und die entsprechende marianische Spiritualität einzigartige Bedeutung zukommt, „als Spiegel der Seele Mariens" bezeichnet. „In ihm erreicht die Spiritualität der Armen Jahwes und der Prophetengeist des Alten Bundes seinen Höhepunkt. Das Magnifikat ist der Gesang, der das neue Evangelium Christi ankündet, es ist das Präludium zur Bergpredigt"[17].

Wie wird das Magnifikat innerhalb der Basisgemeinden interpretiert?

1. Kontext: Maria singt dieses Lied, das Lukas ihr in den Mund legt, „nicht nur für sich selbst ... sie singt vielmehr auch für das

messianische Volk, das die Verheißungen Gottes ersehnt und erfleht"[18]. Dieses Lied interpretiert das Leben der ersten Christen und der ersten Generation der christlichen Märtyrer von Ostern her. In ihm schwingt „[e]ine ganze Skala vielfältiger und widersprüchlicher Gefühle [mit] – von freudiger Danksagung bis zur Feststellung von Elend und Ungerechtigkeit, die in der Welt herrschen, von liebevoller Fügsamkeit und Annahme des erlösenden Wortes bis zur deutlichen und bewußten Auflehnung gegen alle Formen institutionalisierter Sünde"[19].

2. Text: Man nimmt im lateinamerikanischen Kontext gerade die Paradoxe dieses Textes wahr, der in zwei Teile zerfällt, einen „positiven" und „negativen" Teil.

Der „positive" Teil

„Der erste Teil des Liedes (V. 46–50, wiederaufgegriffen in den Schlußversen 54–55) bringt zum Ausdruck, daß das Volk das unendliche Geschenk Gottes angenommen hat, das in diesem Augenblick im befruchteten Leib der Maria von Nazaret heranwächst ... Die ersten Verse des Magnifikat drücken diesen Glauben Marias aus, die sich bedingungslos der Gnade Gottes öffnet und sich als Wirkstätte seiner Großtaten versteht (,... Gott mein Retter'). Dieser Glaube ist kein anderer als der Glaube Israels an den heiligen und allmächtigen Gott, dessen unendliche Barmherzigkeit von Abraham, Sara, Hagar und den Vätern und Müttern des Volkes, von Mose und Miriam bis hin zu den Propheten und Prophetinnen währt; es ist der Glaube an den Gott, für den nichts unmöglich ist und der im Schoß der Jungfrau einen Sohn zeugte, der Jesus = Jeshua = ,Jahwe rettet' genannt werden wird, weil er das Volk von seinen Sünden erlösen wird (vgl. Mt 1,21)"[20].

In dieser Interpretation wird besonders die Kontinuität zu Israel betont, das in der Schrift als „Knecht Gottes" (vgl. die deuterojesajanischen Gottesknechtslieder) bezeichnet wird, während Maria „die Magd des Herrn" genannt wird. Gott „schaut auf die Niedrigkeit seiner Magd (V. 48) und nimmt sich des gebeugten und hilfsbedürftigen Israel an (V. 54)"[21].

Heutige mariologische Entwürfe

Der „negative" Teil

„Die andere Hälfte des Liedes ... konfrontiert uns mit dem subversiven und konfliktträchtigen Paradox eines Gottes, der zugunsten seines Volkes handelt und wirkt und gleichzeitig Partei ergreift und diejenigen seinen starken Arm spüren läßt, die ebenjenes Volk auf irgendeine Weise unterdrücken. Ein Gott, der liebevoll *ja* sagt und zugleich nachdrücklich *nein*. Und Maria, die sanfte Jungfrau des Ja, die uns die traditionelle Katechese immer wieder als passive und schweigsame Gottesmutter nahezubringen versuchte, erscheint als diejenige, die sich erhebt und deutlich und kämpferisch das Nein dieses Gottes als ihr Nein annimmt (Puebla 297).

Umsturz und Umkehr, Sub-version und Re-version der gültigen Ordnung durch die Inkarnation des Wortes und die neue Praxis des Reiches Gottes werden in konkreten Zeichen deutlich: der Erhöhung der Schwachen, der Enterbten, der ‚Armen Jahwes'. Die Umkehrung der Positionen, die von den Mächtigen gierig verteidigt werden, verdeutlicht die neue gesellschaftliche Ordnung, die mittels des Erlösungshandelns Gottes errichtet wird. Diejenigen, die auf krummen Wegen durch Ausbeutung und Ungerechtigkeit reich geworden sind, die sich ‚bereichert' haben (ploutountes) und die Macht gebraucht haben, um zu unterdrücken und zu tyrannisieren (dynastai), werden von diesem Gott mit Strenge behandelt, denn er verschwendet seine Großmütigkeit und seine Gaben an die Armen (peinontes) und die Erniedrigten (tapeinoi). ... Um ihnen zu Hilfe zu kommen und sie aus der Situation des Elends zu befreien, in der sie sich befinden, muß Gott den zügellosen Ambitionen der anderen ein Ende setzen ... Gott wartet nicht auf das Ende der Zeiten, um ganz konkret zu handeln. Schon jetzt sagt er ein deutlich vernehmbares Nein zu jeder Art von Sünde, die das Kommen des Reiches der Gerechtigkeit und der Freiheit verhindert und bremst"[22].

Maria, der der Evangelist diese Worte in den Mund legt, steht in der Tradition der Frauen Israels, die das Heilshandeln Gottes bezeugt haben: Miriam („Singt dem Herrn ein neues Lied, denn er ist hoch und erhaben! Rosse und Wagen warf er ins Meer": Ex 15,20f.), Hanna („Der Bogen der Helden [wörtlich: Starken] wird zerbrochen, die Wankenden [wörtlich: Schwachen] aber gürten sich mit Kraft": 1 Sam 2,4), Debora (Ri 5,31), Judit (Jdt 13,14).

„Die Frauen Israels, deren legitime, kreative und innovative Erbin Maria ist, sind Werkzeuge von Gottes Ja, das die Verheißung und die Ankunft neuer Zeiten ankündigt. Sie sind aber ebenso Verkünderinnen und Vollstreckerinnen des Neins ebendieses Gottes zu den Kräften des Gegen-Reiches, die seinen Heilsplan zu zerstören drohen"[23]. Maria wird hier in erster Linie als „prophetische Frau" gesehen. „Die Solidarität Marias mit dem Erlösungsplan Gottes und den Befreiungsbestrebungen des Volkes steht in vollen Einklang mit ihrem festen Widerspruch zur Ungerechtigkeit, die unterdrückt und tötet"[24].

Papst Johannes Paul II. hat in seiner Enzyklika *Redemptoris Mater* von 1987 den hier begegnenden Gedanken der „vorrangigen Option Gottes für die Armen" aufgegriffen: „Indem die Kirche aus dem Herzen Marias schöpft, aus ihrem tiefen Glauben, wie er in den Worten des Magnifikat zum Ausdruck kommt, wird sich die Kirche immer wieder neu und besser bewußt, *daß man die Wahrheit über Gott, der rettet,* über Gott, die Quelle jeglicher Gabe, *nicht von der Bekundung seiner vorrangigen Liebe für die Armen und Niedrigen trennen kann,* wie sie, bereits im Magnifikat besungen, dann in den Worten und Taten Jesu ihren Ausdruck findet. Die Kirche ist sich also nicht nur bewußt – und in unserer Zeit verstärkt sich dieses Bewußtsein in einer ganz besonderen Weise –, daß sich diese zwei schon im Magnifikat enthaltenen Elemente nicht voneinander trennen lassen, sondern auch, daß sie die Bedeutung, die die ‚Armen' und die ‚Option zugunsten der Armen' im Wort des lebendigen Gottes haben, *sorgfältig sicherstellen* muß. Es handelt sich hierbei um Themen und Probleme, die eng verbunden sind mit dem *christlichen Sinn von Freiheit und Befreiung*"[25].

Heutige mariologische Entwürfe

1.2 Die Mariologie Leonardo Boffs

Der Brasilianer Leonardo Boff (* 1938), der mit einer Arbeit über die Kirche als Sakrament in München promoviert worden ist, gehört zu den profiliertesten Theologen Lateinamerikas. Nicht erst seine Auseinandersetzung mit der römischen Glaubenskongregation und sein mit der Aufgabe des Priesteramtes verbundener Austritt aus dem Franziskanerorden haben ihn bekannt gemacht. Boff hat in mehreren Werken auf Maria Bezug genommen. In dem umfangreichen Werk „Das mütterliche Antlitz Gottes"[26] geht es Boff, wie der Untertitel sagt, um nicht weniger als um ein Neubedenken des christlichen Gottesbildes vor der Herausforderung durch die Fragen der Feministischen Theologie. In dem schmalen Bändchen „Ave Maria"[27] hat er das hier Entfaltete als Auslegung des Ave Maria zu einer Mariologie entfaltet. Wenn wir uns mit ihm beschäftigen, dann kommt, wenigstens indirekt, auch die feministische Mariologie in den Blick.

Es ist hier nicht möglich, die Mariologie Boffs umfassend zu präsentieren; deshalb möchte ich v. a. auf seine viel beachtete These von der einzigartigen Einheit zwischen Maria und dem Hl. Geist eingehen. Boff vertritt die Hypothese, dass es zwischen der göttlichen Person des Hl. Geistes und Maria eine „ontologische Beziehung" gibt, so dass diese „wirklich (das heißt ohne Metapher und Übertreibung) Tempel des Geistes wird"[28]. Ausführlicher noch formuliert er in „Das mütterliche Antlitz Gottes": „Die Jungfrau Maria, Mutter Gottes und Mutter der Menschen, realisiert auf absolute und eschatologische Weise das Weibliche, weil der Heilige Geist sie sich zum Tempel, zum Heiligtum und zum Tabernakel gemacht hat, und zwar auf eine so reale und wahre Weise, daß sie als hypostatisch mit der dritten Person der Dreifaltigkeit verbunden gelten muß"[29]. Boff ist sich bewusst, dass diese Hypothese nicht der bisherigen kirchlichen Lehre entspricht.[30] Wie begründet er sie?

Zunächst behauptet er, dass sich aus der Inkarnation der zweiten göttlichen Person in Jesus von Nazaret ergebe, dass „der Mensch ... die ontologische Möglichkeit [habe], mit einer göttlichen Person hypostatisch verbunden zu werden ... Was in Jesus Wirklichkeit geworden ist ..., ist für alle, die dieselbe menschliche Natur besitzen wie Jesus, das heißt für alle Menschen, eine Möglichkeit zukünftiger Realisierung"[31]. Damit stellt Boff die Behauptung auf, dass einmal alle Menschen, zumindest alle Gerechten „von Gott ... hypostatisch ergriffen werden ... Was mit Christus in der Zeit geschah, wird ähnlich mit allen Gerechten in der Ewigkeit geschehen"[32].

Nun existiert die menschliche Natur, die der Logos angenommen hat, männlich und weiblich. „In Jesus von Nazaret wurde jedoch konkret, *direkt und unmittelbar* der Mann angenommen und vergöttlicht ... Wenn das Männliche direkt vergöttlicht wurde, dann ist es auch nur billig, daß auch das Weibliche in *direkter und unmittelbarer Form* vergöttlicht wird"[33].

Boff folgt, wie wir aus der Verwendung des Billigkeitsarguments sehen, dem mariologischen Dreischritt *potuit, decuit, ergo fecit*[34]. Dass Maria in hypostatischer Vereinigung mit einer der göttlichen Personen lebte, schließt er aus den kirchlichen Lehraussagen über ihre unbefleckte Empfängnis, ihre Gottesmutterschaft und ihre leibliche Aufnahme in den Himmel sowie aus den Theologumena von der Mit-Erlöserin, der Mittlerin des Heils und dem „Urbild des absolut realisierten Weiblichen"[35]. Auf die Frage, welche die göttliche Person ist, die mit Maria in hypostatischer Union geeint ist, antwortet Boff: der Hl. Geist. Daraus ergibt sich für ihn ein vollendetes Gleichgewicht zwischen Jesus Christus und Maria. „Maria steht nicht unter Jesus, sondern an seiner Seite: Gemeinsam bringen sie in absoluter Weise zum Ausdruck, was es bedeutet, daß die Menschheit Bild Gottes ist. Gemeinsam zeigen der Sohn und der Heilige Geist in der Zeit das warme und geheimnisvolle Antlitz des Vaters"[36].

Bei meiner kritischen Würdigung dieser Gedanken stütze ich mich auf einen Beitrag von Jean-Marie Hennaux.[37] Boff parallelisiert bei seinen Überlegungen die Inkarnation des Logos in Jesus von Nazaret mit der „Pneumatisierung" bzw. „Spiritualisierung" des Hl. Geistes in Maria, der in ihr Menschengestalt angenommen habe. Problematisch an dieser Hypothese erscheint weniger der Gedanke einer ontologischen Relation zwischen dem Hl. Geist und Maria als die Parallelisierung von Inkarnation und Pneumatisation.

Es stellt sich die Frage, ob dabei nicht von vorneherein das Wesen des göttlichen Geistes verfehlt wird. Die neuere Trinitätstheologie hat herausgearbeitet, dass die traditionellen Überlegungen, die von der Möglichkeit einer „Inkarnation" jeder der drei göttlichen Personen ausgingen, das Wesen der christlichen Trinitätslehre verfehlen. Es gehört zur Eigenheit des Logos, sich in einem bestimmten Menschen zu inkarnieren, wie es zur Eigenheit des Hl. Geistes gehört, das Ankommen des Aus-sich-Herausgehens Gottes in der Inkarnation zu ermöglichen. Der Geist ist, wie Heribert Mühlen herausgearbeitet hat, „eine Person in vielen Personen"[38]. (Boff nimmt Mühlen für sich in Anspruch,[39] m. E. aber völlig zu Unrecht!) Gerade deshalb erscheint der parallel zur Inkarnation des Logos entwickelte Gedanke der „Pneumatifizierung" des Hl. Geistes in Maria problematisch. Dies gilt schon für den Begriff der Pneumatifizierung selbst. Boff hat wohl gespürt, dass der Begriff der Inkarnation dem fleischgewordenen Logos vorbehalten bleiben muss, deshalb hat er den Ausdruck Pneumatifizierung gewählt, der aber gerade nicht deutlich werden lässt, dass Maria die Sichtbarwerdung des Geistes Gottes in Menschengestalt sein soll. Es ist eher umgekehrt an eine Spiritualisierung des Menschen Maria zu denken.

In der Tat wird Maria von Boff an die Seite Gottes gerückt. So sagt er: „Um den Sohn Gottes zur Welt bringen zu können, wurde sie göttlich gemacht ... Allein Gott kann Gott zeugen. Dadurch daß der Heilige Geist in Maria Wohnung nimmt, wird sie zu dieser göttlichen Höhe erhoben"[40]. Aussagen wie diese, die sich noch vermehren ließen, werden dem ontologischen Unterschied zwischen Schöpfer und Geschöpf in keiner Weise gerecht.

Aber auch wenn man diese Aussagen nur als solche über die gnadenhafte Erhebung des Menschen Maria betrachtet, bleibt eine Zweideutigkeit. Der von Gott durch die Gnade erhobene Mensch bleibt Mensch, sein Handeln wird zwar durch Gottes Gnade erhoben, sein Wesen aber wird nicht vergöttlicht. Darin besteht der grundlegende Fehler Boffs, dass er die Inkarnation des Logos und die dadurch gegebene hypostatische Union der göttlichen Person des Logos mit der menschlichen Natur Jesu als grundsätzliche Möglichkeit eines jeden Menschen auffasst und nicht genügend zwischen dem naturhaften Gottsein Christi und der gnadenhaften Erhebung der Menschen unterscheidet.

Auch wenn wir Heutigen sensibel dafür geworden sind, dass die vom Logos angenommene Menschennatur eine solche männlicher Ausprägung ist, so erscheint es mir doch problematisch, um der Symmetrie willen, eine hypostatische Union einer anderen göttlichen Person mit einer Frau zu postulieren. Dass sich nach Boff dazu der Hl. Geist als „das ewig Weibliche"[41] anbietet, ist naheliegend. Dennoch halte ich Boffs Hypothese für abwegig. Um einer modischen Schlussfolgerung willen interpretiert sie zentrale Aussagen der Christologie unsachgemäß, ja geradezu falsch. Damit ist weder dem berechtigten Anliegen, der kirchlichen Aufwertung des weiblichen Teils der Menschheit, noch der theologisch adäquaten Betrachtung Mariens gedient. Maria ist nicht die Pneumatifizierung des göttlichen Geistes, sondern ein Mensch, der sich von Gottes Geist hat in seinen Dienst nehmen lassen.

Schlussbemerkungen

Die Gestalt Mariens unterliegt, wie wir gesehen haben, der Gefahr der Funktionalisierung für zahlreiche, wenn auch noch so sinnvolle Anliegen: Von der Enthaltsamkeit bis zur Betonung der Mütterlichkeit Gottes. Dieser Gefahr ist letztlich nur durch den Rückgriff auf das biblische Zeugnis zu entgehen, nach dem Maria das Urbild des glaubenden Menschen ist. Mehr sollte auch eine heutige Mariologie nicht herausarbeiten wollen.

Anmerkungen

Einleitung

[1] Anmerkung des Hg.: Diesen Schritt hat Peter Walter in seinem Vorlesungsskript aus Zeitmangel am Semesterende nicht mehr vollständig ausgeführt. Mirja Kutzer hat sich dankenswerterweise eingehend am Ende dieses Bandes mit diesem Schritt auseinandergesetzt.

[2] Vgl. K. Lehmann, Art. Rahner, 2) Karl, in: LThK^3 8 (1999), 805–808; P. Henrici, Art. Balthasar, Hans Urs, in: LThK^3 1 (1993), 1375–1378. Vgl. Karl Rahners wichtigen mariologischen Beitrag Virginitas in partu. Ein Beitrag zum Problem der Dogmenentwicklung und Überlieferung, in: ders., Schriften zur Theologie IV, Einsiedeln – Zürich 1960, 173–205 (= Sämtliche Werke 9 [hg. v. R. P. Meyer], Freiburg/Br., 653–678).

[3] W. Beinert/H. Petri (Hg.), Handbuch der Marienkunde (2 Bd.), Regensburg ^{2}1996f.

[4] R. Bäumer/L. Scheffczyk (Hg.), Marienlexikon (6 Bd.), St. Ottilien 1988–1994.

[5] G. Söll, Mariologie (Handbuch der Dogmengeschichte III 4), Freiburg/Br. 1978.

I. Maria im Neuen Testament

[1] R. E. Brown/K. P. Donfried/J. A. Fitzmyer/J. Reumann (Hg.), Maria im Neuen Testament. Eine Gemeinschaftsstudie von protestantischen und römisch-katholischen Gelehrten (üb. v. U. Schierse), Stuttgart 1981.

[2] Vgl. Brown, Maria im Neuen Testament, 46–48.

[3] Vgl. ebd., 53f.

[4] Ebd., 60.

[5] J. Blinzler, Die Brüder und Schwestern Jesu (Stuttgarter Bibelstudien 21), Stuttgart 1967.

[6] Vgl. L. Oberlinner, Historische Überlieferung und christologische Aussage. Zur Frage der „Brüder Jesu" in der Synopse (Forschungen zur Bibel 19), Stuttgart 1975; ders., Art. Brüder und Schwestern Jesu, in: LThK^3 2 (1994), 713f.

[7] Vgl. R. Pesch, Das Markus-Evangelium, Erster Teil (Herders theologischer Kommentar zum Neuen Testament II 1), Freiburg/Br. ^{3}1980, 322–324 sowie die Nachträge in der dritten Auflage von 1980, 453–462.

[8] Vgl. Brown, Maria im Neuen Testament, 62f.

[9] Vgl. Oberlinner, Brüder und Schwestern Jesu, 714.

[10] H. Freiherr von Campenhausen, Die Jungfrauengeburt in der Theologie der alten Kirche, Heidelberg 1962, 41.

[11] Vgl. W. A. Bienert, Art. Epiphanios v. Salamis, in: LThK^3 3 (1995), 723–725.

[12] Vgl. Freiherr von Campenhausen, Die Jungfrauengeburt, 37.

Anmerkungen

[13] Vgl. Hieronymus, adv. Helv. 3–12.
[14] Vgl. Hieronymus, adv. Helv. 13.14; in Matth. II, 653–668.
[15] Ebd., 58f.
[16] J. Gnilka, Das Matthäusevangelium, Erster Teil (Herders theologischer Kommentar zum Neuen Testament I 1), Freiburg/Br. 1986, 17.
[17] Vgl. O. B. Knoch/K. Scholtissek, Art. Bibel. VIII. Bibelübersetzungen, in: LThK^3 2 (1994), 382–385.
[18] Vgl. Gnilka, Matthäusevangelium, 21.
[19] Vgl. H. Gese, Natus ex virgine, in: ders., Vom Sinai zum Zion. Alttestamentliche Beiträge zur biblischen Theologie, München 1984, 130–146.
[20] U. Luz, Das Evangelium nach Matthäus. Erster Teilband (Evangelisch-katholischer Kommentar zum Neuen Testament I 1), Zürich – Einsiedeln – Köln 1985, 105.
[21] Brown, Maria im Neuen Testament, 80f.
[22] Ebd., 102f.
[23] Ebd., 100.
[24] Ebd., 101.
[25] Ebd., 104.
[26] Vgl. ebd.
[27] Vgl. F. Courth, Art. Laurentin, René († 2017), in: LThK^3 6 (1997), 684; M. Hardt, Art. Thurian, Max, in: LThK^3 10 (2001), 16f.
[28] Vgl. J. Ratzinger, Die Tochter Zion. Betrachtungen über den Marienglauben der Kirche, Einsiedeln ^{5}2007.
[29] Vgl. Brown, Maria im Neuen Testament, 107–111.
[30] Ebd., 116f.
[31] Ebd., 138.
[32] Zit. in: ebd., 139.
[33] Ebd., 148.
[34] Ebd., 148f.
[35] U. Wilckens, Das Evangelium nach Johannes (NTD 4), Göttingen 1998.
[36] Ebd., 58.
[37] Ebd., 59.
[38] Ebd.
[39] Ebd.
[40] Vgl. ebd., 15–17, 214f., 296.
[41] Ebd., 297.
[42] Brown, Maria im Neuen Testament, 170.
[43] Ebd., 172.
[44] Ebd., 144.
[45] Ebd., 145.
[46] Ebd.

Anmerkungen

[47] Vgl. J. Leclercq, Art. Bernhard v. Clairvaux, in: LThK³ 2 (1994), 268–270.
[48] Zuletzt: H. Giesen, Die Offenbarung des Johannes (Regensburger Neues Testament), Regensburg 1997, 271–275.
[49] Ebd., 275.
[50] J. Fonrobert, Art. Apokalyptisches Weib, in: Lexikon der christlichen Ikonographie 1 (1990), 145–150.
[51] Brown, Maria im Neuen Testament, 188.
[52] Vgl. R. Brown, The Birth of the Messiah, New York 1977, 141.
[53] Vgl. W. Kasper, Jesus der Christus, Mainz 1974, 299.
[54] Vgl. W. Pannenberg, Grundzüge der Christologie, Gütersloh 1964, 140–150.
[55] Anm. des Hg.: die literarische Gattung.
[56] Vgl. Brown, Birth, 530.
[57] E. Norden, Die Geburt des Kindes, Darmstadt 1958.
[58] M. Dibelius, Jungfrauensohn und Krippenkind, in: ders., Botschaft und Geschichte, Tübingen 1953, Bd. 1, 1–78.
[59] E. Brunner-Traut, Die Geburtsgeschichte der Evangelien im Lichte ägyptischer Forschungen, in: Zeitschrift für Religions- und Geistesgeschichte 12 (1960), 97–111.
[60] Vgl. Gnilka, Matthäusevangelium, 27f.
[61] G. L. Müller, Was heißt: Geboren von der Jungfrau Maria? Eine theologische Deutung (Quaestiones disputatae 119), Freiburg/Br. 1989, 81.
[62] Ebd., 76.
[63] Vgl. K. J. Kuschel, Geboren vor aller Zeit? Der Streit um Christi Ursprung, München – Zürich 1990.
[64] W. Pannenberg, Systematische Theologie, Göttingen 1991, Bd. 2, 365–440.
[65] Ebd., 358ff.

II. Maria in der kirchlichen Überlieferung

[1] Dieses dritte Kapitel hat Mirja Kutzer übernommen. Die fragmentarischen Ausführungen von Peter Walter finden sich im Anhang.
[2] Vgl. F. R. Prostmeier, Art. Ignatios v. Antiochien, in: LThK³ 5 (1996), 407–409.
[3] Ignatius, Eph. 7,2.
[4] Vgl. Ignatius, Eph. 18,2; Ignatius, Trall. 9,1.
[5] Ignatius, Eph. 18,2.
[6] Ignatius, Smyrn. 1,1.
[7] Ignatius, Eph. 19,1.
[8] Von Campenhausen, Jungfrauengeburt, 22.
[9] Vgl. S. Heid, Art. Justinos, Martyrer, in: LThK³ 5 (1996), 1112f.
[10] Von Campenhausen, Jungfrauengeburt, 16 mit Verweis auf Justin, dial. 48,2–4.
[11] Vgl. Justin, dial. 43,3–7; 67,1.
[12] K. S. Frank, „Geboren aus der Jungfrau Maria". Das Zeugnis der alten Kirche, in:

Zum Thema Jungfrauengeburt (o. Hg.), Stuttgart 1970, 91–120, hier: 94; vgl. Justin, apol. I 21f. 32f; dial. 84,1f.

[13] Von Campenhausen, Jungfrauengeburt, 25.
[14] Frank, Geboren aus der Jungfrau Maria, 94.
[15] Vgl. F. Dünzl, Art. Irenaeus v. Lyon, in: LThK³ 5 (1996), 583–585.
[16] Von Campenhausen, Jungfrauengeburt, 26 mit Verweis auf Irenäus, haer. III 21,4.
[17] Vgl. Irenäus, haer. IV 33,4.
[18] Vgl. Irenäus, haer. III 21,1.
[19] Von Campenhausen, Jungfrauengeburt, 27f.
[20] Irenäus, haer. III 21,10; Übers.: N. Brox: Fontes Christiani III 271. 273.
[21] Von Campenhausen, Jungfrauengeburt, 29.
[22] Ebd., 29f.
[23] Vgl. A. Fürst, Art. Tertullian, in: LThK³ 9 (2000), 1344–1348.
[24] Von Campenhausen, Jungfrauengeburt, 36.
[25] Ebd., 37.
[26] Tertullian, carn. 23,2: „*uirgo quantum a uiro, non uirgo quantum a partu*".
[27] Von Campenhausen, Jungfrauengeburt, 37.
[28] Vgl. M. Durst, Art. Hilarius v. Poitiers, in: LThK³ 5 (1996), 100–102.
[29] Vgl. G. W. Clarke, Art. Cyprian, in: LThK³ 2 (1994), 1364–1366; E. Heck, Art. Lactantius, in: LThK³ 6 (1997), 583f.; R. Kany, Art. Arnobius, in: LThK³ 1 (1993), 1019; C. Scholten, Art. Hippolyt, in: LThK³ 5 (1996), 147–149; H.-J. Vogt, Art. Novatian, in: LThK³ 7 (1998), 938f.
[30] Frank, Geboren aus der Jungfrau Maria, 97 mit Verweis auf Hippolyt, Apostolische Kirchenordnung 21.
[31] Vgl. J. N. D. Kelly, Altchristliche Glaubensbekenntnisse, Göttingen 1972, 147.
[32] Vgl. DH 30.
[33] Vgl. E. Früchtel, Art. Klemens v. Alexandrien, in: LThK³ 6 (1997), 126f.
[34] Von Campenhausen, Jungfrauengeburt, 42f.
[35] Vgl. H.-J. Vogt, Art. Origenes, Origenismus, in: LThK³ 7 (1998), 1131–1135.
[36] Von Campenhausen, Jungfrauengeburt, 48.
[37] Origenes, In Matth. X 17, zit. nach von Campenhausen, Jungfrauengeburt, 48.
[38] Von Campenhausen, Jungfrauengeburt, 43.
[39] Vgl. E. Prinzivalli, Art. Methodios v. Olympos, in: LThK³ 7 (1998), 202f.
[40] Frank, Geboren aus der Jungfrau Maria, 109.
[41] Vgl. B. Coulie, Art. Gregor v. Nazianz d. J., in: LThK³ 4 (1995), 1004–1007.
[42] Von Campenhausen, Jungfrauengeburt, 49.
[43] Vgl. C. Kannengiesser, Art. Basilios v. Caesarea, in: LThK³ 2 (1994), 67–69.
[44] Basilius, Hom. in s. Christi generationem 5, zit. nach Frank, Geboren aus der Jungfrau Maria, 104.
[45] Vgl. W.-D. Hauschild, Art. Gregor v. Nyssa, in: LThK³ 4 (1995), 1007f.

Anmerkungen

[46] Zit. nach Frank, Geboren aus der Jungfrau Maria, 104.

[47] Anm. d. Hg.: Wörtlich „Über Maria niemals genug", d. h. „Maria kann man nicht genug loben."

[48] Von Campenhausen, Jungfrauengeburt, 50f.

[49] Ebd., 51.

[50] Vgl. W. Cramer, Art. Ephräm der Syrer, in: LThK³ 3 (1995), 708–710.

[51] Von Campenhausen, Jungfrauengeburt, 54.

[52] Von Campenhausen, Jungfrauengeburt, 55; Zitat: Adv. Helv. 2.

[53] Vgl. M. Durst, Art. Zeno v. Verona, in: LThK³ 10 (2001), 1422f.

[54] Tract. 1,54,5; zit. nach Frank, Geboren aus der Jungfrau Maria, 106.

[55] Von Campenhausen, Jungfrauengeburt, 59.

[56] Anm. d. Hg.: „Lehrmeisterin der Jungfräulichkeit".

[57] Ebd., 61.

[58] Ebd., 62.

[59] Ebd., 64f.

[60] Vgl. DH 125.

[61] Vgl. DH 150.

[62] Vgl. W. A. Bienert, Art. Alexander v. Alexandrien, in: LThK³ 1 (1993), 360.

[63] Frank, Geboren aus der Jungfrau Maria, 10f. Zitat: vgl. DH 252.

[64] Vgl. DH 251.

[65] W. Beinert, Art. Gottesgebärerin, in: LThK³ 4 (1995), 916.

[66] Leo, Brief an Flavian, Kap. 2, zit. nach K. S. Frank, Geboren aus der Jungfrau Maria, 101.

[67] Leo, Brief an Flavian, Kap. 4, zit. nach K. S. Frank, Geboren aus der Jungfrau Maria, 102.

[68] DH 301.

[69] Anm. d. Hg.: immerwährende Jungfrau.

[70] Vgl. DH 422.

[71] Vgl. DH 503: „dass die heilige, allzeit jungfräuliche und unbefleckte Gottesgebärerin Maria ohne Samen aus dem Heiligen Geist empfangen und unverletzt geboren habe, wobei ihre Jungfräulichkeit auch nach der Geburt unzerstörbar blieb" (*Dei genetricem sanctam semperque virginem et immaculatam Mariam ... absque semine concepisse ex Spiritu Sancto, et incorruptibiliter eam genuisse, indissolubili permanente et post partum virginitate*; nach DH 50 v. M. H. übersetzt).

[72] Hieronymus, ep. 65,10: „Fürst der Jungfräulichkeit".

[73] Vgl. oben zu Ambrosius, Fn. 56.

[74] Vgl. Gotteslob. Katholisches Gebet- und Gesangbuch 2013, hg. v. den (Erz-)Bischöfen Deutschlands und Österreichs und vom Bischof von Bozen-Brixen, Stuttgart 2013, Nr. 5,7 (S. 43).

[75] Zit. nach H. Graef, Maria. Eine Geschichte der Lehre und Verehrung, Freiburg/Br. 1964, 51.

[76] Gregor von Nyssa, 13. Homilie zum Hohenlied. Vgl. von Campenhausen, Jungfrauengeburt, 30 Anm. 3.
[77] Vgl. von Campenhausen, Jungfrauengeburt, 30 Anm. 3.
[78] Zit. nach Graef, Maria, 158.
[79] Vgl. C. Scholz, Art. Paulus Diaconus, in: LThK³ 7 (1998), 1516f.
[80] Graef, Maria, 158.
[81] Ebd., 119f.
[82] Ebd., 121.
[83] Vgl. P. Plank, Art. Germanos I. v. Konstantinopel, in: LThK³ 4 (1995), 532.
[84] Anm. d. Hg.: Diener.
[85] Zit. nach Graef, Maria, 135.
[86] Zit. nach ebd., 135f.
[87] Zit. nach ebd., 136.
[88] Vgl. H. Riedlinger, Art. Ambrosius Autpertus, in: LThK³ 4 (1995), 494.
[89] Zit. nach ebd., 154.
[90] Zit. nach ebd.
[91] Ebd., 157.
[92] Vgl. J. Lang, Art. Bernhardin v. Siena, in: LThK³ 2 (1994), 279f.
[93] Graef, Maria, 286.
[94] Predigt über die überaus wunderbare Gnade und Größe der Gottesmutter, zit. nach ebd., 287.
[95] Zit. nach I. Origo, Der Heilige der Toskana. Leben und Zeit des Bernardino von Siena, München 1989, 64.
[96] Zit. nach ebd., 66.
[97] Bernhardin, Predigt über den englischen Gruß (eigene Übersetzung nach dem bei H. Mühlen, Una mystica persona, München – Paderborn – Wien ³1968, 475, wiedergegebenen lateinischen Text).
[98] Vgl. A. Zumkeller, Art. Hermann v. Tournai, in: LThK³ 3 (1995), 1446.
[99] Zit. nach Graef, Maria, 215.
[100] Vgl. O. Köhler, Art. Leo XIII., in: LThK³ 6 (1997), 828–830.
[101] Vgl. Lumen gentium 60–62.
[102] „Erste unter Gleichen" (M. H.).
[103] Vgl. zum Ganzen K. Chr. Felmy, Die orthodoxe Theologie der Gegenwart. Eine Einführung, Darmstadt 1990, 82–105.
[104] Vgl. die entsprechenden Theorien bei Söll, Mariologie, 166.
[105] Vgl. H. Meinhardt, Art. Anselm v. Canterbury, in: LThK³ 1 (1993), 711f.
[106] Anselm von Canterbury, Cur Deus homo II 16.
[107] Vgl. K. Schnith, Art. Eadmer, in: LThK³ 3 (1995), 419f.
[108] Potuit plane. Si igitur voluit, fecit (Tractatus de conceptione Sanctae Mariae n. 12, zit. nach Söll, Mariologie, 168).

Anmerkungen

[109] Vgl. L. Honnefelder, Art. Duns Scotus, in: LThK³ 3 (1995), 403–406.
[110] Graef, Maria, 272f.
[111] Zit. nach ebd., 273.
[112] Vgl. P. Walter, Art. Passaglia, Carlo, in: LThK³ 7 (1998), 1413f.
[113] W. Kasper, Die Lehre von der Tradition in der römischen Schule, Freiburg/Br. 1962, 241.
[114] Ebd., 241f.
[115] Vgl. P. Walter, Art. Tizzani, Vincenzo, in: LThK³ 10 (2001), 62.
[116] Vgl. H. R. Drobner, Art. Vinzenz v. Lérins, in: LThK³ 10 (2001), 798f.
[117] Was überall, was immer, was von allen geglaubt worden ist [comm. 2,5; M. H.].
[118] Kasper, Die Lehre von der Tradition, 246.
[119] Ebd.
[120] Ebd., 247.
[121] Pareri dell' Episcopato Cattolico capitoli, di congregazioni, università, di personaggi ragguardevoli etc. etc. sulla definizione dogmatica dell' immacolato concepimento della B.V. Maria rassegnati alla Santità di Pio IX. P.M. occasione della sua enciclica data da Gaeta il 2 Febbraio 1849, Rom 1851–1854.
[122] DH 2802.
[123] Übersetzung nach R. Graber, Die marianischen Weltrundschreiben der Päpste in den letzten hundert Jahren, Würzburg 1951, 19.
[124] Zit. nach ebd., 20.
[125] DH 2803f.; Übersetzung nach Graber, Weltrundschreiben, 26.
[126] Vgl. zuletzt den von der Groupe des Dombes verabschiedeten Text: Marie dans le dessein de Dieu et la communion des saints, Paris 1999, 137–142 (dt.: Maria in Gottes Heilsplan und in der Gemeinschaft der Heiligen [übers. v. G. Nolte], Frankfurt/M. – Paderborn 1999). Zur Groupe des Dombes B. Neumann, Art. Couturier, Paul-Irénée, in: LThK³ 2 (1994), 1334 sowie https://de.wikipedia.org/wiki/Groupe_des_Dombes [25.3.2022].
[127] Martin Luther, Das Magnificat, in: Deutsch-Deutsche Studienausgabe (hg. v. J. Schilling), Bd. 1: Glaube und Leben (hg. v. D. Korsch), Leipzig 2012, 416, Z.11/417, Z. 11f. (= WA 569).
[128] Vgl. O. Volk, Art. Maurikios, in: LThK³ 6 (1997), 1495.
[129] Graef, Maria, 125.
[130] Vgl. A. Wenger, L'assomption de la T.S. Vierge dans la tradition byzantine du VIe au Xe siècle: études et documents, Paris 1955.
[131] Graef, Maria, 126.
[132] Vgl. U. Zanetti, Art. Modestos v. Jerusalem, in: LThK³ 7 (1998), 370.
[133] Zit. nach Söll, Mariologie, 116f.
[134] Zit. nach ebd., 117.
[135] Zit. nach ebd., 116.

136 Vgl. K. Vielhaber/H. Jorissen, Art. Paschasius Radbertus, in: LThK³ 7 (1998), 1411f.
137 Zit. nach Söll, Mariologie, 159.
138 Zit. nach ebd.
139 Zit. nach ebd.
140 Zit. nach ebd., 161 Anm. 79.
141 Zit. nach ebd., 162.
142 Vgl. G. Filograssi, Traditio Divino – Apostolica et Assumptio B. V. M., in: Gregorianum 30, 1949, 443–489.
143 Zit. nach Söll, Mariologie, 224.
144 Vgl. K. Menke, Art. Jüssen, Klaudius, in: LThK³ 5 (1996), 1105.
145 Die Anfangsworte bedeuten „Der freigebigste Gott".
146 Zit. nach Graber, Weltrundschreiben, 188.
147 Zit. nach ebd., 189.
148 Vgl. R. Volk, Art. Johannes v. Damaskus, in: LThK³ 5 (1996), 895–899.
149 Zit. nach Graber, Weltrundschreiben, 196f.; vgl. DH 3900–3902.
150 Zit. nach ebd., 198; vgl. DH 3903f.
151 M. Kehl, Eschatologie, Würzburg 1986, 275.
152 Ebd.
153 Ebd., 276.
154 Ebd., 277.
155 Ebd.
156 Ebd., 276.
157 Ebd., 277.
158 Ebd.
159 Ebd., 277f.

III. Annäherungen an die Mutter Jesu seit dem Zweiten Vatikanischen Konzil

1 Vgl. Frings u. a., Macht und Missbrauch in der Katholischen Kirche, 583–588; MHG-Studie: Dreßing, Sexueller Missbrauch an Minderjährigen durch katholische Priester, 11–14.
2 Scheffczyk, Art. Weihe, 696–698.
3 Papst Franziskus, Akt der Weihe an das Unbefleckte Herz Mariens; eine Auflistung der Anspielungen und Zitate bietet Tornielli, Gebet zur Marienweihe.
4 Vgl. Irenäus von Lyon, Adversus Haereses III,22,4. In der christlichen Ikonographie hat das Motiv „Maria Knotenlöserin" – ausgehend von dem Gnadenbild in St. Peter am Perlach in Augsburg (um 1700) – weltweite Verbreitung gefunden. Vgl. Beinert, Die Knotenlöserin wird nicht arbeitslos, 5.
5 Horst, Der Papst hat es versucht.
6 Köster/Baumeister, Art. Namen Mariens, 581f.

Anmerkungen

[7] Odendahl, Franziskus' Marienweihe im Ukraine Krieg könnte eher Putin helfen; Schlögl, Heilsame Fremdheit in säkularer Welt.

[8] Papst Franziskus, Laudato si' 241.

[9] Lemmer, Art. Legenden / 1. Deutsche Marienlegenden im M.A., 62.

[10] S. u. 246–251.

[11] Papst Franziskus, Laudato si' 241.

[12] S. u. 200f.; 240–245.

[13] Gebara/Lucchetti Bingemer, Maria, Mutter Gottes und Mutter der Armen, 155f.

[14] Vgl. Kötter, Schweigen war gestern. Anstöße dazu auch durch Christiane Florins Buch *Weiberaufstand*.

[15] S. Anm. 1.

[16] Vgl. Haslbeck/Heyder/Leimgruber/Sandherr-Kemp (Hg.), Erzählen als Widerstand.

[17] Frings u. a., Macht und Missbrauch, 99–102; Reisinger, Spiritueller Missbrauch in der Katholischen Kirche; dies. (Hg.), Gefährliche Theologien; Haslbeck u. a., Erzählen als Widerstand.

[18] Vgl. Reisinger, Spiritueller Missbrauch, 111.

[19] Vgl. Kötter, Schweigen war gestern, 91–101.

[20] https://mariaeinspunktnull.de.

[21] Vgl. Herzig, Der Zwang zum wahren Glauben, bes. 81–119; De Fiores, Maria in der Geschichte von Theologie und Frömmigkeit, bes. 175–189; 217–219.

[22] Guth, Marianische Wallfahrtsbewegungen, 422.

[23] Vgl. Greshake, Mater – Ecclesia, 187.

[24] Zur Situation der Mariologie und Marienverehrung am Vorabend des Konzils vgl. De Fiores, Maria in der Geschichte von Theologie und Frömmigkeit, 217–236; Greshake, Maria – Ecclesia, 175–182.

[25] Beinert, Maria heute ehren, 13.

[26] Vgl. Lohfink/Weimer, Maria – nicht ohne Israel, 254–260.

[27] S. o. 59–62.

[28] Ambrosius, Expositio evangelii secundum Lucam 2,7.

[29] De Fiores, Maria in der Geschichte von Theologie und Frömmigkeit, 240–244.

[30] Lumen gentium 52–69.

[31] Acta synodalia sacrosancti Concilii Oecumenici Vaticani II (Vol. I/IV), hier übers. nach Hünermann, Kommentar zu Lumen Gentium, 317.

[32] Greshake, Maria – Ecclesia 184.

[33] Lumen gentium 62 (Im lateinischen Originaltext: *„nihil deroget, nihil superaddat."*)

[34] „Dei verbum", bes. 2.

[35] Lumen gentium 55–59.

[36] Lumen gentium 55.

[37] Zur Ambivalenz des Titels in der Beziehung Judentum – Christentum s. u. 219–222.

Anmerkungen

[38] Lumen gentium 56.
[39] Ebd.
[40] Irenäus v. Lyon, Adversus Haereses III,22.4.
[41] S. o. 49; 83f. S. u. 173f.
[42] S. o. 149.
[43] Lumen gentium 59.
[44] Lumen gentium 61.
[45] Ebd.
[46] Ebd.
[47] Lumen gentium 63.
[48] Lumen gentium 65.
[49] Ebd.
[50] Greshake, Schwester im Glauben, 37. Zum Kontrast zwischen der Situation vor und nach dem Konzil vgl. Beinert, Heute von Maria reden?, 11–18.
[51] S. o. 21.
[52] Weidemann, Mariologie von den Rändern, 9.
[53] Erstmals vorgelegt in Bultmann, Neues Testament und Mythologie, 15–48.
[54] Ratzinger/Benedikt XVI., Jesus von Nazareth – Prolog, 64f.
[55] Weidemann, Mariologie von den Rändern, 7f.
[56] Ratzinger, Jesus von Nazareth – Prolog, 65.
[57] Zentrale Früchte dieser theologischen Arbeit sind im ersten Teil dieses Bandes dargestellt. S. o. 112–147.
[58] Beinert, Heute von Maria reden? Das Vorwort zur zweiten Auflage stammt von 1974.
[59] Gaudium et spes 52.
[60] Gaudium et spes 29.
[61] Gaudium et spes 60.
[62] Fornet-Ponse, Christologie als Konfliktgeschichte, 525–549.
[63] Die Neuordnung erfolgte durch Papst Paul VI., Apostolisches Schreiben in Form eines Motu proprio über die Änderung des Namens und der Ordnung des Heiligen Offiziums, 7. Dezember 1965.
[64] Zur lehramtlichen Reflexion über „die Frau", „die Frauen" bzw. „das Wesen der Frau" nach dem Konzil vgl. Heimerl, Andere Wesen.
[65] Vgl. Børresen, Die anthropologischen Grundlagen der Beziehung zwischen Mann und Frau in der klassischen Theologie.
[66] S. o. 87–90.
[67] Weidemann, Die Jungfrau Maria und die anderen jüdischen asketischen Erzählfiguren im lukanischen Doppelwerk.
[68] Ambrosius, Expositio evangelii secundum Lucam, 2,8f.
[69] Beinert, Unsere Liebe Frau und die Frauen, 95.

Anmerkungen

[70] S. o. 83f.
[71] Vgl. Schüngel-Straumann, 85–88.
[72] S. o. 134.
[73] Vgl. Beck, Mach neu, was dich kaputt macht.
[74] Scott, Überlegungen zu Geschlechtsidentität und Politik, 33–61; Hausen, Geschlechtergeschichte als Gesellschaftsgeschichte.
[75] Pius XI., Enzyklika „Casti connubii", 31.12.1930.
[76] Vgl. Hausen, Geschlechtergeschichte als Gesellschaftsgeschichte.
[77] Vgl. Beinert, Unsere liebe Frau und die Frauen, 96.
[78] Radford Ruether, Maria, 11.
[79] Paul VI., Marialis cultus 34.
[80] Marialis cultus 24; 35.
[81] Marialis cultus 34.
[82] Marialis cultus 37.
[83] S. u. 192–197; 246–251.
[84] Papst Johannes Paul II., Familiaris consortio, 22–25.
[85] Papst Johannes Paul II, Mulieris dignitatem, 7; 10.
[86] Johannes Paul II., Mulieris dignitatem, 1.
[87] S. o. 170.
[88] Mulieris dignitatem bes. 4.
[89] Mulieris dignitatem 17–19.
[90] Mulieris dignitatem 20–21.
[91] Mulieris dignitatem 18. Das Zitat ist im Text nicht ausgewiesen, findet sich in ähnlicher Weise aber in mehreren Texten des Papstes. Grundsätzlich bezieht es sich auf eine Passage aus Gaudium et spes 24, in der festgehalten ist, dass der Mensch „sich selbst nur durch die aufrichtige Hingabe seiner selbst vollkommen finden kann". Die geschlechtliche Spezifizierung, wonach dies insbesondere der Frau und Mutter zukommt, stammt von Johannes Paul II.
[92] Mulieris dignitatem 5.
[93] Die Diskrepanz zwischen kirchlicher und sexualethischer Position beruht nicht zuletzt auf unterschiedlichen Konzeptionen von Menschenwürde. So hat die katholische Morallehre sich seit den 60er Jahren zwar Menschenwürde als ein Fundament katholischer Moraltheologie angeeignet. Das Lehramt legt aber nicht den Autonomie-Gedanken zugrunde und nimmt von dort die kirchliche Lehre kritisch in den Blick. Vielmehr wurde Menschenwürde so konstruiert, dass sie dem kirchlich angenommenen „Wesen" des Menschen entsprechen soll und so die kirchliche Lehre legitimiert. Dazu: Goertz/Breitsameter, Vom Vorrang der Liebe, 121–123.
[94] Zur Relevanz der Kategorie Gender für Theologie und Kirche vgl. Eckholt (Hg.), Gender studieren; Karle, „Da ist nicht mehr Mann noch Frau …".
[95] Kongregation für die Glaubenslehre, Über die Zusammenarbeit von Mann und Frau, 2.

96 Butler, Das Unbehagen der Geschlechter, 8f.
97 S. o. 62f.
98 Kongregation für die Glaubenslehre, Über die Zusammenarbeit von Mann und Frau, 15.
99 Über die Zusammenarbeit von Mann und Frau, 16.
100 Ebd.
101 Radford Ruether, Sexismus und die Rede von Gott, 171.
102 Zur Diskussion um die Christusrepräsentanz vgl. Eckholt/Rahner (Hg.), Christusrepräsentanz.
103 Über die Zusammenarbeit von Mann und Frau, 16.
104 Über die Zusammenarbeit von Mann und Frau, 14.
105 Vgl. Walker Bynum, Geschichte und Symbole der Frauen.
106 Darstellungen der feministischen Mariologie der 70er/80er Jahre bieten Halkes, Art. Maria; Dies., Art. Maria/Mariologie; Gössmann, Mariologische Thesen; Radlbeck-Ossmann, Maria in der feministischen Theologie; Schöpsdau (Hg.), Mariologie und Feminismus; Gibellini, Handbuch der Theologie, 403–432.
107 Der Begriff Patriarchat ist mittlerweile dahingehend kritisiert worden, als damit Strukturen geschlechtlicher Dominanz zu einheitlich und überzeitlich gefasst werden und er außerdem die vielfachen Verschränkungen von Differenzierungs- und Marginalisierungsprozessen nicht erfasst. Elisabeth Schüssler Fiorenza hat demgegenüber den Begriff „Kyriarchat" geprägt, mit dem Überschneidungen und wechselseitige Beeinflussungen von Diskriminierungsformen sichtbar gemacht werden sollen. Vgl. Schüssler Fiorenza, WeisheitsWege.
108 Dies bedeutet nun nicht, dass es in den biblischen Schriften und auch im Neuen Testament nicht ebenfalls patriarchale Strukturen gäbe, spiegeln diese doch vielfach die ihrerseits patriarchalen gesellschaftlichen Gegebenheiten wider, in denen sie entstanden sind. Feministische Theologie hat angesichts dessen eine vielfältige Methodik entwickelt, mittels einer „Hermeneutik des Verdachts" (Elisabeth Schüssler Fiorenza) Strukturen von Patriarchat bzw. Kyriarchat sowohl im Bibeltext wie in den Bibelübersetzungen sichtbar zu machen, Frauengeschichten zu rekonstruieren und so Ressourcen zu finden, die auch gegenwärtig für soziale und politische Veränderungsprozesse in Anspruch genommen werden können. Vgl. Schüssler Fiorenza, WeisheitsWege; Janssen, Art. Feministische Exegese.
109 S. o. 206–208.
110 Begriffe, Themen und Forschungsperspektiven dazu in Eckholt (Hg.), Gender studieren; Heimbach-Steins/Könemann/Suchhart-Kroll (Hg.), (Gender)Studies in der Theologie.
111 Radford Ruether, Maria, 79.
112 Beauvoir, Das andere Geschlecht.
113 Daly, Beyond God the Father, 19.
114 Radford Ruether, Sexismus, 171.
115 Vgl. Radford Ruether, Maria, 8.

Anmerkungen

[116] Ein Spektrum dessen bietet die Publik-Forum Sonderausgabe aus dem Jahr 1990: Weber/Seiterich-Kreuzkamp (Hg.), Ich sehe dich in tausend Bildern.
[117] S. o. 183.
[118] S. o. 206–208.
[119] Radford Ruether, Maria, 81.
[120] Vgl. Wendel, Affektiv und inkarniert, 174–237.
[121] Radford Ruether, Maria, 82.
[122] Ebd.
[123] Ebd., 84. Die Analyse trifft auch aktuelle Mariologien wie das 2018 erschienene Alterswerk des ehemaligen Freiburger Dogmatikers Gisbert Greshake *Maria – Ecclesia*. In einem begleitenden Artikel betont er, dass die Kirche zwingend eine marianische sein müsse, weil sonst alle Weiblichkeit aus der Kirche verschwände. Die Zeichnung von Weiblichkeit bzw. von Marianität erfolgt aber wieder ganz entlang der klassischen Zuschreibungen von Rezeptivität, Demut etc. Das Verhältnis von Mariologie und Frauenrolle behandelt Greshake eher verschämt in einem kurzen, kleingedruckten Kapitel, und hier begegnen weitgehend unbeleckt von der breiten Forschung und dem Wissensdiskurs ganz traditionelle Geschlechterrollen in biologistischer Begründung.
[124] Radford Ruether, Maria, 83.
[125] Ebd., 88.
[126] Ebd., 89.
[127] Zu Geschichte und Perspektiven der Hoheliedauslegung vgl. Schwienhorst-Schönberger (Hg.), Das Hohelied im Konflikt der Interpretationen.
[128] Radford Ruether, Sexismus, 172.
[129] Radford Ruether, Maria, 90. Greshake – Maria als Repräsentantin der Armen und Marginalisierten, keine biologische Deutung von Jungfräulichkeit; aber die Konstruktion ist traditionell: zwar geht es nicht um Keuschheit, aber um „Gehorsam, die Disponibilität, die radikale Hingabebereitschaft" (Maria ist die Kirche, 91).
[130] Vgl. Gibellini, Handbuch der Theologie im 20. Jahrhundert, 363–370.
[131] Boff, Das mütterliche Antlitz Gottes, 129.
[132] Ebd., 131.
[133] Ebd., 129.
[134] BigS online: Lk 1,38: „Magd des Herrn" oder „Sklavin Gottes"?
[135] S. 1. Teil dieses Buches.
[136] Gebara, Longing for Running Water, 13.
[137] Vgl. Gebara/Lucchetti Bingemer, Maria, 56–64.
[138] Diese sozialgeschichtlichen Forschungen hat im deutschsprachigen Raum insbesondere Luise Schottroff vorangetrieben. Vgl. Janssen Art. Feministische Exegese.
[139] Jaffé, Mirjam aus Nazaret.
[140] Gebara/Lucchetti Bingemer, Maria, 53.
[141] Ebd., 101.

Anmerkungen

[142] Ebd., 122.
[143] Vgl. Kutzer, Die dogmatische Rezeption der Theologie der Befreiung.
[144] Gebara/Lucchetti Bingemer, Maria, 19.
[145] Vgl. Gebara, Longing for Running Water, 19–65.
[146] Vgl. Dietze, Postcolonial Theory.
[147] Zur Einführung s. Silber, Postkoloniale Theologie.
[148] Vgl. Althaus-Reid, Indecent Theology, 57–60.
[149] S. u. 241–246.
[150] Vgl. Althaus-Reid, Indecent Theology, 60–63.
[151] Zu dem von Homi Babha geprägten Begriff vgl. Dietze, Postcolonial Theory, 333–335.
[152] Becka, Buen vivir.
[153] Vgl. Hark, Queer studies; Knauß, Queer.
[154] S. o. 181–183.
[155] Knauß, Queer, 165.
[156] Ebd., 164.
[157] Vgl. Leidinger, Queer-Theology, 246–267.
[158] LGBTQ* steht als Abkürzung für die englischen Wörter Lesbian, Gay, Bisexual, Transgender/Transsexual, Queer und ist die gängigste Bezeichnung für Menschen, die sich den mit diesen Begriffen bezeichneten Gruppen zugehörig fühlen. Immer öfter werden die Buchstaben I für Intersexual und A für Asexual ergänzt. Der Stern soll darauf hinweisen, dass diese Kategorien nicht alle geschlechtlichen und sexuellen Lebensformen abbilden.
[159] Vgl. Cheng, Radical Love, 87.
[160] Auf die Konsequenzen dieser Ablehnung für Mitarbeiter*innen im kirchlichen Dienst hat im Januar 2022 die Initiative #OutInChurch. Für eine Kirche ohne Angst (https://outinchurch.de/) aufmerksam gemacht.
[161] Althaus-Reid, Indecent Theology, 89–92.
[162] Vgl. Ward, The Displaced Body of Jesus Christ, 164.
[163] Loughlin, Introduction, 32.
[164] Stuart, The Priest at the Altar, 134.
[165] Althaus-Reid, Indecent Theology, 79–83.
[166] Vgl. Goss, Luke.
[167] Althaus-Reid, Indecent Theology, 49.
[168] Ebd., 45. Freilich zeigt gerade das Beispiel Ivone Gebara, dass es für katholische Frauen gefährlich ist, näher an der Realität zu sein. Sie riskieren dadurch den Konflikt mit dem kirchlichen Lehramt und verlieren die Möglichkeit, ihre Stimme (für andere) zu erheben. Gebara hatte sich 1993 in einem Interview angesichts des restriktiven brasilianischen Abtreibungsrechts und einer extrem hohen Abtreibungsquote für eine situationsethisch begründete Bewertung von Abtreibung ausgesprochen. Aus ihrer Arbeit mit Frauen in den Randzonen von Recife kennt die Augustiner-Chorherrin

Anmerkungen

die prekären, oft mit Gewalt verbundenen Situationen, in denen Frauen ungewollt schwanger werden. In der Folge des Interviews kam es zu einer Überprüfung ihrer Schriften durch die Glaubenskongregation, die ihr ein zweijähriges Bußschweigen auferlegte. Vgl. Eckholt, Art. Ivone Gebara.

[169] Althaus-Reid, Indecent Theology, 74: „Heterosexuality is basically founded on a denial of reality, and works by creating a Christian culture of secrecy."

[170] Dazu immer noch instruktiv, wenn auch in der strikten Trennung von erotischer und hingebender Liebe längst zu Recht kritisiert: Nygren, Eros und Agape.

[171] Vgl. Althaus-Reid, Indecent Theology, 83.

[172] Vgl. Brumlik, Jung zur Einführung, 63–97; Schnelzer, Archetyp und Offenbarung.

[173] S. o. 63–75.

[174] Drewermann, Tiefenpsychologie und Exegese, 503.

[175] Ebd., 508.

[176] Ebd., 505.

[177] Mulack, Die geheime Göttin im Christentum, 23; Drewermann, Der Krieg und das Christentum, 350.

[178] Mulack, Die geheime Göttin im Christentum, 9.

[179] Ebd., 19.

[180] Mulack bezieht sich hier vor allem auf den Neutestamentler Johannes Leipoldt. Dieser Zusammenhang wird aber auch von neueren Autoren herausgestellt. Vgl. Grote, Art. Maria/Marienfrömmigkeit, 120; Schneider, Die Geburt des Horuskindes.

[181] Mulack, Die geheime Göttin im Christentum, 113.

[182] Ebd.

[183] Ebd., 27.

[184] Ebd., 127.

[185] Vgl. ebd., 19.

[186] Vgl. Gössmann, Mariologische Thesen in der Feministischen Theologie; Wacker, Die Göttin kehrt zurück.

[187] S. o. 184.

[188] Kristeva, Geschichten von der Liebe, 226–255.

[189] Vgl. Kristeva, Die Revolution der poetischen Sprache, 36–42.

[190] Vgl. Kristeva, Geschichten von der Liebe, 241–246.

[191] Lexikon der christlichen Ikonographie, Bd. 5, Sp. 377.

[192] Kristeva, Geschichten von der Liebe, 241.

[193] Wenzel, Die Wucht des Undarstellbaren, 144.

[194] Papst Franziskus, Evangelii Gaudium, 288.

[195] S. o. 129f., 144–147.

[196] Greshake, Maria – Ecclesia, 359f.

[197] Ebeling, Zur Frage nach dem Sinn des mariologischen Dogmas, 176.

Anmerkungen

[198] S. o. 160–163.

[199] Lutherischer Weltbund/Päpstlicher Rat zur Einheit der Christen, Gemeinsame Erklärung zur Rechtfertigungslehre, 37.

[200] Vgl. Greshake, Maria – Ecclesia, 351–355.

[201] Bilaterale Arbeitsgruppe der Deutschen Bischofskonferenz und der Kirchenleitung der Vereinigten Lutherischen Kirche Deutschlands, Communio Sanctorum, 261.

[202] Catholica-Arbeitskreis der VELKD, Maria – Evangelische Fragen und Gesichtspunkte, 197.

[203] Leiner, Solus Christus – Christus allein, 59–81.

[204] Ebd., 73.

[205] Ebd., 75.

[206] Ebd., 81. Leiner bezieht sich hier auf eine nur französischsprachig vorliegende Textsammlung von Ansprachen Benedikts XVI. an verschiedenen Marienheiligtümern. Vgl. Benoît XVI, Pèlerinage marial.

[207] Leiner, Solus Christus – Christus allein, 76.

[208] Vgl. Lumen gentium 8.

[209] Zur Vielschichtigkeit des Titels in der hebräischen Bibel vgl. Betz, Maria – „Tochter Zion"?, 226–230.

[210] Zur Verbindung von Mariologie und Antijudaismus vgl. Heil/Kampling (Hg.), Maria – Tochter Sion?; Kampling, Marienfromm und antijüdisch.

[211] Ambrosius, Expositio evangelii secundum Lucam 4,38, vgl. Kampling, „… die Jüdin, aus deren Fleisch er geboren wurde …", 24–26.

[212] Ambrosius, Expositio Evangelii secundum Lucam 2,7.

[213] Kampling, „… die Jüdin, aus deren Fleisch er geboren wurde …", 19.

[214] Nostra aetate 4.

[215] Vgl. Jaffé, Mutter eines unehelichen Sohnes, 16–17.

[216] Vgl. Ego, Jesus und Maria im Judentum, 11–59.

[217] Ben Chorin, Mutter Mirjam.

[218] Lohfink/Weimer, Maria – nicht ohne Israel.

[219] Vgl. Kuschel, Die Bibel im Koran, 480–485; ders., Gottes Erwählte; Hagemann/Pulsfort, Maria, die Mutter Jesu, in Bibel und Koran.

[220] Sure 19,20. Übers. nach Zirker, Der Koran, 190.

[221] Kuschel, Gottes Erwählte, 47.

[222] Nostra Aetate 2.

[223] Dupuis, Unterwegs zu einer Theologie des religiösen Pluralismus, 530.

[224] Vgl. Tatari/von Stosch, Prophetin – Jungfrau – Mutter, 10f.

[225] Vgl. ebd., 167.

[226] Aristoteles, Poetik 1459.

[227] Tatari/von Stosch, Prophetin – Jungfrau – Mutter, 361.

[228] Ebd., 175–177.

Anmerkungen

[229] Schüssler Fiorenza, Jesus – Miriams Kind, 253.
[230] Ebd.
[231] Vgl. Silke Petersen, Art. Maria, Mutter Jesu: WibiLex, Mai 2011.
[232] Dei verbum 11.
[233] S. Anm. 107.
[234] S. o. 177.
[235] Vgl. Weidemann, Mariologie von den Rändern.
[236] S. o. 171f.
[237] Weidemann, Embedding the virgin, 166.
[238] Vgl. Ricœur, Gott nennen; Kutzer, In Wahrheit erfunden, 193–291; Dies., Fiktionalität und Literatur, 384–392.
[239] Vgl. Frankemölle, Matthäus.
[240] Theobald, „Siehe, die Jungfrau wird empfangen", 21.
[241] Dei verbum 2.

Epilog

[1] Vgl. https://de.wikipedia.org/wiki/Documenta_fifteen.
[2] https://documenta-fifteen.de/lumbung/.
[3] Vgl. https://rp-online.de/kultur/kunst/das-erwartet-sie-auf-der-documenta-fifteen_bid-71506165#40 (dort Foto 33 von 46).
[4] Vgl. https://contemporaryand.com/wp-content/uploads/2022/06/IMG_6779.jpg.

Anhang

[1] Vgl. R. Nebel, Art. Guadelupe, in: RGG⁴ 3 (2000), 1320f.
[2] In der spanischen Gemeinschaft Estremadura gibt es seit dem 14. Jahrhundert ein Marienheiligtum gleichen Namens.
[3] Teil aus Nican Mopohua (Übers.: I. Gebara/M. C. Lucchetti Bingemer, Maria, Mutter Gottes und Mutter der Armen, Düsseldorf 1988, 157–159).
[4] Ebd., 163f., mit kleinen stilistischen Veränderungen.
[5] Ebd., 161.
[6] V. Elizondo, Maria und die Armen, in: E. Moltmann-Wendel/H. Küng/J. Moltmann (Hg.), Was geht uns Maria an?, Gütersloh 1988, 131–141; hier: 134f.
[7] Gebara/Lucchetti Bingemer, Maria, 162.
[8] Ebd., 166.
[9] Ebd., 174f.
[10] Ebd., 175.
[11] Ebd., 176.
[12] Ebd.
[13] T. Cavalcanti, Culto a Maria – Grande Sinal 40 (1980), 267–278, hier: 276; zit. nach Gebara/Lucchetti Bingemer, Maria, 176f.

Anmerkungen

[14] Ebd., 177.
[15] Ebd.
[16] Sekretariat der Deutschen Bischofskonferenz (Hg.), „Die Evangelisierung Lateinamerikas in Gegenwart und Zukunft". Schlußdokument der 3. Vollversammlung des lateinamerikanischen Episkopats in Puebla, Bonn 1979, Nr. 293.
[17] Ebd., Nr. 297.
[18] Gebara/Lucchetti Bingemer, Maria, 179.
[19] Ebd., 180.
[20] Ebd., 181.
[21] Ebd., 182.
[22] Ebd.
[23] Ebd., 183.
[24] Ebd., 184.
[25] Sekretariat der Deutschen Bischofskonferenz (Hg.), Enzyklika Redemptoris Mater von Papst Johannes Paul II. Über die selige Jungfrau Maria im Leben der pilgernden Kirche, Bonn 1987, Nr. 37.
[26] L. Boff, Das mütterliche Antlitz Gottes. Ein interdisziplinärer Versuch über das Weibliche und seine religiöse Bedeutung, Petrópolis 1979 (deutsch: Düsseldorf 1985 u. ö.).
[27] L. Boff, Ave Maria. Das Weibliche und der Heilige Geist, Petrópolis 1980 (deutsch: Düsseldorf 1982).
[28] Ebd., 51, Anm. 4.
[29] Boff, Antlitz Gottes, 106.
[30] Vgl. ebd.
[31] Ebd., 107.
[32] Ebd.
[33] Ebd.
[34] Vgl. ebd., 108.
[35] Ebd.
[36] Ebd.
[37] J.-M. Hennaux, L'Esprit et le féminin: la mariologie de Leonardo Boff, in: Nouvelle Revue théologique 109 (1987), 884–895.
[38] Mühlen, Una mystica persona [das Zitat entstammt dem Untertitel; M. H.].
[39] Boff, Antlitz Gottes, 109.
[40] Boff, Ave, 51.
[41] Boff, Antlitz Gottes, 115.

Literatur

Lehramtliche Verlautbarungen und ökumenische Konsensdokumente

Acta synodalia sacrosancti Concilii Oecumenici Vaticani II (Vol. I/IV), Typis polyglottis Vaticanis 1971.

Bilaterale Arbeitsgruppe der Deutschen Bischofskonferenz und der Kirchenleitung der Vereinigten Lutherischen Kirche Deutschlands, Communio Sanctorum. Die Kirche als Gemeinschaft der Heiligen, Paderborn – Frankfurt/M. 2000.

Catholica-Arbeitskreis der VELKD, Maria – Evangelische Fragen und Gesichtspunkte. Eine Einladung zu Gespräch, in: US 37 (1982) 184–201.

Die Dokumente des Zweiten Vatikanischen Konzils. Konstitutionen, Dekrete, Erklärungen (Herders Theologischer Kommentar zum Zweiten Vatikanischen Konzil, Bd. 1), hg. v. Peter Hünermann, Freiburg/Br. (Sonderausgabe) 2004.

Kleines Konzilskompendium. Sämtliche Texte des Zweiten Vatikanischen Konzils, hg. v. Karl Rahner/Herbert Vorgrimler, Freiburg/Br. 2008.

Kongregation für die Glaubenslehre, Schreiben an die Bischöfe der Katholischen Kirche über die Zusammenarbeit von Mann und Frau in der Kirche und in der Welt, 31.07.2004 (VAS 166).

Lutherischer Weltbund/Päpstlicher Rat zur Einheit der Kirchen, Gemeinsame Erklärung zur Rechtfertigungslehre, 31. Oktober 1999 (Texte aus der VELKD 87).

Papst Franziskus, Akt der Weihe an das Unbefleckte Herz Mariens: https://www.vatican.va/content/francesco/de/prayers/documents/20220325-atto-consacrazione-cuoredimaria.html.

Papst Franziskus, Apostolisches Schreiben *Evangelii Gaudium* über die Verkündigung des Evangeliums in der Welt von heute, 24. November 2013 (VAS 194).

Papst Franziskus, Enzyklika „Laudato si'", 24.05.2015 (VAS 202).

Papst Johannes Paul II., Apostolisches Schreiben „Familiaris consortio", 22.11.1981 (VAS 33).

Papst Johannes Paul II., Apostolisches Schreiben „Mulieris dignitatem", 15.08.1988 (VAS 86).

Papst Johannes Paul II., Enzyklika „Redemptoris mater", 25.03.1987 (VAS 75).

Papst Paul VI., Apostolisches Schreiben in Form eines Motu proprio über die Änderung des Namens und der Ordnung des Heiligen Offiziums, 7. Dezember 1965.
Papst Paul VI., Apostolisches Schreiben „Marialis cultus", 02.02.1974, dt. in: Die rechte Pflege und Entfaltung der Marienverehrung. Apostolisches Schreiben „Marialis cultus" vom 2. Februar 1974, Leutesdorf a. Th. ^{2}1975.
Papst Pius XI., Enzyklika „Casti connubii" über die christliche Ehe im Hinblick auf die gegenwärtigen Lebensbedingungen und Bedürfnisse von Familie und Gesellschaft und auf die diesbezüglich bestehenden Irrtümer und Mißbräuche, 31.12.1930 (DH 3700–3724).
Sekretariat der Deutschen Bischofskonferenz (Hg.), „Die Evangelisierung Lateinamerikas in Gegenwart und Zukunft". Schlußdokument der 3. Vollversammlung des lateinamerikanischen Episkopats in Puebla, Bonn 1979.

Quellenverzeichnis

Ambrosius, Expositio evangelii secundum Lucam
– Expositio evangelii secundum Lucam (hg. v. M. Adriaen; = CChr.SL 14), Turnhout 1957.
Anselm von Canterbury, Cur deus homo
– Cur deus homo. Warum Gott Mensch geworden. Lateinisch und Deutsch (bes. u. übers. von Franziskus Salesius Schmitt), München ^{5}1993.
Aristoteles, Poetik
– Poetik. Griechisch/Deutsch, Stuttgart 1994.
Basilius von Caesarea, in s. Christi generationem
– Homilia in sanctam Christi generationem, in: PG 31, Paris 1857, 1457–1476.
Der Koran. Übersetzt und eingeleitet von Hans Zirker, Darmstadt ^{4}2013.
Eadmer, Tractatus de conceptione Sanctae Mariae
– Tractatus de conceptione (hg. v. H. H. C. Thurston/T. Slater), Freiburg/Br. 1904.
Gregor von Nyssa, Homilien zum Hohelied
– In canticum canticorum homiliae (übers. u. eingel. v. F. Dünzl; = Fontes Christiani 16,1–3), Freiburg/Br. u. a. 1994.
Hieronymus, adv. Helv.
– De perpetua virginitate beatae Mariae. Adversus Helvidium, in: PL 23, Paris 1845, 185–206.
Hieronymus, ep.
– Epistulae I–LXX (hg. v. I. Hilberg; = CSEL 54), Wien ^{2}1996.

Literatur

Hieronymus, in Matth.
- Commentariorum in Matheum libri IV (hg. v. D. Hurst/M. Adriaen; = CChr.SL 77), Turnhout 1969.

Ignatius, Eph.
- An die Epheser, in: Die Apostolischen Väter (neu übers. u. hg. v. A. Lindemann und H. Paulsen), Tübingen 1992, 178–191.

Ignatius, Trall.
- An die Traller, in: Die Apostolischen Väter (neu übers. u. hg. v. A. Lindemann und H. Paulsen), Tübingen 1992, 198–207.

Ignatius, Smyrn.
- An die Smyrnäer, in: Die Apostolischen Väter (neu übers. u. hg. v. A. Lindemann und H. Paulsen), Tübingen 1992, 224–235.

Irenäus, haer.
- Epideixis/Adversus Haereses (übers. u. eingel. v. N. Brox; = Fontes Christiani 8,1–5), Freiburg/Br. u. a. 1993–2001.

Justin, apol.
- Apologiae pro Christianis (hg. v. M. Marcovich; = PTS Bd. 38), Berlin – New York 1994.

Justin, dial.
- Dialogus cum Tryphone (hg. v. M. Marcovich; = PTS Bd. 47), Berlin – New York 1997.

Leo der Große, Tomus Leonis/Brief an Flavian
- S. Leonis magni tomus ad Flavianum epis. Constantinopolitanum (epistula XXVIII). Additis testimoniis patrum et eiusdem S. Leonis m. epistula ad Leonem imp. (epistula CLXV) (hg. v. C. Silva-Tarouca), Rom 1932.

Martin Luther, Das Magnificat
- Das Magnificat (übertragen v. C. Burger), in: Deutsch-Deutsche Studienausgabe. Bd. I: Glaube und Leben (hg. v. D. Korsch), Leipzig 2012, 363–483.

Origenes, In Matth.
- Matthäuserklärung. I. Die griechisch erhaltenen Tomoi (hg. v. E. Klostermann unter Mitwirkung v. E. Benz i. A. der Kirchenväterkommission der Preußischen Akademie der Wissenschaften; = GCS 40), Leipzig 1935.

Protevangelium Iacobi
- La forme la plus ancienne du Protévangile du Jacques (hg. v. É. de Strycker), Brüssel 1961.

Tertullian, carn.
- De carne Christi (hg. v. E. Kroymann; = CSEL 70), Wien – Leipzig 1942.

Vinzenz von Lérins, comm.
– Commonitorium (hg. v. R. Demeulenaere; = CChr.SL 64), Turnhout 1985, 125–195.

Zeno, tract.
– Tractatus (hg. v. B. Löfstedt; = CChr.SL 22), Turnhout 1971.

Sekundärliteratur

Althaus-Reid, M., Indecent Theology. Theological perversions in sex, gender and politics, London – New York (NY) 2000.

Art. Groupe des Dombes, in: Wikipedia (https://de.wikipedia.org/wiki/Groupe_des_Dombes [25.3.2022]).

Art. Lk 1,38: „Magd des Herrn" oder „Sklavin Gottes"?, in: Bibel in gerechter Sprache (BigS) online (https://www.bibel-in-gerechter-sprache.de/download/lk-1-38-magd-des-herrn-oder-sklavin-gottes/).

Bartsch, H. W. (Hg.), Kerygma und Mythos. Ein theologisches Gespräch, Hamburg 1951.

Bäumer, R./Scheffczyk, L. (Hg.), Marienlexikon (6 Bd.), St. Ottilien 1988–1994.

Beauvoir, S. de, Das andere Geschlecht. Sitte und Sexus der Frau, Hamburg 2000 [frz. 1949].

Beck, J., Mach neu, was dich kaputt macht. Warum ich in die Kirche zurückkehre und das Schweigen breche, Freiburg/Br. 2022.

Becka, M., Buen vivir. Von einem schillernden Verfassungsprinzip und einer Vision von Gerechtigkeit und Frieden, in: V. R. Azcuy/M. Eckholt (Hg.), Frieden-Räume. Interkulturelle Friedenstheologie in feministisch-befreiungstheologischer Perspektive, Ostfildern 2018, 191–201.

Beinert, W., Heute von Maria reden? Kleine Einführung in die Mariologie (Theologie im Fernkurs 1), Freiburg/Br. 1973.

Beinert, W., Maria heute ehren. Eine theologisch-pastorale Handreichung, Freiburg/Br. 1987.

Beinert, W., Unsere Liebe Frau und die Frauen, Freiburg/Br. 1989.

Beinert, W., Art. Gottesgebärerin, in: LThK^3 4 (1995), 915f.

Beinert, W., Die Knotenlöserin wird nicht arbeitslos, in: Christ in der Gegenwart 74 (Nr. 20/2022), 5.

Beinert, W./Petri, H. (Hg.), Handbuch der Marienkunde, Bd.1: Theologische Grundlegung – Geistliches Leben, Bd. 2.: Gestaltetes Zeugnis – gläubiger Lobpreis, völlig neu bearb. Aufl., Regensburg 1996.

Ben Chorin, S., Mutter Mirjam. Maria in jüdischer Sicht, München 1971.

Literatur

Betz, C., Maria – „Tochter Zion"? Eine kritische Auseinandersetzung mit René Laurentins These zur lukanischen Kindheitsgeschichte, in: H.-U. Weidemann (Hg.), „Der Name der Jungfrau war Maria" (Lk 1,27). Neue exegetische Perspektiven auf die Mutter Jesu, Stuttgart 2018, 221–242.

Bienert, W. A., Art. Alexander v. Alexandrien, in: LThK^3 1 (1993), 360.

Bienert, W. A., Art. Epiphanios v. Salamis, in: LThK^3 3 (1995), 723–725.

Blinzler, J., Die Brüder und Schwestern Jesu (Stuttgarter Bibelstudien 21), Stuttgart 1967.

Boff, L., Das mütterliche Antlitz Gottes. Ein interdisziplinärer Versuch über das Weibliche und seine religiöse Bedeutung, Düsseldorf 1985 [portug. 1979].

Boff, L., Ave Maria. Das Weibliche und der Heilige Geist, Düsseldorf 1982 [portug. 1980].

Børresen, K. E., Die anthropologischen Grundlagen der Beziehung zwischen Mann und Frau in der klassischen Theologie, in: Concilium (1976), 10–17.

Brown, R. E./Donfried, K. P./Fitzmyer, J. A./Reumann, J. (Hg.), Maria im Neuen Testament. Eine Gemeinschaftsstudie von protestantischen und römisch-katholischen Gelehrten (übers. v. U. Schierse), Stuttgart 1981.

Brown, R., The Birth of the Messiah, New York 1977.

Brumlik, M., C. G. Jung zur Einführung (Zur Einführung 297), Hamburg 2004.

Brunner-Traut, E., Die Geburtsgeschichte der Evangelien im Lichte ägyptischer Forschungen, in: Zeitschrift für Religions- und Geistesgeschichte 12 (1960), 97–111.

Bultmann, R., Neues Testament und Mythologie, in: H. W. Bartsch (Hg.), Kerygma und Mythos. Ein theologisches Gespräch, Hamburg 1951, 15–48.

Butler, J., Das Unbehagen der Geschlechter, Frankfurt/M. 1991 [amerik. 1990].

Campenhausen, H. v., Die Jungfrauengeburt in der Theologie der alten Kirche, Heidelberg 1962.

Cheng, P. S., Radical Love. An Introduction to Queer Theology, New York 2011.

Clarke, G. W., Art. Cyprian, in: LThK^3 2 (1994), 1364–1366.

Coulie, B., Art. Gregor v. Nazianz d. J., in: LThK^3 4 (1995), 1004–1007.

Courth, F., Art. Laurentin, René, in: LThK^3 6 (1997), 684.

Cramer, W., Art. Ephräm der Syrer, in: LThK^3 3 (1995), 708–710.

Daly, M., Beyond God the Father. Toward a Philosophy of Women's Liberation, Boston 1973. Dt: Jenseits von Gott Vater, Sohn & Co, München 1978.

Dibelius, M., Jungfrauensohn und Krippenkind, in: Ders., Botschaft und Geschichte, Bd. 1, Tübingen 1953, 1–78.

Dieselkamp, G., Art. Helvidius, in: LThK³ 4 (1995), 1416.

Dietze, G., Postcolonial Theory, in: C. v. Braun/I. Stephan (Hg.), Gender@Wissen. Ein Handbuch der Gender-Theorien, Köln – Weimar – Wien ²2009, 328–349.

Dreßing, H. u. a., Sexueller Missbrauch an Minderjährigen durch katholische Priester, Diakone und männliche Ordensangehörige im Bereich der deutschen Bischofskonferenz – Projektbericht, 24. September 2018, Mannheim – Heidelberg – Gießen.

Drewermann, E., Der Krieg und das Christentum, Regensburg 1982.

Drewermann, E., Tiefenpsychologie und Exegese, Bd. 1: Traum, Mythos, Märchen, Sage und Legende, Olten 1984.

Drobner, H. R., Art. Vinzenz v. Lérins, in: LThK³ 10 (2001), 798f.

Dünzl, F., Art. Irenaeus v. Lyon, in: LThK³ 5 (1996), 583–585.

Dupuis, J., Unterwegs zu einer Theologie des religiösen Pluralismus (Salzburger Theologische Studien – interkulturell 5), Innsbruck 2010.

Durst, M., Art. Hilarius v. Poitiers, in: LThK³ 5 (1996), 100–102.

Durst, M., Art. Jovinianus, in: LThK³ 5 (1996), 1020f.

Durst, M., Art. Zeno v. Verona, in: LThK³ 10 (2001), 1422f.

Ebeling, G., Zur Frage nach dem Sinn des mariologischen Dogmas, in: Ders., Wort Gottes und Tradition, Göttingen ²1966, 173–182.

Eckholt, M. (Hg.), Gender studieren. Lernprozesse für Theologie und Kirche, Ostfildern ²2017.

Eckholt, M., Art. Ivone Gebara, in: forum-weltkirche.de (https://www.forum-weltkirche.de/autorinnen/gebara-ivone/).

Eckholt, M./Rahner, J. (Hg.), Christusrepräsentanz. Zur aktuellen Debatte um die Zulassung von Frauen zum priesterlichen Amt (Quaestiones disputatae 319), Freiburg/Br. 2021.

Ego, B., Jesus und Maria im Judentum, in: C. Böttrich/B. Ego/F. Eißler, Maria in Judentum, Christentum und Islam, Göttingen 2009, 11–59.

Elizondo, V., Maria und die Armen, in: E. Moltmann-Wendel/H. Küng/J. Moltmann (Hg.), Was geht uns Maria an?, Gütersloh 1988.

Felmy, K. C., Die orthodoxe Theologie der Gegenwart. Eine Einführung, Darmstadt 1990.

Fiedrowicz, M., Art. Bonosus, in: LThK³ 4 (1995), 588f.

Literatur

Filograssi, G., Traditio Divino – Apostolica et Assumptio B. V. M., in: Gregorianum 30, 1949, 443–489.

Fiores, S. de, Maria in der Geschichte von Theologie und Frömmigkeit, in: W. Beinert/H. Petri (Hg.), Handbuch der Marienkunde, Bd. 1: Theologische Grundlegung – Geistliches Leben, 2. völlig neu bearb. Aufl., Regensburg 1996, 99–266.

Florin, C., Weiberaufstand. Warum Frauen in der katholischen Kirche mehr Macht brauchen, München 2017.

Fonrobert, J., Art. Apokalyptisches Weib, in: Lexikon der christlichen Ikonographie 1 (1990), 145–150.

Fornet-Ponse, T., Christologie als Konfliktgeschichte. Die Konflikte um Edward Schillebeeckx, Jon Sobrino und Jacques Dupuis und ihr Beitrag zu einer fundamentaltheologischen Konflikttheorie, Paderborn 2021.

Frank, K. S., „Geboren aus der Jungfrau Maria". Das Zeugnis der alten Kirche, in: Zum Thema Jungfrauengeburt (o. Hg.), Stuttgart 1970, 91–120.

Frankemölle, H., Matthäus. Kommentar, Bd. 1, Düsseldorf 1994.

Frings, B. u. a., Macht und Missbrauch in der Katholischen Kirche. Betroffene, Beschuldigte und Vertuscher im Bistum Münster seit 1945, Freiburg/Br. 2022.

Früchtel, E., Art. Klemens v. Alexandrien, in: LThK^3 6 (1997), 126f.

Fürst, A., Art. Tertullian, in: LThK^3 9 (2000), 1344–1348.

Gebara, I., Longing for Running Water. Ecofeminism and Liberation, Minneapolis/MN 1999.

Gebara, I./Lucchetti Bingemer, M. C., Maria, Mutter Gottes und Mutter der Armen, Düsseldorf 1988 [portug. 1987].

Gese, H., Natus ex virgine, in: Ders., Vom Sinai zum Zion. Alttestamentliche Beiträge zur biblischen Theologie, München 1984.

Gibellini, R., Handbuch der Theologie im 20. Jahrhundert, Regensburg 1995 [ital. 1992].

Giesen, H., Die Offenbarung des Johannes (Regensburger Neues Testament), Regensburg 1997.

Gnilka, J., Das Matthäusevangelium, Erster Teil (Herders theologischer Kommentar zum Neuen Testament I 1), Freiburg/Br. 1986.

Goertz, S./Breitsameter, C., Vom Vorrang der Liebe. Zeitenwende für die katholische Sexualmoral, Freiburg/Br. 2020.

Goss, R. E., Luke, in: Ders./D. Guest/M. West/T. Bohache: The Queer Bible Commentary, London 2006, 526–545.

Gössmann, E., Mariologische Thesen in der Feministischen Theologie. Darstellung und Kritik, in: Dies./D. R. Bauer, Maria – für alle Frauen oder über allen Frauen?, Freiburg/Br. 1989, 168–179.

Graber, R., Die marianischen Weltrundschreiben der Päpste in den letzten hundert Jahren, Würzburg 1951.

Graef, H., Maria. Eine Geschichte der Lehre und Verehrung, Freiburg/Br. 1964.

Greshake, G., Maria – Ecclesia. Perspektiven einer marianisch grundierten Theologie und Kirchenpraxis, Regensburg 2014.

Greshake, G., Schwester im Glauben. Zum aktuellen Stand der Mariologie, in: Herder Korrespondenz Spezial: Marias Töchter. Die Kirche und die Frauen (April 2016), 35–37.

Grote, H., Art. Maria/Marienfrömmigkeit II kirchengeschichtlich, in: TRE 22 (1992), 120.

Groupe des Dombes, Marie dans le dessein de Dieu et la communion des saints, Paris 1999. Dt. Maria in Gottes Heilsplan und in der Gemeinschaft der Heiligen, Frankfurt/M. – Paderborn 1999.

Guth, K., Marianische Wallfahrtsbewegungen, in: W. Beinert/H. Petri (Hg.), Handbuch der Marienkunde, Bd. 2: Gestaltetes Zeugnis – Gläubiger Lobpreis, 2. völlig neu bearb. Aufl., Regensburg 1997, 321–448.

Hagemann, L./Pulsfort, E., Maria, die Mutter Jesu, in Bibel und Koran, Würzburg 1992.

Halkes, C., Art. Maria, in: Gössmann, E. u. a. (Hg.), Wörterbuch der feministischen Theologie, Gütersloh 1991, 268–275.

Halkes, C., Art. Maria/Mariologie. Aus feministischer Sicht, in: P. Eicher (Hg.), Neues Handbuch Theologischer Grundbegriffe II, München ²1991, 315–323.

Hardt, M., Art. Thurian, Max, in: LThK³ 10 (2001), 16f.

Hark, S., Queer Studies, in: C. v. Braun/I. Stephan (Hg.), Gender@Wissen. Ein Handbuch der Gender-Theorien, Köln – Weimar – Wien ²2009, 309–327.

Hauschild, W.-D., Art. Gregor v. Nyssa, in: LThK³ 4 (1995), 1007f.

Heck, E., Art. Lactantius, in: LThK³ 6 (1997), 583f.

Heid, S., Art. Justinos, Martyrer, in: LThK³ 5 (1996), 1112f.

Heil, J./Kampling, R. (Hg.), Maria – Tochter Sion? Mariologie, Marienfrömmigkeit und Antijudaismus, Paderborn u. a. 2009.

Heimbach-Steins, M./Könemann, J./Suchhart-Kroll, V. (Hg.), (Gender) Studies in der Theologie. Begründungen und Perspektiven, Münster 2021.

Literatur

Heimerl, T., Andere Wesen. Frauen in der Kirche, Graz 2015.

Hennaux, J.-M., L'Esprit et le féminin: la mariologie de Leonardo Boff, in: Nouvelle Revue théologique 109 (1987), 884–895.

Henrici, P., Art. Balthasar, Hans Urs, in: LThK^3 1 (1993), 1375–1378.

Herzig, A., Der Zwang zum wahren Glauben. Rekatholisierung vom 16. bis zum 18. Jahrhundert, Göttingen 2000.

Honnefelder, L., Art. Duns Scotus, in: LThK^3 3 (1995), 403–406.

Horst, G., Der Papst hat es versucht, in: Die Tagespost online, 25.03.2022 (https://www.die-tagespost.de/kirche/vatikan-und-papst/der-papst-hat-es-versucht-art-226867).

Hünermann, P., Kommentar zu Lumen gentium, in: Ders./B.-J. Hilberath (Hg.), Herders theologischer Kommentar zum Zweiten Vatikanischen Konzil, Bd. 2, Freiburg/Br. 2004, 263–582.

Jaffé, Dan, Mirjam aus Nazaret. Eine Spurensuche, in: Welt und Umwelt der Bibel 4/2019 – Themenheft „Maria. Jüdisch – christlich – muslimisch", 14–15.

Jaffé, Dan, Mutter eines unehelichen Sohnes, in: Welt und Umwelt der Bibel 4/2019 – Themenheft „Maria. Jüdisch – christlich – muslimisch", 16–17.

Janssen, C., Art. Feministische Exegese, in: WiBiLex. Das wissenschaftliche Bibellexikon im Internet, 2018 (http://www.bibelwissenschaft.de/stichwort/200446/).

Kampling, R., „... die Jüdin, aus deren Fleisch er geboren wurde ..." Zu einem antijudaistischen und antimarianischen Modell der patristischen Auslegung, in: Ders./J. Heil, Maria – Tochter Sion? Mariologie, Marienfrömmigkeit und Antijudaismus, Paderborn u. a. 2009, 13–36.

Kampling, R., Marienfromm und antijüdisch. Maria und der Antijudaismus, in: Welt und Umwelt der Bibel 4/2019, 18–19.

Kannengiesser, C., Art. Basilios v. Caesarea, in: LThK^3 2 (1994), 67–69.

Kany, R., Art. Arnobius, in: LThK^3 1 (1993), 1019.

Karle, I., „Da ist nicht mehr Mann noch Frau ...". Theologie jenseits der Geschlechterdifferenz, Gütersloh 2006.

Kasper, W., Die Lehre von der Tradition in der römischen Schule, Freiburg/Br. 1962.

Kasper, W., Jesus der Christus, Mainz 1974.

Kehl, M., Eschatologie, Würzburg 1986.

Kelly, J. N. D., Altchristliche Glaubensbekenntnisse, Göttingen 1972.

Knauß, S., Queer. Das Konzept, das keines ist, in: A.-K. Höpflinger/A. Jeffers/D. Pezzoli-Oligati (Hg.), Handbuch Gender und Religion, 2. überarb. u. erw. Aufl., Göttingen 2021, 163–171.

Knoch, O. B./Scholtissek, K., Art. Bibel. VIII. Bibelübersetzungen, in: LThK³ 2 (1994), 382–385.
Köhler, O., Art. Leo XIII., in: LThK³ 6 (1997), 828–830.
Köster, H. M./Baumeister, F., Art. Namen Mariens, in: L. Scheffzyck/R. Bäumer (Hg.), Marienlexikon, Bd. 4, St. Ottilien 1992, 581f.
Kötter, L., Schweigen war gestern. Maria 2.0 – der Aufstand der Frauen in der katholischen Kirche, München 2021.
Kristeva, J., Die Revolution der poetischen Sprache, Frankfurt/M. 1978 [frz. 1974].
Kristeva, J., Geschichten von der Liebe, Frankfurt/M. 1989 [frz. 1986].
Kuschel, K. J., Geboren vor aller Zeit? Der Streit um Christi Ursprung, München – Zürich 1990.
Kuschel, K.-J., Juden – Christen – Muslime. Herkunft und Zukunft, Düsseldorf 2007.
Kuschel, K.-J., Die Bibel im Koran. Grundlagen für das interreligiöse Gespräch, Düsseldorf 2017.
Kuschel, K.-J., Gottes Erwählte. Das Maria-Bild des Koran im Dialog von Christen und Muslimen, in: Welt und Umwelt der Bibel 4/2019 – Themenheft „Maria. Jüdisch – christlich – muslimisch", 44–51.
Kutzer, M., In Wahrheit erfunden. Dichtung als Ort theologischer Erkenntnis (ratio fidei 30), Regensburg 2006.
Kutzer, M., Die dogmatische Rezeption der Theologie der Befreiung. Desiderate und Zukunftsperspektiven, in: G. Prüller-Jagenteufel/H. Schelkshorn/F. Helm/C. Taucher (Hg.), Theologie der Befreiung im Wandel. Revisionen – Ansätze – Zukunftsperspektiven (Concordia. Reihe Monographien 51), Aachen 2010, 183–194.
Kutzer, M., Fiktionalität und Theologie, in: L. Missinne/R. Schneider/B. v. Dam (Hg.), Grundthemen der Literaturwissenschaft: Fiktionalität, Berlin 2020, 380–408.
Lang, J., Art. Bernhardin v. Siena, in: LThK³ 2 (1994), 279f.
Leclercq, J., Art. Bernhard v. Clairvaux, in: LThK³ 2 (1994), 268–270.
Lehmann, K., Art. Rahner, 2) Karl, in: LThK³ 8 (1999), 805–808.
Leidinger, M., Queer-Theology. Eine Annäherung, in: M. Eckholt/S. Wendel (Hg.), Aggiornamento heute. Diversität als Horizont einer Theologie der Welt, Ostfildern 2012, 246–267.
Leiner, M., Solus Christus – Christus allein. Ein evangelischer Kommentar zur katholischen Marienfrömmigkeit, in: T. A. Seidel/U. Schacht (Hg.), Maria. Evangelisch, Leipzig 2011, 59–81.

Lemmer, M., Art. Legenden/1. Deutsche Marienlegenden im M.A., in: L. Scheffczyck/R. Bäumer (Hg.), Marienlexikon, Bd. 4, St. Ottilien 1992, 59–64.

Lexikon der christlichen Ikonographie, hg. v. Wolfgang Braunfels, Bd. 5: Ikonographie der Heiligen Aaron bis Crescentianus von Rom, Freiburg/Br. 2015.

Lohfink, G./Weimer, L., Maria – nicht ohne Israel. Eine neue Sicht der Lehre von der Unbefleckten Empfängnis, Freiburg/Br. 2008.

Loughlin, G., Introduction: The End of Sex, in: Ders. (Hg.), Queer Theology. Rethinking the Western Body, Malden/MA 2007, 1–34.

Luz, U., Das Evangelium nach Matthäus. Erster Teilband (Evangelisch-katholischer Kommentar zum Neuen Testament I 1), Zürich – Einsiedeln – Köln 1985.

Meinhardt, H., Art. Anselm v. Canterbury, in: LThK[3] 1 (1993), 711f.

Menke, K., Art. Jüssen, Klaudius, in: LThK[3] 5 (1996), 1105.

Mühlen, H., Una mystica persona, München – Paderborn – Wien [3]1968.

Mulack, C., Maria. Die geheime Göttin im Christentum, Hagen 1997.

Müller, G. L., Was heißt: Geboren von der Jungfrau Maria? Eine theologische Deutung (Quaestiones disputatae 119), Freiburg/Br. 1989.

Nebel, R., Art. Guadelupe, in: RGG[4] 3 (2000), 1320f.

Neumann, B., Art. Couturier, Paul-Irénée, in: LThK[3] 2 (1994), 1334.

Norden, E., Die Geburt des Kindes, Darmstadt 1958.

Nygren, A., Eros und Agape. Gestaltwandlungen der christlichen Liebe, Gütersloh 1954.

Oberlinner, L., Historische Überlieferung und christologische Aussage. Zur Frage der „Brüder Jesu" in der Synopse (Forschungen zur Bibel 19), Stuttgart 1975.

Oberlinner, L., Art. Brüder und Schwestern Jesu, in: LThK[3] 2 (1994), 713f.

Odendahl, B., Franziskus' Marienweihe im Ukraine Krieg könnte eher Putin helfen, in: katholisch.de, 24.3.2022 (https://www.katholisch.de/artikel/33623-franziskus-marienweihe-im-ukraine-krieg-koennte-eher-putin-helfen).

Origo, I., Der Heilige der Toskana. Leben und Zeit des Bernardino von Siena, München 1989.

Pannenberg, W., Grundzüge der Christologie, Gütersloh 1964.

Pannenberg, W., Systematische Theologie, Göttingen 2015 (3 Bd.).

Pareri dell' Episcopato Cattolico capitoli, di congregazioni, università, di personaggi ragguardevoli etc. etc. sulla definizione dogmatica dell' immacolato concepimento della B.V. Maria rassegnati alla Santità di

Pio IX. P.M. occasione della sua enciclica data da Gaeta il 2 Febbraio 1849, Rom 1851–1854.

Pesch, R., Das Markus-Evangelium, Erster Teil (Herders theologischer Kommentar zum Neuen Testament II 1), Freiburg/Br. ³1980.

Petersen, S., Art. Maria, Mutter Jesu, in: WibiLex, Mai 2011 (https://www.bibelwissenschaft.de/wibilex/das-bibellexikon/lexikon/sachwort/anzeigen/details/maria-mutter-jesu/ch/d265f98130b3dfb986b42712aa4bce47/).

Plank, P., Art. Germanos I. v. Konstantinopel, in: LThK³ 4 (1995), 532.

Prinzivalli, E., Art. Methodios v. Olympos, in: LThK³ 7 (1998), 202f.

Prostmeier, F. R., Art. Ignatios v. Antiochien, in: LThK³ 5 (1994), 407–409.

Radford Ruether, R., Maria – Kirche in weiblicher Gestalt, München 1980 [amerik. 1977].

Radford Ruether, R., Sexismus und die Rede von Gott. Schritte zu einer anderen Theologie, Gütersloh 1986 [amerik. 1983].

Radlbeck-Ossmann, R., Maria in der feministischen Theologie, in: W. Beinert/H. Petri (Hg.), Handbuch der Marienkunde, Bd. 1: Theologische Grundlegung – Geistliches Leben, 2. völlig neu bearb. Aufl., Regensburg 1996, 435–465.

Rahner, K., Virginitas in partu. Ein Beitrag zum Problem der Dogmenentwicklung und Überlieferung, in: ders., Schriften zur Theologie IV, Einsiedeln – Zürich 1960, 173–205 (= Sämtliche Werke 9 [hg. v. R. P. Meyer], Freiburg/Br., 653–678).

Ratzinger, J. (Papst Benedikt XVI.), Die Tochter Zion. Betrachtungen über den Marienglauben der Kirche, Einsiedeln ⁵2007.

Ratzinger, J. (Papst Benedikt XVI.), Pèlerinage marial. Benoît XVI dans les sanctuaires consacrés à Marie, Paris 2010.

Ratzinger, J. (Papst Benedikt XVI.), Jesus von Nazareth. Prolog – die Kindheitsgeschichten, Freiburg/Br. 2012.

Reisinger, D., Spiritueller Missbrauch in der Katholischen Kirche, Freiburg/Br. 2019.

Reisinger, D. (Hg.), Gefährliche Theologien. Wenn theologische Ansätze Machtmissbrauch legitimieren, Regensburg 2021.

Ricœur, P., Gott nennen, in: B. Casper (Hg.), Gott nennen. Phänomenologische Zugänge, Freiburg/Br. – München 1981, 45–79.

Riedlinger, H., Art. Ambrosius Autpertus, in: LThK³ 4 (1995), 494.

Scheer, M., Rosenkranz und Kriegsvisionen. Marienerscheinungskulte im 20. Jahrhundert (Untersuchungen des Ludwig-Uhland-Instituts der Universität Tübingen 101), Tübingen 2006.

Literatur

Scheffczyk, L., Art. Weihe, in: Ders./R. Bäumer (Hg.), Marienlexikon, Bd. 6, St. Ottilien 1994, 696–698.

Schlögl, M., Heilsame Fremdheit in säkularer Welt. Kölner Dogmatiker verteidigt Marienweihe in Ukraine-Krieg. Interview geführt von F. Helbig, in: domradio.de, 25.3.2022 (https://www.domradio.de/artikel/koelner-dogmatiker-verteidigt-marienweihe-im-ukraine-krieg).

Schneider, T., Die Geburt des Horuskindes. Eine ägyptische Vorlage der neutestamentlichen Weihnachtsgeschichte, in: ThZ 3/60 (2004), 254–271.

Schnelzer, T., Archetyp und Offenbarung. Die Archetypenlehre C. G. Jungs im Rahmen von E. Drewermanns Offenbarungskonzeption (Abhandlungen zur Philosophie, Psychologie, Soziologie der Religion und Ökumenik/Neue Folge 49), Paderborn u. a. 1999.

Schnith, K., Art. Eadmer, in: LThK[3] 3 (1995), 419f.

Scholten, C., Art. Hippolyt, in: LThK[3] 5 (1996), 147–149.

Scholz, C., Art. Paulus Diaconus, in: LThK[3] 7 (1998), 1516f.

Schöpsdau, W. (Hg.), Mariologie und Feminismus, Göttingen 1985.

Schüngel-Straumann, H., Eva. Die erste Frau der Bibel: Ursache allen Übels? Paderborn 2014.

Schüssler Fiorenza, E., Jesus – Miriams Kind, Sophias Prophet. Kritische Anfragen feministischer Christologie, Gütersloh 1997.

Schüssler Fiorenza, E., WeisheitsWege. Eine Einführung in feministische Bibelinterpretation, Stuttgart 2005.

Schwienhorst-Schönberger, L. (Hg.), Das Hohelied im Konflikt der Interpretationen (Österreichische Biblische Studien 47), Frankfurt/M. 2017.

Scott, J., Überlegungen zu Geschlechtsidentität und Politik, in: E. Waniek/S. Stoller (Hg.), Verhandlungen des Geschlechts, Wien 2001, 33–61.

Silber, S., Postkoloniale Theologien. Eine Einführung, Tübingen 2021.

Söll, G., Mariologie (Handbuch der Dogmengeschichte III 4), Freiburg/Br. 1978.

Stuart, E., The Priest at the Altar. The Eucharistic Erasure of Sex, in: M. Althaus Reid/L. Isherwood, Trans/formations, London 2009, 127–138.

Tatari, M./Stosch, K. von, Prophetin – Jungfrau – Mutter. Maria im Koran, Freiburg/Br. 2021.

Theobald, M., „Siehe, die Jungfrau wird empfangen" (Jes 7,14). Die „Geburtsankündigungen" Mt 1,18–25/Lk 1,26–38 im Licht ihrer schrifthermeneutischen, religionsgeschichtlichen und anthropologischen Voraussetzung, in: H.-U. Weidemann (Hg.), „Der Name der Jungfrau

war Maria" (Lk 1,27). Neue exegetische Perspektiven auf die Mutter Jesu, Stuttgart 2018, 20–106.
Tornielli, A., Gebet zur Marienweihe. Viele Bezüge zur Marianischen Tradition, in: vaticannews.de, 24. März 2022 (https://www.vaticannews.va/de/vatikan/news/2022-03/gebet-marienweihe-bezuege-marianische-tradition.html).
Vielhaber, K./Jorissen, H., Art. Paschasius Radbertus, in: LThK^3 7 (1998), 1411f.
Vogt, H.-J., Art. Novatian, in: LThK^3 7 (1998), 938f.
Vogt, H.-J., Art. Origenes, Origenismus, in: LThK^3 7 (1998), 1131–1135.
Volk, O., Art. Maurikios, in: LThK^3 6 (1997), 1495.
Volk, R., Art. Johannes v. Damaskus, in: LThK^3 5 (1996), 895–899.
Walker Bynum, C., Geschichten und Symbole der Frauen – Eine Kritik an Victor Turners Kritik der Liminalität, in: Dies., Fragmentierung und Erlösung. Geschlecht und Körper im Glauben des Mittelalters, Frankfurt/M. 1996, 27–60.
Walter, P., Art. Passaglia, Carlo, in: LThK^3 7 (1998), 1413f.
Walter, P., Art. Tizzani, Vincenzo, in: LThK^3 10 (2001), 62.
Ward, G., The Displaced Body of Jesus Christ, in: J. Milbank/C. Pickstock/G. Ward (Hg.), Radical Orthodoxy. A New Theology, London 1999, 163–181.
Weber, D./Seiterich-Kreuzkamp, T. (Publik-Forum) (Hg.), Ich sehe dich in tausend Bildern. Maria, Freiburg/Br. 1990.
Weidemann, H.-U., Mariologie von den Rändern: zur Einführung in den Band, in: Ders. (Hg.), „Der Name der Jungfrau war Maria" (Lk 1,27). Neue exegetische Perspektiven auf die Mutter Jesu, Stuttgart 2018, 7–19.
Weidemann, H.-U. (Hg.), „Der Name der Jungfrau war Maria" (Lk 1,27). Neue exegetische Perspektiven auf die Mutter Jesu, Stuttgart 2018.
Weidemann, H.-U., Die Jungfrau Maria und die anderen jüdischen asketischen Erzählfiguren im lukanischen Doppelwerk, in: Ders. (Hg.), „Der Name der Jungfrau war Maria" (Lk 1,27). Neue exegetische Perspektiven auf die Mutter Jesu, Stuttgart 2018, 221–242.
Wendel, S., Affektiv und inkarniert. Ansätze deutsche Mystik als subjekttheoretische Herausforderung (ratio fidei 15), Regensburg 2002.
Wenger, A., L'assomption de la T.S. Vierge dans la tradition byzantine du VIe au Xe siècle: études et documents, Paris 1955.
Wenzel, K., Die Wucht des Undarstellbaren, Bildkulturen des Christentums, Freiburg/Br. 2019.

Literatur

Wilckens, U., Das Evangelium nach Johannes (NTD 4), Göttingen 1998.
Zanetti, U., Art. Modestos v. Jerusalem, in: LThK³ 7 (1998), 370.
Zumkeller, A., Art. Hermann v. Tournai, in: LThK³ 4 (1995), 1446.

Personenregister

Alexander VII. (Papst) 127
Alexander von Alexandrien 95
Altaner, Berthold 139f.
Althaus-Reid, Marcella 199–201, 204–206
Ambrosius Autpertus 106
Ambrosius von Mailand 56, 92–94, 159, 163, 172, 220
Anselm von Canterbury 106, 115–118, 120
Apollonius von Tyana 69
Arnobius 86
Augustinus von Hippo 56, 94, 114f., 134, 170f., 174

Baldi, Lazzaro 214
Balthasar, Hans Urs von 19
Barth, Karl 166
Basilius von Caesarea 90f., 137f.
Bäumer, Remigius 20
Beauvoir, Simone de 188
Beinert, Wolfgang 19, 167
Ben Chorin, Schalom 221
Benedikt XVI. (Papst) (siehe auch Ratzinger Joseph) 166, 182, 219
Bernhard von Clairvaux 59, 117f., 214
Bernhardin von Siena 107–110, 141
Blinzler, Josef 27
Boff, Leonardo 193f., 252–255
Bonosus 92
Botticelli, Sandro 214
Brown, Raymond 47, 66
Brunner-Traut, Emma 67
Bultmann, Rudolf 54, 165f.
Butler, Judith 183

Campenhausen, Franz von 79, 83, 87, 91, 93
Cheng, Patrick S. 203
Cyprian von Karthago 86
Cyrill von Alexandrien 96, 103

Daly, Mary 188
Degenhardt, Johannes Joachim 17
Diego, Juan 241, 243
Dibelius, Martin 67
Drewermann, Eugen 17, 19, 67, 166, 206–210
Duns Scotus, Johannes 119f., 129
Dupuis, Jacques 224

Eadmer 116f.
Ebeling, Gerhard 217
Ephräm der Syrer 91f.
Epiphanius von Salamis 28, 59, 91
Eutyches 97

Filograssi, Giuseppe 138f.
Fitzmyer, Joseph 66
Flavian von Konstantinopel 97
Franz von Sales 141
Franziskus (Papst) 148, 151, 162, 215
Freud, Sigmund 212

Gebara, Ivone 194–197, 199, 205, 247
Germanos von Konstantinopel 104f., 133, 141
Gese, Hartmut 32
Goguel, Maurice 45
Goss, Robert E. 204

289

Personenregister

Gregor von Nazianz 89f., 114
Gregor von Nyssa 90, 101
Greshake, Gisbert 144

Helvidius 28, 92
Hennaux, Jean-Marie 253
Hermann von Tournai 109
Hieronymus 28, 92, 134
Hilarius von Poitiers 86
Hippolyt von Rom 86

Ignatius von Antiochien 64, 77–79
Irenäus von Lyon 56, 80–86, 101, 149, 162

Johannes Paul II. (Papst) 179, 181, 251
Johannes von Damaskus 141
Jovinian 92
Jung, Carl Gustav 206, 208f., 211f.
Jüssen, Klaudius 140
Justin der Märtyrer 79f., 83

Kasper, Walter 64, 125
Kelsos 87
Klemens von Alexandrien 28, 87f.
Kristeva, Julia 211–213, 215
Kyrill I. von Moskau 149

Lacan, Jacques 212
Laktanz 86
Laurentin, René 42
Leiner, Martin 218f.
Leo I. (Papst) 97f.
Leo XIII. (Papst) 110
Lohfink, Gerhard 222
Loughlin, Gerald 203
Lucchetti Bingemer, Maria Clara 194–197, 199, 204, 247
Luther, Martin 130

Mauritius (Kaiser) 131
Meister Eckhart 190
Melito von Sardes 89
Methodius von Olympus 89
Modestus von Jerusalem 133f., 141
Mühlen, Herbert 253
Mulack, Christa 187, 209–211
Müller, Gerhard Ludwig 72

Nestorius 96
Norden, Eduard 67
Novatian 86

Oberlinner, Lorenz 27
Origenes 28, 54, 56, 87–89

Pannenberg, Wolfhart 65, 72, 74
Paschasius Radbertus 134–136
Passaglia, Carlo 123–126
Paul VI. (Papst) 168, 177f., 229
Paulus Diaconus 101
Paulus von Tarsus 22, 33, 58f., 63, 78, 82f., 172
Pesch, Rudolf 27
Petri, Heinrich 19
Pinochet, Augusto 200
Pius IX. (Papst) 121–123, 126, 129, 138, 140
Pius XI. (Papst) 175
Pius XII. (Papst) 138, 140f., 146
Platon 69
Pseudo-Augustinus 135, 137f.
Pseudo-Hieronymus (Paschasius Radbertus) 134f., 137

Radford Ruether, Rosemary 177, 184, 188–192, 211
Raffael 214
Rahner, Karl 19, 144

Ratzinger, Joseph (siehe auch Benedikt XVI.) 19, 42, 144, 166, 182
Ricœur, Paul 212

Scheffczyk, Leo 20
Schlier, Heinrich 74
Schottroff, Luise 194
Schüssler Fiorenza, Elisabeth 226
Sixtus III. (Papst) 97
Sixtus IV. (Papst) 118, 127
Söll, Georg 20
Sölle, Dorothee 187
Stosch, Klaus von 224f.
Stuart, Elizabeth 204

Tatari, Muna 224f.
Tertullian 28, 56, 84–87
Theoteknos von Livias 132f.
Thomas von Aquin 106
Thurian, Max 42
Tizzani, Vincenzo 124
Tumbuti, Lazarus 237

Vincenz von Lérins 125, 127

Weidemann, Ulrich 165
Weimer, Ludwig 222
Wenzel, Knut 214f.
Wilckens, Ulrich 50f., 53

Zeno von Verona 93

Sachregister

Ägyptische Königsideologie 68
Antijudaismus 220f., 271
Apokalyptik 145
apostolisches Glaubensbekenntnis 86
Apostolisches Schreiben
– Evangelii gaudium 215
– Familiaris consortio 179, 266
– Mulieris dignitatem 178–181, 266
Archetyp 206–211, 270
Argumentum e silentio 25
Auferstehung 33f., 41, 45, 70f., 74, 89, 103, 113, 132, 134, 136f., 142–146, 166, 236, 247
Aufnahme Mariens in den Himmel/Himmelfahrt 17, 99, 112, 130–133, 135–141, 143f., 146, 149, 151, 158, 166, 216, 233, 253

Bibelwissenschaft/Exegese 164–167, 194, 206, 209, 267
Braut 91, 134, 141, 163, 173, 181–184, 192, 203, 214
Bulle
– Ineffabilis Deus 126
– Munificentissimus Deus 140
Bundeslade 42, 134, 136
byzantinisches Reich 131

charisma doctoratus 125
communio sanctorum (Gemeinschaft der Heiligen) 111f., 127, 262
conceptio activa 115
conceptio passiva (inchoata/completa) 115

Doketismus/doketischer Spiritualismus 77, 81, 85
Dornbusch 90, 128f.

Empfängnis-Christologie 40, 77f., 86
Entmythologisierung 165
Entschlafung/Heimgang (analépsis/ koímesis/transitus) Mariens 131–133, 135, 151
Enzyklika
– Iucunda semper 110
– Laudato si' 151f.
– Marialis cultus 177, 228, 266
– Quanta cura 121
– Redemptoris mater 251, 273
– Ubi primum 126
Erbsünde 40, 94, 112–121, 129f., 162, 166, 173, 216, 218, 221
Erzählung 30f., 36–39, 50, 62, 66, 75, 161f., 193, 206f., 226f., 229–233, 245
eschatologische Familie 23, 47, 50, 61f.
eschatologischer Schrei (kraugé) 78
Eva-Maria-Typologie 18, 49, 84, 90, 108, 162, 172–174

Feminismus/Feministische Theorie 177, 181, 187f., 194, 267
Feministische Theologie 16, 18–20, 84, 154f., 168, 177,

186–192, 194–197, 199, 209–211, 252, 267, 270
Fiktionalität/Poetizität 164f., 230f., 272

Gedächtnis der Gottesmutter (mnéme theotókou) 131
Gegenreformation 155, 158, 216
Gender 181–185, 187, 201f., 266f.
genus litterarium 65, 103
Gewissheitsproblematik 121
Glaubensregel 86
Gnadenvorzug (Privileg) 107, 129f., 140f., 144, 146, 157–159, 164, 180, 227
Gnosis 78, 85
Gottessohnschaft 45, 58, 61, 63, 65f., 70–74, 162, 173, 191, 208
göttliche Stille (sigé) 78
Götzendienst 241

Hadesabstieg Jesu 73
Heilige Hochzeit (hieròs gámos) 40
Heimholung (nissuin) 30
Hierarchie der Wahrheiten 16
historische Kritik 19, 41, 65, 68, 139, 164f., 206, 209, 224f., 227f.
Hymnos akáthistos 102f.
Hymnus 36f., 102f.
hypostatische Union/Einheit 72, 96, 194, 252–255

Ikonographie 203, 210, 213–215, 235–237, 258, 263, 270
Immaculata (conceptio)/Unbefleckte Empfängnis 59, 112, 114, 118–121, 123, 127, 131, 138, 162, 166, 173, 216, 218, 221, 233

Inkarnation 40, 81, 83, 113, 163, 196, 208, 250, 252–254
Interzession 111

Judaismus 77
Judentum 51, 215, 219–222, 227f.
jungfräuliche Empfängnis/ Jungfrauengeburt 18, 22, 25f., 29f., 32, 34, 40, 42, 58, 63–67, 69–74, 78–85, 87, 89, 91, 93f., 113f., 165f., 206–210, 213, 216f., 222, 229, 256, 258–260

Kastanie 116
Kindheitserzählung(en) 31, 36, 43f., 47, 62, 75, 102, 164–166, 207, 210, 222, 228–230
Kindheitsevangelium des Thomas 47
Kirchliches Amt 153, 184f.
Kolonialismus/Postkolonialismus/ Conquista 152, 192f., 198–201, 236, 241, 244
Kongregation für die Glaubenslehre 146, 168, 182–185, 190, 252, 267, 270
Konkupiszenz/falsches Begehren 116, 120, 171–173
Konstitution
– Dei verbum 161, 228, 232, 264, 272
– Gaudium et spes 168, 177
– Lumen gentium 24, 63, 160–163, 219, 261, 264f.
Konzil
– Chalcedon 97f.
– Ephesus 95–97
– Konstantinopel I 95
– Konstantinopel II 98
– Nikaia 95

Sachregister

– Vaticanum II 63, 112, 138, 148, 154, 157–164, 166, 168f., 217, 219–221, 223, 226–228, 232, 264
Koran 215, 222–225, 271
Körper/Körperfeindlichkeit/ Frauenkörper 171, 173, 175, 182, 197f., 202–205, 211–214

Lateransynode 98
leeres Grab 49, 70f., 84, 131–133
Lehramt, außerordentliches 98
Lehramt, ordentliches 95, 124, 127, 139, 141, 154f., 158, 168–185, 189, 208, 226, 269
Liberalismus 121

Magnifikat 16, 36, 42, 128, 130, 151, 173, 189, 193f., 196, 204, 219, 222, 227–229
Maria 2.0 153–155
Marienverehrung/Marienfrömmigkeit 148f., 152, 155, 157f., 161, 164, 166, 177, 195, 213, 217, 219f.
Marienweihe 148–150, 162
Masoretischer Text 31f., 128
Methode, regressive 127, 139, 141
Missbrauch/Missbrauchskrise/ sexuelle Gewalt 148, 153–155, 174, 194f., 204
Monotheletismus 98

Nizäno-konstantinopolitanisches Glaubensbekenntnis 73, 216

Ökologie 151f., 156, 199, 201
Ökumene 21, 41, 158f., 166, 186, 215–219

Option Gottes für die Armen 193, 204, 251

Patriarchat/Kyriarchat 186, 188, 211, 228, 267
Postkoloniale Theologie 152, 199–201, 269
Postulatstheologie 90, 114f., 117
potuit, decuit, fecit 137, 253, 261
Präexistenz(-Christologie) 40, 55, 58f., 63–65, 71, 74, 77–79, 86
praeservatio 120
Protestantismus/reformatorische Theologie 107, 155, 158, 164–166, 216–219
Prot(o)evangelium Jacobi 27, 70, 87f., 93
Psychoanalyse/psychologische Schriftauslegung 206–214, 270
Puebla (3. Vollversammlung des lateinamerikanischen Bischofsrates) 248, 250, 273

Queer/Queer Theology 155, 187, 201–204, 230

Reflexionszitate 31
Reformation 186, 216
Reich Gottes 13, 23, 189, 193, 196f., 227f., 232, 247
Rekapitulation(stheorie) 81–83

Schema der Geburtsankündigung/ Verkündigungsschema 38f.
Septuaginta 31f.
Sexualität/Sexualmoral 171–174, 180f., 202–205, 213, 229f.
Stunde (he hóra) 46–48, 50f.
Sündenfall 81, 83f.

Sachregister

Syllabus (errorum) 121
Syrosinaiticus 29

Theologie der Befreiung 19f., 42, 151f., 155, 168, 178, 192–197, 199, 204, 208, 241–255, 269
Theophanie 243
Tochter Sion/Tochter Zion 42, 161, 219f., 257, 271
Trinitätstheologie 64, 254

typos-antitypos 81, 173
typus ecclesiae 62, 159, 163, 220

Vergöttlichung 81, 253f.
Verlöbnis (erusin) 30
virginitas
 – in partu 85, 256
 – post partum 26, 173, 260

Zweigeschlechtlichkeit 181, 183, 201